大学生实用口才训练教程

刘桂华 王琳 ◇ 主编

高 等 院 校 素 质 教 育 课 程 " 十 三 五 " 规 划 教 材

人民邮电出版社

北 京

图书在版编目（ＣＩＰ）数据

大学生实用口才训练教程 / 刘桂华，王琳主编. —— 北京：人民邮电出版社，2018.1（2022.3重印）
高等院校素质教育课程"十三五"规划教材
ISBN 978-7-115-46780-5

Ⅰ．①大… Ⅱ．①刘… ②王… Ⅲ．①口才学－高等学校－教材 Ⅳ．①H019

中国版本图书馆CIP数据核字（2017）第214408号

内 容 提 要

本书共分五章，内容包括口才基础、交际口才、演讲与谈判、工作口才和行业口才。每章就是一个训练单元，由学习目标、案例导入、口才基本知识、拓展阅读、实践训练和课后练习等构成。为增强口才基本知识的可读性、趣味性和指导性，在每章的基本知识介绍中，设计了"小训练""小故事""小案例""小贴士"等栏目。

本书提供PPT课件、教案、习题答案等教学辅助资料，用书教师可通过人邮教育社区（http://www.ryjiaoyu.com）或编辑QQ（602983359）索取。

本书可作为高等院校口才训练公共课或相关专业基础课的教材，也可作为口才训练爱好者的参考用书。

◆ 主　编　刘桂华　王　琳
责任编辑　万国清
责任印制　焦志炜

◆ 人民邮电出版社出版发行　　北京市丰台区成寿寺路 11 号
邮编　100164　电子邮件　315@ptpress.com.cn
网址　http://www.ptpress.com.cn
北京捷迅佳彩印刷有限公司印刷

◆ 开本：787×1092　1/16
印张：14.5　　　　　　　　 2018 年 1 月第 1 版
字数：354 千字　　　　　 2022 年 3 月北京第 13 次印刷

定价：39.80 元

读者服务热线：(010)81055256　印装质量热线：(010)81055316
反盗版热线：(010)81055315
广告经营许可证：京东市监广登字 20170147 号

前　言

在竞争日益激烈的当今社会，口才已经成为一个人成功的必备条件之一。没有良好的口才，不善交际与言谈，缺乏沟通能力，是大学生求职失利和职场发展不利的一个重要原因。令人欣慰的是，近年来不少高校开始加强学生口才能力的训练，积极推进相关教学改革，口才类课程甚至已成为大学生们的必修课。为了适应新的教学方式，帮助大学生了解口才的基本理论，提高实用口才技能，为学生全面可持续的发展夯实基础，我们编写了本书。

本书以提高学生整体素质为基础，以增强学生的实践能力为本位，兼顾知识教育、素质教育和能力教育。在编写时以理论为指导、以训练为主线，力图为教师提供一本科学实用的口才训练教材，为学生提供一份切实有效的训练手册。本书共分五章，内容包括口才基础、交际口才、演讲与谈判、工作口才和行业口才。每章就是一个训练单元，由学习目标、案例导入、口才基本知识、拓展阅读、实践训练、课后练习等构成，突出了时代性、实用性、可操作性和趣味性。为增强口才基本知识的可读性和指导性，本书设计了"小训练""小故事""小案例""小贴士"等栏目。全书理论与实例相结合，案例新颖、鲜活、生动、典型，给人以强烈的时代感。每章都设计了大量训练题和练习题，力求系统、科学，有层次、有力度，针对性强。通过学习和训练，启发学生思考，调动学生"说"的兴趣，使学生掌握各种口才表达形式的基本要领，全面提高口才素养和能力。

本书由大连职业技术学院刘桂华、王琳任主编，张言刚、刘嫣茹、金磊任副主编。具体分工是：王琳编写第一章和第二章并制作课件、教案、习题答案等教学辅助资源；张言刚编写第三章；刘桂华、刘嫣茹、张岩松编写第四章；刘桂华、金磊、刘嫣茹编写第五章。赵静、周晓红、王允、刘晓燕、穆秀英、高琳参与了本书第一章至第五章学习目标的编写。全书由王琳统稿。

本书提供 PPT 课件、教案、习题答案等教学辅助资料，用书老师可通过人邮教育社区（http://www.ryjiaoyu.com）或编辑 QQ（602983359）索取。

在本书的编写过程中参考了大量文献以及网络资源，在此向各位作者、各位专家表示衷心的感谢。

因编者水平有限，不足之处在所难免，敬请读者批评、指正。

编　者
2017 年 10 月

目　　录

第一章　口才基础

一言之辩，重于九鼎之宝；三寸之舌，强于百万之师。

——刘勰

一个成功的交际者不但需要理解他人的有声语言，更重要是的能够观察他人的无声信号，并且能在不同场合正确使用这种信号。

——【美】爱德华·霍尔

学习目标

掌握口才的含义、要素、标准和类型；明确口才能力的构成；掌握口才的特征和作用。掌握发声练习的方法；学会运用有声语言；掌握诗歌和散文的朗读要领。正确理解态势语言的运用原则；恰当地运用态势语言；根据语言交流的进程和个性特点设计态势语言。

～～～ 案例导入 ～～～

口才是把"双刃剑"

《伊索寓言》里有这样一个故事：有一天，主人在家设宴，来参加宴会的宾客很多都是哲学家，主人令奴隶伊索准备最好的菜肴待客。伊索认真思考了主人的要求，去收集了很多种动物的舌头，精心准备了一场舌头宴。就餐时，酒菜端上桌，主人一看非常吃惊，问道："这就是最好的菜？"伊索从容地答道："主人让我为各位尊敬的客人准备最好的菜肴，舌头是传授道理、学问的关键，一切最动听、最美妙的声音不都是从舌头发出来的吗？对于这些哲学家来说，舌头难道不是最好的菜吗？"客人们听后觉得很有道理，都露出赞许的笑容。主人不甘心地吩咐伊索说："明天我还要再办一次酒席，你去准备吧，这回的菜要最坏的。"

第二天，伊索把菜端上来，主人一看，依然是满桌子舌头做成的菜。主人马上大发雷霆，斥问伊索为什么要这样做。伊索还是从容地回答："舌头能编造一切谎言，世界上一切的坏事都是通过舌头去教唆他人做的。所以，舌头不仅是世界上最好的东西，同时也是世界上最坏的东西啊！"主人听后，虽然依然很生气，但也无话可说。

问题：

1. 这个故事说明了什么道理？

2. 你认为口才对你来说重要吗？为什么？

3. 如何熟练掌握口才这门艺术？

第一节 口才概说

我们天天都在说话，但是未必人人都会说话。人才也许口才不会太好，但是有口才的人一定是人才。一个会说话的人与他人交流时可以做到准确得体、巧妙有趣、有条不紊、对答如流、一针见血，正所谓"慧于心而秀于口"。掌握口才这门艺术，才能让你在竞争中抓住机遇，挑战人生。

一、何为口才

1. 口才的含义

对于口才，《辞源》中的定义为"口才是善于说话的才能。"《现代汉语词典》中的定义为"口才是说话的才能。"它由"口"和"才"两部分组成。"口"是指口语表达能力，"才"则是指可供"口"表达的知识、才学。因此，口才是指人们运用口语表达思想情感、进行沟通交流的才能。在说话、交谈、朗读、论辩、讲课、演讲等现代语言交际活动中，它表现为以个人综合素养（包括思想品德、知识学问、文学艺术）为基础的规范化的口语表达形式，是一个人的道德修养、文化积累、知识结构、思维方式、价值判断、心理素质、语言艺术和仪态仪表等综合素质的集中反映。

2. 口才的要素

口才是人们在交际过程中，因时因地、因人因事地凭借自己的知识和阅历，力求准确地表达自己的态度、见解和感情，以期充分发挥交际功能的口头表达能力，其内涵是很广泛的，它可由胆、情、智、识、知、辩、力、度、思、仪十大要素组成。

所谓"胆"即无私无畏、临场不慌，言其所必言；"情"即真情流露；"智"即驾驭交际场面的能力；"识"即见解、主见；"知"即丰富的知识和阅历；"辩"即不同的场合运用不同的语言表达形式，句式、语气、语速、语势、语体风格要运用得当；"力"即感染力、说服力；"度"即言语交际过程中，或赞或贬、或喜或悲、或坦陈或婉言、或精确或模糊，都有程度轻重的问题；"思"即贯穿于言语交际活动全过程的思维活动；"仪"即仪态、神情、举止，即指交际者的仪态神情只有与交际者的性格气质及特定语境中的言语和谐时，才能相得益彰。

3. 口才的标准

当一个人的口语表达能力达到相当有艺术水平的时候，我们就说这个人有口才。具体标准是怎样的呢？演讲与口才专家邵守义教授认为可以用以下五个标准来衡量。

一是言之有理。若要说某个人有口才，那么他讲的话必须有道理，而不是歪理邪说，也不能是胡说八道，这是口才的第一个标准；二是言之有物。就是指他讲的话不是空洞无物，而是让人觉得真的有内容、有东西；三是言之有序。当他做报告或与同事交谈时，说出来的话思路清晰、条理清楚；四是言之有文。也就是指他说的话有文采，当他讲话的时候，听众愿意听。为什么有人讲话容易引起大家的笑声，就是因为他很幽默，也很有文采；五是言之有情。一个有口才的人，讲起话来总是有感情的，而不像是一阵风在耳边一吹而过，在他讲话的过程中，喜、怒、哀、乐全部在他的口语表达里传达出来，别人一听就为之震动、为之惊诧、为之欢乐、为之悲伤。归纳起来，只有具备了言之有理、言之有物、言之有序、言之有文、言之有情这五点，我们才说这个人有口才。那么什么样的人没有口才呢？很少说话，或一说话就脸红脖子粗，说话吭吭哧哧。还有一种人没有口才，就是一讲起来就喋喋不休、东拉西扯、言之无物。这种人虽然能讲，但并不是真有口才，四川人叫摆龙门阵，北京人叫"侃大山"，东北人叫"瞎忽悠"，我们不要被这种假象迷惑。

4. 口才的类型

口才的类型是多种多样的。按照功用来分，口才可以分为交际口才、演讲口才、说服口才、辩论口才、谈判口才等；按照表述方式来分，可以分为叙述口才、讲解口才、抒情口才、质询口才等；按照行业来分，可以分为教师口才、导游口才、司法口才、主持口才、军事口才、外交口才、政务口才、商务口才等。

二、口才能力构成

从语言交际实践来看，口才能力主要由六个方面的能力构成，即说明能力、吸引能力、说服能力、感染能力、创造能力和控制能力。

1. 说明能力

说明能力，即把话说得准确明白的能力。把自己心里的想法说出来的能力是对口才最基本的要求。要求说话者用词准确，语意明白，语句简洁，合乎语法规范，把客观概念表述得清晰、准确、连贯、得体。实际上能把意思讲准确、讲明白，使听者"一听了然"，也是不容易的。例如，有的人懂技术，但不见得就能说出来；有的学者知识渊博，写过不少专著，但一讲起课来就让人昏昏欲睡，这些都是语言表达能力不佳、说明能力差的表现。

2. 吸引能力

吸引能力，即通过说话，把别人的注意力留住的能力。如何才能使自己的语言具有这种能力呢？

首先，说话要有内容，才能够吸引别人倾听。要使别人在听你说话的过程中有一些收益或产生共鸣，这样的说话才是成功的，而别人也才会乐意听你说话，与你交流。同理，一位好的说话者一定是一位特别擅长沟通的人，在自己说话的时候也要学会倾听他人的说话，俗话说："出门看天色，进门看脸色。"因此，在说话时更要学会看他人听你说话时的表情，以便适时地改变自己说话的内容、语气等，千万不要自说自话，这是最不成功的说话。

其次，说话要注意节奏，这一点相当重要。有些人在说话的时候语速相当快，就像在爆豆子一样，往往他（她）说完以后，别人还没有反应过来他（她）到底说的是什么。话说得慢一些，声音响亮一些，你会发现人们会更加注意地倾听你说话，而且他们会觉得你所说的每一句话都是从内心深处发出来的，是你经过慎重考虑后才说出来的，人们会认为你在对自己说的话负责任。其实，说话并不见得比写文章容易，文章写得不好还可以修改，而一句话说出来后要想修改是比较困难的。我们也常感觉到，即使同一个意思，甚至同一句话，会说话的人能叫你听后心情愉悦，不会说话的人则叫你感到头昏脑涨。

3. 说服能力

说服能力，即通过言语的表达，使人心悦诚服的能力。口才好的人，并不一定讲得很多，关键在于他善于察言观色，了解别人心中的想法，会对症下药，三言两语就能使人折服。说服能力要求言语行为具有明确的目的性。没有目的、漫无边际的讲话是没有任何实际意义的。

对于那些善于操纵说服技巧的人来说，能更清楚地了解对方的思想轨迹及其中的"要害点"，瞄准目标，击中"要害"，比与对方不停地周旋更有效，它会使你的说服力大大提高。如果可以把这一点发挥得淋漓尽致，足以成就大事。

【小故事】

追求

一个驼背的小伙子非常固执地爱上了一位商人的漂亮女儿，但商人的女儿却从来没有正眼看过他，这主要是因为他是个古怪可笑的驼子。

一天，小伙子找到商人的女儿，鼓足勇气问："你相信姻缘天注定吗？"商人的女儿眼睛看着天空答道："相信。"然后反问小伙子："你相信吗？"小伙子回答，"我听说，每个男孩出生之前，上帝便会告诉他将来要娶的是哪一个女孩。我出生的时候，未来的新娘便已经配给我了。上帝还告诉我，我的新娘是个驼子。我当即向上帝恳求：上帝啊，一个驼背的女人将是个悲剧，求你把驼背赐给我，再将美貌留给我的新娘。"听完这番话，商人的女儿用一种非常奇怪的眼神看着小伙子，内心深处被某些记忆搅乱了。她把手伸向他，之后成了他最挚爱的妻子。

4. 感染能力

感染能力，即用语言感动人的能力，也就是要求讲话人以自己的激情感动听者，获得以情动人的效果。如果说话人感情平淡，语言贫乏，自然是无法感动听众的。具有感染能力的语言或是字字珠玑，让人听来春风化雨；或是情真意切，动人心扉。总之，就是要与听者产生心与心的碰撞和情感上的共鸣。

5. 创造能力

创造能力，即讲话中根据思想表达的需要创造语言的能力，或者是创造性地运用语言来表达自己思想的能力。语言创造能力是形式和内容的有机统一，词汇贫乏，话到用时方恨少；用词没有仔细斟酌，粗陋肤浅，辞不达意，错漏和歧义百出。这些现象，统称为缺乏语言营养。要发展语言创造力就必须攻克缺乏语言营养的难关。生活、阅读、情感、思维都是提高语言营养、丰富语言创造力的源泉。

【小故事】

出人意料的创意

小刘南下深圳，到一家广告公司参加应聘面试，他到达该公司时，已有30个求职者排在他前面，他是第31位。怎么能引起面试官的特别注意而赢得职位呢？小刘很快拿出一张纸，在上面写了一些东西，然后折得整整齐齐，走向秘书小姐，恭敬地对她说："小姐，请你马上把这张纸交给老板，这非常重要！"秘书小姐把那张纸很快送到老板的桌上，老板看后笑了起来，纸条上写着："先生，我排在队伍的第31位，在您看到我之前，请不要急于做决定。"小刘最终得到了工作，这是他善于创造的结果。一个会动脑筋的人，一定是一个富有创意的人，而从事广告业务所需要的人才，不仅要求其想象力丰富，还要有出人意料的创意。

6. 控制能力

控制能力即控制自己的语言、避免引起不良后果的能力。就是说，只会把话说出来，却不会顾及自己所说的话所能引起的后果，实际上是信口开河、瞎说一通，这算不上有口才。一般来说，语言的控制能力主要表现在以下几个方面。

第一，准确把握说话分寸的能力。既要把意思说到，又不会说得过头，而是说得恰如其分。

第二，针对不同的听话人和不同的情况，能准确预料和有效控制听话人对自己语言所做出的反应的能力。如向人提问某件事，能不能问，从哪个角度问，用何种语气问，对方按照提问可能做出的回答是什么。这些都需要在说话时加以预料和控制。

第三，在谈话过程中已经出现问题的情况下，改用恰当的语言予以补救的能力。

【小故事】

善言的纪晓岚

清代的纪晓岚学识渊博，能言善辩，机智敏捷。传说，一次乾隆皇帝开玩笑地问他："何为忠孝？"纪晓岚说："君叫臣死，臣不得不死，为忠；父叫子亡，子不得不亡，为孝。合起来，就叫忠孝。"纪晓岚刚答完，乾隆皇帝说："好！朕赐你一死。"纪晓岚当时就愣了：这是从哪儿说起？怎么突然赐我一死？但是皇帝金口玉言，说啥算啥，纪晓岚只好谢主龙恩，三拜九叩，然后走了。纪晓岚出去以后，乾隆皇帝想：都说纪晓岚有能耐，能言善辩，我看你今天怎么办？

大概有半炷香的工夫，纪晓岚气喘吁吁地跑了进来，扑通一声给乾隆皇帝跪下了。乾隆道："大胆，纪晓岚！朕不是赐你一死吗？你为什么又回来了？"纪晓岚说："皇上，臣去死了，我准备跳河自杀。我正要跳河，屈原突然从河里出来了，他怒气冲冲地说：'你小子不浑蛋吗？想当年我投汨罗江自杀的时候，是因为楚怀王昏庸无道；想当今皇帝皇恩浩荡、贤明豁达，你怎么能死呢！'我一听，就回来了。"这样的回答，让乾隆有口难言：让他死吧，就是昏庸无道；要是让他活着呢，又赐他一死了。最后，乾隆不得不自我解嘲地说："好一个纪晓岚，你真是能言善辩啊！"纪晓岚后面的这番话，不仅改变了自己前面语言的意向，也改变了乾隆皇帝的反应，控制了后果。

总之，好口才在个人成长的道路上扮演着重要的角色，不论是现在与他人交往，还是将来准备成就事业，良好的口才一定会在你成长的道路上助你一臂之力。

三、口才的特征

口才具有以下三个特征。

1. 综合性

口才是善于用口语准确、贴切、生动地表达自己思想感情的一种能力。语言是沟通人与人之间思想感情的重要工具。准确、贴切、生动的语言才能将自己的思想感情准确地表达出来，为对方所了解而不致产生歧义。但仅仅限于此是远远不够的，因为口才具有综合性，它是一门综合艺术，还有诸多的因素需要考虑。语言环境就是一个重要的方面。每个人在不同的环境和心情下，对别人发出的信息所产生的感觉都不同。所以，要想让自己的话与对方的思想产生共鸣，必须考虑当时的语言环境，如场所、时机、对方的心情等。善于选择和营造恰当的语言环境，是口才艺术的一项重要内容。

影响语言表达效果的除了语言环境和语言本身之外，语调也是一个不可忽视的因素。所谓语调，是指语言的轻重疾徐、抑扬顿挫，这可以视为一种辅助语言，因为它能间接地影响表达效果。例如，说气话时，一般是高声大嗓，语调冲动急促，让人一听就能感觉到自己的愤怒；反之，如果用轻松随便的语调说出来，即使能让别人明白自己的意思，也有点"笑面虎"的味道。除语调之外，仪表、体态和神情、动作也是一种辅助语言，能对表达效果产生较大的影响。

口才还受心理因素的影响。口才活动离不开知觉、观察、记忆、思维、想象等心理活动的基本形式。气质、性格、能力等个性心理特征又决定着认识能力和表达能力的高低以及口语表达的风格。个性的倾向性，如兴趣、需要、动机、理想、信念、价值观等制约着口才活动的方向和社会价值。而情感、意志、自我意识等则对口才活动起着重要的支配、调节和控制作用。口才尽管看不见摸不着，但是拥有好口才者无不具备敏捷的思维、清晰的思路、丰富的想象、渊博的学识和良好的心理素质等。可以说，口才是一个人综合能力的真实再现，想要拥有好口才，就必须使自己具备相应的素质、修养和能力。口才作为一门综合性的艺术，必须在各个方面协调配合，才能达到良好的效果。

2. 技巧性

一个人是否拥有出众的口才，关键在于其是否掌握了一定的技巧。好口才需要有好技巧。一个人天天口若悬河，或者喋喋不休，并非真正口才好。口才好坏的关键是看说话有没有影响力，能不能感染他人，或者能不能达到一定的交际目的，这其中"技巧"是关键。一句话可以化敌为友、冰释前嫌，带来非凡的荣誉和成功；一句话也可以变友为敌，引发一场争论甚至导致一场战争。俗话说"一句话说得人笑，一句话说得人跳"，讲的就是这个道理。

技巧就是艺术，而艺术的最高境界是"无技巧"。"无技巧"并非否定技巧。清代著名画家石涛说过："至人无法，非无法也；无法而法，乃为至法也。"所以，要想"无技巧"，就应下苦功学技巧；掌握了技巧，在不考虑技巧的情况下做到无处不体现技巧，这就是"至法"。

【小故事】

一位老者的开场白

在某地举行的一次修辞学年会上，会长在开场白中这样说："先让我这个老猴来耍一耍，然后你们中猴、小猴耍。我老猴肯定耍不过你们，不过总要带个头吧。"代表们听后觉得很有意思，都笑着鼓掌。这是因为，首先，会长既是与会者中的最高权威，又年近古稀，把自己比作老猴，把其他与会者比作中猴、小猴，不仅描绘出老中青三代共聚一堂、切磋交流的学术气氛，还让人觉得妙趣横生；其次，在修辞学的研讨会上，会长故意用这种修辞手法表示自谦，与主体身份、客观对象和具体场合都十分协调，因而可以取得好的效果。

但如果上述情景换一个中年人说出这样的话，如"我是个中猴，先让我来耍一耍，耍后请老猴和小猴耍"，就很不得体了，听的人必定产生反感，因为把德高望重的老者称作老猴是一种大不敬，按他的身份是不能打这样的比方的。这就是口才的艺术魅力。

3. 训练性

好口才不是一种天赋的才能，不是与生俱来的，它是靠后天刻苦训练得来的。我们必须要坚定这样的信念：口才一定是可以练好的。古今中外，历史上所有口若悬河、能言善辩的演讲家、雄辩家，他们无一不是靠刻苦训练而获得成功的。几乎每个成功人士都曾经有意识地训练过自己的口才。

【小故事】

演讲家是怎样练习口才的

美国前总统林肯出身于农民家庭，当过雇工、石匠、店员、舵手、伐木者等，虽然他的社会地位卑微，但从不放松口才的训练。17岁时他经常徒步40多千米到镇上，听法院里的律师慷慨陈词的辩护，听传教士高亢悠扬的布道，听政界人士激情澎湃的演说，回来后就寻一无人处精心模仿演练，终于使自己的口才有了不小的进步。1830 年夏，他为准备在伊利诺伊的一次集会上的演讲，面对光秃秃的树桩和成片的玉米，一遍又一遍地试讲。后来他连任两届总统，也成了著名的演说家。

诗人闻一多先生也是有名的演讲家。他的演讲之所以成功，也是与他年轻时的刻苦练习分不开的。1919 年他在清华学校学习期间，从不间断演讲练习；一旦有所放松，他就在日记里警告自己："近来学讲课练习又渐疏，不猛起直追恐便落人后。""演说降到中等，此大耻奇辱也。"他坚持练习演讲，在日记里他写道："夜出外习演讲十二遍。"第二天又写道："演说果有进步，当益求精致。"北京的 1 月天寒地冻，可他毫无畏惧。几天后又"夜至凉亭练演说三遍"，回宿舍又"温演说五遍"，第二天又接着"习演说"。闻一多先生正是通过勤奋的练习才提高了自己的演讲水平。

数学家华罗庚，不仅数学才华超群，同时也是一位不可多得的"辩才"。他从小就注意培养口才、学习普通话，他还背了四五百首唐诗，以此来锻炼自己的"口舌"。

点评：无数的事例证明，口才好不是天生的，口才具有训练性，好口才可以后天练就。

四、口才的作用

口才的作用具体表现在以下几个方面。

1. 促进事业成功

口才是事业成功的重要因素。据一份对深圳市人才市场求职者展开的一次随机抽样调查显示，当求职者被重点问到"根据你自己的求职经历，你认为求职的成败与交际和口才能力有没有关系"时，认为"很有关系"的占 60.7%，回答"有一点关系"的占 37.1%，而认为"关系不大"的仅占 2.2%。就是说，如果按"有关系"和"没有关系"进行归类，认为求职成败与交际和口才能力"有关系"的占到了 97.8%，这意味着与学历和工作经验相比，交际和口才因素在人的事业中发挥着更加重要的作用。

在现代社会，口才已经成为决定一个人生活是否愉快、事业是否成功的重要因素之一。口才好、善于说话的人受人欢迎，这样的人可以通过语言充分地展露自身的才干，赢得领导、同事及下属的了解、赞赏和信任，帮助其在事业上获得成功。这正如富兰克林在自传中所说的："说话和事业的发展有很大的关系。你如果出言不慎，你如果无理地跟别人争吵，那么，你将不可能获得别人的同情、别人的合作、别人的帮助。"具备一定的口语表达能力，不仅是对创造型、开拓型人才的要求，也是对各行各业从业者的要求。无论是管理人员、职员、教师、律师还是推销员、采购员，都要运用语言进行工作，口才的重要性自不待言。就是当服务员、售货员等也应该有一定的口才。有些服务员、售货员经常与顾客发生争吵，除了工作方法的原因以外，不善于说话常常也是引起争吵的导火线。现实生活中，那些事业有成的人，绝大多数都具有较好的口才，而且口才越好，其活动天地就越大，成就也就越突出。因而，口才是通向事业成功之路的重要阶梯。

【小故事】

推销员的口才

有一家空调厂生产了一种新型空调，要两个推销员同时去推销。其中一个一天卖了 30 台，而另一个一天却只卖了 2 台。原因在哪里呢？前者在推销空调时是这样说的："先生，您忙吗？如果您不忙，我向您介绍我们厂最新生产的空调。这种空调不仅能杀菌，还能过滤空气，能定时自动关闭、自动调温，在现有的空调中，它的质量最好、功能最全，价格比其他同类产品都低，而且保修五年。先生，您不妨试试。"面对这么精彩的介绍，谁能不为之心动呢？而后者却是这样推销的："先生，您买空调吗？我们这有新生产的空调，可好了，您买吧！"听到这样的介绍，顾客的回答通常是："我不买。"两种截然不同的推销风格，产生的效果就形成了很大的差距。

2. 优化人际交往

社会交往效果的好坏，关键在于个人交际能力的高低。而一个人交际能力的高低，主要体现在说话艺术的高低。因为言为心声，舌战便是心战，语言能征服世界上最复杂的东西——人的心灵。所以口才在人际交往中具有极其重要的作用。20 世纪初，美国人就曾提出这样一个观点：一个人在事业上的成功，15%来自于他的专业技术，85%则依靠他的处世技巧和人际关系，而后者在很大程度上又取决于他的口才。由于这种认识不断发展，第二次世界大战时，美国人将"舌头、原子弹、金钱"视为赖以生存和竞争的三大战略武器。现在美国人又把"舌头、美元、计算机"作为三大战略武器。出人意料的是，科学代替了武器的炫耀，而"舌头"的地位竟未动摇，说明口才是多么重要。美国学者艾略特博士在担任哈佛大学校长几十年之后，更是断言："我认为在一个淑女和绅士的教育中，只有一项必修的技能，那就是正确而优雅地使用他（她）的本国语言。"

大连一家电子公司颇有建树的总经理就很清楚这一点。他说话准确流利，才思敏捷，反应很快。他不仅对自己严格要求，还要求公司的员工都要会说话、有口才，并把这一条作为招聘条件和培训内容。有人问他为何如此重视口才，他说："我们公司经营电子产品，总要同天南地北各种各样的人打交道。如果我们公司的人一张嘴说话就是满口土话或是辞不达意、语无伦次，那么就会被人家瞧不起，就会有损我们公司的形象，能做成的生意也做不成了……"。这很形象地说明了这样一个道理：口才是优化人际交往的利器！

3. 提高综合素质

美国俄亥俄州的马瑞塔学院曾对毕业工作不久和毕业工作 10 年以上的新老毕业生进行了一次调查，让他们根据各自的亲身体会回答一个问题——"在学校里学的哪一两门功课对走上社会最有用？"新老毕业生的答案很一致：最有用的课程是演讲学和交际学，它教会我们怎样说话，怎样与人打交道；其次是英语课，它教会我们怎样阅读和写作。现实确实如此，当今欧美各国，口才教育非常普及并得到人们的高度重视。这源于人们的一个共识，即口才不仅是人在一生的追求奋斗中必备的一项基本能力，而且在获得这种能力的同时，其他几种重要的能力，如观察能力、记忆能力、思维能力、创造能力、应变能力和表达能力等都能相应得到训练和提高。人们的这一认识，与口才本身就是一个非常复杂的思维过程有关。

我们知道，思维和语言之间的联系密不可分，思维是语言的具体内容，语言是思维的表现形式。口语交际最大的特点便是现想、现说，"想"是"说"的基础，"说得好"的前提是先要"想得好"，而无论是想还是说，都必须综合地运用交际者的各种素养和知识。具体来说，在"想"的阶段，首先说话者一方面要考虑说话的场合、说话对象的身份和情绪，做到察言观色；同时要对相关事物进行细致的观察，以求深入了解，从而迅速把握对事物的认识。这就需要调动说话者的观察能力和对事物的感受能力。其次，口语说话随机性强，而且语音稍纵即逝，不能重复。这就要求说话者快速地启动头脑中的知识储备，并针对情况及时做出准确、得体和巧妙的应答，这就需要很好的记忆力和很强的随机应变能力。最后，口语说话要做到表达清楚、主旨明确、条理分明、逻辑严密，这就需要说话者具有一定的综合分析能力、联想与想象力、创造性思维能力。而在"说"的阶段，还需要交际者掌握一定的表达技巧和语言艺术。由此可见，口才是说话者综合素质的集中体现，精彩的口才靠的是非凡的智力做后盾。口才提高的过程，也是各种思维能力、语言能力不断得到培养和锻炼的过程。

【小故事】

一个鞋匠的儿子

在林肯当选为美国总统之初，参议院大部分出身名门望族的议员都感到很尴尬，因为他们从来没有料到要面对的总统是一个鞋匠的儿子。于是，他们就想利用林肯首次到参议院演讲的机会当众羞辱他。林肯刚刚站到演讲台上，一个态度傲慢的参议员站起来说："林肯先生，在你开始演讲之前我希望你记住，你是一个鞋匠的儿子。"当时在场的所有议员听到这句话，都为自己不能打败林肯却能羞辱他而开怀大笑。笑声停止后，林肯不慌不忙地说："我非常感谢你使我想起我的父亲。他已经过世了，我一定永远记住你的忠告，我永远是鞋匠的儿子，我知道我做总统永远无法像我父亲做鞋匠那样做得那么好。"

参议员们听后马上安静下来。林肯又转过头对那个傲慢的参议员说："就我所知，我父亲以前也为你的家人做鞋子。如果你的鞋子不合脚，我可以帮你改正它，虽然我不是伟大的鞋匠，但我从小就跟父亲学到了修鞋子的艺术。"之后，他又把目光投向所有参议员，说道："对参议院里的任何人都一样，如果你们穿的那双鞋是我父亲做的，而它们需要修理和改善，我一定尽可能地帮忙。但是有一件事可以肯定，我无法像我父亲那样伟大，他的手艺是无人能比的。"说到这里，林肯流下了热泪。

点评：面对傲慢的议员，林肯没有反唇相讥，而是自然而然地接过对方的话，承认自己"永远是鞋匠的儿子"并以此为豪，这不仅没有使那些想羞辱林肯的议员们达到目的，还表现了林肯的平民意识。另外，林肯在这里用了两个假设——如果"不合脚"、如果"需要修理和改善"，从而把议员们拉入回忆之中，让他们去品味林肯父亲高超的做鞋技艺，并为刚才无情的嘲讽而反省自责。

第二节　有 声 语 言

有声语言是人们进行交流的最主要工具，只有它才能准确周密地表达人们的所思所想，承载和传输各种信息，完成交际和交流的任务。有声语言表达能力的强弱一方面受个人先天条件的影响，另一方面，后天的训练和养成十分关键。

一、认识声音

1. 声音的产生

有人把人的发声器官比作一架管风琴。肺是风箱，由它提供发声的原动力。气流从肺中自下而上，通过气管上升到喉头，声音就由喉部产生。当人们呼气时，使保护气管开端的肌肉（即声带）紧密地挨在一起，以使空气通过声带时能够产生振动。这种振动产生了微弱的声音，然后该声音再穿过咽部（喉咙）、口以及在某些情况下上升到鼻腔时被抬高而产生共振。在这里，口和鼻腔就成了"管风琴"的两个管，它们不但可以起到扩大音量的作用，还可以任意变换音色。这样，共振后的声音被舌头、嘴唇、腭和牙齿这些发音器官改造，从而形成了语言体系中的声音。

我们认识发声器官，了解声音是如何产生的，目的是要在有声语言的训练中遵循其活动规律，正确发挥其功能和作用，从而有效地利用它来发出富有表现力和感染力的声音，增强语言表达的效果。

2. 影响声音质量的因素

现实生活中，去除语言的内容，人们经常能够通过一个人的声音判断出对方的许多信息，如对方的性格、涵养、情绪等；有时甚至单凭一个人的声音就去主观地判断这个人的外貌、形象等特征，尽管判断的结果有时与事实不相符，这说明声音具有迷惑性。因此，声音质量的高低直接影响听众对语言内容和表达者的接受程度。那么，影响声音质量的因素有哪些呢？

1）音域

音域即每个人的声音从低音到高音的范围。大多数人运用音高的范围超过八度，也就是音阶上的八个全音。音域的宽窄直接影响到声音的质量。人们在平时交谈时，音域大多在一个八度左右，而常用的也只有四五个音的宽度，但是如果要同时与众多听众进行交流，如演讲或是表达强烈的思想感情时，这样的音域就显得过窄。因为这时表达者不得不用到音域的极限，自己会感到吃力，声音会变得不自然，带给听众的也是极不舒服的感觉。如果一个人的音域过窄而造成表达上的障碍，则需要专门为此进行训练，以拓宽自己的音域。事实上对于大多数人来说，不在于是否拥有令人满意的音域，而在于是否最好地利用了自己的音域。

2）音量

音量也就是发出声音的强弱、大小。当人们正常呼气时，横膈肌放松，空气被排出气管。当人们讲话时，就会通过收缩腹肌来增加排出空气对振动声带的压力。这种在排出的空气后面更大的力量提高了声音的音量。感受这些肌肉动作的方法是：将双手放在腰部两侧，将手指伸展放在腹部，然后以平常的声音发"啊"，再以尽可能大的声音发"啊"，这时我们会感到提高音量时腹部收缩力量的增强。微弱的声音，缺乏力度，使有声语言没有表现力，难以表达强烈的思想感情；而响亮、浑厚、有穿透力的声音，则能做到高低起伏、轻重有别，可以增强声音的表现力与感染力。因此，如果我们的音量不够大，则可以通过在呼气时提高腹部区域压力的方法进行锻炼。

3）音长

音长也就是声音的长短，它同语速、停顿密切相关，可以影响语言节奏的形成，对声音的质量同样有着不可忽视的作用。语速，也就是讲话的速度。大多数人正常交流时语速为每分钟130~150个字，而播音员的语速一般在180~230个字。可见，对于不同的人、不同的语言环境，语速的差异是比较大的。我们不需要去统一执行哪一个标准语速，因为一个人的语速是否恰当，关键取决于听众是否能理解他在说什么。通常情况下，当一个人发音非常清楚，并且富有变化、抑扬顿挫时，即使语速很快也能被人接受。

4）音质

音质也就是嗓音的音调、音色或声音。它往往是一个人声音的个性。如笛子有笛子的声音，而京胡有京胡的声音。音质取决于共鸣腔的状态和质量的变化。音质直接影响到声音是否优美悦耳，会影响到声音的表现力。最好的音质就是一种清楚悦耳的音调。音质上的障碍包括鼻音、呼气声、嘶哑的声音和刺耳的声音。

我们一方面要针对以上4个方面的因素进行良好的训练；另一方面，还要学会合理地控制它们，这样就可以使声音富于变化、轻重有别，从而更加有效地表达语言的思想内容。

【小训练】

（1）大声朗读下列成语，注意声母和韵母以及声调。

比翼双飞	披荆斩棘	满载而归	丰衣足食	大张旗鼓	推陈出新
南征北战	龙飞凤舞	高瞻远瞩	快马加鞭	和风细雨	洁身自好
轻歌曼舞	先人后己	正本清源	超群绝伦	生龙活虎	日新月异
责无旁贷	此起彼伏	四通八达	按部就班	呕心沥血	峨冠博带
依山傍水	闻过则喜	云淡风轻	而立之年	仗义执言	瞒天过海
鞍前马后	兵强马壮	催眠有术	灯红酒绿	飞檐走壁	甘霖普降
挥毫洒墨	坚决果断	鲲鹏展翅	捞钱索物	闷头写作	千锤百炼
酸甜苦辣	吞云吐雾	心明眼亮	争前恐后	因循守旧	巍然屹立

（2）向听众讲述一段个人经历中印象深刻的一件事。

要求：不要照稿宣读，注意吐字发音，并使自己的声音热情、自然、有表现力。可将自己的讲话用手机录下来，然后分析研究自己的录音，找到自己语言中的干扰词。再重复自己刚才讲述的内容，重复时注意克服这些干扰，尽量减少干扰词出现的频率。

二、发声练习

"发声"讲的是声音的问题。声音的好坏直接影响着说话的效果。传说古希腊演说家德莫切克第一次参加演讲比赛时以惨败收场，其中一个非常重要的原因就是他的嗓音嘶哑。后来，他苦练嗓音，终于成为享有盛名的演说家。优美的声音，会给人增添绚丽的光彩，而浊哑的声音，会使话语黯然失色。声音集中，才能洪亮，才能结实；声音自然，才能毫不做作；声音圆润，才能给人以美感。在发声训练中，我们要做到"集中、圆润、自然"。正确的发声方式是："开牙关，要微笑，舌根松，下巴掉，一条声柱通硬腭，声音集中打面罩。"

"开牙关，要微笑"，必然引起软腭上提，增加口腔的空间，并具有一定的力量，可以增加口腔的共鸣，使声音竖立、明亮、圆润，避免挤压出缺少共鸣、毫不悦耳的扁音来。后声腔适当打开，对充分运用胸腔、口腔共鸣也有好处。"舌根松，下巴掉"，是指喉部要放松，以免紧张，妨碍气息的流畅，产生挤压声音的现象。"下巴掉"不是说有意识地把下巴向下拉，而是让自己有一种下巴轻松得如同不存在似的感觉，目的还是让它松弛。"一条声柱通硬腭，声音集中打面罩"，是指结合气息的运用，要形成一条声柱（而不是一片）直通硬腭中心线，打到面罩上来，使声音集中，并具有穿透力。

在这个练习的基础上，才能进一步地对声音进行塑造。例如，在朗诵不同文体、不同风格、不同感情、不同人物性格和其他不同艺术形象的作品时，有了良好的发声基础，才能使声音富有表现力和感染力。

我们已经知道，声音的产生并不是单靠哪一个器官完成，而是呼吸器官、消化器官相互协同完成的。发声效果的好坏，与呼吸、声带、共鸣器官等有直接的关系。因此，要想提高声音的质量，使自己发出的声音更加富有表现力和感染力，就要从以下几个方面多加练习。

1. 控制气息

气乃声之源。一个人气量的大小、能否正确用气，对语音的准确、清晰度和表现力都有直接影响。唐代文学家韩愈曾说过："气，水也；言，浮物也。水大而物之浮者大小毕浮。气之与言犹是也，气盛则言之短长与声之高下者皆宜。"因此我们必须学会控制好气息，这样才能很好地驾驭声音。在语言交流中要想使声音运用自如、音色圆润、优美动听，就要学会控制气息，掌握呼吸和换气的技巧。

呼吸的紧张点不应放在整个胸部，而应放在丹田，以丹田、胸膛、后胸作为支点，即着力点。使力量有支点，声音才有力度。

1）吸气

吸气时，要双肩放松，胸稍内含，腰腿挺直，缓慢平稳地吸气。要领是：气下沉，两肋开，横膈降，小腹收。注意不要提肩，也不要让胸部塌下去。当气吸到七八成时，利用小腹的收缩力量控制气息，使之不外流。

【小训练】

抬重物时，必须把气吸得较深，憋着一股劲，后腰膨胀，腰带渐紧。这是正确的呼吸方法。多抬几次重物，找出以上感觉。

2）呼气

呼气时，要保持吸气时的状态，两肋不要马上下塌。小腹始终要收住，不可放开，在胸、腹部的努力控制下，将肺部储存的气息慢慢放出，均匀地向外吐。呼气要用嘴，做到匀、缓、稳。在呼气过程中，语音随之一个接一个地发出，从而使有声语言富有节奏。

【小训练】

假设桌面上有许多灰尘，要求吹而又不能吹得尘土飞扬。练习时，按吸气要领做好准备，然后依照抬重物的感觉吸足一口气，停顿两秒钟左右，向外吹出气息。吹气时要平稳、均匀，随着气息的流出，胸腹尽量保持吸气时的状态。尽量吹得时间长一些，直至将一口气吹完为止。

3）换气

在语言表达过程中，人们不可能一口气将所要说的内容全部说完，常需要根据不同的内容和表情达意的需要做时间不等的顿歇。许多顿歇之处就是需要换气或补气之处，以保证语气从容、音色优美，防止出现气竭现象。

换气有大气口和小气口两种换气方法。大气口是在类似于朗读、演讲这样的表达时，在允许停顿的地方先吐出一点气，然后马上深吸一口气，为下面要说的话准备足够的气息。这种少呼多吸的大气口呼吸一般比较从容，也比较容易掌握。小气口是指表达一段较长的句子时，气息用得差不多了，但句子未完而及时补进的气息。补气时，可以在气息能够停顿的地方急吸一点气，或在吐完前一个字时不露痕迹地带入一点气，以弥补底气的不足。这种换气法无声、音断气连，难度较大。

【小训练】

（1）高声朗读《高山下的花环》中雷军长的一段演说，安排好换气："我的大炮就要万炮轰鸣，我的装甲车就要隆隆开进！我的千军万马就要去杀敌！就要去拼命！就要去流血！可刚才，有那么个神通广大的贵妇人，她，竟有本事从千里之外把电话打到我这前沿指挥所。她来电话干啥？她来电话是要我给她儿子开后门，让我关照关照她儿子！奶奶娘！走后门她竟敢走到我这流血牺牲的战场！我在电话里臭骂了她一顿！我雷某不管她是天老爷的夫人，还是地老爷的太太，走后门，谁敢把后门走到我这流血牺牲的战场上，没二话，我雷某要让她儿子第一个扛上炸药包去炸碉堡！去炸碉堡！"

（2）练习下面的绕口令。开始做练习时，中间可以适当换气，练到有了控制能力时，逐渐减少换气次数，最后要争取一口气说完。

五组的小组长姓鲁，九组的小组长姓李。鲁组长比李组长小，李组长比鲁组长老。比李组长小的鲁组长有个表姐比李组长老，比鲁组长老的李组长有个表姐比鲁组长小。小的小组长比老的小组长长得美，老的小组长比小的小组长长得丑。丑小组长的表姐比美小组长的表姐美，美小组长的表姐比丑小组长的表姐丑。请你想一想：是鲁组长老，还是鲁组长的表姐老？是李组长小，还是李组长的表姐小？是五组小组长丑，还是九组小组长丑？是鲁组长表姐美，还是李组长表姐美。

气息控制训练可以把握"深、通、匀、活"四字方针，注意气息和内容的结合。单纯的语音、气息训练效果并不好，需要大家在实际朗读过程中不断体会、运用。

2. 训练共鸣

共鸣是指人体器官因共振而发声的现象。在产生共鸣的过程中，共鸣器官把发自声带的原声在音色上进行润饰，使声音圆润、优美。科学调节共鸣器官可以丰富或改变声音色彩，同时起到保护声带的作用，延长声带的寿命。用声的共鸣重心在口腔上下，以口腔共鸣为主。一般提到的共鸣腔有头腔、鼻腔、口腔、胸腔，这四个共鸣腔是最基本的共鸣腔。声乐学习中还提到腹腔共鸣，不过有些人并不赞同这个提法。要想使声音圆润集中，就需要改变口腔的共鸣条件。发音时双唇集中用力，下巴放松，打开牙关，喉部放松，提额肌、颊肌、笑肌，在共同运动时，嘴角上提。可以通过张口吸气或用"半打哈欠"感觉体会喉部、舌根、下巴放松，这时的口腔共鸣会加大。在打开口腔的同时，注意唇的收拢。

1）鼻腔共鸣

鼻腔共鸣是由"鼻窦"实现的。鼻窦中的额窦、蝶窦、上颚窦、筛窦等，它们各有小小的孔窦与鼻腔相连，发音时这些小孔窦起共鸣作用，使声音响亮、传得更远。运用鼻腔时，软腭放松，打开口腔与鼻腔的通道使声音沿着硬腭向上走，使鼻腔的小窦穴处充满气，头部要有振动感。这样，发出的声音才会震荡、有弹力。但要注意，鼻腔色彩不能过量，过量就会形成"鼻囊鼻音"。

【小训练】

词组练习：妈妈　光芒　中央　接纳　头脑

蓝蓝的天上白云飘，白云下面马儿跑，挥动鞭儿响四方，百鸟齐飞翔。

2）口腔共鸣

口抬起，呈微笑状，使整个口腔保持一定张力，口腔壁、咽腔壁的肌肉处于积极状态。这样，声带发出的声音随气流的推动流畅向前，在口腔的前上部引起振动，形成共鸣效果。共鸣时要把气息弹上去，弹到共鸣点。声音必须集中，同时还要带上感情，兴奋起来，这样才会达到一个好的共鸣效果。

【小训练】

词组练习：澎湃　冰雹　拍照　平静　抨击　批评　哗啦啦　哽咽

绕口令：山上五株树，架上五壶醋，林中五只鹿，柜中五条裤；伐了山上树，取下架上醋，捉住林中鹿，拿出柜中裤。

3）胸腔共鸣

胸腔是指声门以下的共鸣腔体，属于下部共鸣腔体，它可以使声音结实浑厚、音量大。运动胸腔共鸣时，声带振动，声音反着气流的方向通过骨骼和肌肉组织壁传到肺腔，这时胸部会明显感到振动,从而产生共鸣。有了这个底座共鸣的支持,声音才会真实、不飘。胸腔的空间及共鸣能量越大,发出的声音就越有深度和宽度,声音也会更浑厚、宽广。

【小训练】

(1)胸腔共鸣训练

"a"元音直上、直下、滑动练习

词组练习:百炼成钢 翻江倒海 追悔莫及

小柳树,满地栽,金花谢,银花开。

(2)发声练习

口腔打开,使下面一组音从胸腔逐渐向口腔、鼻腔过渡。要求放慢、拖长、找准共鸣位置。

a-mai-mao-mi-mu

(3)假设分别在教室、大礼堂、体育场等地,向1个人、10个人、50人、1 000人朗诵或喊口令,十分准确地运用声音。

在进行共鸣训练时,扩大共鸣腔要适度,不能无限制,要以不失本音音色为前提。同时,应该学会控制共鸣腔肌肉的紧张度,保持均衡的紧张状态。另外,共鸣腔各部位包括肌肉要协同动作,这样声音的质量才能真正提高。

3. 吐字归音

吐字归音是汉语(汉字)的发声法则,即"出字"和"收字"的技巧。我们把一个字分为字头、字腹和字尾三部分,"吐字"是对字头的要求,"归音"是对字腹尤其是对字尾的发音要求。

1)吐字

吐字也叫咬字。一是注意口型,口型该大开时不能半开,该圆唇的时候不能展唇,尽量使声音"立"起来;二是注意字头,字头是字音的开始阶段,要求叼住弹出。要做到吐字清晰,发音有力,摆准部位,蓄足气流,干净利落,富有弹性。只有这样吐字才能使声音圆润、清楚。

【小训练】

读下面的绕口令。先慢读,注意分辨声母,发好字头音,读准声调,读几遍后再加速。

(1)白石白又滑,搬来白石搭白塔。白石塔,白石塔,白石搭石塔,白塔白石搭。搭好白石塔,白塔白又滑。

(2)四和十,十和四,十四和四十,四十和十四。说好四和十,得靠舌头和牙齿。谁说四十是"细席",他的舌头没用力;谁说十四是"适时",他的舌头没伸直。认真学,常练习十四、四十、四十四。

2)归音

字尾是字音的收尾部分,指韵母的韵尾。归音是指字腹到字尾这个收音过程。收音时,唇舌的动作一定要到位,字腹要拉开立起,即在字腹弹出后口腔随字腹的到来扯起适当度,共鸣主要在这儿体现。然后收住,要收得干净利落,不拖泥带水,但也不能草草收住。如"天安门"三个字收音时舌位要平放,舌尖抵住上齿龈,归到前鼻韵母"n"音上。只有这样归音才到位,才能使声音饱满,富有韵味。

【小训练】

读下面的绕口令,注意"n"和"ng"的收音。

梁家庄有个梁大娘，梁大娘家盖新房。大娘邻居大老梁，到梁大娘家看大娘，赶上梁大娘家上大梁，老梁帮着大娘扛大梁，大娘稳稳当当上了墙，大娘高高兴兴谢老梁。

三、朗读技巧

朗读，是指把文字作品中的书面语言转化为有声语言的再创造活动，具体是指运用普通话把书面作品的思想内容明确、清楚、富有感情地表达出来，使听众从中受到教益。朗读训练是普通话语音训练的继续、巩固和提高，又是一般口语交际训练的必备基础，具有十分重要的意义。学习朗读，不仅有助于增强对有声语言的感受能力，掌握运用有声语言的技巧，积累语言素材，而且能有效地锻炼口才。林肯就是"朗读训练法"的受益者，他把拜伦的诗集，一本放在家里，一本放在办公室，一有空就拿出来朗读。他的朗读方法多种多样，有时低沉缓慢，有时激情爆发，有时变化角色，如痴如醉。长期的朗读，训练了语音，丰富了词汇，培养了语感，对他声情并茂的演说风格的形成产生了很大的影响。

1．朗读的准备

朗读需要靠有声语言来表达作品的思想内容，要求忠实于原作品的文字。因此朗读必须使用普通话标准音，做到朗读文字不增、不减、不改、不错，并且语言要流畅自然、不结巴、不重复；停连恰当，语调变化轻重得体，语速合适，情感鲜明。要使朗读达到以上效果，一定要有必要的准备。

1）读准字音

汉字有异读词、多音多义字的区别，还有一些姓名、古代国名、地名等专有名词常常有特定的读法，一不注意就难免出错，影响朗读的流畅度，甚至造成笑话。因此，朗读前应扫除字词障碍，遇到不认识或有疑惑的字词时要马上查字典、词典，不要存侥幸心理、忽略不理。

2）理解作品

朗读不但要忠实于原作，而且要求朗读者再现作品中人物的思想感情。要达到这个目标，朗读者必须反复阅读作品，加深对作品的理解。实践证明，只有当朗读者真正理解了作品并被作品感动，才能很好地传情达意，听众也才可能受到感动，产生共鸣。

3）形象感受

朗读前对作品的理解固然重要，但仅有理性认识远远不够，还必须有深切的形象感受。也就是说，朗读者要透过作者所写的文字，感触到客观外界的种种事物，以及事物的发展、运动状态，使表现情、景、物、人、事、理的文字符号在朗读者内心跳动起来，从而产生朗读的强烈愿望。

在这几步准备工作中，形象感受尤为重要，它不仅是理解的基础，而且贯穿整个准备过程，对成功朗读有极为重要的作用，应重点训练。形象感受主要来源于作品的形象，为了使作品中的形象在朗读者的心里活起来，应注意训练以下几点。

（1）抓"实词"。"实词"是语句中表达形象的关键词，实词处理得好，作品中的情、景、物、人、事、理在朗读时就会活起来，好像"看到""听到""闻到""尝到"一样。例如，《卖火柴的小女孩》开头三句"天冷极了，下着雪，又快黑了"。其中"冷""雪""黑"就是表达形象的实词，因此朗读时不应仅仅把它们看成白纸黑字，而应透过这些实词，看到天色、雪花，从而感到"冷"。

（2）运用综合感知。朗读者朗读时，要注意调动视觉、听觉、嗅觉、触觉以及时间觉、空间觉、运动觉等各种感知能力，不断加强训练，培养语感能力，使作品中的形、声、色、味真正受之于心，如见其人，如闻其声。例如：

江南的雪，可是滋润美艳之至了，那是还在隐约着的青春的消息，是极壮健的处子的皮肤。雪野中有血红的宝珠山茶，白中隐青的单瓣梅花，深黄的磬口的腊梅花；雪下面还有冷绿的杂草。（鲁迅《雪》）

当朗读这个片断时，虽然我们眼里没有雪地、花草以及色彩，但通过文字我们感受到了非常丰富的色彩：红是"血红"，青是"白中隐青"，黄是"深黄"，绿是"冷绿"。这就是由视觉想象引起的形象感受。

（3）调动生活储备。生活是创作的基础，作家在生活的基础上展开想象，创造出丰富多彩的艺术世界。因此，朗读时也应调动自己的生活储备，进入作品的艺术世界，获得真切的感受。著名配音演员曹雷就曾这样描绘自己的朗读体验。

我曾经见到东山橘林，记得一接近橘林，映入眼帘的是一望无际的绿色海洋，数不清的杏黄色的果实，有如天上的星星点缀其间，好看极了。周围是那样宁静，使人感到心胸异常开阔。走入林间，一股清香沁人心脾。我贪婪地呼吸着这令人陶醉的空气，似乎进入了一个没有一丝污尘的清爽世界。那种心旷神怡的感觉，简直难以用言语表达。现在，我要朗诵的这篇散文是描绘西山橘林的，与我见到的东山橘林相比，无论是规模、高矮都有差异，但其色调、氛围、意境、形态却基本上是一致的。于是朗诵时我借助游览东山橘林时的生活体验，脑海中的想象顿时活跃起来。我采用了舒展的语调，力图表现作者置身于橘林之中那种异常旷达、酣畅的心境，把西山橘林的图景形象地展现在听众面前。

朗读也是"工夫在诗外"，没有丰厚的生活历练也是不行的。将生活历练融入自己的朗读之中，将会收到极佳的朗读效果。

2. 诗歌的朗读

诗歌作为文学作品的一种，其特点是语言精练，韵律和谐，激情澎湃，想象丰富，意境深邃。因此，诗歌朗读训练除了把握上文所介绍的准备技巧外，还应该注意以下两点。

1）读出诗歌的意境

意境是衡量诗歌及其朗读的重要标准。朗读诗歌前要用心体会构成诗歌意境的情、景、事、理及它们相互间的关系，进而理解诗中所表现的意境。朗读时，要随作者一起展开丰富的想象，要充分调动生活储备，联系自己直接或间接的生活体验，身临其境地体会诗的意境。只有进入了诗的意境，才算真正理解了一首诗，也才能把诗中景、情，通过有声语言展现在听众面前，使听众能触景生情，情景再现，如同进入诗境一般。例如，柳宗元的代表作之一《江雪》：

"千山鸟飞绝，万径人踪灭。孤舟蓑笠翁，独钓寒江雪。"

全诗只用了20个字，给我们描绘了一幅图画：在下着大雪的江面上，一叶小舟，一个老渔翁独自在寒冷的江上垂钓。朗读时，应向听众传达这样一些内容：天地之间是如此纯洁而寂静，一尘不染，万籁无声。渔翁的生活是如此清高，渔翁的性格是如此孤寂。但这还没有读出诗的意境，朗读时要进一步去想象、思考：为什么要花如此大的力气描写渔翁垂钓的背景？渔翁形象代表什么？作者在诗中要表达什么样的感情？只有明了柳宗元是借山水描写来衬托垂钓的渔翁，借歌咏隐居孤傲的渔翁，来寄托自己清高而孤寂的情感，抒发自己被贬后的郁闷和苦恼，全诗的幽僻、冷清、孤寂的意境才能真正表达出来。

2）读出诗歌的音乐美

诗歌的音乐美主要表现在诗歌的节奏和韵律两方面。诗歌中的节奏，也就是音乐中的节拍，它是诗歌生命的重要因素。诗歌的诗味，可以说是从节奏中来，每首诗都有或多或少的诗行，而每一行诗，都是由或多或少的音节组成的。而每一行诗中，几个音节就组成一个音步，音步就是诗行中有规律的停顿。诗歌中的节奏，就是由诗歌的音步体现出来的。如陈子昂的《登幽州台歌》：

"前—不见—古人，后—不见—来者；念—天地—之—悠悠，独—怆然—而—涕下。"

一共是 4 行诗、14 个音步。朗读时，各音步之间略作停顿成拖腔，每个音步所用的时间大体相等，这样读起来就有一种节奏感。而且，前两句由于只有三个音步，相对显得急促，传达了诗人生不逢时、郁郁不平之气；后两句增加了一个虚词"之"和"而"，多了一个停顿，相对显得舒缓流畅，表现了他无可奈何、唉声长叹的情绪。

3. 散文的朗读

散文作为文学体裁的一种，其特点是通过对某些生活片断的概括、描写，表现作者的思想感情，并揭示其社会意义。散文篇幅不长，形式自由，不一定具有完整的故事情节。语言不受韵律的约束，可以抒情，可以叙事，也可以发表议论，甚至三种兼有。因此，散文朗读训练应把握好以下三点。

1）把握作品的"神"

朗读散文时要想达到吸引人、感染人，给人久久回味和哲理的启迪，关键在于把握并读出作品的主题。散文的主题也就是作品的"神"，散文所涉及的一切，都不能离开这个"神"。"神"就如彩线穿珠似的，把那些五花八门、色彩斑斓的人、事、物、景串成一个完整的艺术整体。朗读时，读者必须寻找"神"这根主线，只有寻到了这根主线，才能把握作品的基调，进而把握作者感情的起伏变化，从而准确地表情达意。例如，朱自清的散文《春》是一篇写景散文，作者通过对春天来到时万物复苏、一派欣欣向荣的美好景象的描写，表达了作者轻快欢畅、愉快的心情，因而其基调应是优美、舒缓、乐观向上的。

2）把握作品的"形"

把握作品的"形"主要是指把握好作品中具体生动的形象。散文朗读就是要用有声语言再现作者创造的动人形象，给听众一种如见其人、如闻其声、如临其境的感觉，只有这样，才能使朗读产生感染力。例如，在朗读朱自清的散文《背影》时，应该想象自己正置身于火车站台，仿佛真的看到父亲两手攀着月台，两脚向上缩，肥胖的身子向左微倾，正努力向上爬的样子，并且仿佛真的感到自己的鼻子发酸，眼泪正簌簌往下流。这样，才能像诉说自己的亲身经历那样表达作者的深情。

3）感情真挚饱满

散文长于抒情，朗读时不能消极地照本宣科，也不能一味地玩弄技巧，而应投入真挚饱满的情感，以情带声、以声传情，做到声情并茂，这样才能产生感人的力量。再以朱自清的散文《背影》为例，这篇散文以背影为线索，抒发了对父亲的深情。朗读时，我们应当深刻体会作者对父亲的一片深情，与作者的思想感情产生共鸣，并进一步把作者的思想感情转化为自己的思想感情，这样才能做到充满深情，以情带声、以声传情。

【小训练】

朗读下面这篇散文，一要用普通话；二要综合运用有声语言的技巧；三在朗诵时注意有声语言的运用原则。

春

朱自清

盼望着，盼望着，东风来了，春天的脚步近了。

一切都像刚睡醒的样子，欣欣然张开了眼。山朗润起来了，水涨起来了，太阳的脸红起来了。

小草偷偷地从土里钻出来，嫩嫩的，绿绿的。园子里，田野里，瞧去，一大片一大片满是的。坐着，躺着，打两个滚，踢几脚球，赛几趟跑，捉几回迷藏。风轻悄悄的，草软绵绵的。

桃树、杏树、梨树，你不让我，我不让你，都开满了花赶趟儿。红的像火，粉的像霞，白的像雪。花里带着甜味儿，闭了眼，树上仿佛已经满是桃儿、杏儿、梨儿。花下成千成百的蜜蜂嗡嗡地闹着，大小的蝴蝶飞来飞去。野花遍地是：杂样儿，有名字的，没名字的，散在草丛里像眼睛，像星星，还眨呀眨的。

"吹面不寒杨柳风"，不错的，像母亲的手抚摸着你。风里带来些新翻的泥土的气息，混着青草味儿，还有各种花的香，都在微微润湿的空气里酝酿。鸟儿将巢安在繁花嫩叶当中，高兴起来了，呼朋引伴地卖弄清脆的喉咙，唱出宛转的曲子，跟轻风流水应和着。牛背上牧童的短笛，这时候也成天嘹亮地响着。

雨是最寻常的，一下就是三两天。可别恼。看，像牛毛，像花针，像细丝，密密地斜织着，人家屋顶上全笼着一层薄烟。树叶儿却绿得发亮。小草儿也青得逼你的眼。傍晚时，上灯了，一点点黄晕的光，烘托出一片安静而和平的夜。在乡下，小路上，石桥边，有撑起伞慢慢走着的人；地里还有工作的农民，披着蓑戴着笠。他们的房屋，稀稀疏疏的，在雨里静默着。

天上风筝渐渐多了，地上孩子也多了。城里乡下，家家户户，老老小小，也赶趟儿似的，一个个都出来了。舒活舒活筋骨，抖擞抖擞精神，各做各的一份事儿去。

"一年之计在于春"，刚起头儿，有的是工夫，有的是希望。

春天像刚落地的娃娃，从头到脚都是新的，它生长着。

春天像小姑娘，花枝招展的，笑着，走着。

春天像健壮的青年，有铁一般的胳膊和腰脚，领着我们上前去。

朗读提示：《春》的朗读，要始终把握赞美春天的主题。围绕这一主题，全文从三个方面展开：第一部分为"盼春"（盼望着……春天的脚步近了），第二部分为"描春"（一切都像刚睡醒的样子……），第三部分为"颂春"（一年之计在于春，领着我们上前去）。朗读时，一定要进入作品的意境，把握作品中的"形、声、色、味"，似乎真正"看到、听到、闻到、触到"春天的美景。例如，"吹面不寒杨柳风……这时候也成天嘹亮地响着。"这一段描写春风，主要从三个层面展开：一是春风"像母亲的手抚摸着你"，这是触觉的感受，在这里要突出"母亲的手"的感觉；二是风送芳香，土气、草味、花香都在"微微湿润的空气里酝酿"，这是嗅觉的感受，朗读时要读出春风里都有什么香味；三是风传乐声、鸟语、笛韵，交相呼应，朗读时要突出听觉方面的感受。

四、有声语言的运用

语言交流的效果不仅要靠语言内容本身，合理地运用各种有声语言的技巧手段，也是表达获得成功的关键。

1. 有声语言的运用技巧

有声语言的美是语言中的音节排列组合后体现出的一种均衡和谐的美。有声语言的运用技巧主要包括以下五个方面

1）语调

俗话说，听话听音，锣鼓听声。生动多变的语调是一种表意功能很强的口语修辞手段。语调高低升降的变化可以表达不同的含义，常见的有以下几种。

（1）高升调。常用于呼唤、号召、惊疑等情感较为激昂的句子。例如：

让我们高举起振兴中华民族的希望火炬，去奋斗！去开拓！去创造我们美好的未来！

（2）平直调。多用于一般的叙述、说明句。例如：

我不相信天上有上帝、宇宙有鬼神，但我相信，每个人都有他自己的命运。

（3）抑降调。多用于祈使、感叹等句子。例如：

每个人都有自己的人生航线，但是没有一条会是笔直的，它充满着曲折，我们的历史就是这样。

（4）曲折调。一般表示含蓄、反诘、夸张等情感。例如：

什么"公平竞争""机会均等"，全是骗人的鬼话。

【小训练】

根据括号内的提示，用恰当的语调说出下面的话。

"你到这里来过？"

（1）高兴（这太好了！）

（2）惊讶（真没有想到。）

（3）怀疑（这可能吗？）

（4）责怪（你不应该来呀！）

（5）愤怒（真是太不像话了！）

（6）惋惜（唉！无可挽回的过失。）

（7）轻蔑（这种地方你也来，你是什么东西！）

（8）冷漠（是否来过与我无关。）

2）重音

重音是指在句子中某个词语说得特别重或者特别长。重音通常分为两类：一类是与句子的结构有关，叫作结构重音；另一类与强调的某个潜在的语义有关，叫作强调重音。在说话人没有任何强调的意思时，句中的结构重音就起作用了，这时的重音是由句中组成成分之间相比较而存在的。例如，在简单的主谓句中，旨在说明主语"怎么样了"时，相比之下，谓语重些。如小王买了（重音在"买"）。如果句中有宾语，则宾语较重，如小王买电脑了（重音在"电脑"）。如果句中有修饰语，则修饰语较重，如楼上的小王买电脑了（重音在"楼上"）。强调重音没有固定的位置，是根据表达者所要强调的潜在意义决定的，但强调重音也不是随心所欲的，要根据上下文的意思决定。例如，我们要起诉施虐者（实施起诉的不是别人）；我们要起诉施虐者（不是采取别的行动，是起诉）；我们要起诉施虐者（起诉的对象是施虐者）。

【小训练】

说出下面的话，注意重音。

他吃了一块蛋糕。

他吃了一块蛋糕。

他吃了一块蛋糕。

他吃了一块蛋糕。

3）停顿

停顿是指在语言交流中的语句或是词语间声音上的间歇。停顿一方面是由于我们生理和心理的需要；另一方面它也起控制节奏、强调重点的作用；同时也是给听者一个思考、理解和接受的时间，使听者更好地理解语义。停顿有多种性质，一是语法停顿，这类停顿基本依据标点来处理，如句号、问号、感叹号的停顿就要比顿号、逗号、分号的长；二是层次停顿，语义的层次需要停顿来表达清楚，这既包括语言中大的意思层次，如一节或一段，也指一句话中语义的层次；三是呼应性的停顿，如果是一大段的语言内容，往往会出现整体性的呼应或是局部呼应，这种情况下声音必须停顿，否则就会造成呼应中断，影响语义的表达，如"这对小燕子，便是我们故乡的那/一对，两对吗？"（郑振铎《海燕》）四是音节性停顿，这主要是指节奏感比较强的诗词朗读时，如"空山/新雨后，天气/晚来秋"；五是强调性停顿，即为了突出句中的某些重要词语，而在这些词语的前或后稍加停顿，如"有的人活着/他已经死了；有的人死了/他还活着"（臧克家《有的人》）。

4）语速

语速是指语言节奏的快慢。它是体现语言节奏、表达思想感情的重要手段。在现实生活中，凡是兴奋、激动，就会语速加快；而沉思、平静时，语速就会变慢。因此，一方面语速的运用要与内容、情感有关，另一方面也受不同场合的影响。做报告、播音的语速就相对较慢，而讲课的语速则要快一些，最快的则是我们常常听到的体育赛事的转播解说。

5）抑扬

抑扬是指语调高低升降的变化。抑扬顿挫才会引人入胜。下面几种语言节奏较为常用，应注意掌握。

（1）高亢型。声音偏高，起伏较大，语调昂扬，语势多上行。用于鼓动性强的演说、叙述一件重大的事件或宣传重要决定及使人激动的事。

（2）低沉型。语流偏慢，语气压抑，语势多下行。多用于悲剧色彩的事件叙述，或慰问、怀念等。

（3）凝重型。声音适中，语流适当，既不高亢，也不低沉，重点词语清晰沉稳，次要词语不急不促。用于发表议论和某种语重心长的劝说，或抒发感情等。

（4）轻快型。多扬少抑，听起来不费力。日常性的对话、一般性的辩论都可使用这种语言节奏。

（5）紧张型。语流较快，句中不延长停顿。用于重要情况的汇报、必须立即加以澄清的事实申辩等。

（6）舒缓型。声音不高也不低，语流从容，既不急促，也不大起大落。属于说明性、解释性的叙述，学术探讨等宜用。

在不同的场合，要注意运用有效的发音。坚毅激进的声音，可以给人一种奋进感；柔和清脆的声音使人愉快；低缓忧郁的声音让人感伤；而粗俗急躁的声音使人愤怒。所以，要试着去掉自己的发音障碍，调整节奏和音色，使有声语言富有节奏，展示出声音和谐之美，做个说话受人欢迎的人。

【小训练】

综合运用有声语言中的重音、语速、停顿、抑扬等技巧，根据语言的环境，读下面的内容。

（1）伙计们都寻思起来，想什么办法呢？玉宝坐在旁边也想了一会儿，笑着说："叔叔，我有个好办法，咱们大家出口气，把那老小子打一顿。"（选自高玉宝《半夜鸡叫》）

（2）康大叔显出看他不上的样子，冷笑着说："你没有听清我的话，看他的神气，是说阿义可怜哩。"（选自鲁迅《药》）

（3）我为少男少女们歌唱，我歌唱早晨，我歌唱希望，我歌唱那些属于未来的事物，我歌唱正在生长的力量。（何其芳《我为少男少女们歌唱》）

（4）范柳原冷冷地道："你不爱我，你有什么办法，你做得了主吗？"白流苏道："你若真爱我的话，你还顾得了这些！"范柳原道："我不至于那么糊涂。我犯不着花了钱娶一个对我毫无感情的人来管束我。那太不公平了。对于你，那也不公平。噢，也许你不在乎。根本你以为婚姻就是长期的卖淫合同。"（选自张爱玲《倾城之恋》）

（5）一生中能有这样两个发现，该是很够了，即使只能做出一个这样的发现，也已经是幸福的了。但是马克思在他研究的每一个领域，甚至数学领域都有独到的发现，这样的领域是很多的，而且其中任何一个领域他都不是肤浅地研究的。（选自恩格斯《在马克思墓前的讲话》）

2. 有声语言的运用原则

1）热情

热情是对表达内容的兴奋之情或激情，使声音听起来富有表现力。表现力是热情的最大信号，通过改变音高、音量、语速等使声音与语言内容、思想情感相吻合，使听众更加理解，哪怕是表达者语义上的细微差别。而完全缺乏热情则会造成声音单调，这会使交流的气氛沉闷压抑，使听众昏昏欲睡。热情的声音就好像是一盆火，听众即使是一块冰也会被烤融化的。

2）自然

自然意味着当我们在讲话时对语言的内容和意图要有回应，使语言富有活力、真实。要想做到声音自然，对语言内容的熟悉非常重要；此外不要死记硬背语言内容，要学会自然地表述，使其听起来好像讲话者在用心考虑语言内容和他的听众。"宁要自然的雅拙，也不要做作的乖巧"。卡耐基认为，演讲时声音自然，才能把意念表达得更为清楚、更为生动；否则，难以引起听众的共鸣。

3）流畅

有效的表达不仅是声音热情、自然，它同时还应该是流畅的，即没有犹豫和语音干扰。大多数人在语言交流中偶尔会犯语音干扰的小毛病，这些小毛病也就是干扰流利语言的无关声音，如"啊""嗯""呢"等单音节词或"然后""这个""那个""并且"等无实际意义的双音节词。当这些干扰过多时，听众就会注意到这些干扰，从而影响了对语言内容的注意。日常训练时，我们要挑出属于自己的干扰词，并用心练习去除这些干扰词。

【小贴士】

控制好声音这种"乐器"

在下面这些场合中，我们应该努力控制好声音这种"乐器"，并培养正确的职场形象。

（1）阐述性场合。在需要平静地表达自己思想的场合中，注意运用较为中等的音调，语音也不必过于抑扬顿挫，否则会打破现有的平衡，而让他人误以为你是惯于在这种场合做作的人。尤其需要注意的是，平静的论述并不代表完全死气沉沉的音调；让你的声音具备一定的厚度和共鸣，相信比较能得到他人的认可。

（2）讨论性场合。在需要凸显自己的形象、展现自己的能力或者用自己的观点说服他人的场合下，你必须用更高一点的音调，让声音具备一定的穿透力。发自胸腔和腹腔的力量能够使你的声音显得比较洪亮，同时也能吸引他人关注你个人的主导者形象。

（3）私下场合。同事或客户之间私下交流的场合，声音比较"低调"才是最好的一种形象。此时，要运用较少的共鸣和力量，同时可以让说话的语气和发音都变得更随和一点，语速也可以略微减慢，这样，对方将意识到你很乐于同他们做进一步的接触，也能感受到你更全面的形象。

第三节　态势语言

人们在语言交流中除了借助有声语言外，还需要借助个人形象、动作举止、面部表情、服饰着装等其他手段向听众传递信息，这些非语言的因素被称为态势语言，也被称作无声语言。它们既可以独立表达思想感情，又可以协助有声语言共同完成信息的传达。态势语言作为一种视觉形象，在语言交流中起着十分重要的作用。它可以增强语言的感染力度，渲染语言的环境气氛，更能形象地传递信息，更加有效地表达说话者的情感，更直观地昭示心灵，使整个语言充满了魅力。

人们在学习语言交流中的态势语言时，容易产生误区，错误地将态势语言单纯地理解成为了配合语言而设计的特定态势。这样的理解太过片面。事实上，语言交流中的态势语言无时不在，无论我们是否承认，人们在口语交流的整个过程中总是以某种态势出现在他人面前的，并且其态势可能恰当，对语言效果产生积极的作用；也可能不恰当，对语言效果产生消极的作用。因此，在学习态势语言的过程中，要正确理解态势语言的含义，在训练中能够有效地设计自己的态势语言，修正自身态势语言中的不足，使态势语言与有声语言完美地结合。

一、态势语言的作用

美国心理学家艾伯特·梅拉比安通过长时间的观察和实验得出一个结论：人们在交流中的信息表达由三个方面组成：55%的体态、38%的声调及7%的语气词。由此可见态势语言在语言交流中的重要作用。人们不可能接受一个面部毫无表情、身体僵化的人滔滔不绝的言论，尽管其语言可能非常流畅。僵化的态势语言向人们传递着某种信息：听众会认为他是一个心理素质极差、缺乏沟通能力、没有思想、毫无生气的留声机。对此听者是不可能忍受的。相反，一名哑剧演员在台上即使不发声，也会使听众完全领会他要表达的内容和情感；交通警察在指挥交通时单凭手势就足以使每一个过往司机和行人明白其意图。人们在语言的交流中如果能够有效地运用态势语言，使有声语言与态势语言融为一体，相互补充，言辞接于耳，姿态接于目，两者合而为一，就能获得语言交流的成功。

1. 对有声语言的替代与补充

有声语言作为语言交流中最主要的一种表达手段，是信息传递的主要载体，而态势语言是指语言交流中的姿态动作、手势、表情等。它是流动着的形体动作，辅助有声语言承载着思想和感情，诉诸听众的视觉器官，产生效应。"言之不足，故手之舞之，足之蹈之"。态势语言信息含量丰富，虽然在语言交流中处于从属地位，但它却能够替代和补充有声语言，简洁直观，听者一看则明。

2. 对有声语言的突出与强化

在语言交流过程中，会经常出现单凭有声语言表达效果不尽完善时。通过态势语言可以对有声语言不便说、不好说或不尽完善的方面加以完善补充，进而起到强化的作用。恰到好处的有声语言表达与自然得体的态势语言相互配合，能够更加形象、准确地传递信息，强化表达的感染力，拉近语言交流双方的心理距离。林肯经常在谈话途中停顿。当他说到一项要点，而且希望他的听众在脑中留下极为深刻的印象时，他会倾身向前，直接望着对方的眼睛，足足有一分钟之久，但却一句话也不说。这种突然而来的沉默和突然而来的嘈杂声有相同的效果，使得在场的每个听众都提高注意力并警觉起来，注意倾听他下一句将说些什么。例如，在他和道格拉斯那场著名的辩论接近尾声时，所有迹象都表明他已失败。他因此感到沮丧。在演说的最后，林肯突然停顿下来，默默站了一分钟，望着他面前那些听众的面孔，他那深陷下去的忧郁的眼睛跟平常一样，似乎满含未曾流下来的眼泪。他把自己的双手紧紧并在一起，仿佛它们已太疲乏了，无法应付这场战斗。然后，他以他那独特的单调声音说道："朋友们，不管是道格拉斯法官或我自己被选入美国参议院，那都是无关紧要的，一点关系也没有。但是我们今天向你们提出的这个重大问题才是最重要的，远胜过任何个人的利益和任何人的政治前途。朋友们，"说到这儿，他又停了下来，听众们屏息以待，唯恐漏掉了一个字，"即使在道格拉斯法官和我自己的那根可怜、脆弱、无用的舌头已经安息在坟墓中时，这个问题仍将继续存在、呼吸及燃烧。"为林肯写传记的一位作者指出："这些简单的话，以及他当时的演说态度，深深打动了每个人的内心。"

3. 对听众情绪的调控与引导

态势语言在语言交流的整个进程中对听众会起到微妙的、不易察觉的情绪上的调控与引导作用。人们可以运用态势语言来影响听众，使听众的理解向着有利于自己的方向发展。有时单独依靠态势语言，还能起到"此时无声胜有声"的效果。

4. 对个人素质的无声展示

态势语言不仅可以补充、替代、强调有声语言，也是一个人思想情感的外化，是个人修养、风度、个性等方面的展示。良好的态势语言，能够提升一个人在听众心目中的地位，从而建立一种信任，同时还能给听众带来美好和谐的审美愉悦。而不当的态势语言则会降低其在听众心目中的地位，影响听众对其语言信息的接收。例如，一个人举止从容，说明其为人冷静；慌慌张张说明其不够自信或是缺少条理；面部微笑，说明心态阳光，对听众友好；而面部僵化说明其历练不足或是心理素质欠佳等。无论我们是否有意识地使用着态势语言，我们总是以某种态势出现在听众面前，而这种态势能够把人的性格特征、内在涵养等方面的信息无声地传递给听众。态势语言既是一个人德、才、学、识等各方面修养的外化，也是其特有的行为气质的外在方式，《世说新语·容止》载，"魏武将见匈奴使，自以形陋，不足雄远国，使崔季硅代，帝自捉刀立床头。既毕，令间谍问曰：'魏王何如？'匈奴使答曰：'魏王雅望非常；然床头捉刀人，此乃英雄也。'魏武闻之，追杀此使。"虽然曹操装扮成地位低下的卫士，可是，曹操高度的政治、军事文化素养，长期养成的封建时代的政治家的特有气质，并没有被他矮小的身材所掩盖，从而被匈奴来使一语道破。

【拓展阅读】

态势语言的含义

- 小幅度摇腿或脚表示紧张。
- 将一只脚放在另一只脚上表示兴奋。
- 脚尖的指向度过于偏则给听众一种"不太热情"之感。
- 弯腰给人一种压抑情绪。
- 频频将手插入衣袋给人一种紧张的表现，尤其是拇指向外更不雅观。
- 将两手大拇指呈八字形插放侧面有一种威严感。
- 如果猛然坐下，给听众的感觉是演讲者太随便、太紧张。
- 挺直腰部反映出情绪高昂、充满自信，但太过头则给人一种骄狂之感。
- 深坐给人一种老成之感，但年轻人演讲时忌用。
- 突出腹部表示自信满足，如果刻意体现则表达趾高气扬之感。
- 轻拍自己腹部，表示自己有风度和雅量。
- 把手按在腰腹上表示自己忠诚、可靠。
- 耸肩表示示威和吓唬对方，配合摇头或双手表示不明白、没办法之意。
- 抬头表示遐想、傲慢等。
- 点头表示同意、欣喜、致意、肯定、承认、感谢、应允、满意、认可、理解、顺从。
- 摇头表示否定。
- 侧头表示疑问。
- 歪头行礼表示天真。
- 抱头表示不同意。
- 垂头走路表示心事重重。
- 步频较快、轻松表示"春风得意"。
- 走路时眼光正视前方，手摆幅度大，表示趾高气扬，目空一切。
- 走路时拖着步子，速度太慢表示自卑、紧张、没有信心。
- 女性走路时手臂抬得高，显得精力充沛和快乐，但演讲中不能过分夸张。

二、态势语言的构成

在美国一个现代化的养蜂场中养了几百箱蜜蜂，每一个蜂巢里都被装上一面很大的放大镜，只要按下按钮，蜂巢内部就会被电灯照得通明。因此，任何时候，不管是白天或夜晚，这些蜜蜂的一举一动都能被很细致地观察到。在语言交流中，表达者的情况也与此相似，听众都在用心观察，以期更好地理解其意图，所有的眼睛都看着他。在这种情况下，他个人外表上最微小的不协调之处，都显得格外醒目。所以在语言交流的训练中，态势语言训练至关重要，尤其在细节处理上。态势语言主要包括目光语、表情语、体态语和手势语四个方面。

1. 目光语

"眼睛是心灵的窗户"。眼睛是最能传神的，是口语交流中表达感情信息的重要渠道，会产生很强的感染力。兴奋、热情的目光会使听众高兴；和蔼、关切的目光会使听众感到亲切；坚定、自信、充满希望的目光会使听众受到鼓舞；冷峻如剑的目光会使听众毛骨悚然；充满仇恨的目光会使听众怒火中烧。因此，应注意运用目光语来表达内在的丰富感情。目光语主要体现在时间、部位和方式三个方面。

1）时间

实验表明，在整个语言交流过程中，双方的目光相接累计达到 50%～70%的时间，正是这样，才能在彼此间建立起信任和欣赏。如果目光相接不足全部交谈时间的 1/3，则表示对交流内容不感兴趣。还要注意的是，在语言交流中除关系十分亲密外，一般连续注视对方的时间应在 1～2 秒内，否则会给对方造成不舒服的感觉。长时间对异性注视或是上下打量，是不合礼仪的行为。

2）部位

目光语的部位在场合不同、对象不同的情况下而有所不同。在业务洽谈、交易磋商、贸易谈判等公务活动中，目光停留的部位是对方的前额至双眼这一区域，显得认真严肃、有诚意、积极主动，容易把握交谈的控制权。在大多数社交场所，目光停留的部位则是对方的双眼至嘴这一区域，显得友善尊重，富于关切。而对于异性之间，特别是恋人之间目光则更多停留在对方的双眼和胸部之间；对于关系并不密切，甚至陌生人之间，这种目光语则是不合礼仪的。

3）方式

目光语的使用方式主要有以下三种：一是环视法。这是用眼睛环视听众的方法。在环视过程中要做到神态自然，视线在全场按一定部位自然地流转，环视场内听众。这种目光可以控制听众的情绪，了解听众反应，检查语言表达的效果。但头部不可大幅度地转动，以免扰乱听众视线，分散听众的注意力；也不可以过于呆板，使听众感到僵化而无生气。二是注视法。这是把视线集中到某一听众或某一区域，只同个别或部分听众交流的视线，以对听众做比较细致的心理调查，启发引导全场听众专心听讲，或制止个别听众在场内小声议论、搞小动作等。但注视个别听众时目的要明确，时间不宜过长，能让听众充分理解其意图即可。三是虚视法。这是用眼睛似看非看的方法。虚视要求睁大眼睛面向全场听众而不专注某一点，使每一个听众都感觉到被注视。这种目光能够控制全场，可以克服语言交流中的怯场心理；在回忆和描述某种情景时，还可以表示思考，带领听众进入想象的理想境界，使听众受到优美意境的熏陶和感染。目光语必须注意与面部其他表情协调一致，与有声语言密切配合，而且反应要灵敏、自然、和谐，不可随意挤眉弄眼，生硬做作。运用虚视法，要做到"目中无人，心中有人"。

【小训练】

（1）向同桌讲一段自身经历的故事，要求恰当运用目光语，训练时长 10 分钟。

（2）假设前方的固定物是你喜欢的人，请对着镜子和自己说话，进行目光语的练习。

2. 表情语

面部表情能反映一个人的内心，它是"心灵的镜子"。这面镜子，是由脸的颜色、光泽、肌肉的收与展，以及脸面的纹路所组成的。它以最灵敏的特点，把具有各种复杂变化的内心世界，如高兴、悲哀、痛苦、畏惧、愤怒、失望、忧虑、烦恼、疑惑等最迅速、最敏捷、最充分地反映出来。面部表情包括眼、脸、眉、口四个部分。因为前面的内容已对目光语进行了详细的阐述，在此对面部表情中的"眼"就不再重复，只阐述其余三个部分。

1）脸

脸的表情依靠脸面肌筋动作和肌肉颜色、纹路的变化而变化，脸面肌肉颜色、纹路的变化又跟脸面肌筋动作的变化密切相关。一般是"愉快""和谐""善意"的表情，脸上的肌筋动作都向上；"不快""悲哀""痛苦"的表情，脸上的肌筋动作都向下；若在感情剧烈的时候，脸上的肌筋动作，一部分向上，一部分向下，一部分向左右牵扭，失去其和谐性。我们在训练表情语时，可以选择一些感情丰富的演讲词，经过认真研读领会之后，带着感情对镜子训练面部表情，使面部表情能够准确鲜明地反映出自己内在的真实感情。

2）眉

眉和目相连，眉目常联合传情。如眉目低垂表示冷漠；眉目骤张表示恼怒；双眉紧锁表示忧愁；眉飞色舞表示兴奋等。在运用表情语时，眉的动作变化，必须和眼睛变化协调配合。

3）口

口形变化能够表情达意。具体情况有以下几个方面：口角向上表示"高兴""愉快""谦逊"；口角向下表示"忧愁""失望"；嘴唇紧闭、口角向下表示"厌恶""不满"；嘴唇微开、口角向下表示"悲哀""痛苦"；口大张表示"畏惧""恐怖"；口角平直而嘴紧闭表示"警惕""坚定"；口角平而嘴唇颤抖表示"气愤""激动"等。上述口形与脸面、眼神要协调配合，不能截然分开。

语言交流中，人的表情主要在面部，它受着两种因素的制约：一是对听众的态度，二是所讲内容。对听众的态度，表情的基调应是微笑，它是"招人喜欢"的秘诀；就内容来说，表情应丰富，喜、怒、哀、乐都可出现。

比如有位推销员，他出现在客户面前时，全身散发出一种气息，仿佛在表明他很高兴能来到这儿，他很喜欢即将进行的推销工作。他总是面带微笑，而且显得十分乐意见到客户。因此，很快地，他的客户必然会觉得他十分亲切，而对他大表欢迎。

【小训练】

（1）播放优秀节目或优秀演讲片段，指出在节目或演说过程中，主持人使用了哪些面部表情，试着解释每个表情所表达的意义。

（2）请列举出用"眉""眼""目"表示内心情感的成语，并且试着通过面部表情表现出来。

3. 体态语

我们常说"坐有坐相，站有站姿"，"立如松，坐如钟，卧如弓，行如风"。这些体态规范在语言交流中虽然不必完全效仿，但我们却要明白，稳定优美、舒适自然的体态，有利于塑造一个人良好的形象。体态语主要指站姿、坐姿、移动。

1）站姿

脚是整个人体的底盘，脚的姿势关系到人的"站相"。而且许多姿态发源于此，站立姿态适当，会觉得全身轻松，呼吸畅快，易于旋转，让听众看着顺眼、舒适，体现着一种体态美、形象美。语言交流中表达者的体态、风貌、举止、表情都应该给听众以协调平衡以至美的感受。演讲家曲啸说："听众就是演讲者的镜子，而且是多棱镜，从各个角度来反映演讲者的形象。要想从语言、气质、神态、感情、意志、气魄等方面充分地表现出演讲者的特点，也只有在站立的情况下才有可能。"恰当的站姿主要有两种。

一是"丁"字式站姿。站立的姿势，一般提倡"丁"字步。一只脚在前，一只脚在后。两脚之间呈 90 度垂直的"丁"字形，两腿前后交叉距离以不超过一只脚板的长度为宜。站立时，全身的力量都应集中在前脚上，后脚跟略微提起。其中，右脚在前，左脚在后，可称为"右势丁字形"；左脚在前，右脚在后，可称为"左势丁字形"。这种"丁"字站姿用于表达强烈的感情，有利于调动听众的兴趣和情绪。运用"丁"字站姿需要注意的是两脚不宜紧靠在一起，否则会显得呆板，没有精神；两只脚不要平行地放在一条直线上，因为两腿所构成的平面，与前排听众的视线构成平行状态，如果身体的重力均等落在两只脚上，就会形成机械对称，失去对比，不仅毫无美感，而且直接影响语言的效果。

二是"稍息式"站姿。"稍息式"站姿是两脚之间任何一脚略向前跨步，两脚之间呈 75 度角，脚跟距离在 5 寸左右。这种站姿要求两腿均须直立，一身力量多半集中在后脚，前脚只起辅助作用。在交流过程中，也可以根据需要随时变换左势和右势。要改变站姿时，只要后脚前进一步，变左势为右势，或变右势为左势即可。"稍息"式站姿在语言交流中广泛运用，特别是在说理、达意、传知等场合时，一般都用这种姿式。

除此之外，站姿应注意收腹挺胸，做到"松而不懈，挺而不僵"。要克服不良的习惯动作：身子东摇西晃，背着手来回走动，以脚尖"打点"，紧张时抓耳挠腮等。

2）坐姿

优雅美观的坐姿，不仅能塑造完美的自我形象，还可以减轻自己的疲劳。男性坐着的时候，要抬头、挺胸、收腹，两眼平视对方，两腿与肩平齐，要表现出男性的自信与大方。女性的坐姿与男性要求不同，强调坐姿要优雅，要求坐在凳子的 1/3 或 1/2 处，不要靠椅背，胸脯不要靠前桌，身体稍稍向左或右侧倾 15 度为宜，一只脚的拇指紧接着另一只脚的脚跟，膝盖并拢。不论是男性还是女性，都切忌"跷二郎腿"，如果"跷二郎腿"还轻轻抖动，就会传达出说话者漫不经心、懒散、对话题不感兴趣等信息。长时间的交流，可采取坐姿和站姿相结合，这样既可减少自己的劳累不适，也能形成一种"动静相济"的效果。动静结合更能突出表达所注重的思想情感。罗斯福认为交流的技巧在于"亲切、简短、坐着说"。"坐着说"比较随便，这对于"拉家常"式的交流较为适合。

3）移动

移动是指整个身体的运动。在语言交流中，有的人自始至终都会完全静止地站着，而有的人则可能不断走动。动与不动的原则是，如果没有移动的理由，最好的做法是站在原地。理想的做法是移动应该有助于强调过渡、强调观点或将注意力吸引到语言内容的一个特别的方面。避免不自觉的运动、跳动或是摇晃，不停地左右换脚，从场地的一侧走到另一侧，这都会给听众造成眼花缭乱之感。

【小训练】

（1）请同学轮流站到讲台上，大家当场指出其站姿是否规范。

（2）请同学走上讲台坐在座位上，说几句简短的话，再回到自己的座位上坐好，台下同学和老师评论该同学的表现。

（3）每一位同学绕教室走一圈，老师和其他同学指出其走姿是否合乎要求，指出其存在的问题。

4. 手势语

手的动作是态势语言的核心。在整个态势语言中，手势使用频率最高，作用也最明显。它不仅能够表情，还会达意。一些人上台讲话时，不能用、不会用或乱用手势，是因为缺乏手势语运用的严格训练。

1）手势语活动范围

手势语活动范围分为上、中、下三个区域。上区（肩部以上）：手势在这一区域活动，多表达积极、宏大、激昂的内容和感情，如表示坚定的信念、殷切的希望、胜利的欢呼、幸福的祝愿、愤怒的抗议等。"让我们扬起风帆，向着光明的未来奋勇前进！"右臂向斜上方打出，表示奋斗的决心。中区（肩部至腹部）：手势在这一区域活动，多表达叙述事物和说明事理，一般表示比较平静的心情。"请相信，我一定会做好这项工作的。我虽没有名牌大学的文凭，但我有勇于进取、敢于负责的品质"。右臂抬起，手抚心区，表示忠诚。下区（腹部以下）：手势在这一区域活动，多表示否定、不悦、鄙视、憎恶和厌弃的内容和情感。"考试作弊，这是令人不齿的欺骗和盗窃行为。我们着重承诺，此类行为决不会在我们中间发生！"右后臂向胸前，然后迅速向斜下方打出，表示厌恶、憎恨。

2）手势语分类

手势语具体分为情意手势、指示手势、象征手势和象形手势四种。情意手势是随着语言内容的起伏发展而用来表达自身思想感情的手势动作。如指心表示忠诚，抚胸表示悲哀等。指示手势是在交流过程中显示听众视觉范围内的事物的动作。如在说到你、我、他和这边、那边时，轻轻用手指示一下，使听众产生一种形象化的感觉。象征手势是伴随内容高潮的到来，用来引发听众心理上的联想的一种行为动作。如讲到"队友们，让我们团结起来，共同奋斗吧"时，可以把手果断地向前方伸出，以示未来，体现着一往无前的精神。象形手势可以模拟事物形状引起听众联想，给听众一个具体明确的印象。如"什么是爱？爱不是索取，而是奉献"，双臂在胸前平伸，臂微弯，手心朝上，模拟心状物。

另外，手势中手指的作用也是不可忽视的，它可以表示数目，可以指点他人和自己。当对某人表示崇敬、赞扬之意可伸出大拇指。拳头的动作相对来说少一些，它一般用来表示愤怒、决心、力量或警告等意思。但不到感情激烈时不要用，而且不可多用。

【小训练】

请根据以下语句的内容给出相应的手势语和表情语。

（1）请大家安静，安静！

（2）什么是爱？爱，不是索取，而是奉献！

（3）他转身朝着黑板，拿起一支粉笔，使出全身的力量，写了几个字："法兰西万岁！"然后他待在那儿，头靠着墙壁，话也不说，只向我们做了一个手势："散学了——你们先走吧！"

（4）在过去的一年中，在座的各位将我们的销售额不可思议地提高了17.17%！这在公司的整个历史上还从来没有过，从来没有！由此我们的利润不只是提高了5%或10%，而是13%，整整13%！

（5）大家不要慌，请大家跟我来！

（6）我现在要明确地告诉对方辩友，你们犯了一个严重的逻辑错误！

（7）现在，请让我们大家在此，心平气和地交换一下对这个问题的看法。

（8）现在，摆在我们面前的有两条道路：一是勇往直前奋战下去，有成功的可能，但也有失败的风险；二是原地踏步，坐以待毙。

（9）这几天，大家晓得，在昆明出现了历史上最卑劣最无耻的事情！李先生究竟犯了什么罪，竟遭此毒手？他只不过用笔写写文章，用嘴说说话，而他所写的，所说的，都无非是一个没有失掉良心的中国人的话！大家都有一支笔，有一张嘴，有什么理由拿出来讲啊！有事实拿出来说啊！

（10）我要感谢我的竞选伙伴。他发自内心地投入竞选，他的声音代表了那些在他成长的斯克兰顿街生活的人们的声音，代表那些他一道乘火车上下班的特拉华州人民的声音。现在，他将是美国的副总统，他就是乔·拜登！

三、态势语言的运用

在人们的语言交流过程中，有声语言始终起着主导作用。态势语言对有声语言的辅助、补充、替代与强化作用，表明态势语言只是完成表达任务的手段而不是追求的最终目标。因此，对态势语言的运用要注意符合以下要求。

1. 自然真实

自然真实是与交流双方建立信任的基础，这是对态势语言运用的最基本要求。孙中山曾经这样告诫人们："处处出于自然。"动作生硬，刻意表演，姿态做作，如背台词一般，这种态势会使听众感觉别扭，不真实、缺乏诚意、矫揉造作，除了能够使听众心生反感之外，起不到任何积极作用。

2. 符合个性

卡耐基比喻一个人的手势就如同他的牙刷，应该是专属于他个人使用的东西，人人各不相同，只要他们顺其自然，每个人的态势语言都各不相同。我们可以学习他人得体的态势语言，但并不是完全复制，否则就失去了风格。生活在不同时代、不同文化、不同国度的人其态势语言的风格也会有所不同。因此，在态势语言的学习上，要结合自身的个性特点，训练态势。例如一个人如果平时就比较安静，与人交谈时不喜欢用手势，那么在交流中也不必一定要加入手势，因为使用者如果首先自己感到别扭，那么所做出的手势往往就会僵硬，不够自然。

3. 服从内容

口语交流中的一举一动、一颦一笑，都应目的明确，与语言的内容一致，服从语言内容的要求，从而切实起到传情达意的作用。同时要善于随着语言内容、情感变化适当地变换动作和姿态，以使语言交流时显得生动活泼，富于魅力。如果交流的内容是一个相对严肃的话题，那么态势语言也应庄重严肃；反之，如果交流的内容是一个相对轻松的话题，那么态势语言也应轻松活泼。

4. 合乎礼仪

在上述原则基础上，表达者需要修正自己的态势，使其符合礼仪规范的要求。因为态势语言可以无声地向听众展示个人素质。态势语言的举止优雅、彬彬有礼、张弛有度可以显示出表达者良好的教养和从容自信的内涵，从而使听者加强对其个人魅力的认同。如果一个人态势上粗鲁无礼、缺乏修养，那么他很难在听众中建立起信任。美国总统尼克松在他的《回忆录》中对周恩来总理的谈话风度做了如下描述。

周恩来的敏捷机智大大超过了我所知道的其他任何一位世界领袖，他具有中国独有的、特殊的品德，这种品德是多少世纪以来的历史发展和中华文明的结晶。他做人很谦虚，但透着坚定。他优雅的举止，直率而从容的姿态，都显示出巨大的魅力和泰然自若的风度。他从来不提高讲话的调门、不敲桌子，也不以中止谈判相威胁来迫使对方让步。他在手里有"牌"时，说话的声音反而更加柔和了……在谈话中，他有四个特点给我留下了不可磨灭的印象：精力充沛，准备充分，谈判中显示出高超的技巧，在压力下表现得泰然自若。

从这段话中我们可以看出，周总理的态势语正是他的智慧、品德的外在表现。

为了使自己的态势言语自然得体，在日常训练与运用中必须注意以下几个问题：一是不要与内容脱节。如一位演讲者在说完"让我们张开双臂，迎接这个春天吧！"之后才生硬地举起双手，这样就破坏了和谐美。二是不要夸张、表演。无"雕饰"的态势语言才会给人以美的享受，否则只能产生负效应，如一位演讲者最后说到"我们要勇往直前！"时，她前腿弓，后腿绷，右手伸向斜上方来了个造型，全场哗然。三是不要过频过滥。在交流中，态势语言毕竟是一种辅助性的手段，绝不能喧宾夺主。无目的重复某些动作，不仅没有任何意义，而且会使听众眼花缭乱，破坏语言的效果。四是不要生硬模仿他人。每个人讲话时都有自己的动作习惯，态势语言的设计要根据自身的条件加工提炼。五是不要违反礼仪规范。如莫名其妙地傻笑，眼睛望着天花板，不时地用眼睛瞟向听众，东摇西晃，抓耳挠腮，挖鼻孔、揉眼睛，手无处可放，等等。

【小案例】

梁实秋描述梁启超演讲时的风采

梁实秋在《记梁任公先生的一次演讲》中有以下描述。

出场给人的第一印象：我记得清清楚楚，在一个风和日丽的下午，高等科楼上大教堂里坐满了听众，随后走进了一位短小精悍、秃头顶、宽下巴的人物，穿着肥大的长袍，步履稳健，风流潇洒，左右顾盼，光芒四射，这就是梁任公先生。

演讲中的激情四溢：先生的讲演，到紧张处，便成为表演。他真是手之舞之足之蹈之，有时掩面，有时顿足，有时狂笑，有时叹息。听他讲到他最喜爱的"桃花扇"，讲到"高皇帝，在九天，不管……"那一段，他悲从中来，竟痛哭流涕而不能自已。他掏出手巾拭泪，听讲的人不知有几多也泪下沾襟了！又听他讲杜氏讲到"剑外忽传收蓟北，初闻涕泪满衣裳……"，先生又真是于涕泗交流之中张口大笑了。

拓 展 阅 读

口才训练 16 法

1. 朗读朗诵法

选择适当的材料，大声地读出来。每天坚持朗读一些文章，既练习口齿清晰伶俐，又积累一些知识量、信息量，清喉扩胸、纳天地之气，还有利于身体健康。

2. 对镜训练法

建议你在自己的起居室中或办公室某一墙面安装一面大镜子，每天在朗读时，对着镜子训练，训练自己的眼神、表情以及肢体语言，这样做效果很好。

3. 自我录音摄像法

如果条件允许，你可以每隔一段时间，把自己的声音和演讲过程拍摄下来，这样反复观摩，反复研究，哪儿卡壳了、哪儿姿势没到位、哪儿表情不自然，天长日久，你的口才自然进步神速。实践表明，看一次自己的摄像比上台十次、二十次效果都好。

大学生实用口才训练教程

4. 尝试躺下来朗读法

如果你想练就一流的运气技巧，一流的共鸣技巧，有一个非常简单的方法，就是躺下来大声读书！当我们躺下来时，必然就是腹式呼吸，而腹式呼吸是最好的练声练气方法。每天睡觉之前，躺在床上大声地朗读十分钟，每天醒来之前，先躺在床上唱一段歌，再起来。坚持一至两个月，你会觉得自己呼吸流畅了，声音洪亮了，音质动听了，更有穿透力了，更有磁性了。

5. 速读训练法

这种训练的目的在于使锻炼者口齿伶俐，语音准确，吐字清晰。具体方法：找来一篇演讲词或一篇文辞优美的散文，先拿来字典、词典把文章中不认识或弄不懂的字、词查出来，搞清楚，弄明白，然后开始朗读。一般开始朗读的时候速度较慢，逐次加快，一次比一次读得快，最后达到你所能达到的最快速度。读的过程中不要有停顿，发音要准确，吐字要清晰，要尽量达到发声完整。因为如果你不把每个字音都完整地发出来，那么，速度加快以后，就会让人听不清楚你在说些什么，也就失去了快的意义。我们的快必须建立在吐字清楚、发音干净利落的基础上。我们都听过体育节目解说专家宋世雄的解说，他的解说就很有"快"的功夫。宋世雄解说的"快"，是快而不乱，每个字、每个音都发得十分清楚、准确，没有含混不清的地方。我们希望达到的快也就是他的那种快，吐字清晰，发音准确，而不是为了快而快。

6. 即兴朗读法

平时空闲时，你可以随便拿一张报纸，任意翻到一段，然后尽量一气呵成地读下去。而且，在朗读过程中，能够注意一下，上半句看稿子，下半句离开稿子看前面（假设前面有听众）。长此以往，你会发现自己的记忆力加强了许多，快速理解力和即兴构思能力也在加强。

7. 背诵法

背诵，并不仅仅要求你把某篇演讲词、散文背下来就算完成了任务，我们要求的背诵，一是要"背"，二还要求"诵"。这种训练的目的有两个：一是培养记忆能力，二是培养口头表达能力。尝试去背诵一些文章，一篇一篇地去完成。天长日久，那些文章字句自然就转化为自己的词语了，练到一定时间就能张口就来、口出华章。正所谓：熟读唐诗三百首，不会作诗也会吟！

8. 复述法

复述法简单地说，就是把别人的话重复地叙述一遍。可以找一位伙伴一起训练。首先，请对方随便讲一个话题，或是一个故事，自己先注意倾听，然后再向对方复述一遍。这种练习在于锻炼语言的连贯性及现场即兴构思能力和语言组织能力。如果能面对众人复述就更好了，它还可以锻炼你的胆量，克服紧张心理。

9. 模仿法

我们每个人从小就会模仿，模仿大人做事，模仿大人说话。其实模仿的过程也是一个学习的过程。我们小时候学说话是向爸爸、妈妈及周围的人学习，模仿周围的人。那么，我们练口才也可以利用模仿法，向这方面有专长的人模仿。天长日久，我们的口语表达能力就能得到提高。

一是模仿专人。在生活中找一位口语表达能力强的人，请他讲几段最精彩的话，录下来，以便模仿。也可以把你喜欢的又适合你模仿的播音员、演员、相声表演家等的声音录下来，然后进行模仿。

二是专题模仿。几个好朋友在一起，请一个人先讲一段小故事、小幽默，然后大家轮流模仿，看谁模仿得最像。为了提高积极性，也可以采用打分的形式，大家一起来评分，表扬模仿最成功的一位。这个方法简单易行，且有娱乐性。所要注意的是，每个人讲的小故事、小幽默，一定要新鲜有趣，大家爱听爱学。而且在讲之前一定要进行充分的准备，要讲得准确、生动、形象。

三是随时模仿。我们每天都听广播，看电视、电影，那么你就可以随时跟着播音员、演员进行模仿，注意他的声音、语调，他的神态、动作，边听边模仿，边看边模仿。天长日久，你的口语能力就得到了提高，而且会增加你的词汇，增长你的文学知识。

要尽量模仿得像，要从模仿对象的语气、语速、表情、动作等多方面进行模仿，并在模仿中有创造，力争在模仿中超过对方。在进行这种练习时，一定要注意选择适合自己的对象进行模仿，要选择那些对自己身心有好处的语言动作进行模仿。我们有些同学模仿力很强，可是在模仿时不够严肃认真，专挑一些庸俗的内容进行模仿，久而久之，就形成了一种低级趣味，我们反对这种模仿方法。

10. 描述法

小时候我们都学过看图说话，描述法就类似于这种看图说话，只是我们要看的不仅仅是书本上的图，还有生活中的一些景、事、物、人，而且要求也比看图说话高一些。简单地说，描述法也就是把你看到的景、事、物、人用描述性的语言表达出来。描述法可以说比以上几种训练法更进一步。这里没有现成的演讲词、散文、诗歌等作你的练习材料，而要求你自己去组织语言进行描述。因此，描述法训练的主要目的就在于训练同学们的语言组织能力和语言的条理性。在描述时，要能够抓住特点进行描述。语言要清楚、明白，要有一定的文采。一定要用描述性的语言，尽量生动些、活泼些。这可以训练我们积累优美词语的应用能力。

11. 角色扮演法

角色扮演法是指进行角色扮演，组织角色语言去讲话，又叫"情境模拟训练法"。比如扮演律师打官司、扮演市长答记者问、扮演领导开动员会、扮演新郎新娘即兴发言等，还可以演小品，去扮演作品中出现的不同人物，当然这个扮演主要是在语言上的扮演。这种训练的目的在于培养人的语言的适应性、个性，以及适当的表情和动作。

12. 讲故事法

讲故事也是锻炼口才的好办法，故事里既有独白、人物对话，还有描述性的语言，所以讲故事可以训练人的口语能力。要讲好故事，就要把握故事情节，分析人物性格，用适当的语气和口吻。当我们拿到一个故事后，不要立刻就讲，而要先改造材料，将材料改成适合自己讲的故事，然后反复练习，做到发音准确、语言生动形象，不要完全照着书读或是简单背诵，还要配上适当的表情、动作，做到绘声绘色。我们要多多积累故事素材，选择有吸引力的内容，同时还要讲得动听、讲得精彩，熟能生巧，讲得多了口才就练出来了。

13. 常翻字典、成语词典法

有空常翻翻《新华字典》和《现代汉语成语词典》，不认识的字多看看，认识的字也再看细些，你会发现中国的文字博大精深。坚持下去，你的词汇量会越来越多，你的口才自然越来越棒。

14. 随处学习法

对口才产生浓厚的兴趣，随时随处关注平时生活、工作中的口才技巧。兴趣在哪里，焦点到哪里；焦点到哪里，学问到哪里！即使看电视，也在注意台词的优美、交际的仪态、幽默的笑点，必然进步神速。

15. 写日记法

写日记是最好的自我沟通的方法，每天写一些心得，既整理自己的思路，又反省当日之进步与不足；既梳理自己的情绪，释放一些不快，又可以学会理顺思维，遣词造句。天长日久，手能写之，口能言之。

16. 多找机会上台法

很多同学认为生活中缺少锻炼的舞台，没有公众场合发言的机会。其实，这是一种误区，我们平时的生活、工作中，当众讲话的机会太多了，只是我们没有发现，没有这个意识去参与。如果你想突破口才瓶颈，就一定要多找机会上台讲话。

实 践 训 练

一、口才水平测试

请回答下列问题测试一下自己的口才水平。

1. 你觉得会说话对人一生的影响是：（　　　）。

　　A. 重要　　　　　　B. 一般　　　　　　C. 不重要

2. 你和很多人在一起交谈时，会：（　　　）。

　　A. 有时插上几句

　　B. 让别人说，自己只是旁听者

　　C. 善于用言谈来增强别人对自己的好感

3. 在公共场合，你的表现是：（　　　）。

　　A. 很善于言辞　　B. 不善言辞　　　　C. 羞于言谈

4. 假如一个依赖性很强的朋友打电话与你聊天，而你没有时间陪他的时候，你会：（　　　）。

　　A. 问他是否有重要的事，如没有，回头再打给他

　　B. 告诉他你很忙，不能和他聊天

　　C. 不接电话

5. 因为一次语言失误，在同事间产生了不好的影响，你会：（　　　）。

　　A. 一样多说话

　　B. 以良好言行尽力寻找机会挽回影响

C. 害怕说话

6. 有人告诉你某某说过你的坏话，你会：（   ）。

    A. 处处提防他　　B. 也说他的坏话　　C. 主动与他交谈

7. 在朋友的生日宴会上，你结识了朋友的同学，当你再次看见他时：（   ）。

    A. 匆匆打个招呼就过去了

    B. 一张口就叫出他的名字，并热情地与之交谈

    C. 聊了几句，并留下新的联系方式

评分标准和测试分析

8. 你说话被别人误解后，你会：（   ）。

    A. 多给予谅解　　B. 忽略这个问题　　C. 不再搭理人

二、实施每日自我口才训练计划

目标：锻炼最大胆地发言，锻炼最大声地说话，锻炼最流畅地演讲。

自我激励誓言：我一定要最大胆地发言，我一定要最大声地说话，我一定要最流畅地演讲。

1. 积极心态训练

自我暗示：每天清晨默念 10 遍"我一定要最大胆地发言，我一定要最大声地说话，我一定要最流畅地演讲。我一定行！今天一定是幸福快乐的一天！"

2. 想象训练

至少花 5 分钟想象自己在公众场合成功的演讲，想象自己成功。至少花 5 分钟在镜前练习微笑，展示自己的手势及形态。

3. 口才训练

（1）每天至少与 5 个人有意识地交流思想。

（2）每天大声朗诵或大声说话至少 5 分钟。

（3）每天训练自己"3 分钟演讲"一次或"3 分钟默讲"一次。

（4）每天给亲人、同学至少讲一个故事或完整地叙述一件事情。

4. 口才技巧训练

（1）讲话前，深吸一口气，平静心情，面带微笑，眼神交流后，开始讲话。

（2）勇敢地讲出第一句话，声音大一点，速度慢一点，句子短一点。

（3）当发现紧张卡壳时，停下来有意识地深吸一口气，然后随着吐气讲出来。

（4）如果表现不好，自我安慰："刚才怎么又紧张了？没关系，继续平稳地讲"；同时，用感觉和行动上的自信战胜恐惧。

（5）紧张时，可以做放松练习，深呼吸，或尽力握紧拳头，又迅速放松，连续 10 次。

5. 辅助训练

（1）每天至少花 20 分钟阅读励志书籍或口才书籍，培养自己的积极心态，学习语言表达技巧。

（2）每天放声大笑 10 次，乐观面对生活，放松情绪。

（3）每天躺在床上朗读，坚持将一篇文章读 3 遍，练习腹式呼吸，提高音质。

（4）训练接受他人的视线、目光，培养自信和观察能力。

（5）培养微笑的习惯，要笑得灿烂，体现出真诚，锻炼亲和力。

（6）学会检讨，每天总结得与失，写心得体会。每周要全面总结成效及不足，并确定下周的目标。

三、身体语言测试

你了解身体语言吗？

1. 当一个人试图撒谎时，他会尽力避免与你的视线接触。（对/错）

2. 眉毛是传达感情状态的关键线索之一。（对/错）

3. 所有的运动和身体行为都有其含义。（对/错）

4. 大多数身体语言交流是无意识行动的结果，因而是个人心理活动的最真实流露。（对/错）

5. 在下面哪种情况下，一个人最可能采用身体语言交流方式？（　　　）

　　A. 面向 15～30 人发表演讲　　　　B. 与另外一个人进行面谈

6. 当一位母亲严厉斥责她的孩子，而又面带微笑时，孩子将会（　　　）。

　　A. 相信语言信息　　　　　　　　B. 相信身体语言信息

　　C. 同时相信两种信息　　　　　　D. 两种信息都不相信

　　E. 变得迷惑不解

7. 如果你坐在图 1-1 中的位置 1 的时候，另外一个人坐在哪个位置能够最充分显示出合作的姿态，并最有利于非言语交流？

8. 如果你想表示要离开，那你将采用什么样的动作？请写下来。

9. 别人对你的反应取决于你通过交流留给他们的印象。（对/错）

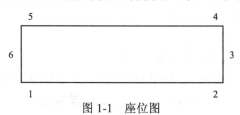

图 1-1　座位图

10. 下面哪些举动能使你给人留下更好的印象？（　　　）

　　A. 谈话中不使用手势　　　　　　B. 避免较长时间的视线接触

　　C. 仅偶然地露出微笑　　　　　　D. 上述所有动作

　　E. 不包括上述任何动作

11. 身体语言交流相对于口头交流或当面交流有许多优势，你能列举出一些吗？

四、小品示范训练

训练开始，先做准备活动，舒展筋骨，再轻揉脸颊，放松面部肌肉，也可以三三两两谈笑，或听一段轻松优美的音乐，一方面稳定情绪，另一方面促使受训者进入规定情景。

1. 小品《学做摄影师》，两人为一组练习。进行这个训练时，主练者前面不能有任何遮挡物，如讲台、课桌等。手里也不能拿任何东西，如讲稿，使训练者无依无靠，全身心投入练习。练习前不需做任何准备，以即兴发挥为好，时间 10 分钟左右，也可根据需要缩短或延长。

训练开始，主练者不断向陪练者发出指令，如"立正，面带微笑……""右手伸向前方……""坐端庄、挺起胸……脸微微抬起……笑……，皱眉头，做出愤怒表情…….动作跟上……表情不错……"。随着指令，主练者不断地要求形象生动、逼真，根据陪练者实际情况增加训练内容。一轮训练结束后主练者、陪练者换位再进行第二轮训练。

2. 相互介绍训练。自拟情境，一人扮演介绍者，另一人或几个人扮演被介绍者。配合一定的语言，由介绍者将被介绍者一一介绍给在座的其他听众。要求态势语言自然得体，符合礼仪规范，与语言配合到位。

3. 模拟训练。一名同学做导游，一名同学录像，其他同学当游客。选择校区内或周边的一条线路，从不同角度进行一一介绍，体会边说边走中体态的综合运用。同学间交替进行。然后通过录像资料进行点评。

提示：小品示范训练要求贴近自然，受练者需放得开。这样既可避免矫揉造作，又妙趣横生，无单调枯燥之感，且能从仪表、风度、手势、眼神及面部表情等多方面综合训练。

课 后 练 习

一、口才基础训练

1. 请用具体事例说明口才的六种能力。
2. 请举例说明口才与事业的关系。
3. 如何才能拥有良好的口才？
4. 请设想，在下列情况下，应该怎么说？

某俱乐部举行的一次招待会上，服务员倒酒时，不慎将啤酒洒到一位宾客那光亮的秃头上，服务员吓得手足无措，目瞪口呆。这位宾客却微笑着说："……"

一位主持人在报幕时不慎将《猎人舞曲》报成了《腊八舞曲》，如果当时你是这位主持人的搭档，你会说："……"   （杨利平，2013）

5. 如果你在公共场所排队等候时有人插队，假设插队的人分别是青年学生、中年女工人、中年男知识分子和农村老大爷，你应如何劝说他们不要插队？请分组讨论，各小组推荐一名代表上台演示。

6. 结合下面的事例回答问题。

（1）某君赴宴迟到，匆忙入座后，见桌上一个烤乳猪就放在面前，于是高兴地说："还算好，我坐在乳猪的旁边。"

话刚出口，才发现，身旁一位胖女士正怒目相视。他急忙陪着笑脸说："对不起，我是说那只烤好了的。"   （黄雄杰，2006）

问题：某君这次交流的失误在哪里？

（2）有位脾气很不好的旅客，因为不满意柜台小姐安排的机位，在机场对小姐大吼大叫。

过了一会儿，这位小姐见他还没有意思住嘴，后面又有许多旅客排着队等候检票，于是就对他说："先生，你再吵，我只好请警卫来处理了。"

没想到这位先生更变本加厉，他大吼："你少吓唬我！我不是傻瓜！"

小姐听了这话，笑了笑，仍然用温和的口气说："很对不起，我刚才没注意到这一点。"

后面排队的旅客都哈哈大笑，笑声中，这位不讲理的旅客摸摸鼻子离开了柜台。（黄雄杰，2006）

问题：柜台小姐的潜台词是什么？这样的回答好不好？如果由你来处理，你会怎么说？

（3）一家知名外贸公司举行一次别开生面的宴会招聘考试，有一位小伙子表现良好，深深吸引了面试官。宴席上，小伙子走到这家公司的人事经理面前，举杯说道："刘经理，结识您很荣幸，我十分愿意为贵公司效力。但如果确实因为名额有限我不能梦想成真，我也不会气馁的，我将继续奋斗，我相信，如果我不能成为您的助手，那就一定会是您的对手"。

他的话提醒了这家外贸公司的人事经理。最后，公司录取了这个小伙子。（王晶，2014）

问题：你觉得这位小伙子的这番话说得好吗？为什么？

（4）有一对夫妻开了一家玩具店，聘请了一个店员。这个店员很勤快，服务态度也好，老板非常满意。有一天店员嘟囔了一句："我的合同后天就到期了。"老板听了以后，内心十分焦虑，整天闷闷不乐，既怕合同到期店员不干了，临时找不到人，影响生意，又怕店员要求加薪，自己无法满足，影响感情。 （谭满益，2010）

问题：假如你是店老板，该怎样解决这个问题？

（5）一位农村大娘去买布料，售货员迎上前去热情地打招呼："大娘，您买布呀？您看这布多结实，颜色又好。"谁知这位老大娘听了颇不高兴，嘴上冷冷地说："要这么结实的布有啥用，穿不坏就该进火葬场了。"售货员一听，略一沉思，笑眯眯地说："大娘，看您说到哪儿去了，您身子骨这么硬朗，再穿几件也没问题。"一句话说得大娘高兴起来，爽快地买了布，还直夸售货员心眼儿好。 （袁红兰，2014）

问题：为什么在听了售货员的几句话以后，农村大娘的态度会有这么大的变化？这个故事让我们在人际交往过程当中得到什么样的启发？

二、模仿练习

1. 模仿我国著名体育解说员宋世雄的一段解说词，注意发音准确、感情饱满。

1981 年的世界杯女排赛，中国女排第一次获得了世界杯赛冠军，也是五连冠的开始。同年，中国男排大翻盘战胜韩国队，取得世界杯赛资格。宋世雄高亢的解说，让人记忆深刻。他回忆，当时声音颤抖，一个字一个字地从嘴里蹦出来。

"亲爱的听众、亲爱的观众，当你看到中国女排运动员在场上的精彩表现，可曾想到，她们是付出了多少代价啊！年轻的小将郎平，为了提高身体机能，让医生踩她的双腿，疼得她流出了眼泪，咬破了嘴唇，也不哼一声。她曾经这样说：'我是个新队员，要接受严格的考验，接受最艰苦的训练，绝不被困难吓倒……'"

2. 模仿黄健翔的一段解说词，尽量快而不乱、发音准确。

2006 年 6 月 26 日，在第 18 届世界杯足球赛八分之一决赛意大利对澳大利亚的比赛中，当比赛进入伤停补时的最后时刻，意大利左后卫格罗索突入澳大利亚队禁区助攻，被澳大利亚后卫绊倒。裁判判给意大利队一个点球。这时黄健翔有一段颇具争议的"激情"解说。

"伟大的意大利的左后卫！他继承了意大利的光荣的传统。法切蒂、卡布里尼、马尔蒂尼在这一刻灵魂附体！格罗索一个人，他代表了意大利足球悠久的历史和传统，在这一刻他不是一个人在战斗，他不是一个人！

托蒂，面对这个点球。他面对的是全世界意大利球迷的目光和期待。

施瓦泽曾经在世界杯预选赛的附加赛中扑出过两个点球，托蒂应该深知这一点，他还能够微笑着面对他面前的这个人吗？10秒以后他会是怎样的表情？

这个点球是一个绝对理论上的绝杀。绝对的死角，意大利队进入了八强！

胜利属于意大利，属于格罗索，属于卡纳瓦罗，属于赞布罗塔，属于布冯，属于马尔蒂尼，属于所有热爱意大利足球的人！

澳大利亚队也许会后悔的，希丁克，他在下半时多一人的情况下打得太保守、太沉稳了，他失去了自己的勇气，面对意大利悠久的历史，他没有再拿出他在小组赛中那种猛扑猛打的作风，他终于自食其果。"

3. 模仿一段新闻联播的播报。

4. 模仿一段名人的演讲或讲话（如马云、俞敏洪、奥巴马等）。

三、绕口令练习

1. 坡上立着一只鹅，坡下就是一条河。宽宽的河，肥肥的鹅，鹅要过河，河要渡鹅，不知是鹅过河，还是河渡鹅？

2. 山上五棵树，架上五壶醋，林中五只鹿，箱里五条裤。伐了山上树，撤下架上的醋，射死林中的鹿，取出箱中的裤。

3. 板凳宽，扁担长，扁担没有板凳宽，板凳没有扁担长；扁担想绑在板凳上，板凳不让扁担绑在板凳上，扁担偏要绑在板凳上。

4. 山前有个严圆眼，山后有个严眼圆，二人山前来比眼，不知是严圆眼的眼圆，还是严眼圆比严圆眼的眼圆？

5. 出南门，走六步，见着六叔和六舅，叫声六叔、六舅好，借我六斗六升好绿豆；过了秋，打了豆，还我六叔、六舅六十六斗六升好绿豆。

四、态势语言练习

1. 分析自身日常语言交流中的态势语言，找到不符合规范的态势，尝试纠正。

2. 如果你是老师，要做一位同学的思想工作，你应该采用什么样的坐姿？

3. 如何理解面部表情在态势语言中的作用？

4. 古人云："言之不足，手之舞之，足之蹈之。"请就此论断来说明有声语言与体态语言之间的关系。

五、案例分析

无与伦比的营销口才

在美国零售店中，有一家知名度很高的商店，它就是彭奈创设的"基督教商店"。

彭奈对"货真价实"的解释并不是"物美价廉"，而是什么货卖什么价。

他有个与众不同的做法，就是把顾客当成自己人，事先说明货品等次。关于这一点，彭奈对他的店员要求非常严格，并对他们施以短期训练。

彭奈的第一家零售店开设不久，有一天，一个中年男子到店里买搅蛋器。店员问："先生，您是想要好一点的，还是要次一点的？"那位男子听后显然有些不高兴："当然是要好的，不好的东西谁要？"

店员就把最好的一种"多佛牌"搅蛋器拿给他看。男子看了问："这是最好的吗？"

"是的，而且是牌子最老的。"

"多少钱？"

"120 元。"

"什么！为什么这样贵？我听说，最好的才六十几块钱。"

"六十几块钱的我们也有，但那不是最好的。"

"可是，也不至于差这么多钱呀！"

"差得并不多，还有十几元一个的呢。"男子听了店员的话，马上面露不悦之色，想立即掉头离去。

彭奈急忙赶了过去，对男子说："先生，您想买搅蛋器是不是，我来介绍一种好产品给您。"

男子仿佛又有了兴趣，问："什么样的？"

彭奈拿出另外一种牌子的搅蛋器来，说："就是这一种，请您看一看，式样还不错吧？"

"多少钱？"

"54 元。"

"照你店员刚才的说法，这不是最好的，我不要。"

"我的这位店员刚才没有说清楚，搅蛋器有好几种牌子，每种牌子都有最好的货色，我刚拿出的这一种，是这种牌子中最好的。"

"可是为什么比多佛牌的差那么多钱？"

"这是制造成本的关系。每种品牌的机器构造不一样，所用的材料也不同，所以在价格上会有出入。至于多佛牌的价钱高，有两个原因，一是它的牌子信誉好，二是它的容量大，适合做糕点生意用。"彭奈耐心地说。

男子的脸色缓和了很多："噢，原来是这样的。"

彭奈又说，"其实，有很多人喜欢用这种新牌子，就拿我来说吧，我用的就是这种牌子，性能并不差，而且它有个最大的优点：体积小，用起来方便，一般家庭最适合。府上有多少人？"

男子回答："5 个人。"

"那再适合不过了，我看您拿这个回去用吧，保证不会让您失望。"

彭奈送走顾客后，对他的店员说："你知道刚才你错在什么地方了吗？"

那位店员愣愣地站在那里，显然不知道自己的错误。

"你错在过于强调'最好'这个概念。"彭奈笑着说。"可是，"店员说，"您经常告诫我们，要对顾客诚实，我的话并没有错呀！"

"你是没有错，只是缺乏技巧。我的生意做成了，难道我对顾客有不诚实的地方？"

店员摇摇头。彭奈又说："除了说话技巧外，还要摸清对方的心理，他一进门就要最好的，对吧？这表示他优越感很强，可是一听价钱太贵，他不肯承认自己舍不得买，自然会把不是推到我们做生意的头上，这是一般顾客的通病。假如你想做成这笔生意，一定要变换一种方式，在不损伤他的优越感的情形下，使他买一种比较便宜的货。"

彭奈在他 80 岁时的自述中，幽默地说："在别人认为我根本不会做生意的情形下，我的生意由每年几万元的营业额增加到 10 亿元，这是上帝创造的奇迹吧。"

思考题：

（1）请结合本案例对彭奈的口才进行评价。

（2）本案例对你有何启示？

如此"高僧"

吴礼权在其著作《言语交际与人际沟通》中讲述了这样一个故事。

在明代，佛教界中人也并非个个都是得道高僧，而是鱼龙混杂，其中不乏滥竽充数的南郭先生。当时，有一位颇为知名的僧人，法号"不语禅"。他虽然名声很大，其实是个毫无学识、毫无见识的庸人。说的直接点，也就是个佛教界的骗子。他的所谓名气，其实都是当时不甚发达的"传媒"（即口耳相闻的人际传说，捕风捉影，见风是雨，最不靠谱）炒出来的。知情者都知道，不语禅之所以能在佛学界混事，而且还混得风生水起，成为当时一时的名僧，都是因为他有两个有见识、有学识、又能说会道的侍者（相当于今天我们所说的"助理"）代他发言。

有一天，不语禅的两个侍者刚好出外办事，寺里就来了个云游的和尚，说是慕名远道而来，想见主持不语禅。不语禅没办法，只得摆出主人的姿态予以接待。因为都是同行，不能失了礼节！宾主寒暄施礼已毕，云游和尚便开口请教道：

"高僧，什么是'佛'？"

这是佛学的一个基本问题，做僧人的应该人人都明白的，是不需解释的。但是，正因为这是佛学的基本问题，所以它也是佛学界谁都回答不好的问题，最能见仁见智。云游和尚是来取经的，当然要问这样的经典问题。

不语禅一听，顿时傻了眼不知如何回答。于是，急得东张西望，希望两位侍者快点回来解围，不然丑就出大了。可是，看了半天，连两个侍者的影子也没有。

云游和尚见不语禅东顾西盼，不知何意，但又不便多问，遂又换了一个话题，问道："请问高僧，什么是'法'呢？"

不语禅不听则罢，一听这个问题，顿时脑袋"嗡"的一声，真的要昏过去了，因为他压根儿就不懂佛家的什么"法"。大概是觉得实在太惭愧了，不语禅这次不仅没有勇气直视云游和尚，甚至都不好意思左右顾盼了，所以只得仰头看屋顶，低头看脚下，极力避免与云游和尚四目相对。因为"眼睛是心灵的窗户"，他怕从窗户里泄露出他内心的一切。

云游和尚不知就里，遂再向不语禅问了一个问题：

"高僧，不知您是如何看待'僧'的？"

不语禅一听这话，以为云游僧是故意讽刺他枉穿袈裟，枉称僧人，遂更是羞愧难当，既不好意思左右顾盼，也不好意思上看下看，索性闭上眼睛，假装打坐了。

云游僧见此，既怕惊扰了大师，又心有不甘，自己不远千里而来，竟然与高僧未交一言，岂不是莫大的遗憾？想了想，云游僧又向不语禅问了一个问题："贫僧还有一个问题请教，敢问高僧，何谓'加持'？"

不语禅听云游僧问到这个问题，更是恨不得寻个地缝钻进去，或是一头撞死算了，因为他从来就不懂这些佛家术语的真正内涵。想到此，不语禅不由自主地伸出手去。

云游僧看到不语禅闭目养神伸手，端坐岿然不动的样子，似乎突然有所顿悟，于是起身而去。

云游僧刚走出寺院，就看到了不语禅的两个侍者外出归来。云游僧与二人见过礼，抑制不住喜悦的心情，脱口而出道：

"高僧就是高僧！'不语禅'果然名不虚传！贫僧问什么是'佛'，高僧东顾西盼，意思是说：'人有东西，佛无南北。'贫僧又问什么是'法'，高僧仍然不语，只是看上看下，意思是说：'法平等，无有高下。'贫僧再问何谓'僧'，高僧只是闭目打坐，意思是说：'白云深处卧，便是一高僧。'贫僧最后又问什么是'加持'，高僧则闭目伸手，意谓：'加持便是接引众生'。这等大禅，真是'明心见性'啊！"

二位侍者回到寺里，不语禅见之，大骂道：

"你们二人都跑到哪里去了？也不来帮我。今天来了一个野和尚，他问什么是'佛'，我答不出，就盼着你们赶快回来，但却东看你们不见来，西看你们也不见来；他又问什么是'法'，我哪里答得出，真是尴尬得要命，只好上看下看，可谓是上天无路，入地无门；他又问什么是'僧'，我实在没有办法了，只好闭目假寐；没想到这个野和尚问个没完，又问我什么是'加持'，我自愧一问三不知，还做什么长老，不如伸手沿门去化缘也罢。"

思考题：

（1）结合本案例谈谈态势语言在交际中有何作用。

（2）本案例对你有何启示？

第二章　交际口才

交谈比生活中的其他活动更为美妙。

——【法】蒙田《随笔集》

言语是人类所使用的最有效的药方。

——【英】吉普林《演说》

学习目标

　　了解交谈的语言要求；交谈中能够耐心地倾听；选择合适的话题进行交谈；交谈中得体地运用提问和回答的技巧；了解赞美的类型；掌握赞美的语言艺术；了解说服的基本条件；掌握说服的技巧。

案例导入

经理室的对话

　　小王是一家科教设备公司的推销员，他希望通过勤奋的工作来创造良好的业绩。一天他急匆匆地走进一家公司，找到经理室，于是就有了如下一段对话。

　　小王：您好，李先生。我叫王乾，是科教设备公司的推销员。

　　经理：哦，对不起，这里没有李先生。

　　小王：你是这家公司的经理吧？我找的就是你。

　　经理：我姓于，不姓李。

　　小王：对不起，我没听清你的秘书说你是姓李还是姓于，我想向你介绍一下我们公司的彩色复印机……

　　经理：我们现在还用不着彩色复印机。

　　小王：噢，是这样。不过，我们还有别的型号的复印机，这是产品目录，请过目。（接着，掏出香烟和打火机）你来一支。

　　经理：我不吸烟，我讨厌烟味，而且，我们公司是无烟区。

　　小王：……

　　问题：小王与经理的交流存在哪些问题？

第一节　交　　谈

　　美国前哈佛大学校长伊立特曾说："在造就一个有修养的人的教育中，有一种训练必不可少，那就是优美、高雅的谈吐。"交谈是交流思想和表达感情最直接、快捷的途径。在人际交往中，因为不注意交谈的语言艺术，或用错了一个词，或多说了一句话，或不注意词语的色彩，或选错话题等而导致交往失败或影响人际关系的事，时有发生。因此，在交谈中必须遵从一定的规范，才能达到双方交流信息、沟通思想的目的。语言作为人类的主要交际工具，是沟通不同个体心理的桥梁。

一、交谈的语言要求

交谈的语言要求包括以下六个方面。

1. 准确流畅

在交谈时如果词不达意、前言不搭后语，很容易被人误解，达不到交际的目的。因此在表达思想感情时，应做到口音标准、吐字清晰，说出的语句应符合规范，避免使用似是而非的语言。应去掉过多的口头语，以免语句割断；语句停顿要准确，思路要清晰，谈话要缓急有度，从而使交流畅通无阻。

【小案例】

咸菜请香肠酱瓜

一个口音很重的县长做报告说："兔子们，虾米们，猪尾巴！不要酱瓜，咸菜太贵啦！！"（翻译：同志们，乡民们，注意啦！不要讲话，现在开会啦！）

县长讲完以后，主持人说："咸菜请香肠酱瓜！"（翻译：现在请乡长讲话！）

乡长说："兔子们，今天的饭狗吃了，大家都是大王八！"（翻译：同志们，今天的饭够吃了，大家都使大碗吧！）

吃完以后，乡长又说："不要酱瓜，我捡个狗屎给你们舔舔……"（翻译：不要讲话，我讲个故事给你们听听……）

语言准确流畅还表现在能让人听懂，因此交谈时尽量不用书面语或专业术语，因为这样的谈吐让人感到太正规，受拘束或是理解困难。

【小故事】

自作自受

古时候，有一位书生，突然被蝎子蜇了，便对其妻子喊道："贤妻，速燃银烛，你夫为虫所袭！"他的妻子没有听明白，书生更着急了："身如琵琶，尾似钢锥，叫声贤妻，打个亮来，看看是什么东西！"其妻仍然没有领会她的意思，书生疼痛难熬，不得不大声吼道："快点灯，我被蝎子蜇了！"真乃自作自受。

2. 清晰明了

口头传播的一大特点是传播速度快，稍纵即逝。据有关专家考证，口头语言留在人们记忆里的时间一般不超过七八秒，十秒以后，记忆就会逐渐模糊，直至残缺不全。这就要求人们在讲话时尽量使用明确精练、通俗易懂的语言，避免使用那些模棱两可、似是而非、晦涩难懂的语言。

说话要力求简单明了。生活中常有这样的情形，有的人不顾场合地点，说起话来口若悬河、滔滔不绝；有的人车轱辘话来回说，生怕别人不解其意，或是说话中插入一些不必要的交代，节外生枝，不着边际。结果，主干被枝蔓掩盖了，主要的信息被大量的次要信息淹没了，听者如坠入五里雾中，不知所云。

说话时应当特别注意同音异义字的使用，以免发生误会。在汉语中，容易引起歧义的词语并不少见。如"全部（不）及格""治（致）癌物质"等。遇到这类容易引起误解的词语，说话人可以换一种表达方式，交代清楚，如"全都及格""导致癌症的物质"，这样对方就不会有疑问了。

此外，我们平常说话有很多潜台词，就是双方你来我往互相交流，有时会产生歧义，相互不理解，甚至误解。所以为把话说清楚，必须明确前提，把握潜在的语义和逻辑。例如下面这个小故事就是一个极好的说明。

【小故事】

该来的不来

有一天，一个业务员宴请客户。开宴时间快到了，客人只来了一半，业务员有些着急，忍不住自言自语道："怎么该来的还没来呢？"

有的客人一听，心里凉了一大半："他这么说，想必我们是不该来的。"于是有一半人拍拍屁股走了。

业务员一看许多客人离开了，着急地说："怎么不该走的走了？"剩下的人听了，心里特别有气："这不是当着和尚骂秃驴吗？看来我们是该走的。"于是剩下的客人又走了一半。

业务员急得直拍大腿："嗨！我说的不是他们啊！"余下的人听了："这是什么话？不是说他们，那是说我们啦！"于是在座的客人纷纷离去，客房里只剩下一位平时和业务员关系较密切的客人。最后这位客人奉劝业务员："说话前要先用脑子想想，不然说出去的话就收不回来了，覆水难收啊！"业务员一听，急忙辩解："我并不是叫他们走啊！"

这位客人一听也火了："不是叫他们走，那就是叫我走了！"说完，头也不回，扬长而去。

3．委婉表达

交谈是一种复杂的心理交往，人的微妙心理、自尊心往往在里面起重要的控制作用，触及它，就有可能产生不愉快。因此，对一些只可意会不可言传的事情、人们回避忌讳的事情、可能引起对方不愉快的事情，不能直接陈述，只能用委婉、含蓄、动听的话去说。常见的委婉说话方式有以下几种。

（1）避免使用主观武断的词语，如"只有""一定""唯一""就要"等不带余地的词语，要尽量采用与人商量的口气。

（2）先肯定后否定，学会使用"是的……但是……"这个句式。把批评的话语放在表扬之后，就显得委婉一些。

（3）间接地提醒他人的错误或拒绝他人。

4．掌握分寸

谈话要有放有抑有收，不过头，不嘲弄，把握"度"；谈话时不要唱"独角戏"，夸夸其谈，忘乎所以，不让别人有说话的机会；说话要察言观色，注意对方情绪，对方不爱听的话少讲，一时接受不了的话不急于讲。开玩笑要看对象、性格、心情、场合，一般来讲，不随便开女性、长辈、领导的玩笑，一般不与性格内向、多疑敏感的人开玩笑，当对方情绪低落、心情不快时不开玩笑，在严肃的场合、用餐时不开玩笑。

5. 幽默风趣

交谈本身就是一个寻求一致的过程，在这个过程中常常会出现不和谐的地方从而产生争论或分歧。这就需要交谈者随机应变，凭借机智的幽默抛开或消除障碍。幽默还可以化解尴尬局面或增强语言的感染力。它建立在说话者高尚的情趣、较深的涵养、丰富的想象、乐观的心境、对自我智慧和能力自信的基础上，它不是要小聪明或"卖嘴皮子"，它应使语言表达既诙谐又入情入理，体现一定的修养和素质。

【小故事】

"还没插秧呢！"

有一次，梁实秋的幼女文蔷自美返台探望父亲，他们便邀请了几位亲友，到鱼家庄饭店欢宴。酒菜齐全，但白米饭却久等不来。经一催二催之后，仍不见白米饭的踪影。梁实秋无奈，待服务小姐入室上菜之际，戏问曰："怎么饭还不来，是不是稻子还没收割？"服务小姐眼都没眨一下，答称："还没插秧呢！"本是一个不愉快的场面，经服务小姐这一妙答，举座大笑。

6. 注重礼貌

注重礼貌要求交谈中使用礼貌用语，这是人类文明的标志，也是全世界共同的心声。使用礼貌用语不仅会得到人们的尊重，提高自身的信誉和形象，而且还会对自己的事业起到良好的辅助作用。在我国，政府有关部门向市民普及文明礼貌用语，基本内容为十个字："请""谢谢""你好""对不起""再见"。在社交中，日常礼貌用语远不止这十个字，归结起来，主要可划分为以下几个大类，见表 2-1（参见杜明汉. 营销礼仪. 北京: 电子工业出版社，2011）。

表 2-1 礼貌用语一览表

序号	礼貌用语类型	举 例
1	问候用语	您好！各位好！小姐好！××先生好！××主任好！早上好！中午好！下午好！晚安！各位下午好！××经理早上好
2	欢迎用语	欢迎！欢迎光临！见到您很高兴！恭候光临！××先生，欢迎光临！欢迎再次光临！欢迎您又一次光临本店
3	送别用语	再见！回头见！慢走！走好！欢迎再来！保重！一路平安！旅途顺利
4	请托用语	请稍候！请让一下！劳驾！拜托！打扰！请关照！请您帮我一个忙！劳驾您替我看一下这件东西！拜托您为这位女士让一个座位
5	致谢用语	谢谢！××先生，谢谢！谢谢，××小姐！谢谢您！十分感谢！万分感谢！多谢！有劳您了！让您替我们费心了！上次给您添了不少麻烦
6	征询用语	您需要帮助吗？我能为您做点什么？您需要点什么？您需要哪一种？ 您觉得这件工艺品怎么样？您不来一杯咖啡吗？您是不是很喜欢这种方式啊？您是不是先来试一试？您不介意帮助您吧？您打算预订雅座，还是散座？这里有三种颜色
7	应答用语	是的。好。很高兴能为您服务。好的，我明白您的意思。请不必客气。这是我们应该做的。请多多指教。过奖了。不要紧。没关系。不必，不必。我不会介意
8	赞赏用语	太好了！真不错！对极了！相当棒！非常出色！您真有眼光！还是您懂行！您的观点非常正确，看来您一定是一位内行。哪里，哪里，我做得还很不够。承蒙夸奖，真是不敢当。得到您的肯定，的确让我们很开心
9	祝贺用语	祝您成功！一帆风顺！心想事成！身体健康！生意兴隆！全家平安！节日快乐！活动顺利！新年好！春节快乐！生日快乐！旗开得胜！马到成功
10	推脱用语	您可以到对面的商场去看一看。我可以为您向其他专卖店询问一下。下班后我们酒店还有其他安排，很抱歉不能接受您的邀请
11	道歉用语	抱歉。对不起。请原谅。失礼了。失言了。失陪了。失敬了。失迎了。不好意思，多多包涵。很惭愧。真的过意不去

【小训练】

（1）你去拜访一位名人，进屋之后发现主人家养了一只小猫。请以此为话题，设计一段对话。

（2）一天，你逛商场时发现一位营销员好像是当年的校友，在学校时没机会交谈，她好像也觉得你面熟，你主动和她打招呼。你们会谈些什么？

（3）放暑假了，你坐车回家，周围坐着几位年龄、身份、性别不同的陌生人，为消除路途寂寞，你先和他们寒暄几句，使大家都有谈兴。你会怎样寻找话题呢？

二、耐心地倾听

【小故事】

我还要回来！

美国知名主持人林克莱特有一天访问一名小朋友，问他说："你长大后想要当什么呀？"小朋友天真地回答："嗯……我要当飞机的驾驶员！"林克莱特接着问："如果有一天，你的飞机飞到太平洋上空所有引擎都熄火了，你会怎么办？"小朋友想了想："我会先告诉坐在飞机上的人绑好安全带，然后我挂上我的降落伞跳出去。"当在场的观众笑得东倒西歪时，林克莱特继续注视着这孩子，想看他是不是自作聪明的家伙。没想到，接着孩子的两行热泪夺眶而出，这才使林克莱特发觉这孩子的悲悯之心远非笔墨所能形容。于是林克莱特问他说："为什么你要这么做？"小孩的答案透露了这个孩子真挚的想法："我要去拿燃料，我还要回来！我还要回来！"

点评：通过这个故事，大家明白倾听的艺术了吗？沟通是双向的。我们并不是单纯地向别人灌输自己的思想，我们还应该学会积极地倾听。

有一句老话"人长着一张嘴巴，两只耳朵，就是为了少说多听"，是很有道理的。与人交谈不但要善于表达自己的意思，而且还要善于聆听对方的说话，这在社会交往活动中是个不容忽视的问题。少说多听的意思是指认真听取他人讲话可以获得更多的信息，抓住机会向别人学习；可以避免和减少说话的失误，使谈话简而精；同时也是对对方的尊重。

我们不仅口才要好，而且还要有一副好"耳才"，做一个善于倾听的人。

【小故事】

有好"耳才"的崔永元

在一次采访中，记者问崔永元："你为什么这么有口才？"

崔永元笑了一下，回答说："其实我嘴很笨，只是'耳才'还可以。"

"'耳才'怎么说？"记者又问。

崔永元回答："聊天、谈话的关键是要听得好。"

记者再问："怎么才算是听得好呢？"

崔永元答道："听人说话能听到画龙点睛，此一境界；听人说话能听到入木三分，又一境界；听人说话能听到刻骨铭心，最高境界。"

点评：崔永元连用三个成语，说明倾听的三种境界。生活中，一些人常常重说轻听，光有口才却无"耳才"，很容易掉进自己挖的"陷阱"里，致使沟通效果大打折扣。其实，越是善于倾听的人，越能得到他人的尊重，与他人的关系越融洽。

听和说是谈话交流的两个方面，倾听是语言表达的前提。倾听，专心致志地聆听对方讲话，这是最能够体现对对方礼貌和尊重的方式。那么怎么才算"听"呢？这从古人造字就可看出，听的繁体字是"聽"，这里面有"耳"，有眼睛，还有个"王"字，右面这个像"四"

字似的，就是指眼睛，这里面还有"心"，也就是说你要做到听，除了得用耳朵听，还要用眼睛看，用心领会，这样你就能够成为王者。因此，我们应充分重视听的功能，讲究听的方式，追求听的艺术。

1. 全神贯注、洗耳恭听

首先要成功地接听对方传达的信息，就要做到全神贯注和洗耳恭听。全神贯注可以使你正确地接收信息，使信息不变形。洗耳恭听，是指你在倾听时，要摒除偏见和成见，否则会妨碍你接收信息。

【小故事】

龟兔赛跑

有一次我听著名的经济学家厉以宁教授的讲座，厉以宁为了阐述管理当中的几个关键问题，要讲龟兔赛跑的故事。坐在我旁边的一个小伙子嘀咕道：龟兔赛跑的故事有什么可讲的，我上小学的时候就听过了，于是他没注意听。其实厉教授讲的故事很有新意，语言也很诙谐。他说，我们北大光华管理学院讲的龟兔赛跑是这样的：龟兔赛跑有四个回合，第一个回合，乌龟虽然在竞争中处于劣势，但坚持了下来，等待对方犯错误。结果兔子睡大觉，乌龟赢了。第二回合，兔子接受教训，不再睡大觉，把潜在的可能变成了现实，兔子赢了。第三回合，乌龟调整了策略，改变了比赛路线，在新的比赛路线上临近终点处有一个水池。比赛中兔子虽然跑得快，但过不了水池。乌龟虽然跑得慢，但顺利地游过了水池，乌龟赢了。第四回合，乌龟与兔子结成战略伙伴关系，互助互信，在陆地上兔子背着乌龟跑，在水里，乌龟驮着兔子游，结果乌龟与兔子一起快速抵达终点，达到了双赢。我邻座的小伙子正是由于成见，错过了厉教授的精彩讲述。

2. 开动脑筋、了解真意

倾听的时候还必须开动脑筋，务求了解说的人要表达的真正意愿。这里关键的倾听技巧是，要是有不明白的地方，应当提问。而如果听到的话比较含蓄，还要了解说话人的言外之意。倾听就是要了解交际对象的真实需求。如果你在倾听当中还没有完全了解对方的意见或需求，就必须提问。

【小故事】

提问了解真意

某一品牌的手机经销商的客服代表，正在接客户李先生的反馈电话。

客户："你们××型号手机带镶钻，多俗气啊，我不喜欢。"这时，客服代表为了真正弄清楚客户的意见，进行了提问。

客服代表："李先生，真感谢您反馈的信息，您的意见对我们太宝贵了。我想问您一下，您喜欢澳大利亚天然水晶吗？为什么您觉得镶钻的会显得俗气？"

客户："澳大利亚水晶是好看，用在手机上也不是不行，可你得看放在哪儿。像你们这款手机，本来外屏就做成彩屏了，五彩缤纷的，在外屏上又镶了一圈水晶，您说，是不是太花了，看着就眼晕，一点也不高雅，透着俗气。"

客服代表："噢，是啊"。

客户又补充道："主要是水晶镶得不是地方。您看，人家××7200款的，把天然水晶镶到冷色的金属数字按键旁，数字看起来更醒目，有实用性，天然水晶配着冷色金属又雅致亮丽。"

这样通过提问，客服代表就完全知道了李先生的意见。

3. 给予反馈、鼓励对方

倾听时还要注意给对方反馈，让对方知道你在聚精会神地听，从而鼓励对方，使对方说得更好。这样就真正达到了交流中的互动。

在双向交流中，从说话人的角度看，现在很提倡互动。说话的人要注意调动起听话人的兴趣，间或要让听话人有发表意见的机会。主要担任"说"的角色的人，比如电视台的主持人，要让观众参与，要让观众或嘉宾有发表意见的机会。这样才能有交流，气氛才活跃得起来。否则，主持人一个人唱独角戏，会非常沉闷。那么从倾听的角度来看，倾听也担当着鼓励说话人的责任，也要给说话人反馈。那么如何给对方反馈呢？

第一，用正确的体态语让对方知道你在聚精会神地倾听。倾听时，身体微微前倾，侧着耳朵。表示你在积极倾听。说话人看到你在仔细听，就会越说越来精神。还可以用微笑来替代体态语。在电话上虽双方彼此看不见，但是带着微笑的愉悦的语音，会给正在说话的交际对象一个反馈，向其传递一个信息，即我愿意听你说，我正在很专注地听你说。

第二，倾听时，要适时发出应答的词语。当一个人说话时，其实一直在关心对方是不是在专心听。有时，听的人确实在很专注地听，可是说话的人并不知道，还在那儿问："你在听我说吗？"如果听话的人说"我在认真听呢"，有时候说话人还不相信，一再追问："那你重复一下，我刚才说了什么？"这会使得双方相互埋怨，陷于一种尴尬的境地。那么怎样才能让说话的人知道你在好好听呢？其实办法很简单，那就是在听人说话时，即使说话人没用问句，也要适时发出一些回应的词语，即在听完一句话或一段话之后，说出"噢，是吗？对，唉，行"等应答的词语。虽然这些应答的词语没有任何实际的意思，但在交流中却很重要，因为这让说话人知道你在用心听。在倾听交际对象说话时，一定要说出回应的词语，让对方知道你在用心听……

【小贴士】

LISTEN（聆听）六要点

礼仪专家赵玉莲总结了聆听六要点。

L：look，注视对方，使用"肯尼迪总统眼神法"，方法是轮流看对方的眼睛，看左眼、看右眼，再看回左眼，两眼交替注视。据说肯尼迪总统经常使用，最能打动对方的心。

I：interest，表示兴趣，点头、微笑、身体前倾，都是有用的身体语言。

S：sincere，诚实关心，留心对方的说话，做真心善良的回应。

T：target，锁牢目标，对方故意离题，马上带回主题。

E：emotion，控制情绪，就是听到过分言语，也不要发火。

N：neutral，避免偏见，小心聆听对方的立场，不要急于捍卫己见。

【小训练】

某搬家公司通过在报纸上刊登广告来招揽业务，但生意来了之后它反倒不愿做了。请分析下面的情景对话。

小王：您好，请问是××搬家公司吗？

搬家公司接线员：是的，请问您是哪里？

小王：我是广州点石成金咨询有限公司。

搬家公司接线员：咨询公司？做什么的？

小王：我公司主要做电话营销技巧培训。今天，我给你打电话是因为……

搬家公司接线员：我们不需要培训。（喀喇！没等小王说完，电话就被粗暴地挂断了。）

【参考分析】

（1）搬家公司接线员犯了什么错误？

提示：没有听完对方的谈话就挂机，结果失去了生意。同时，粗暴的挂机行为有损公司与她自己的形象。

（2）小王犯的错误是什么？

提示：小王也有说话技巧上的问题，如果她能开门见山说明来意"您好，是××搬家公司吗？我们明天要搬办公室，请问你们有时间吗？"这样，对方就会很客气地与之交谈，而绝不会粗暴地挂机。

（3）请同学们就所学内容及自己平时的经验，相互交流在倾听时的积极做法。

提示：①别说话；②让对方放松心情（放松才能畅所欲言）；③向对方表示你想聆听；④避免分心；⑤要设身处地站在对方的立场思考；⑥要有耐性；⑦避免争辩与批评；⑧发问；⑨控制你的情绪等。

（4）请同学们就所学内容及自己平时的经验，相互交流在倾听时的消极做法。

提示：①打断他人的说话；②经常改变话题；③抑制不住个人的偏见；④贬低讲话人；⑤急于下结论；⑥神情茫然，姿势僵硬；⑦只注意听事实，不注意讲话人的感情；⑧使用情绪化的言辞；⑨在头脑中预先完成讲话人的语句；⑩当对方还在说话时就想着如何进行回答等。

三、提问的技巧

提问往往是交谈的起点，是把话题引向深入的方式之一。因此，会不会问，该怎么问，问什么，都直接影响着交谈的效果。提问者必须掌握察言观色的技巧，学会根据具体的环境特点和谈话者的不同特点进行有效的提问。提问的作用在于：有利于把握回答者的需求；有利于保持沟通过程中双方的良好关系；有利于掌控沟通进程；通过巧妙的提问来保持友好的关系。

【小贴士】

提问的方式

人际沟通的最终目标是达成一个共同的协议。要充分了解并确认对方的需求、目的，经常要通过提问得知。常见的提问方法有两种，见表2-2。

表2-2 常见的提问方式

提问的方法	开放式问题提问	封闭式问题提问
特点	回答没有框架，可以让对方自由发挥；答案是多样的，是没有限制的	提问时给对方一个框架，让对方只能在框架里选择回答；答案是唯一的，是有限制的
举例	你午餐吃的什么？ 您什么时候有时间？ 你的订购计划是怎样的？ 你为什么喜欢这样的工作？	你吃午餐了吗？ 您是上午有时间还是下午有时间？ 你订购一套还是两套？ 你喜欢你的工作吗？
优势	收集信息全面，得到更多的反馈信息，谈话的气氛轻松	可以引导对方直接给出自己想要的结论，容易控制谈话的时间
劣势	占用一定的沟通时间，谈话内容容易跑偏，不便于控制沟通节奏	收集信息不全面，不利于了解对方的真实意思，只能是确认信息。另外，封闭式问题有时会让对方产生一些紧张或戒备的感觉
应用	时间充裕，需要收集信息，想让对方充分参与、充分主导时用开放式问题	时间有限，需要尽快得出结论，想自己控制局面时用封闭式问题

提问的技巧很多，主要介绍以下几种。

1. 直接提问法

提问者从正面直接提问，开诚布公、干脆利落、直截了当地讲明询问目的，开门见山地提出问题。

在运用正面提问法时要注意情感的铺垫，以使对方心理上舒缓一些，也能合作一些。同时防止提过于直白的问题，以免显得过分生硬，容易造成询问对象的心理排斥，不仅难以获得有价值的信息和材料，而且还会给人一种笨嘴拙舌的感觉。

【小案例】

"你是否对别人的批评很敏感？"

有人问美国华尔街 40 号国际公司前总裁马修·布拉："你是否对别人的批评很敏感？"他说："早年，我对这种事情非常敏感。我急于要使公司里的每一个人都认为我非常完美。要是他们不这样想，就会使我忧虑。只要一个人对我有一些怨言，我就会想法子取悦他。可是，我做的讨好他的事，总会让另外一个人生气。等我想要补偿这个人的时候，又会惹恼其他的人。最后我发现，我越想讨好别人，就越会使我的敌人增加。所以，我对自己说：只要超群出众，你就一定会受到批评，还是趁早习惯。这一点对我大有帮助。以后，我决定尽自己的最大能力去做，而把我那把破伞收起来，让批评我的雨水从我身上流下去，而不是滴在我的脖子里。"

2. 限定提问法

人们有一种共同的心理——认为说"不"比说"是"更容易、更安全。所以，一般在沟通过程中，提问者向回答者提问时，应尽量设法不让对方说出"不"字来。提问者在问题中给出两个或多个可供选择的答案，此时可采用限定提问法，即两个或多个的答案都是肯定的。如与别人订约会，有经验的提问者从来不会问对方："我可以在今天下午来见您吗？"因为这种问题只能在"是"或"不"中选择答案。如果将提问方式改为限定型，即改问："您看我是今天下午 2 点钟来见您还是 3 点钟来？""3 点钟来比较好。"当他说这句话时，提问的目的就已经达到了。

【小案例】

向大娘提问

北京远郊区有个山村的群众吃水很困难。后来，在当地政府的关怀下，村民都用上了自来水。记者采访一位老大娘时问道："大娘，您吃上自来水了，高兴吧？"大娘回答说："高兴！高兴！"这次采访，记者就提了这一个问题，大娘也就连着说了两个"高兴"，心里有话却因记者的直白而没能说出来。如果问："大娘，原先您想过吃自来水吗？"或者"大娘，听说你们过去吃水很困难，是吗？"大娘心里的话就能痛快地说出来了。

3. 诱导提问法

诱导提问法就是提问者通过采用启发诱导的方式，引导或激活对方的思路，诱发对方的情感，使对方明确双方沟通的范围和内容，从而有针对性地把对方掌握的信息引导出来，这比较适合提问对象不愿意说、不大会说、不想主动说等情形。在某种情况下，诱导提问法还可以有意识地通过提问来使对方落入提问者的"圈套"，从而使其承认或否认某种言行。

【小故事】

孟子的提问

孟子在劝谏梁惠王时，曾经提出一个问题，"假定有一个人向大王报告：我的臂力能举起三千斤的重物，却拿不起一根羽毛；我的目力能把秋天鸟的细毛看得分明，但一车柴火摆在眼前却瞧不见。你相信吗？"魏惠王说："不，我不相信。"孟子马上接着说："这样看来，那个力士连一根羽毛都拿不起，是不肯用力的缘故；那位明察秋毫的人，连一车柴火都瞧不见，是不肯用眼睛的缘故；如果老百姓得不到安定的生活，是大王您不肯干，不是不能干。"孟子开始的问话就是诱导提问法。

4. 追踪提问法

所谓"追踪提问法"，是指提问者把握事物的矛盾法则，抓住重点，循着某种思路、某种逻辑，进行连珠炮式的提问。这种提问既要按照事物的内在联系，把基本情况和事实真相了解清楚，又要抓住重点，深入挖掘，达到应有的深度。一般来说，提问者对于触及事物本质的关键性材料，以及对方谈话中的疑点，或者从对方谈话中发现的有价值的新情况、新线索，往往会抓住不放，打破沙锅问到底，直至水落石出。这里可采用的提问方式如"还有什么呢？""其他原因呢？""您能进一步解释一下吗？"需要注意的是，追问既要问得对方开动脑筋，又要让对方越谈越有兴趣，态度、语气都要与谈话的气氛协调一致，不要把追问搞成逼问，更不要变成变相"审问"。

5. 假设提问法

假设提问法是指提问者通过假设的方式提出一些假设性的问题，是一种"试探而进"的提问方法。这种提问方法采用"如果""假如"一类的设问方式，不但可以了解采访对象的观点、看法和见解，而且还能深入了解对方的内心世界。

假设提问法往往用来启发沟通对象的思路，引导对方谈出对某个问题、某种事情的真实想法，或者设身处地地为对方着想，积极帮助对方回忆某种情景，或者用来调节对方的情绪，促使对方谈出一些不大想说、不大好说的事情或想法，或者由提问者对人物或事物进行合乎规律的推断、预测，促使对方产生联想和想象，或者提问者已经有了一定的认识，再提出一些假设性问题，同沟通对象展开讨论，促使自己认识的深化。

6. 激将提问法

激将提问法是指以比较尖锐的问题，适当地刺激对方一下，促使对方的心态由"要我说"变为"我要说"，从而不能不说，甚至欲罢不能。运用激将提问法时，提问者要考虑自己的身份是否得当，刺激的强度是否适中，还要考虑谈话的气氛怎样。有些时候尖锐、刁钻、奇特，甚至古怪的提问，是"兵行险招"，成则大成，败则大败。例如某些西方政治家，喜欢接待善于用"激将提问法"的记者，他们通过巧妙地回答记者刁钻刻薄的提问，能够在公众面前显示自己的才能。

【小案例】

采访

新华日报社有一位记者，根据国务院关于搞好安全生产的指示，有一次去南京某厂采访。这是一家数千人的大厂，因安全措施落实得好，已连续7年未发生过安全事故。由于记者事先得知该厂领导有思想顾虑，不愿在报上张扬，并曾婉言谢绝过其他记者对这一题材的采访，故记者一坐下来就问："记不清在哪里听说过了，你们厂今年二月份因安全措施没落实，曾经触电死过一人，是不是？"接待采访的一位副厂长顿感震惊和委屈：“我们厂？二月份死过人？不可能！”记者紧追不舍：“为什么不可能？”副厂长激动起来，一边示意厂办主任打开文件柜，出示安全生产记录，一边大嗓门站着讲述该厂抓安全生产的措施与经验，采访大获成功。

7. 转借提问法

转借提问法就是提问者假借他人之口向提问对象提出自己想提的问题，既可以借助第三方提出一些不宜于面对面提出或不太好直说的问题，也可以说明所提问题的客观性，增加提问的力度。例如：

一个青年教师向一位老教授这样提问：“刘教授，我听张主任说，您刚刚发表了一篇关于××问题的学术论文，是吗？很有影响，方便借我拜读一下吗？”借他人来说事，问中有赞，会让对方欣慰。

8. 限定提问法

限定提问法就是提问者在向提问对象提出问题时，为了避免对方在“是”与“否”的简单回答中可能给出提问者不想出现的否定性回答，进而在提问时先给出两个或多个可供对方选择的肯定性答案，让对方回答时不自觉地选择其中的一个答案，进而实现提问的目的。例如：

你想约一个人见面。你如果这样问“您看什么时候您有时间？”“您看周六上午可以吗？”那么对方很可能会这样回答：“不好意思，我最近没时间。”“周六上午不行。”

而你如果这样问：“您看是周六上午还是周六下午我来见您？”对方可能这样回答：“周六下午吧，上午我还有点别的事情要办。”

提问的方法丰富多样，提问者可以根据沟通中的具体情况灵活地加以运用。同时，这些方法既是相对独立，又是互相联系的，它们可以单独使用，也可以交替或交叉使用。掌握了每种方法的要领，就可以在沟通的过程中运用自如，获取最佳沟通效果。

【小训练】

请分析以下情境中“提问”的“得”与“失”。

情境1：在一家经营咖啡和牛奶的茶室，刚开始营业员总是问顾客：“先生，喝咖啡吗”或者是“先生，喝牛奶吗”，其回答往往是否定的。后来，营业员经过培训换了一种问法“先生，喝咖啡还是喝牛奶”，结果其销售额大增。无独有偶。两家卖粥的小店，产品、装修、服务没什么两样，但A店总是比B店多卖一倍的鸡蛋，原因在哪？B店客人进门，服务员便会问一句：“要不要鸡蛋？”有一半要一半不要。而A店客人进门，听到的是：“要一个鸡蛋还是两个？”客人有的要一个，有的要两个，不要的很少。这样，A店的鸡蛋就总是卖得多一点。同样一句话，前后一对调或者做点不起眼的变化，就会出现不同的结局，其实质在于说话人掌握了对方思考的方向。请分析这其中的原因是什么？

情境2：有一对来自阿坝地区的羌族兄弟，他们演唱的是一首流传千年的大山古歌——《羌族酒歌——唱不起了》。这是一首没有经过任何“艺术加工”、真正的原生态民歌。在无伴奏的情况下，羌族兄弟那极具特色的和声及效果引得专家连声称奇，评委给了很高的分数。只是，在素质考核环节，羌族兄弟的表现不好，得分为零。

为了缓解羌族兄弟俩的尴尬，主持人董卿临时加入了一个小环节，她这样说道：“就像这对来自深山的选手不了解外面的世界一样，我们对他们的文化也未必知道。我现场替他们给评委出一道题，请问佩戴在兄弟俩脖子上的这个银质的小壶是干什么用的？请回答。”

顿时，场上场下气氛热烈，评委们纷纷抢答，观众们也众说纷纭。可十几秒后，仍无人答出。

考虑到整个比赛的进程，董卿适时出手，赶紧转场：“刚才是否有答对的，现在请这对选手告诉我们正确答案。"

羌族兄弟中的一个走上前来，解释道："这个银制的小壶是进山打猎时用来装油和盐的。"

这一答案解除了评委和观众的疑惑，也缓解了选手的尴尬情绪。顿时，现场报以热烈的掌声。

四、回答的技巧

回答问题是交谈过程中的重要环节之一，有效的回答建立在对提问者的观察、了解的基础之上，有效回答问题能够使提问者的疑问得到解答，使回答者自身的能力与学识获得进一步的展示，从而获得沟通对象的认可，还有利于减少与沟通者之间的误会。回答的技巧很多，主要介绍以下几种。

1. 针对性回答

有时问题的字面意思和问话人的本意不是一回事，我们回答时，不仅要注意问话的表面意思是什么，更要认清提问人的动机、态度、前提是什么，使回答具有针对性。

【小案例】

对答

一次，某专科学校期末考试安排老师监考，有一学生违反考试纪律夹带小抄，被监考老师抓住。其班主任前来求情，于是就有了这样一段对话："他反正又没看，你高抬贵手饶他这一回吧。"监考老师回答："国家明文规定，私自拥有、藏匿枪支属于违法行为。如果有人私自藏匿枪支却并未杀人，算不算犯罪呢？"班主任哑口无言。

无独有偶。一次，英国大戏剧家萧伯纳结识了一个肥头大耳的神父。神父仔细打量着瘦骨嶙峋的剧作家，揶揄地说道："看着你的模样，真让人以为英国人都在挨饿。"萧伯纳马上接过话说道："但是，看看你的模样，人们一下子就清楚了，这苦难的根源就在你们这种人身上！"

2. 艺术性回答

这里所说的艺术性包括避答、错答、断答、诡答。

1）避答

这种方式用于对付那些冒昧的提问者所提的问题。有时，某些问题自己不宜回答，但对方已经把问题提到面前了，保持沉默显然被动，就可以避而不答。

【小案例】

避答两例

（1）日本影星中野良子来到上海，有人问她："你准备什么时候结婚？"中野良子笑着说："如果我结婚，就到中国度蜜月。"中野良子的婚期是个人隐私，中野良子自然不愿吐露。她虽然没有告诉婚期，却说结婚到中国度蜜月，既可以遮掩过去，又表现了她对中国人民的友好。

（2）王光英当初赴香港地区创办光大实业公司时，一下飞机，记者们便蜂拥而至。一位女记者挤到面前，问道："先生，请问您这次到香港带了多少钱来？"王光英见对方是个女记者，急中生智，这样应答道："对女士不能问岁数，对男士不能问钱数，小姐，你说对吗？"既达到了目的，又很有幽默感。

2）错答

这是一种机警的口语表达技巧，既可用于严肃的口语交际场合，也可用于风趣的日常口语交际场合。它的主要特点是不正面回答问话，也不反唇相讥，而是用话岔开问话人所问的问题，做出与问话意见错位的回答。请看下面的例子。

【小案例】

美丽姑娘的错答

一个美丽的姑娘独自坐在酒吧间里，从她的装扮来看，她一定出身豪门。一位青年男子走过来献殷勤，"这儿有人坐吗？"他低声问。"到阿芙达旅馆去？"她大声地说。"不，不，你弄错了。我只是问这儿有其他人坐吗？""你说今夜就去？"她尖声叫，表现得比刚才更激动。许多顾客愤慨而轻蔑地看着这位青年男子。这位青年男子被她弄得狼狈极了，红着脸到另一张桌子上去了。

以上例子，是很典型的错答，是用来排斥对方和躲闪真实意思的交际手段，用得很成功。运用错答的语言技巧，一是要注意对象和场合；二是使对方明白，既是回答又不是回答，潜在语是不欢迎对方的问话；三是有时要利用问话的含混意思。答也模棱两可、似是而非，让对方也无法理解。

3）断答

就是截断对方的问话，在他还没有说出，或者还没有说完某个意思时，即做出错答的口语交际技巧。它与错答的相同点是答与问都存在人为的错位，即答非所问。它们的不同点是，错答是在听完问话之后做的回答，断答是没有听完问话抢着进行回答。为什么不等对方问清楚，就要抢先回答？有以下两种原因：一是等对方把问话全说出，就会泄露出某种秘密，难以收拾；二是待听全问话再回答，就会比较被动，不好应付。因此，考虑对方要问什么，在他的问话未说完时，就迅速按另外的思路回答，一方面可以转移其他听众的注意力；另一方面可以使问者领悟，改换话题，以免因说破造成尴尬局面和其他不良后果。

【小案例】

女青年三次断答

一对青年男女在一起工作，男方对女方产生了爱慕之情，男方急于要向女方表白心意，女方却不愿将友情向爱情方面发展，女方认为还是不要说破，保持一种纯真的朋友情谊为好。于是，出现了下面的断答。

男青年：我想问问你，你是不是喜欢……

女青年：我喜欢你给我借的那本公关书，我都看了两遍了。

男青年：你看不出来我喜欢……

女青年：我知道你也喜欢公共关系学，以后咱们一起交换学习心得。

男青年：你有没有……

女青年：有哇！互相切磋，向你学习，我早就有这个想法。

男青年：……

这位女青年三次断答，使男青年明白了她的想法，于是，不再问了，这比让男青年直接问出来，女青年当面予以拒绝，效果要好得多。

4）诡答

这是与诡辩连在一起的回答。诡，怪的意思。诡答，即一种很奇怪的回答。在特殊的情况下，不能、不宜或不必照直回答时急中生智，用诡答技巧，做出反常的回答，既增添了谈话的情趣，又应付了难题。

【小故事】

老头子

清朝乾隆年间的进士纪晓岚在宫中当侍读学士时，要伴皇帝读书。一天，天色已亮，而乾隆皇帝还没来，纪晓岚就对同僚说："老头子还没来？"恰巧乾隆皇帝跨门而入，听到他的话，就愠愠地责问："'老头子'三个字作何解释？"纪晓岚急中生智，跪下道："皇上万寿无疆叫作'老'；皇上乃国家元首，顶天立地叫作'头'；皇上是真龙天子，叫作'子'。"于是龙颜大悦。"老头子"本来是一种对老年人不尊敬的称呼，面对乾隆的责难为了开脱自己的罪责，纪晓岚采用文字拆合法来偷换概念，居然把"老头子"变成了对皇帝的敬称。试想，如果纪晓岚不是运用"诡辩"来应付这样的难题，怎么能避免一场杀身之祸呢？

3. 智慧性回答

智慧性回答包括否定预设回答和认清语义诱导回答两种。

1）否定预设回答

预设是语句中隐含着使语句可理解、有意义的先决条件。在正常情况下，这种先决条件的存在是不言而喻的，如"鲁迅先生是哪一年去世的？"这个问话包含有预设：鲁迅先生已经去世。预设有真假之别，符合实际的预设是真预设；反之就是假预设。就问话而言，其预设的真假关系到对问话的不同回答。黑格尔在《哲学史讲演录》中谈到古希腊诡辩学派时曾讲过这么一个例子，有一位诡辩学派的哲学家问梅内德谟："你是否已经停止打你的父亲了？"这位哲学家提此问题的目的是要迫使从未打过自己父亲的哲学家陷入困境，因为无论梅内德谟做出"停止了"或"没有停止"的回答，其结果都是承认自己打过父亲的虚假预设。可见，利用虚假预设可以设置语言陷阱。有些智力测试题提问陷阱的设置也是如此。在中央电视台《天地之间》节目中"乐百氏智慧迷宫"里曾有道智力测试题为："秦始皇为什么不爱吃胡萝卜？"选手们都答不上来。此问题预设了"秦朝时有胡萝卜""秦始皇吃过胡萝卜"这两点，将思考点定在"为什么不爱"。其实秦朝时还没有胡萝卜。应这样回答：秦朝还没有胡萝卜，秦始皇当然说不上爱吃胡萝卜了。

【小案例】

周杰伦妙答记者

周杰伦是许多青年朋友非常喜爱的一位华语歌手，拥有众多的"粉丝"。其实，周杰伦不但歌唱得好，他的口才也是数一数二的。

有一次，记者问到周杰伦和某女明星是否有恋爱关系时，周杰伦立即以四句改编诗歌回答道："绯闻诚可贵，八卦价更高。若为音乐故，两者皆可抛。"周杰伦幽默的话语，顿时引得现场响起一阵阵笑声和掌声。

2008年10月13日，周杰伦的国语大碟《魔杰座》全亚洲发片记者会在台北举行，记者会上，周杰伦抢先让大家欣赏了他刚刚完成最后剪辑工作的另一个新专辑主打歌曲《时光机》。演唱完后，主持人在台上问他如果时光能倒转，他最希望回到过去挽回什么？主持人期待周杰伦可以谈到是否可以挽留什么感情，聪明的周杰伦没有掉进圈套，他出其不意地回答道："我是看未来的人，即使有时光机我也不希望回到过去，我希望前往未来，看看到时候自己的音乐是否存在。"

2）认清语义诱导回答

人们理解语言会受到已有经验的影响，自然而然地产生某种语义联想。如由"春天"会想到桃红柳绿、万紫千红；由"冬天"又会想到寒风凛冽、白雪皑皑；见"晚霞"能想到色彩的绚丽；看"群山"就能想到山势的起伏……既然普遍存在着语义联想，那么就可以利用语义联想来设置陷阱，诱导目标进入思维定式的困境。例如在一个没有星星、看不见月亮的时候，有一个盲人身着黑衣，步行在公路上。在他的后方，一辆坏了车前灯的汽车奔驰而来，奇怪的是，司机在未按喇叭的情况下，却安全地将车停在了盲人的身后。这是怎么回事呢？见到"星星"或"月亮"这些词语，我们一般都会联想到晚上。现在出现了"星星""月亮""黑""灯"等字眼，我们就很容易与"黑夜"联系起来了，而这正是本题的陷阱。它通过这些词语诱导你的思维走向"黑夜"，那样的话，你就会水尽山穷，百思亦难得其解了。答案应是：这是白天，毫不奇怪。

语言诱导这种陷阱在智力测试提问中可以说随处可见，知道这种陷阱的特征，有些问题就很容易解答了。

【小故事】

顾维钧巧答美国小姐

顾维钧曾是中国外交界的领袖，25 岁就获美国哥伦比亚大学法学博士学位。他在担任驻美公使时，有一次参加各国使者的国际舞会，与他共舞的美国小姐突然发问："请问，你喜欢美国小姐，还是中国小姐呢？"这个问题看似简单，其实不易回答。如果说喜欢中国小姐，就得罪了美国小姐；若说喜欢美国小姐，不仅有违心意，且会导致麻烦。顾维钧思索后笑道："无论是中国小姐还是美国小姐，只要喜欢我的，我都喜欢。"

4. 形象性回答

形象性回答是指当提问者提出一个带有一定"理论"色彩的问题时，如果回答者泛泛而谈地讲一些空洞的大道理往往得不到听者的认同，这时不妨用形象化的方法如讲故事、打比方等，将枯燥的道理形象化，让听者品味并深刻理解。

【小案例】

韩寒巧妙回答

在香港书展读者见面会上，有读者问韩寒："你是如何看待你成长之路上遇到的种种困难挫折的？"韩寒沉思片刻后回答说："一个农夫的驴子不小心掉进了枯井里，农夫绞尽脑汁都没法救出驴子，为免除驴子等死的痛苦，他决定将泥土铲进枯井中把驴子埋了。刚开始驴子叫得很凄惨，后来却渐渐安静了下来。农夫好奇地探头往井底一看：原来，当泥土落在驴子的背部时，驴子便将泥土抖落在一旁，然后站到铲进的泥土堆上面！就这样，驴子很快便上升到了井口！我们在成长之路上难免会陷入'泥土'，换个角度看，它们也是一块块的垫脚石，而想要从'枯井'脱困的秘诀就是将'泥土'抖落掉，然后站到上面去！只要我们锲而不舍地将它们抖落掉，站上去，那么即使是掉落到最深的井，我们也能安然地脱困。"韩寒通过即兴讲述一个"驴子落枯井"的小故事，生动有趣地谈及了成长路上的"枯井"和"泥土"的现实意义，深刻地道出了自己独特的人生观——把困难化作动力，给人以智慧的启迪。

5. 借用性回答

借用性回答就是在回答提问者提出的问题时，巧妙地借用对方问话中的语气和词句等，以一种出人意料又在情理之中的借题发挥式的方法来回应对方，实现一种在特定情境下的理想应答效果。

【小故事】

基辛格的回答

1972 年，基辛格随同尼克松访问莫斯科，途中在维也纳就美、苏首脑会谈问题举行了一次记者招待会。这时《纽约时报》记者提问一个所谓"程序问题"："到时你是打算点点滴滴地宣布呢，还是来个倾盆大雨，成批地发表协定呢？"从不放过任何机会讥讽《纽约时报》的基辛格，一板一眼地说："我明白了，这位记者先生要我们在倾盆大雨和点点滴滴之间任选一种，这很困难，无论怎样，都是很糟糕的，这样吧，我们点点滴滴地发表成批声明。"

6. 无效性回答

无效性回答是指当提问者提出的问题很难回答时，如果不予理睬或一律说"无可奉告"，既显得对对方不礼貌，又可能使自己当场受窘，所以这时可以做出绝对正确而毫无实质意义的无效回答。

【小案例】

王蒙的"大实话"

有一次，一位美国人问作家王蒙："20世纪50年代和70年代的王蒙，哪些地方相同，哪些地方不同？"王蒙答道："50年代我叫王蒙，70年代我还叫王蒙，这是相同的地方；50年代我20多岁，70年代我40多岁，这是不同的地方。"

中国从20世纪50年代到70年代经历了诸多政治风云，王蒙身处其中，也有许多一言难尽的遭遇和变化，这些内容很敏感和微妙，不容易说清楚，或者王蒙也根本不想再去触及这些往事，而且也不宜或不必贸然向一个陌生的美国人谈这些。所以，王蒙机智幽默地说了这些绝对正确的看似"切题"却什么也没说的大实话。

【小训练】

请分析以下情境中的"回答"好在何处。

情境1：2000年10月美国总统大选，当时我国的一位知名教授赴洛杉矶访问。刚下飞机，记者就过来采访他："请问×教授，你认为美国总统大选谁会获胜？"当时是官方活动，不能信口开河，如果这位教授按照记者的思路回答谁会获胜，一旦回答错误，就是一件很尴尬的事情。这时，就应该使用外交辞令了，"首先，我要感谢各位记者对我们的关注，此外，我相信美国人民是受过良好教育的人民。美国人民是强调独立自主的一个民族，所以这次美国总统大选美国人民一定会做出符合自己意愿的选择，而且我相信不管谁当选美国总统都会促进中美关系的可持续发展。谢谢，我的话完了。"这样的回答，无论最后谁当选，这位教授都不会落入尴尬的境地。

情境2：一次，某记者问杨澜："你想拥有什么样的后半生？"杨澜说："我连前半生还没过完呢，怎么就后半生了啊？"

情境3：中国香港作家陈浩泉的长篇小说《选美前后》，描写"香港小姐"准决赛时，会被测试谈吐应对的技巧，司仪问参赛的杨小姐："杨小姐，请听着，假如要你在下面的两个人中选择一个作为你的终身伴侣，你会选谁呢？这两个人一个是肖邦，一个是希特勒！"回答肖邦，会落入俗套；回答希特勒，人家会说她神经有毛病，怎么可以选择一个与人民为敌的魔鬼做终身伴侣呢？可是，在这两个人中必须选一个。这样就把杨小姐逼入困境。只听杨小姐说："我会选择希特勒的。"台下观众顿时骚动起来，追问她："你为什么选择希特勒？"她的回答可谓绝妙："我希望自己能感化希特勒。如果我能嫁给希特勒，肯定第二次世界大战不会发生，也不会死那么多的人了。"

情境4：1860年，与林肯竞选总统的是当时显赫一时的大人物——民主党派候选人道格拉斯。他依仗自己的财势，专门准备了一辆竞选列车，还在后边安装了一门礼炮，所到之处，他都要鸣礼炮32响。在他看来，只要用强大的气势压倒林肯这个穷小子，就能顺利地当上总统。

与对手不同的是，林肯坐着一辆耕田用的马车，所到之处，他都要亲自走到选民中间，与选民进行亲切的交流。当有人问林肯拥有多少财产时，林肯发表了一段感人至深、令人难忘的演讲："如果大家问我有多少财产，那么我告诉大家，我有一位妻子和三个女儿，都是无价之宝。此外，还有一个租来的办公室，室内有桌子一张，椅子三把，墙角还有大书架一个，架子上的书值得每一个人读，我本人既穷又瘦，脸很长，不会发福。我实在没什么依靠的，我唯一的依靠就是你们。"

第二节　赞　美

美国管理学家玛丽·凯（Mary Kay）说："赞美是一种有效而且不可思议的力量。"的确如此，在社会交往中，绝大多数人都期望别人欣赏、赞美自己，希望自身的价值得到社会的肯定。在交际中，恰当地运用赞美的方式，会激发人们的积极性，产生巨大的精神力量。

一、赞美的类型

【小故事】

受到赞美的保洁员

一天晚上，韩国一家大公司发生了被盗事件，但盗窃者并没有得逞，该公司的一位保洁员不顾生命危险，与盗窃者进行了一场惊险的搏斗。

在这样一个大公司里，论地位、工资，这位保洁员都难以引起重视；论责任，防火防盗这些事情与一个小小的保洁员也没有直接的联系。然而，是什么让这位保洁员产生了如此强烈的正义感呢？

后来，有人从这位保洁员的口中得知，他之所以会这样做，是因为公司总经理每次看到他在辛勤工作时，总是微笑着表扬他把地板打扫得很干净，因此他心存感激，并以此作为回报。

赞美，是社交语言中一种常见的言语交际形式。当我们用恰到好处的赞美感染了别人内心时，也就拉近了人与人之间的距离。要知道，赞美是一种神奇的力量，是人际关系的催化剂，所以，要适当地赞美别人，我们播下的每一粒赞美的种子，在未来的某一时刻都可能会开出遍地鲜花。

赞美是多种多样的，一般地，从不同角度，可将赞美分为不同的类型。

1. 从赞美的场合上分类

从赞美的场合上可以把赞美分为当众赞美和个别赞美。当众赞美是指面对特定的组织、团体、群体等，对某人或某事的赞美，如颁奖会、庆功会、总结大会等。这种形式能充分调动全体人员的积极性，鼓动性强，宣传面广，影响面大，能产生一定的轰动效应，营造热烈、向上的气氛；但它受时间、场所限制，运用不好，容易流于形式和走过场。个别赞美是指在会下与个别人谈话中予以表扬的形式。这种形式使用方便，自如灵活，针对性强，能解决一些具体问题，效果比较好，时间、地点不受限制。

2. 从赞美的方式上分类

从赞美的方式上可以把赞美分为直接赞美和间接赞美。直接赞美是指直接面对好人或好事予以赞美，以告世人皆知，这是一种常用的表扬方式。在一个社会组织内，出现好人好事，单位领导或管理人员要及时予以表扬，或者通过大会场合，或者通过某种媒介，表扬先进，带动后进，能形成良好的风气。这种形式直截了当，不拐弯抹角，使人们听到后得到鼓励和好感。间接赞美是指通过第三者来赞美某人或某事的形式。使用这种形式时，要注意分寸，讲究策略，往往是当面不便直接开口，或者是找不到合适的时机去说，而借用对方传达自己赞美他人的话语。这样使他人听到后，感到心情舒畅。这种通过对方传达佳话形式，能消除隔阂，增强团结，融洽气氛，创造和维系良好的上下级关系和同志关系。

3. 从赞美的用语上分类

从赞美的用语上可以把赞美分为直接赞美和反语赞美。直接赞美是指对好人好事用正面言语加以赞美的形式。这种赞美开门见山，直截了当，使用灵活，形式多样，应用范围广泛。反语赞美是指用反语来赞美某人或某事的形式。这种形式在特定的言语环境和背景下使用，幽默含蓄，别致风趣，比一般的赞美有更好的表达效果。例如，某制药厂厂长，赞美一位药剂师大胆实验、大公无私的献身精神，说："为了减少药物的副作用，在正式投产前，你长期泡在实验室里，对新药不择手段，抢吃抢喝，多吃多占，在自己身上反复实验，我这个厂长真是拿你没有办法。"这种反语赞美的形式，令人感到新奇巧妙，别有情趣。

【小贴士】

两个有趣的实验

实验1：日本科学家做了一个实验，在两个相同鱼缸里放了相同的水和两条相同的鱼，一边是不断地给予赞美和舒缓的音乐，一边是咒骂和嘈杂的声音。结果发现，赞美的那边，仪器上显示的波纹是舒缓的，水也很清澈；而另一边，波纹很乱，水也变得浑浊。

实验2：日本有个专家做了一个试验，试验结果证明，人们对水的结晶体用不同方言说"谢谢""你很可爱"之类的赞美语时，它会在显微镜下呈现一种像冰花一样的漂亮形态；而当用不同方言对它说"王八蛋"之类的骂人语时，它则会呈现一塌糊涂的形态，这说明水的变化会随着人的心情和情绪而变化。

点评：赞美不仅对人类有巨大的影响，它甚至对自然界中的动植物同样有着巨大的影响力。

二、赞美的语言艺术

一般来说赞美是一种能引起对方好感的交往方式。赞同我们的人与不赞同我们的人相比，我们更喜爱前者，这符合人际交往的酬赏理论。

但令人遗憾的是，不少人把赞美当作取悦他人的简单公式，不分时间、地点、条件对他人一味地加以赞美，实际上，这一做法是很不可取的。因为我们知道，人借助语言进行交往，语言具有影响对方的心理反应，进而影响双方人际关系的效能。任何一种语言材料、语言风格、交往方式对人际关系产生何种影响，常因人、因时、因地而异。赞美这一交往方式也不例外，它的效能也具有相对性和条件性。

美国心理学家阿伦森（Elliot Aronson）曾举例说：假设工程师南希（Nancy）出色地设计了一套图纸，上司说："南希，干得好！"毋庸置疑，听了这话，南希一定会增加对上司的好感。但如果南希草率地设计了一套图纸（她自己也知道图纸没设计好），这时，上司走过来用同样的声调说出同一句话，这句话还能使她产生好感吗？南希可能得出上司挖苦人、戏弄人、不诚实、不懂得好坏、勾引异性等结论，其中任何一项都使南希对上司的喜爱有所减少。

因此，赞美的效果要受各种条件制约。能引起好感的赞美要借助以下条件。

1. 热情真诚的赞美

每个人都珍视真心诚意，它是人际交往中最重要的尺度。能引起好感的赞美首先必须是发自内心、热情洋溢的，否则那就是恭维。赞美和恭维到底有什么区别呢？"很简单，一个是真诚的，另一个是不真诚的；一个出自内心，另一个出自牙缝；一个为天下人所欣赏，另一个为天下人所不齿。"（戴尔·卡耐基语）美国"石油大王"约翰·洛克菲勒在人际交往中善于运用真诚的语言来赞美他人，以此来维系良好的人际关系，这是他的交际秘诀。

一次，洛克菲勒的一个合伙人爱德华·贝德福特在南美的一次生意中处置失当，使公司损失了上百万美元。贝德福特垂头丧气地来见洛克菲勒，洛克菲勒本可以指责他的过失，但他并没有这样做，他知道贝德福特已经尽了他最大的努力，不能把他的功劳全部抹杀。

于是，洛克菲勒另外寻找一些话题来称赞贝德福特。约翰·洛克菲勒把贝德福特叫到办公室，真诚地对他说："干得太棒了，您不仅保全了 60%的投资金融，而且也为我们敲响了一记警钟。我们一直都在努力，并且取得了几乎所有的成功，还没有尝到失败的滋味。像这样也好，我们可以更好地发现自己的错误和缺点，争取更大的胜利。更何况，我们也并不能总是处在事业的巅峰时期。"

几句赞美的话语，把贝德福特夸得心里暖呼呼的，也深深地打动了他，两人结为至交。后来，在洛克菲勒的创业中，贝德福特做出了很多重大的贡献。

2. 令人愉悦的赞美

赞美的言语应该是对方喜欢听的言语，能达到使人愉悦的目的，我们称它为愉悦性原则。在交际活动中，遵守愉悦性原则，就是要多说对方喜欢听的话语，不说对方讨厌的言辞。这样，往往能收到较好的表达效果。

朱元璋有两个过去一块儿长大的穷朋友。朱元璋后来做了皇帝，这两位朋友仍过着苦日子。一天，一位朋友从乡下赶到南京，拜见了朱元璋。他对朱元璋说："我主万岁！当年微臣随驾扫荡芦州府，打破罐州城，汤元帅在逃，拿住豆将军，红孩儿当关，多亏菜将军。"朱元璋听到他讲得很动听，十分高兴，也隐约记起他所说的一些事情，立刻封他做了御林军总管。事情一传出，另外一个朋友也去了南京，拜见朱元璋，也说了那件事："我主万岁！从前，你我都替人家看牛，一天我们在芦苇荡里，把偷来的豆子放在瓦罐里煮着，还没煮熟，大家就抢着吃，把罐子打破了，撒了一地豆子，汤都泼在泥地里。你只顾从地下满把地抓豆子吃，却不小心连红草叶也送进嘴去。叶子梗在喉咙，苦得你哭笑不得。还是我出的主意，叫你用青菜叶子送下肚子里去了……"朱元璋见他不顾体面，没等他说完，就命令："推出去斩了！"从上例可见，第一位朋友将放牛娃偷吃豆子的趣事赞美为叱咤疆场的赫赫战绩，巧妙比喻，高雅别致，说得动听，使人愉悦。第二位朋友直话直说，粗俗低劣，讲得不爱听，有伤皇帝尊严，自然当斩。

3. 具体明确的赞美

空泛、含混的赞美因没有明确的评价原因，常使人觉得不可接受，会怀疑赞美者的辨别力和鉴赏力，甚至怀疑赞美者的动机、意图，所以具体明确的赞美才能引起人们的好感。对他人总以"你工作得很好""你是一个出色的领导"来赞美，只能引起人家的反感。

【小故事】

罗斯福总统的赞美

克莱斯勒公司为罗斯福总统制造了一辆汽车，因为他下肢瘫痪，不能使用普通的小汽车。工程师把汽车送到了白宫，总统立刻对它表示了极大的兴趣。他说："我觉得不可思议，你只要按按钮，车子就开起来，驾驶毫不费力，真妙。"他的朋友和同事们也在一旁欣赏汽车。总统当着大家的面夸奖："我真感谢你们花费时间和精力研制了这辆车，这是件了不起的事。"总统接着欣赏了散热器、特制后视镜、钟、车灯等，换句话说，他注意并提到了每一个细节，他知道工人为这些细节花费了不少心思。总统坚持让他的夫人、劳工部长和他的秘书注意这些装置。这种具体化的赞美让人感觉到真心实意。

4. 符合实际的赞美

在赞美别人时，应尽量符合实际，虽然有时可以略微夸张一些，但是应注意不可太过分。如某个人对某领域或某个方面提出了一些很好的意见，或者有了一点成果，你可以说"你在这方面可真有研究"，甚至可以说"你是这方面的专家"，可如果你说"你真不愧是个著名的专家""你真是这方面的泰斗"等，对方如果是个正派人就会感到不舒服，旁观者就会觉得你是在阿谀奉承，另有企图。

5. 让听者无意的赞美

赞美者不是有意说给被赞美者听的赞美叫无意的赞美。这种赞美会被人认为是发自内心，不带私人动机的。如《红楼梦》中一次贾宝玉针对史湘云、薛宝钗劝他要做官为宦，仕途经济的话，对史湘云和袭人赞美黛玉道："林姑娘从来说过这些混帐话不曾？要是他说这些混帐话，我早和他生分了。"凑巧这时黛玉正好来到窗外，无意中听见这些话，使她"不觉又惊又喜，又悲又叹"。结果宝黛二人推心置腹，感情大增。

6. 雪中送炭的赞美

最有实效的赞美不是"锦上添花"，而是"雪中送炭"。在他人最需要的时候送上赞美，往往比那些平时说出的赞美更能受到重视。赞美要选好时机。在独特的情景下表达出来的赞美和赏识更让人怦然心动，也能换来对方的倾心相报。

宋太祖被后人称为"仁义皇帝"，他对士兵从来都不忘赞美和奖赏，经常以恩典来感化他们，让他们为皇帝的赏赐而感动，心甘情愿地为朝廷建功立业。

公元964年，宋朝兵分两路进攻后蜀，战事进行得较为顺利。有一天，京城开封下起了鹅毛大雪，宋太祖在讲武殿处理军事。由于天气寒冷，殿中置设毡帷，宋太祖戴着紫貂裘帽。宋太祖即景生情，对左右侍者说："我穿戴得这样厚实，身体还觉得寒冷，那么西征将帅士卒顶着霜雪，处境一定相当的难。"说完，即解一裘帽，派人送到战争前线赐给统帅王全斌。王全斌拜赐感泣，决心率西征将士全力以赴，消灭后蜀以报答皇上的赏赐之恩。

攻打北汉时，宋军将太原城重重围住，无奈太原城十分坚固，以致久攻不下。宋太祖的侍卫亲军看到皇帝为这座孤城整日愁眉不展，自告奋勇要求充当攻城先锋。指挥使李怀忠率众攻城，不想失利而归，且身中流矢，差点丢了性命。宋太祖得知后深表惋惜，于是，当殿前都虞侯赵廷翰率各班卫士再次叩头请战时，宋太祖对这些侍卫们说："你们都是天下兵中的精中之精，无不以一当百，好像是我的爪牙。我宁肯不得太原，也不会让你们冒着生命危险，踏入必死之地。"说罢，下令班师退兵。

宋太祖的这番话令左右侍卫们感激涕零，众人感动得热泪盈眶，叩头齐呼"万岁"。

7. 不断增加、重复的赞美

阿伦森研究表明：人们喜欢那些对自己的赞美不断增加的人，并且对自始至终都赞美自己的人与最初贬低逐渐发展到赞美的人，人们会尤其喜欢后者。因为相对来说，前者容易使人产生他可能是个对谁都说好的"和事佬"的感觉；但人们对开始持否定态度的后者会留下这样一种印象：说我不好，一定是经过考虑、分析的，可能有他一定的道理。从而认为对方可能更有判断力，进而更喜欢他。

不断重复的赞美也可以赢得对方的好感。请看这样一个实例。

刘先生因业务需要和某老板打交道，很多人都觉得这个老板很难缠，刘先生的下属也批评该老板，刘先生承诺下属，用一个星期的时间来改变这种情况。刘先生与老板开始做游戏，开始刘先生不断地讲一句话："老板，与你合作是我这辈子最快乐的事情。"在吃饭、握手过程中，刘先生不断地重复说："与你合作是我这辈子最快乐的事情。"接下来的第二天、第四天，刘先生一直在重复这句话，最后一直坚持了七天，讲了几百次。等到老板要离开的那天，老板握着刘先生的手说："小刘，与你合作是我这辈子最快乐的事情。"

8. 出人意料的赞美

若赞美的内容出乎对方意料，易引起好感。卡耐基在《人性的优点》中讲过他曾经历的一件事。一天，他去邮局寄挂号信，从事着年复一年的单调工作的邮局办事员显得很不耐烦，服务质量很差。当他给卡耐基的信件称重时，卡耐基对他称赞道："真希望我也有你这样的头发。"闻听此言，办事员惊讶地看着卡耐基，接着脸上泛出微笑，热情周到地为卡耐基服务。显然这是因为他接受了出乎意料的赞美的缘故。

9. 比较之下的赞美

在众多的赞美方式中，比较总是有着独特的感染力，因为它能通过强烈的对比与反差，给人留下深刻的印象。比较赞美也有很多技巧。一般地，比较赞美时要注意以下几点。

1）如果是拿自己与对方作比较，要适当地贬己褒人

比较的对象可以是他人之间的比较，也可以是自己与他人的比较。如果拿自己与他人比较，切忌过分地夸张和抬高自己，而是要巧妙地将赞美的重心落在他人的身上，自己只是铺垫。

韩信就善于用贬己褒人的方法来赞美他人。

有一次，汉高祖刘邦与韩信谈论诸将才能的高下。

刘邦问道："你看我能指挥多少兵马？"

韩信回答："陛下至多指挥10万兵马。"

刘邦又问："那你能指挥多少兵马？"

韩信自豪地回答："臣多多益善耳。"

刘邦不悦道："既然你带兵的本领比我大，为什么被我控制呢？"

韩信坦率地说："陛下不善于指挥兵，但善于驾驭将，这就是我被陛下控制的原因。"

刘邦听了，不怒反笑，心情也高兴起来。因为他自己也曾说过，统率指挥百万军队，战无不胜，攻无不克，他不如韩信。

韩信的比较赞美巧妙地隐藏在话锋中，随着对话的层层深入才表现出来。韩信先是如实地说出自己带兵能力很强的事实，然后以"指挥士兵"和"指挥大将"的区别来作比较，突出了刘邦的帅才。对于一个君主来说，帅才当然更为重要。所以，刘邦听后就非常高兴了。

2）尽量用自己熟悉的事物去作比较

人们总是对自己熟悉的事物更了解，也更容易抓住可以比较的特征。如果通过自己熟悉的事物去类比自己外行的事物，这样的比较就会更真实和贴切。

有一位农妇本来对绘画一点儿都不懂，但她却很会夸奖别人的画。

一次，她见到一位画家画的一幅小鸡闹食的画，不由惊叹道："哎哟！瞧这些画出来的鸡，比俺家养的那些鸡还调皮！"一句话把画家逗得哈哈大笑，高兴之余，把这幅作品赠给农妇留念。

如果农妇不是用比较赞美的方法，而是直接去从构图、线条、色彩等方面去赞美，那么很有可能贻笑大方。这个聪明的农妇将这些画中的鸡与现实生活中的鸡作比较，既表达了对画家画技的赞美，又自然贴切。

3）作比较的时候，可以将个人与整体联系起来比较

王文勇和赵诚两人的成绩一直都不错，但是在一次考试中，两人的数学成绩却都只得了60分。因为老师出的试题很难，所以全班的分数都不高。两人回家之后，分别用了不同的方法汇报自己的成绩。

王文勇回到家。

爸爸问："这次数学考试答多少分？"

"60分。"

"啪！"爸爸一记耳光打了过来，怒吼道："说了平时不准玩游戏，你偏不信，以为自己成绩好就骄傲，这下好了吧，才及格！亏得你妈和我两人起早贪黑地赚钱供你上学，你这个不争气的！"

赵诚回到家。

爸爸问："这次数学考试得多少分？"

"这次数学考试好难哦，大部分的同学都没有及格，班上最高成绩也只有70分。"

"那你呢？"

"刚好及格，60分。"

"那你还得要加油呀，要把基础打扎实，成绩就自然能稳住。"

王文勇和赵诚两个人的数学分数完全相同，为什么两个人的回答却得到双方父亲的不同对待呢？原因就是赵诚用了"比较"的回答方法。赵诚将自己在全班中的位置比较了出来，父亲认为赵诚虽然分数较低，但是却仍然是全班的上等分数，所以就没有责备他。而王文勇却没有运用比较的方法，直接告诉父亲自己的分数，父亲就直接与他平时的学习方式联系起来，马上想到了他的不努力，于是感到愤怒了。

用比较的方式表达，听者得到的感受会与直接表达不同。

4）作比较的时候，要拿两种有很强的可比性的事物来比较

比较的对象之间相似性越鲜明，听者就越能感受到比较所带来的对比效果。所以，在挑选比较的事物时，要尽量相似或相对，以形成鲜明的对比效果。

20世纪30年代初，中央警卫团刚划归为中央军委领导，由叶剑英分管。警卫团的同志大多是由战斗部队抽调来的，从炮火纷飞的火线调下来，都普遍不安心，总觉得重返前线、直接和敌人厮杀够味儿。

叶剑英了解到情况后，召开了全团大会。会上，他提高嗓门大声说："中央警卫团应该改名，不叫警卫团，叫钢盔团。"这话把大家弄懵了。接着，叶剑英缓缓解释道："钢盔是干什么的？钢盔是保护脑袋的，中央警卫团是保护党的脑袋——党中央的，所以应该叫它钢盔团，你们说对不对？"

大家恍然大悟，齐声说："对！"

"人没脑袋行不行？"叶剑英追问。

"不行！"

"你们都是英雄好汉，到前方去可以杀千百个敌人，但没有党中央领导能不能把敌人打败呢？"

"不能！"

只几句话，说得警卫团的战士心里亮堂堂的。

叶剑英将"警卫团"的作用与"钢盔"作比较，就是把警卫团的职能与战士们熟悉的事物联系起来。钢盔是保护脑袋的重要工具，士兵们非常重视，而警卫团的作用如同钢盔，战士们也就能理解它的重要性了。如果叶剑英不是用巧妙的比较来说服战士，而是一遍又一遍地重复理论教育，那么可能要花费更多的时间和精力，也起不到这么好的效果。

总之，赞美是人的一种心理需要，是对他人尊重的表现，是一剂理想的黏合剂，它给人以舒适感，使我们拥有更多的朋友。但"赞美引起好感"并不是绝对的、无条件的，它要受赞美动机、事实根据、交往环境诸因素的制约和影响。因此在与公众相处时，必须记住——"一味地赞美不足取"。

【小训练】

分析下列实例中赞美的失误点。

（1）小陈去拜见某教授，一见面小陈就说："久闻您老的大名，您老真是才高八斗、学富五车。"教授笑眯眯地反问："你说说看，我有哪八斗才，哪五车学？"小陈闹了个大红脸。

（2）小刘在出席一位青年作家作品研讨会时，出于对作家妻子甘当"贤内助"的由衷佩服，不禁赞美说："你俩真像诸葛亮夫妻一样，男的才华横溢，女的相夫教子，天生的一对啊！"丈夫听后倒没什么，夫人却是一脸的尴尬。

（3）一天，小王在散步时碰到了李副局长的妻子和另一个女士一起带着孩子们在散步。小王连忙夸奖李副局长的小孩是如何聪明，又是逗他玩，又给他买玩具，对另一个孩子却不理睬。过了几天，小王才了解到，和李副局长的妻子一块散步的女士竟然是新来的郭局长的妻子。几天后，小王看到郭局长的妻子带着孩子单独散步，忙上前夸奖孩子是如何的可爱，不料，郭局长的妻子冷冷地对小王说："不用你费心夸奖他，他一点儿也不可爱。"说完，拉着小孩就走了，让小王碰了一鼻子灰。

第三节　说　　服

说服就是改变或者强化态度、信念或行为的过程。说服是以求得对方的理解和行为为目的的谈话活动，是使自己的想法变成他人的行动的过程。说服的过程是思想、观点的交锋，也是沟通的重要方面。说服是以人为对象，进而达到共同的认识。人们常说："人生，就是从不间断的说服。"尤其是在商务领域，那里聚集着各种性格的人，为了达到共同的目标，大家必须同心协力，因此说服的场面更是俯拾皆是。所以说工作就是不间断的说服，也并不过分。只有善于说服的人才能够获得他人的尊重和信赖。

一、说服的基本条件

要想取得良好的说服效果，必须首先具备以下条件。

1. 说服者具有较高的信誉

说服进行的基础是取得对方的信任，而信任，来自于说服者的信誉。信誉包括两大因素：可信度与吸引力。可信度高、吸引力强的人，说服效果明显超过可信度低、吸引力弱的人。

可信度由说服者的权威性、可靠性以及动机的纯正性组成，是说服者内在品格的体现。吸引力主要指说服者外在形象的塑造。说服者的年龄、职业、文化程度、专业技能、社会资历、社会背景等构成的权力、地位、声望就是权威性。俗话说："人微言轻，人贵言重。"一般来说，一个人的权威性越大，对别人的影响力也就越大。如果说服者在被说服者心目中形成了某种权威性形象，那么他说服别人转变态度的可能性也就越大。要提高说服者信誉，首先要提高说服者自身各方面的素质，使之具有合理的智能结构，具有高尚的道德修养，具备权威性和可靠性，说服才有分量、有威信，才能赢得听者的尊重和信赖。此外，还需重视外在形象的修饰，一个外貌、气质、穿着、打扮能给人好感的人，才具有吸引力，一个言谈、举止、口音等方面能与对方体现出共性的人，才具有吸引力。

2. 对说服对象有相当的了解

"知己知彼，百战不殆。"在说服他人之前，必须了解说服对象，捕捉对方思想、态度方面流露出的点滴信息，摸清对方思想问题的症结所在，了解对方的心理需求，根据不同情况区别对待，因人而异，有针对性地开启对方的心扉，才能真正实现感情和心灵的共鸣，避免或减少盲目说服造成的错位反应。

首先，要了解对方的性格。苏洵在《谏论》中举了一个有趣的例子。

有三个人，一个勇敢，一个胆量中等，一个胆小。将这三个人带到深沟边，对他们说："跳过去便称得上勇敢，否则就是胆小鬼。"那个勇敢的必定毫不犹豫地一跃而过，另外两个则不会跳。如果你对他们说"跳过去就奖给两千两黄金"，这时那个胆量中等的就敢跳了，而那个胆小的人却仍然不能跳。突然来了一头猛虎，咆哮着猛扑过来，这时不待你给他们任何许诺，他们三个人都会腾身而起，就像跨过平地一样。

从这个例子中我们可以看出，不同性格的人，接受他人意见的方式和敏感程度是不一样的，有针对性地采取不同的方法去说服对方，更容易达到目的。

其次，要了解对方的优点或爱好。有经验的推销员，一进入顾客家中，总会立刻找到客户感兴趣的话题进行交谈。例如，看到地毯，马上会说："好漂亮的地毯，我也很喜欢这种样式……"通过各种话题创造进入主题的契机。因为从对方的长处或最感兴趣的事物入手，一方面能让对方比较容易接受你的观点，另一方面在对方所擅长的领域里更容易说服他。

再次，要了解对方的看法和态度。有一位歌星特别爱摆架子，一次要参加一个大型义演的现场节目，时间是晚上九点。可是到了七点，这位歌星忽然打电话给唱片公司的总监，说她今天身体不舒服，喉咙很痛，要临时取消当天的演出。唱片公司的总监没有破口大骂，而用惋惜的口吻说："咳！真可惜，这次演出最大牌的歌星才有机会亮相，如果你现在取消，公司里还有很多小牌歌星挤破头在等哩！可是如果换了人，电视台一定会不满。有那么多后起之秀想取而代之，你这样做恐怕不妥吧！"歌星听后小声地说："那好吧！要不你八点来接我，我想那时我身体应该会好一点吧。"这位唱片公司的总监很清楚这位歌星根本就没什么毛病，只是喜欢摆摆架子，找准了对方拒绝的真实原因，进而有针对性地进行说服。

3. 能够把握住说服的最佳时机

说服还要能够抓住最佳时机。同样一番道理，彼时说可能不如此时说，现在说不如以后说。时机把握得好，对方才会愿意听，才会用心听，才能听得进。否则，说服过早，会被对方认为神经过敏或无中生有；说服过迟，已时过境迁，对方认为你是"事后诸葛亮"，你即便有再好的口才、再好的意见，都不可能收到预期的效果。掌握时机，要将说服对象与时、境、理联系起来考虑，配合起来运用。可利用特定场合，造成境、理相衬，进行深入说服；可利用景中道情，情中说理，进行委婉说服；还可借助眼前实物，进行暗示说服等。例如：

童童有点儿害羞，爷爷却偏偏喜欢在人面前"展示"孙子。可是一旦遇到孙子没有按自己的意愿和别人打招呼或者背唐诗，就又很生气地数落孙子。结果导致小童童更加害羞和怕见生人。童童妈妈几次看见这样的场景，一直想找个机会告诉公公：如果不勉强童童，让他在旁边看一会儿的话，孩子反而会主动地和别人打招呼。

一次爷爷多年未见的老战友来访，爷爷太兴奋了，只顾着和战友聊天，忘记"展示"孙子了。童童呢，则在熟悉了客人和现场气氛后，主动地拿起一个大苹果送到客人手里，还跟客人有问有答。客人一再夸童童有礼貌，童童很兴奋，爷爷也觉得格外有面子。等送走了客人，趁着爷爷还处在兴奋状态的时候，童童妈妈赶紧把早想说的话和公公沟通了一番，并且以刚才的情况做了实证。爷爷欣然接受了童童妈妈的建议。

4. 必须营造良好的说服氛围

说服，总是在一定的语言环境中进行的，环境制约了语言，因此，说服效果的好坏，一定程度上也取决于环境。一个宽松、温和、优雅的环境较之肃穆、压抑、逼人的环境，其说服的效果自然会好得多；在一个自己熟悉的地点环境中施行说服，较之于陌生的环境，自然也会有利得多。营造一个恰当的说服氛围，不仅是必要的，而且是必需的。例如：

某啤酒生产厂得罪了一家餐馆的经理，对方就改换销售另一品牌。在直接和负责人谈判无效的情况下，销售人员天天晚上去这家餐馆里帮忙搬运货物，甚至包括竞争对手生产的啤酒。他总是说："你是我的老顾客了，我要为你服务，即使你不销售我们公司生产的啤酒。"他的诚意终于打动了经理，最后争取到了独家销售权。可见充分体会对方的感受，会营造出融洽的感情，在此基础上再委婉地提出自己的观点，怎么可能不赢得对方的赞许呢？

二、说服的技巧

为了使说服取得效果，可运用以下技巧。

1. 影射法

当两种意见对立的时候，往往需要一种缓冲的说法来调和，影射就是一种很好的方式。通过一些小故事，或生活中一目了然的道理，先与对方取得相同的立场，这既为下一步提出自己的意见埋下伏笔，又维护了对方的自尊心，比较容易奏效。我国古代史籍记载中，有许多贤臣劝谏君主的著名故事，都是以影射的办法让君主相信某个道理。

春秋时期，吴国准备出兵攻打齐国，吴王对左右的大臣说："我决心已定，有谁敢劝阻我，我就杀了他。"吴王身边有个年轻随从，头脑灵活，机智过人。他经过反复考虑，决定劝阻吴王攻打齐国。但他知道，如果直说，吴王不但不会听从他的劝告，反而还会杀了他，他得想一个更好的办法。

后来，他拿着弹弓，大清早在花园里转来转去，他一连在花园里转了三个早晨。有人见了感到奇怪，就把这事告诉了吴王。吴王把这个年轻的随从召来，问道："你每天早晨到花园里转来转去，这是为什么呢？"

年轻随从回答说："大王的御花园里有一棵大树，树上有一只蝉。它光顾喝露水，不知道螳螂躲在它身后，正准备吃它呢！螳螂要吃蝉，可它哪里知道，在它身后有只黄雀，正伸长脖子准备吃掉它。

黄雀要吃螳螂，可黄雀又怎么会知道我手里拿着弹弓，正准备打它呢。"吴王听了年轻随从的话，恍然大悟，改变了攻打齐国的计划。

这就是"螳螂捕蝉，黄雀在后"这句成语的由来，它比喻一心想算计别人、占别人的便宜，不想还有人正在算计他自己。

这里，年轻随从没有拼死直谏，只用了生活中的一件小事就使吴王重新考虑伐齐，这充分说明采用影射的劝说方法更能让人动心。

2. 举例法

优秀的劝说者都清楚，个别的、具体的事例和经验比概括的论证和一般原则更有说服力。在劝说他人时，举出一些实例，把你亲眼看到过的人和事说出来，对方会自然而然地得出结论。

有一天，太宗问魏征："你看近来政治怎么样？"魏征见如今天下太平，太宗思想上有些松懈，就回答说："贞观初年，陛下主动地引导人们进谏；过了三年，遇到有人进谏，还能愉快地接受。这一两年来，勉勉强强接受一些意见，可是心里总觉得不舒服。"太宗闻言，吃了一惊，问："你有什么根据？"魏征说，"陛下刚即位的时候，判元肇师死罪，孙伏和进谏，认为按法律不应该判死罪，陛下就把价值百万的兰陵公主的园子赏给他。有人觉得赏得太丰厚了，您说：'即位以来，他是第一个向我进谏的，所以要厚赏！'这是您主动地引导进谏。后来，柳雄把他在隋朝做官的资历做了手脚，被人揭发后要判他死罪。戴胄奏请只判徒刑，经过他再三申述，您终于赦免了柳雄的死罪，还对戴胄说：'如果都像你这样坚持法律，就不愁有人滥用刑罚了。'这是您能够愉快地接受意见。最近皇甫德参上书，说修洛阳宫是劳民伤财，收地租是剥削老百姓等，您听了很不满意，后来虽然赏了他绸缎，心里却老大不愿意。这就是难以接受意见。"

太宗听了，觉得很有道理，对魏征说："若不是你，谁能说出这样的话来？一个人苦于不知道自己的缺点啊！"自此以后，唐太宗更加虚心。

3. 善意威胁法

威胁似乎不是一个好的字眼，但是有时我们就应该学会用它。相信大家都能体会到用威胁的方法可以增强说服力，而且我们还不时地加以运用。这就是用善意的威胁使对方产生恐惧感，从而达到说服的目的。例如：

在一次集体活动中，当大家风尘仆仆地赶到事先预定的旅馆时，却被告知当晚因工作失误，原来订好的套房（有单独浴室）中竟没有热水。为了此事，领队约见了旅馆经理。

领队："对不起，这么晚还把您从家里请来。但大家满身是汗，不洗洗澡怎么行呢？何况我们预定时说好供应热水的呀！这事儿只有请您来解决了。"

经理："这事我也没有办法。锅炉工回家去了，他忘了放水，我已叫他们开了集体浴室，你们可以去洗。"

领队："是的，我们大家可以到集体浴室去洗澡，不过话要讲清，套房一人 50 元一晚是有单独浴室的。现在到集体浴室洗澡，那就等于降低到统销水平，我们只能照统销标准，一人降到 15 元付费了。"

经理："那不行，那不行的！"

领队："那只有供应套房浴室热水。"

经理："我没有办法。"

领队："您有办法！"

经理："你说我有什么办法？"

领队："您有两个办法，一是把失职的锅炉工召回来；二是您可以给每个房间拎两桶热水。当然我会配合您劝大家耐心等待。"

这次交涉的结果是经理派人找回了锅炉工，40分钟后每间套房的浴室都有了热水。

上例中的领队不是对对方的不礼貌，而是有时我们必须这么做，才能维护自己的权益。

但是，在具体运用善意威胁法时要注意：态度要友善；讲清后果，说明道理；威胁程度不能过分，否则会弄巧成拙。

4. 换位思考法

要站在对方的立场考虑问题，理解并同情对方的思想感情，从对方的角度说明问题，体验你的思想感情，进而使他改变自己的看法，达到理想的说服效果。

【小案例】

最后通牒

1977年8月，克罗地亚人劫持了美国环球公司从纽约拉瓜得亚机场到芝加哥奥赫本的一架班机，在劫持者与机组人员僵持不下之时，飞机兜了一个大圈，越过蒙特利尔、纽芬兰、沙浓、伦敦，最终降落在巴黎市郊的戴高乐机场。在这里，法国警察打瘪了飞机轮胎。飞机停了3天，劫机者同警方僵持不下，法国警方向劫机者发出最后通牒："喂，伙计们！你们能够做你们想做的任何事情，但美国警察已到了。如果你们放下武器同他们一块回美国去，你们将会判处不超过2~4年徒刑。这也可能意味着你们也许在10个月左右释放。"法国警察停顿片刻，目的是让劫机者将这些话听进去。接着又喊："但是，如果我们不得不逮捕你们的话，按我们的法律，你们将被判死刑。那么你们愿意走哪条路呢？"劫机者被迫投降了。

点评： 本例中法国警察在劝说中帮助劫机者冷静地分析客观形势，明确向对方指出了两条道路——投降或者顽抗，投降的结果是10个月左右的徒刑，而顽抗的结果只可能是死刑。面对这两条迥异的道路，早已心慌意乱的劫机者识相地选择了弃械投降，从而做出了正确的选择。

5. 巧言点拨法

巧言点拨也是一种说服的手段。在白宫一次讨论削减预算经费的会议上，里根总统幽默地对大家说："有人告诉我，紫色的软糖是有毒的。"说着，他随手拾起一粒紫色的软糖塞进嘴里，以此表明不管别人怎样反对，他都要大大削减政府开支的态度和决心。经他这一警告式的点拨暗示之后，本来不同意压缩政府经费开支的官员便开始动摇了。

【小案例】

巧言点拨二则

一天，有位北方客人来到上海某绣品商店，他是为好友来购买绣花被面的。一条有一对白头鸟的被面吸引了他，但他又有点犹豫：这鸟的姿态很美，就是嘴巴太尖了，以后夫妻要吵嘴。营业员察觉了这一点后，笑咪咪地向他介绍道："您看见了吗？这鸟的头上发白，表明夫妻以后白头偕老，它们的嘴巴伸得长，是在说情悄话，是相亲相爱的表示。"这位北方顾客听了，忙不迭地说："有道理，有道理。"便买了下来。在营销上，营业员抓住了顾客的心理，打消了顾客在消费时的戒备之心，并顺水推舟地以"白头偕老，相亲相爱"的吉利语言巧妙点拨，从而使其更加产生购物的欲望，达到了销售的目的。

无独有偶。一位顾客来店挑选象征长寿的手绣被面，馈赠侨居国外的长辈。接待他的营业员拿出一条绣有松鹤图案的被面给他看。那人看了觉得意思甚好，想掏钱买，猛地看见松树旁边还有一朵梅花，感到有些不吉利，梅的谐音是"霉"，怕长辈看了犯忌。营业员了解到这点后，连忙向他解释："这朵梅花也是吉利的象征，您知不知道，有句老话叫'梅开五福'吗？"顾客经这么一点拨，豁然开朗，很高兴地买下被面。

6. 多说"是"法

让人多说"是"的方法，是劝说他人的一个重要技巧，其全部内容就是：开头先让对方连连说"是"，如果有可能，务必不要使对方说"不"。据说这是两千多年前古希腊哲学家苏格拉底常用的方式，故称苏格拉底问答法。

心理学研究表明，多说"是"，能使整个身心趋向于肯定方面，身体组织呈开放状态；而说"不"时，全身的组织——神经与肌肉都聚集在一起，呈拒绝状态。英国心理学家欧弗斯托指出：一个"不"字的反应是最难克服的障碍。"不"字出口之后，人格尊严就会驱使他坚持到底，即使他自觉错了。因此和一个人谈话时，开头就让他不要反对，这很重要。生活中许多人忽略了这一点，一开口就使人发怒，做出蠢事。要劝说别人，就要运用理智，只有不惜做出忍耐和牺牲，才有可能将对方的否定意见改为肯定意见。有一位推销员说："我费了很多年时间，才懂得争辩是最不合算的。从别人的观点看事物，设法让人多说'是'字，才最有利、最有趣。"这的确是经验之谈。例如：

某公司有做网站的服务项目，小孙帮客户设计的网页是红色的，客户看过后却说想要蓝色的，请看小孙是怎样劝说客户的。

客户：怎么是红色的？我想要蓝色的！

小孙：是吗？为什么不要红色的？

客户：红色的不好看，太显眼。

小孙：您做网站的目的是宣传你们公司的产品是不是？

客户：是的。

小孙：那您是想让客户容易记住还是记不住呢？

客户：当然要容易记住啦。

小孙：请问人在看东西时是兴奋的时候容易记住，还是平淡的时候容易记住？

客户：当然是兴奋的时候容易记住。

小孙：请问红色是不是给人兴奋的感觉？

客户：是的。

小孙：所以用红色更能达到宣传的效果，是不是？

客户：好像是的。

7. 引起关注法

在说服时，要选择能够引起对方关注和激发对方兴趣的方式，要运用富有吸引力的内容支撑你的观点，从而引导对方关注设定的话题，让对方充分了解说服的内容。

【小案例】

原子弹试制

第二次世界大战期间，国际金融家萨克斯（Sachs）想使罗斯福政府批准试制原子弹。第一次他使用了很多罗斯福听不懂的专业术语，全面介绍了原子弹可能产生的影响，但是罗斯福（F. D. Roosevelt）

被冗长的谈话弄得很疲倦，他的反应是想推掉这件事。萨克斯第二次面对罗斯福时，改变了说话的方式，他对罗斯福说："我想向您讲一段历史。早在拿破仑当权的时候，法国正准备对英国发动进攻，一个年轻的美国发明家富尔顿（Fulton）来到这位法国皇帝面前，他建议建立一支由蒸汽机舰艇组成的舰队，拿破仑可以利用这支舰队无论在什么天气情况下，都能在英国登陆。军舰没有帆能航行吗？这对于那个伟大的科西嘉人来说，简直是不可思议的。他把富尔顿赶了出去。根据英国历史学家阿克顿（Acton）爵士的意见，这是由于敌人缺乏见识而使英国得以幸免的一个例子。如果当时拿破仑稍稍多动一些脑筋，再慎重考虑一下，那么 19 世纪的历史进程也许会完全是另一个样子。"罗斯福听完萨克斯的话后，立即同意采取行动。

由此可见，选择了能引起说服对象关注的内容和方式，就会取得不同的效果。

【小训练】

请根据你对"说服"的理解分析以下材料。

（1）我有一个妹妹，她是一个很开朗的女孩子，但是自从上了高中之后，不知道为什么变了好多。有一次放暑假，她和我谈心的时候说不想上高中了，想去上中专，找一个管得比较严的学校，那样就能学得进去，现在在这所高中里上学什么都学不进去，什么都不想学，就只想着玩，一点学习的心思都没有了。

我听后对她说："如果你的心态真的改变了，只要你想学，不管在什么样的环境下，你都可以学得进去。其实换个环境只是你想离开这个学校的借口，并不一定说你换了环境就一定能学得进去，关键在于你的心，你心里真正的想法是什么，不一定就是你和我说的这个想法，只有你真的想明白了，想学习了，再换学校也是可以的。不是说如果你换一个管得比较严的学校你就一定能学得进去，也不是说那个学校里就没有和你想法一样的人，所以，关键在于自己的心。况且你现在年龄还很小，一个人出去家长不放心，等你高中毕业了再想这些问题也不晚。"从那之后，她再也没提过换学校的事。

（2）当她在一所大学里做兼职的银行出纳员时，一个帅气的小伙子几乎每天都到她的窗口来。小伙子不是存款就是取钱。直到把一张纸条连同银行存折一起交给她时，她才明白小伙子是为了她才这样做的。"亲爱的吉：我一直在储蓄这个想法，期望能得到利息。如果星期五有空，你能把自己存在电影院里我边上的那个座位上吗？我把你可能另有约会的猜测记在账上了。如果真是这样，我将取出我的要求，把它安排在星期六。不论贴现率如何，做你的伴侣是十分愉快的。我想你不会认为这个要求太过分吧？以后再同你核对。真诚的彼。"她无法抵制这诱人、新颖的接近方法。

（3）1999 年 5 月 10 日晚，出租车女司机韩晶经过火车站时遇一男青年打车。韩晶把他送到指定地点，对方拿出一张百元钞票交车费。就在韩找钱时，对方掏出尖刀逼韩把钱都交出来。韩晶装出害怕的样子交给歹徒 300 元钱说："今天就挣这么点儿，要嫌少就把零钱也给你吧。"说完又拿出找零用的 20 元钱。见韩晶如此爽快，歹徒有些发愣。韩晶趁机说："你家在哪儿住，我送你回去吧。这么晚了，家里人该等着急了。"见韩晶是个女子又不坏，歹徒便把刀收了起来，让韩晶把他送到火车站。见气氛缓和，韩晶不失时机地启发歹徒："我家里原来也非常困难，咱又没啥技术，后来就跟人学开车，干起这一行来。虽然挣钱不算多，可日子过得也不错。何况自食其力，穷点儿谁还能笑话我啊？"见歹徒沉默不语，韩晶继续说："唉，男子汉四肢健全，干点啥差不了，走上这条路一辈子就毁了。"火车站到了，见歹徒要上火车，韩晶又说："我的钱就算借给你的，用着干点正事，以后别再干这种见不得人的事了。"一直不说话的歹徒听罢突然哭了，把 300 多元钱往韩晶手里一塞说："大姐，我以后饿死也不干这事了。"说完低着头走了。

拓 展 阅 读

常见的交际语言禁忌

关于常见的交际语言的禁忌，孟婷婷在其《交际语言技巧》（北京：中国林业出版社，2009）中对此进行了专门的论述。

1. 性别忌

不要打听男士的职务、薪水，比如问："你现在任什么职务？每月薪水多少？"这会引起男士们的极大反感。注意对女士不要问年龄，诸如"小姐贵庚""芳龄几何""太太到了不惑之年吧"等。在肥胖女士面前忌说苗条一类的话，在瘦弱女士面前忌说健壮一类的话。到朋友家去玩，应多与同性交谈，不要对异性表示过分的亲热。在女士面前不能夸人家的丈夫，在男士面前不能夸人家的妻子。如是当面请客，应说："希望你们夫妻一起准时出席。"不要分什么先请或后请，要说"你们，二位"等，以免让对方产生厚此薄彼之感。

2. 职业忌

对正要出车的司机不能问："你今天回来吗？"一般的司机认为这话里含有晦气。对裁缝不能说"东拉西扯"；到医院见到医生、护士打招呼时，不能问"你们生意好吗"。关于舌有很多忌讳，而且各地说法不一，但有一个共同意图，即图个吉利。屠户卖的猪舌、牛舌等都是不能直接说舌的，"舌"与"蚀"谐音，于是，广州称"月利"，猪舌头就叫"猪月利"；四川称"招财"，牛舌就叫"牛招财"；湖北则称"赚头"，猪舌就叫"猪赚头"，牛舌就叫"牛赚头"等。"欢迎再来"本是一句礼仪用语，但受职业和对象的限制，修理业对客户、公安局对释放的犯人、医院对病人则不能这样说。对船夫或在船上的人不可说与"破""翻""沉"同音的字，诸如坡、范、陈等。

3. 生理忌

任何人的缺点一旦受到旁人的指责时，必定会感到不愉快，尤其避免当面指责对方的缺点，因为这也是一种礼貌，尤其是身体上的缺憾并非本人所能左右的，所以最忌讳以侮辱的方式来表示。

若是自己的缺点遭人指责，纵使十分恼怒也不可表现。有些人一生气就顺手拿起桌子上的杯子或周边的物品，狠狠地摔，发泄怒气。杯子或东西摔坏了，不过是个人财务上的一点小损失，然而一旦对同事或者生意上的伙伴发怒，尽管你往日人际关系十分和谐，也可能因此毁于一旦，不可不慎。

4. 地域忌

各地都有一些谐音忌讳，对上海的病人不能说苹果，更不能送苹果，因为"苹果"与"病故"谐音。有时候同一词语在不同的国家、地区表示不同的含义，比如 OK，有时候就犯忌。各地还有些称呼方面的忌讳，湖北宜昌一带称妻子是"堂客"，而鄂中、鄂东就忌讳这样的称呼。这些地方认为堂客是骂人的话，比如问："你堂客在家吗？"被问人会以为是自己的妻子在外面闯了祸，这个人是寻上门来算账的。现在很多地方盛行称"师傅"，我国南方一带的人不大喜欢这个称呼；用"同志"称呼港、台、澳地区的同胞，也未必能够受到欢迎。中、日对著名的女士可以称呼先生，如果在其他国家，这就成了笑话。

实 践 训 练

一、交际口才训练

实训目的：

（1）通过实训掌握日常交际口才的各种技巧要领。

（2）提高运用相关知识解决交际问题的信心和能力。

实训情景：

职业情景1：你是公司办公室陈主任，公司曾向某家饭店租用大舞厅，每一季用20个晚上，举办员工培训的一系列讲座。可是就在即将开始的时候，公司突然接到通知，要求必须付高出以前近3倍的租金。当你得到这个通知的时候，所有的准备工作已经就绪，通知都已经发出去了。单位领导派你去说服对方不要违约，你怎么办？请模拟场景，扮演角色。

职业情景2：于雪的上司吴总是公司负责营销的副总，为人非常严厉。吴总是南方人，说话有浓重的南方口音，经常"黄"与"王"不分。他主管公司的市场部和销售部，市场部的经理姓"黄"，销售部经理又恰好姓"王"，由于"黄"和"王"经常听混淆，于雪非常苦恼，这天，于雪给吴总送邮件时，吴总让她"请黄经理过来一下！"是让王经理过来还是让黄经理过来？于雪又一次没听清吴总要找的是谁。面对这种情况，于雪该怎样处理？

实训内容：

（1）根据职业情景1，模拟演示陈主任的沟通协调过程。

（2）根据职业情景2，为秘书于雪找出一个两全其美的办法，并演示交际过程。

实训要求：

（1）本实训可在教室或情景实训室进行。

（2）先分组讨论，再进行角色模拟演示。

（3）分组进行，每组3～5人，一人扮演对方公司经理，一人扮演秘书于雪，一人扮演公司吴副总经理。分角色轮流演示，每组分别演示以上两个情景。

（4）要求编写演示角色的台词与情节，用语规范，表达到位。

实训提示：

（1）利用交际口才的方法和技巧。

（2）注重交际的目的与策略。

实训总结：个人畅谈沟通交流体会，教师总评，评选出最佳口才表现者。

二、交谈训练

学生A扮演某交电公司营业部经理，学生B扮演某品牌燃气热水器推销员。两人所在公司原来并无业务往来，两人也是首次因业务打交道。当此品牌产品在市场上供大于求时，B到A处了解情况并推销B方的产品，而且希望今后建立长期业务往来关系。

要求：运用所学的社交语言艺术技巧，灵活巧妙地与对方交谈，并尽可能地寻求最佳的社交效益。

三、赞美训练

请分角色模拟演练以下赞美情境。

（1）你的一位同学参加某项大学生竞赛活动获得了好成绩，你如何赞美他（她）？

（2）你的口才训练老师的课程非常受学生们的欢迎，你将如何赞美她？

（3）你的同学穿了一套新衣服，你如何赞美她（他）？

四、说服训练

任务目标：了解说服在商务沟通中的重要性，在商务沟通中准确把握说服技巧，并正确运用，提高沟通能力。

建议学时：2学时。

（1）热身准备。分析以下案例中主人公运用了怎样的说服技巧。

卡耐基是美国著名演说家、教育家。他常租用某家大旅馆的礼堂，定期举办社交培训班。

一次，卡耐基突然接到这家旅馆增加租金的通知。更改日期和地点已经不可能了，他决定亲自出面与旅馆经理交涉。下面是二人对话的内容。

卡耐基："我接到你们的通知时有点震惊。不过，这不怪你，假如我处在你的地位，或许也会做出同样的决定。作为这家旅馆的经理，你的责任是让你的旅馆尽可能多的盈利。你不这么做的话，你的经理职位就难以保住，对吗？"

经理："是的。"

卡耐基："假如你坚持要增加租金，那么让我们来合计合计，看这样对你有利还是不利。先讲有利的一面。大礼堂不租给我们讲课，而出租给别人办舞会、晚会，那么你获利就可以更多，因为举行这类活动时间不会太长。他们能一次付出很高的租金，比我们的租金当然要高很多，租给我们你显然感到吃亏了。现在我们再分析一下不利的一面，你增加我的租金从长远看，你其实降低了收入，因为你实际上是把我撵跑了，我付不起你要的租金，势必再找别的地方办训练班。还有，这个训练班将要吸引成千的中上层管理人员到你的旅馆来听课，对你来说，这难道不是起到了不花钱的活广告作用吗？事实上，你花5 000元钱在报纸上做广告，也不可能邀请来这么多人到你旅馆来参观，可我的训练课却给你邀请来了，这难道不是划算吗？"

经理："的确如此，不过……"

卡耐基："请仔细考虑后再回答我好吗？"

结果经理最终同意不加租金。

（2）情景演练。将全班同学分成若干组，每组10人左右。教师出示情景材料——针对某些同学上网成癖的现象进行说服。学生分组进行说服技巧情景演练。各组在全班进行表演，其他同学进行点评，教师做出小结，针对学生表演的优缺点给予指导。全班可评出最佳说服者若干名。

课 后 练 习

一、交谈练习

（1）将来，你在事业上取得了一定成就，在老同学聚会上，你怎样谈自己的成功？别人赞扬你，你怎样表现谦虚的风度？

（2）有位秘书对经理说："经理，今天有个人找您，是位女同志，说有点事要商量。穿着一件漂亮的淡青色风衣，背着一个棕色的精致小包，30多岁，她说她在家等您，说你们事先说好的，可能您忘了。她姓张。"这段话有什么毛病？请指出来。

二、赞美练习

（1）为什么说一味地赞美不足取？应怎样对交际对象进行赞美？

（2）设想你到一个新的环境，面对初次见面的同事，请找出同事的三个不同点加以赞美。

三、说服练习

（1）与你的同桌（2人一组）自拟情境进行说服训练。

（2）如果你的班级有一名同学考入大学后，完全放松自己，整天上网游戏、吃喝玩乐不学习，你作为他的好朋友，如何说服他抓紧时间好好学习呢？

四、案例分析

触龙的游说能力

战国时，赵太后管理朝政。为抵御秦国的进攻，赵国向齐国求救。但是，齐国提出的条件是：必须将赵太后的儿子长安君作为人质，放在齐国才能出兵。

赵太后心疼儿子，不顾大臣们的反复劝谏，骂道："有人再敢劝说，我会向他的脸上吐痰。"

大臣们没有人再敢劝谏，可问题并没有解决。

左师触龙是一位优秀的游说者。他要求晋见赵太后，赵太后十分生气地等着他。触龙故意称自己的脚有病，慢慢走到赵太后身旁说："老夫的脚有病，不能快走，因此很久没有晋见太后了，请恕罪。我十分担心太后的身体，所以特来晋见。"

触龙又关切地问赵太后的日常饮食，使赵太后稍微平息了怒气。

接着，触龙向赵太后提出：自己的儿子舒祺年少又淘气，自己已经年老，请太后批准让舒祺做王宫的卫士。

提起子女，赵太后作为女人，自然关心。她询问了舒祺的年龄，并且问触龙："男子也这么儿女情长吗？"

触龙回答："可能超过女人呢！"

触龙的话打动了赵太后，于是，他巧妙地将自己所要表达的意思提了出来："老夫认为太后将爱女嫁到燕国做王后，这个做法超越了对长安君的做法。因为父母疼爱子女，就一定会为他们的未来做长远打算。您送女儿出嫁时，抱着她的脚痛哭，但您并不希望她回来。因为您希望她与邻国结亲，繁衍后代，使两国共同发展，对吗？"

赵太后说："是的。"

触龙进一步劝说："赵国从建立至今，历代国君的子孙们还有封侯的吗？没有了。因为他们位尊而无功、体厚而无劳，身边珠宝玉器无数。可是，一旦国家出了大事，长安君没有战功和统治国家的能力，凭什么在赵国生存呢？所以，我认为太后对燕后的爱超过了长安君。"

最终，触龙成功地说服了赵太后，将长安君送到齐国做人质。齐国立即出兵协助赵国抗秦。

思考题：

（1）触龙说服赵太后时运用了哪些说服技巧？

（2）他成功的原因是什么？

小女孩与老人

一个小女孩因为长得又矮又胖而被老师排除在合唱团之外。小女孩躲在公园里伤心地流泪，她想：为什么我不能去唱歌呢？难道我真的唱得很难听吗？想着想着，小女孩就低声唱起来。她唱了一支又一支歌，直到唱累了才停止。"唱得真好听！"这时，一个声音响起来，"谢谢你，小姑娘，你让我度过了一个愉快的下午。"说话的是一个满头白发的老人，他说完后站起来独自走了。

许多年过去了，小女孩变成了大女孩。长成大女孩的她变得美丽大方，而且是小城有名的歌星，她忘不了公园靠椅上的那个老人。一个冬天的下午，她特意到公园来找老人，但她失望了，那里只有一张小小的孤独的靠椅。后来才知道，老人早已死去。"他耳朵听不见，都聋了20年了。"一个知情人告诉她。姑娘惊呆了，那天那个屏声静气听她唱歌并热情赞美她的老人竟然什么也听不见！

思考题：

（1）赞美有什么作用？

（2）本案例对你有何启示？

第三章　演讲与谈判

所有伟大的演说家在开始的时候都不擅长演讲。

——【美】拉尔夫·沃尔多·爱默生

每一个要求满足的愿望，每一项寻求满足的需要，至少都是诱发人们开展谈判过程的潜因。只要人们是为了改变相互关系而变换观点，只要人们是为了取得一致而磋商协议，他们就是在进行谈判。

——【美】杰伦德·尼尔伦伯格

学习目标

提高对演讲的认识；掌握演讲的含义、特征、作用和类型；了解命题演讲的准备；掌握命题演讲的技巧；了解即兴演讲的含义、特点和类别；掌握即兴演讲的准备技巧和表达技巧；了解谈判的特征、要素和主要阶段；掌握谈判口才的特征；掌握谈判的语言艺术。

案例导入

冯玉祥的抗日演说

抗日战争时期，著名爱国将领冯玉祥来湖南益阳做过一次抗日演说。

那是1938年秋的一天早上，益阳市机关学校、团体及城乡居民两万多人齐集在老城区的西门体育广场，欢迎冯玉祥将军一行。会场内人头攒动，人们都想一睹这位力主抗日的爱国将军的风采。

冯玉祥当时是国民党军事委员会副委员长。人们以为他来时定会骑着高头大马，随从前呼后拥，谁知他徒步入场，后面跟着的是百名背着长板凳的士兵，还有一个士兵肩上扛着一棵小松树，最后面的是当地知名人士。

欢迎大会开始，主持人请冯玉祥演说。两万多双眼睛都注视着主席台。只见冯玉祥身着一套发了白的旧军装，脚穿青布鞋，身材魁梧，神采奕奕地向群众挥手。那些士兵把凳子放在主席台的前面，让老人孩子安安稳稳坐定之后，冯玉祥开始演说。

冯玉祥演说的时间不长，但讲得通俗易懂。开始，他引用《世说新语·言语》中的"岂见覆巢之下，复有完卵乎"的典故。他左手握住士兵扛来的松树，右手把一个草编的鸟窝安放在树杈上，又把几只蛋放进鸟窝里后，就慷慨激昂地演说起来。他把树比作国，把窝比作家，把蛋比作生命，以手握树比作誓死捍卫国家。他严肃地说，现在我们的国家遭到日本帝国主义的侵略，我们要用双手来保卫她，那就是抗日。如果不抗日——这时他手一松，树倒了，窝摔了，蛋砸了。接着，他高声朗诵他创作的《鸟爱巢》诗："鸟爱巢，不爱树，树一倒，没住处，你看糊涂不糊涂。人爱家，不爱国，国如亡，家无着，看你怎么去生活。"

冯玉祥用生动形象的比喻、通俗易懂的语言，深入浅出地说明先有国，后有家，才有生命的道理，使民众懂得不抗日就会遭受亡国、亡家、亡命的严重后果。他的演说震撼了全会场。演说完毕，会场内外爆发出雷鸣般的掌声，抗日口号此起彼伏。随后就有多名热血青年报名要求当兵上前线，杀敌卫国。

　　问题：

　　1．冯玉祥的抗日演说为什么多年后仍然令人激动不已？

　　2．成功地进行命题演讲应注意哪些问题？

第一节　演　讲　口　才

一、演讲概说

　　1．演讲的含义与特征

　　一个人面对广大听众，以口头语言为主、以态势语言为辅，就公众关注的某一问题发表意见、陈述观点、抒发情感，以说服和感染听众的社会活动过程就是演讲。

　　任何一种演讲活动都由四种要素构成：演讲者（演讲主体）、听众（演讲客体）、演讲的传达手段（有声语言和态势语言）和演讲的时境（时间和环境）。

　　与其他口语形式相比，演讲具有以下几个基本特征。

　　1）声形同步，以声带形

　　演讲的基本形态是一人讲，众人听。对演讲者而言，一句话和相应的表情、动作等态势语传达一个相对完整的信息；对听众而言，既听有形象的声音，又看有声音的形象，看与听有机结合。整个演讲就是在这种特定的场景下进行的，演讲者运用有声语言并力求其表现力和感染力，同时辅之以得体的体语，以达到"使人知，使人信，使人感动，使人赞同"的演讲目的。

　　2）说服力强，鼓动性大

　　从传播学的角度来看，演讲这种"一对多"的形式受众面大，可以针对听众的特殊要求做专题性传播，具有说服力强、鼓动性大的特点。这是由于：其内容经过精心准备，材料经过多方搜集，结构经过缜密安排，语言经过反复推敲；演讲者态度明朗，爱憎分明，对听众的思想情感和价值取向有直接的引导作用；演讲者情绪饱满，语气恳切，在用自己的心声呼唤听众心声的同时，必然会得到真诚的回报。

　　3）时代感强，效果显著

　　演讲是一种针对性很强的社会实践活动。演讲的主题往往不以个人的好恶确定，必须是能引起公众共鸣的社会现实问题。所以，演讲者要始终把握时代脉搏，敢于直面现实社会，回答人们普遍关心而又疑惑不解的问题，说出人们想说而又不敢或不愿说出的大实话，用自己对现实生活的体验和思考向听众陈述自己的主张和看法。

　　4）艺术性高，感染力强

　　演讲的艺术魅力源于内容的周密安排、演讲者的风度仪表，尤其是演讲者的语言艺术。一位演讲家说过，在每一场演讲中他都力求做到八个字：相声、小说、戏剧、朗诵。即演讲伊始要有相声似的幽默，演讲过程要贯穿小说中的形象，高潮阶段应该具有戏剧性的冲突，结束之前要迸发诗朗诵般的激情。一场演讲如果同时做到了这几点，就具有了极高的艺术观赏性和审美价值。

【小故事】

周恩来练演讲

1913 年周恩来在天津南开中学读书，刚开始学习演讲的时候，他的苏北口音比较重，再加上缺乏实战的经验，所以第一次上台的时候非常紧张，演讲效果不好。为了提高自己的演讲水平，周恩来针对初次登台暴露的弱点，从内容、声音、仪表、姿态等各方面进行了专门的训练。从那以后，不论在多么复杂的情况下，他的演讲都是立论精辟、生动感人，他的气质和形体都给人带来了一种美的享受，具有政治家、活动家和外交家的高雅风度。

2. 演讲的类别

1）按演讲内容划分

按演讲内容划分，演讲大致分为四种，各种演讲的内容及特点如表 3-1 所示。

表 3-1　各种演讲的内容及特点

种　类	主要内容	举　例	特　点
政治演讲	涉及政论国事，以阐述政治主张为目的	竞选演说、就职演说、外交演讲、时事报告	政治倾向鲜明，富有雄辩性和鼓动性
经济演讲	涉及经济政策解读、经济发展形势分析及企业经营管理等	经管类的专题讲座或学术报告	高度的求实性，极强的针对性，严密的逻辑性，丰富的信息量
学术演讲	展示学术研究成果，传播科学知识和学术见解	学术会议发言、学位论文答辩、学术报告	内容科学，论证严密，语言准确
礼仪演讲	在社交场合发表的旨在表示赞美、感谢、祝福、庆贺或悼念等情意的礼节性讲话	贺词、开幕词、闭幕词、答谢词、祝酒词、欢迎词、欢送词、开业致辞、祝婚词、悼词、祭词	抒情为主，寓理于情

2）按演讲方式划分

按演讲方式划分，也可分为四种，具体如下。

（1）读稿式演讲。即事先准备好稿子，临场逐字逐句地读。因为失误少，较适合重大场合应用。如政府工作报告、外交部声明、迎接外宾的欢迎词等。其缺点是不够灵活，与听众交流少。

（2）背诵式演讲。又叫命题式演讲，即事先由组织者拟定演讲的主题或题目，演讲者写好稿子并反复熟悉演练后所做的演讲。如学校组织的师生演讲比赛、企事业单位组织的职工演讲比赛等均属此类。其优点是成竹在胸，不慌不忙；缺点是表演痕迹太浓，缺乏真实感。

（3）提纲式演讲。演讲者没有详细、完整的讲稿，仅凭反映演讲结构层次的提纲进行演讲。如赛后点评、非正式场合的讲话或发言等。其优点是有所准备但不拘泥，临场发挥而不致离题万里。

（4）即兴演讲。又称即席演讲或即时演讲，指演讲者事先并没有充分准备，受特定的人物、环境或气氛的激发，兴之所至，有感而发所做的临时性演讲。如领导人的即席讲话，会议的开场白、结束语，座谈会上的发言，各种礼仪性讲话等。其特点是话题集中，针对性强；临场发挥，直陈己见；生动活泼，短小精悍；以小见大，借题发挥。随着社会文明程度的提高和人们交往的日益频繁，这种能体现演讲者真实能力和水平的演讲越来越受重视。

【演讲欣赏】

林肯在葛底斯堡国家烈士公墓落成典礼上的演说

87年前，我们的先辈们在这个大陆上创立了一个新的国家，它孕育于自由之中，奉行一切人生来平等的原则。现在我们正从事一场伟大的内战，以考验这个国家，或者任何一个孕育于自由和奉行上述原则的国家是否能够长久存在下去。我们在这场战争中的一个伟大战场上集会。烈士们为使这个国家能够生存下去而献出了自己的生命，我们来到这里，是要把这个战场的一部分奉献给他们做最后安息之所。我们这样做是完全应该而且是非常恰当的。

但是从广泛的意义上来说，这块土地我们不能够奉献、不能够圣化、不能够神化。那些曾在这里战斗过的勇士们，活着的和去世的，已经把这块土地神圣化了，这远不是我们微薄的力量所能增减的。我们今天在这里所说的话，全世界不大会注意，也不会长久地记住，但勇士们所做的事，全世界却永远不会忘记，毋宁说，倒是我们这些还活着的人，应该在这里把自己奉献于勇士们已经如此崇高地向前推进但尚未完成的事业；倒是我们应该在这里把自己奉献于仍然留在我们面前的伟大任务——我们要从这些光荣的死者身上汲取更多的献身精神，来完成他们已经完全彻底为之献身的事业；我们要在这里下定最后的决心，不让这些死者白白牺牲；我们要使国家在上帝福佑下得到自由的新生，要使这个民有、民治、民享的政府永世长存。

美国华盛顿林肯纪念堂的林肯像以及镌刻在墙壁上的这篇演讲词如图3-1所示。

图3-1　美国华盛顿林肯纪念堂的林肯像和镌刻在墙壁上的演讲词

点评：葛底斯堡战役是南北战争的转折点，为了纪念这次战争中阵亡的将士，1863年11月19日，举行了葛底斯堡公墓落成典礼，美国总统林肯发表了这段不到3分钟的著名演讲。这篇演讲完美无瑕，誉满全球，被铸成金文保存在英国牛津大学，被誉为演讲中的最高典范。

3. 演讲的作用

演讲之所以备受人们重视，是由于它有着强烈而广泛的社会作用，无论演讲者还是听众，在演讲活动中都能得到教益、受到启发。演讲的作用归纳起来主要体现在以下两大方面。

1）对演讲者的作用

对演讲者的作用体现为以下三个方面。

（1）全面提高。演讲家都不是天生的，而是后天实践造就的，是经过多方面艰苦努力才成功的。只有通过不断的学习和艰苦的磨炼，才能具备站在时代前沿的精深思想、渊博学识和丰富阅历，才能拥有敏锐的观察力、敏捷的思维力、准确的判断力、迅速的应变力和较强的记忆力。在长期不懈的学习与磨炼中，一个人即使没有成为演讲家，他的思想、学识和智能也会得到极大的锻炼和提高。

（2）融洽关系。演讲家经过长期训练和实践所得的本领，不仅在演讲台上可以表现为文雅的举止和出众的口才，而且在日常交际与生活中，其丰富的学识、敏捷的应对、良好的修养都很容易冲破人际关系的种种障碍，比一般人更能迅速有效地与人交往和沟通。而演讲本身也是一种比较高级的社交形式。通过演讲，演讲家可以广泛地接触社会各阶层、各地区人士，扩大自己的交际面。

（3）展示自我。现代人为了更好地生存与发展，需要适时地展示和推销自我。对于演讲者而言，演讲活动正是这样一个舞台，它可以让演讲者充分展示自己的语言、思想、情感、愿望、意志、能力、人品以及仪表、服饰、风度、气质等，使自身的才华得到他人的认可和赞赏，为自己的全面发展奠定良好的社会基础。

2）对听众和社会的作用

对听众和社会的作用体现在以下三个方面。

（1）教育激励。一次成功的演讲可以传递大量的知识与文化信息，听众在接受这些知识和信息的同时，思想受到熏陶，情感受到激发，对工作、学习和事业的责任感被唤起，内在的主动性、积极性和创造性迅速得到提升。因此，演讲是一种很好的教育手段。如人们所熟知的李燕杰的《塑造美的心灵》的演讲，曲啸的《心底无私天地宽》的演讲，对于陶冶广大青年的思想情操，使其树立远大理想，激励刻苦学习和努力工作，都起到了积极的教育作用。而1775年美国独立战争时期，演讲家伯特里克·亨利在弗吉尼亚州议会上发表的激励人心的抗英演讲，就如同雷鸣闪电般震撼人心，唤起千百万人民勇敢坚定地投身于伟大的为独立、自由而战的斗争中去，最终赢得了胜利。他的"不自由，毋宁死"的名言，至今还在鼓舞着千千万万的人民为自由而战。可见，成功的演讲可以启迪人心，传播文化，宣传真理，祛邪扶正，把人类社会推向理想境界。

（2）合理调适。演讲的调适作用表现在两个方面，即心理调适和社会调适。心理调适就是通过演讲解答人们的思想问题，消除心理障碍，克服心理疾病，达到心理平衡，保持良好心态。社会调适就是通过演讲分析社会问题，克服社会弊端，确立社会价值取向，实现社会协调发展。调适功能主要通过演讲的信息反馈来实现，通过反馈，我们就能把握发展趋势和潜在问题，从而采取有效措施，保障社会机制正常运行和个人心理健康。

（3）传播信息。随着知识经济时代的到来，人们对知识的渴望越来越迫切。演讲作为一种比较高级的语言表达形式，能最大限度地发挥语言在传播知识、探讨学问、宣传成果、交流经验等方面的作用。在特定时境，演讲能对人体感官进行多重的综合刺激，充分调动人们的注意力，促进人们的思维活动，并且使听众在情绪、情感、意志等方面同时受到影响，从而加深对演讲所传播的科学知识的理解，增强学习效果。因而，演讲始终是传播科学文化知识，提高人们文化素养的重要形式。

【小贴士】

演讲相关资源网站

中国演讲网

大学生演讲网

演讲与口才杂志社

中国商业演讲网

第一演讲网

中国演讲口才网

激情演讲网

中国校园演讲网

总裁演讲网

4．演讲的基本要求

1）演讲者的修养要求

法国伟大的思想家狄德罗说过："真理和美德是艺术的两个密友。"同样，真理和美德也是演讲的两个挚友。任何一个想成为演讲家的人首先必须是一个有德行的人，是一位思想先进、品德高尚、学识丰富的人。

（1）思想先进。无论哪个时代，进步的演讲家都是时代的思想家。可以说，一个没有先进、正确思想的人，是无法登上神圣的讲坛成为演讲家的，因为演讲家登台演讲的目的就是要教育人、影响人、感召人。历史上许多著名的演讲家，像西塞罗、林肯，以及我国的文学大师闻一多、鲁迅等，都是用先进的思想启迪听众，在演讲中散发思想的光芒。

（2）品德高尚。演讲者除了应具备正确、先进的思想以外，还需要具有高尚的道德品质和情操。因为演讲者要想教育人、影响人、感召人，除了口若悬河地宣传真理外，还要以身作则。身教往往胜于言教。为此，演讲者自身必须体现出一种人格美，只有这样，才能让听众看到他身上闪耀的道德的光辉，也只有这样才能为听众所认同。

（3）学识丰富。丰富的学识是成功演讲的前提和保证。古今中外的演讲家无一不是学识渊博之人。他们之所以能在演讲中旁征博引、妙语惊人，之所以能把生动、具体而又恰当的事例，自由、准确地组织到演讲中去，并能出口成章，使听众感到新颖有趣、百听不厌，就是因为他们博览群书、知识丰富。所以演讲者既要系统地学习现代科学文化知识，又不能丢弃传统文化知识中的精华部分；既要学点社会科学，又要学点自然科学。只有学识渊博，思想才能博大精深，才能使演讲内容充实、见解新颖。

2）演讲者的仪表要求

仪表是演讲者给听众的第一印象，包括头饰、面饰和服饰等身体外表的装饰打扮。演讲是一门综合艺术，既要求有美的声音、美的激情、美的结构和美的内容，也要求有美的仪表，如此才能给听众留下全方位的美的视觉享受。因此，适度地讲究仪容仪表，既能增强演讲者的自信心，又有助于取得听众心理上的认同。

演讲者的打扮不在于华贵和时尚，而在于大方得体、自然协调。最基本的要求可借用解放前南开学校的《容止格言》来衡量："面必净，发必理，衣必整，纽必结。头容正，肩容平，胸容宽，背容直。气象勿傲勿暴勿怠，颜色宜和宜静宜庄。"具体来说，头饰要简单庄重、雅而不俗，切忌披头散发，蓬头垢面，仓促上阵。面饰以清秀、淡雅、自然、和谐为宜，切忌浓妆艳抹。服饰应端庄大方，与演讲者的年龄、身份、容貌、身材乃至演讲的内容、环境、气氛协调，切忌雍容华贵、矫揉造作。

3）演讲者的心理要求

演讲既是一种复杂的社会劳动实践，也是一种强烈的精神劳动产物，它不仅是对演讲者思想、文化、知识、表达能力的检测，也是对演讲者心理素质的严峻考验。演讲心理存在于演讲的全过程，包括选择题目、收集材料、台下试讲、登台演讲等，因此，演讲者的心理素质控制了演讲的全过程。不怯场是对演讲者的基本心理要求。恐惧心慌是初登讲台者的普遍心理，即使世界一流的演说家也未能幸免。但我们必须战胜它，因为"我们唯一要害怕的，就是害怕本身。"（罗斯福语）它往往表现出如下生理反应：心率加快，声音发颤，四肢僵硬，肌肉抽搐，头痛晕眩，等等。如何避免怯场呢？可采用以下方法。

（1）正确认识紧张。过度的紧张有害无益，而适度的紧张不仅无害，反而有益。心理学家斯皮曼说得好："不是要消除紧张，而是要消除慌乱。"戴尔·卡耐基也说过："少许的恐惧是有利的，可以加强临场感和说服力。"心理学研究证明：人们的紧张水平与活动效率呈"U"字曲线关系。这就是说，过低或过高的紧张都不利于活动，只有在适度的紧张状态下才会有好的效果。我们经常采取考试、评比、检查、竞赛等手段促进活动，其目的也在于促使人们产生紧张感，产生"活化效应"。适度的紧张会促使人体内肾上腺素的大量分泌，不仅能增加体力，也能大大促进人们的思维活动、注意能力、记忆能力等，"急中生智"与"急中生力"就是例证。适度的紧张还能激励人们认真、审慎地对待活动，而不至于盲目自信、草率从事。

（2）大胆进行实践。在演讲实践中，真正有效的自我形象维护法，就是敢于向自己的怯场心理频频发起进攻。具体的做法是，不轻易放过可以锻炼自己的一切机会，熟悉了各种场合下的情景，取得实际经验，也就会消除不该有的恐慌。

【小贴士】

大胆实践的演讲家

古代希腊著名演说家德莫斯梯尼从小口吃，但立志演说。为矫正口吃，使口齿清晰，他将小石子含在嘴里不断地练习。据说他曾把自己关在屋里练习，为锻炼脸皮竟然将头发剃去一半，成了"阴阳头"，"逼"自己一心一意地练习口才。经过12年的刻苦磨练，他终于走上成功之路。

英国戏剧大师、批评家和社会活动家萧伯纳的口才是有口皆碑的。但是，他年轻时却胆小木讷，拜访朋友时都不敢敲门，常常"在门口徘徊20分钟"。后来他鼓起勇气参加了一个"辩论学会"。不放过一切机会同对手争辩。练胆量、练机智、练语言，千锤百炼终成演讲家。他的演说，他的妙对至今仍脍炙人口。有人问他是怎么练就口才的，他说："我是以自己学溜冰的办法来做的——我固执、一味地让自己出丑，直到我习以为常。"

被誉为"20世纪的演说家"的英国首相丘吉尔，原来讲话结巴、吐字不清晰，个头又矮，才一米六五，声音也很难听，最尴尬的是在议会下院的最初一次演讲中，他只讲了一半就跑了。他之所以最终拥有举世称赞的雄辩口才，也是刻苦、勤奋、坚持训练的结果。

日本前首相田中角荣，少年时曾患有口吃病，但他没有被困难所吓倒。为了克服口吃，练就口才，他常常朗诵、慢读课文，为了准确发音，他对着镜子纠正嘴和舌根的部位，严肃认真、一丝不苟。

（3）运用积极的心理暗示。即尽量避免种种令人沮丧的因素，一上台只把注意力集中在眼前的动机和效果上，至于过后怎样评价，在演讲过程中是可以不加考虑的。正如华盛顿所说："我只知道眼前的听众，而我说的词，正是为眼前的听众说的。"与此同时，要不断地对自己进行积极的心理暗示，如：

"别人能行，我也能行。"

"别人能讲好，我可以讲得更好。"

"我准备得很充分，我一定能讲好。"

"我就是所谈问题的专家和权威,只有我最有资格发言。"

"讲得好坏没有关系,只要我按照准备的讲下去就是胜利。"

"听众是不会注意我讲的每句话的。"

"听众常常分心,他们爱想自己的事情。"

……

少做"我不如你"的自我否定。日本人甚至主张"把听众当傻瓜"。古希腊演讲巨匠德莫斯梯尼在取得成功之前屡遭失败,朋友为其总结教训时说,"你败于怯场。现在看来,你要设法越过心理障碍。我想,可以助你达到此目的的办法只能是:你应该在讲台上目中无人,权且把你的听众都当作驴!"虽然他这种说法不文雅,却让德莫斯梯尼产生了积极的心理暗示,使其跨过心理障碍,最终取得了成功。

此外,在演讲过程中,多用虚视法,尽量回避听众的各种表情和举动,只在听众中造成一种交流感;演讲伊始多讲些具体的、生动的、有趣的事,以引起听众的兴趣,这种兴趣反馈过来,也可以使演讲者立即轻松起来。

(4)事先充分准备。"只要遵循正确的方法,做周全的准备,任何人都能成为出色的演讲家。反之,不论年龄及经验多么老到,若没有适当的准备,任何人都会在演讲中出窘。"(戴尔·卡耐基语)多少年来,"他们一无所知"成了演讲界的一句名言。尽管这只是一种假设,却从一个侧面说明了有准备的优势。听众不可能"一无所知",但对于演讲的主题、题材不熟悉,更没有经过广泛收集、反复比较、深入钻研、精心提炼,即使是专家,由于事先无准备,也应该比演讲者逊色。从这个角度讲,假设听众一无所知是可行的,它能有效增强演讲者的自信心。因此,在时间许可的情况下,演讲者要尽可能写出讲稿、提纲或打好腹稿,设法进行试讲,不断完善演讲内容和演讲技巧;了解可能影响演讲的某些外部情况,如环境地点、听众水平等,并考虑相应的对策。

(5)重视临场熟悉。要避免临场紧张,就要提前到场熟悉演讲的环境,如走上讲台环视大厅,打量一下讲台的摆设,试一试扩音器的效果等。也可以走到听众中间进行交谈,既可以了解听众的需要、特点等,也有助于消除由于"陌生体验"而带来的紧张。

【小贴士】

乔布斯演讲的16个秘诀

乔布斯是一位大师级的演员,总是在雕琢自己的演技。每一个动作,每一次现场演示,每一幅图片和每一张幻灯片都是同步的。他看起来惬意、自信并且轻松自如。至少看起来是这样。他的演讲秘诀是排练很长时间,确切地说,是排练很多个小时,持续很多天。

数十年来,乔布斯已经把产品演示变成了艺术,美国沟通问题专家卡尔米·加洛研究他的演讲艺术,发现了16个秘诀,具体如下。

(1)模拟电影的策划。

(2)聚焦利益点。

(3)销售梦想而非产品。

(4)简短友好的标题。

(5)树立反派。

(6)提纲挈领。

(7)简洁的视觉化幻灯片。

（8）10分钟规则。

（9）挖掘数据的意义。

（10）活泼生动的语言。

（11）分享舞台。

（12）使用道具。

（13）策划高潮。

（14）反复演练。

（15）穿着得体。

（16）充满乐趣。

思考题：

（1）乔布斯演讲的最大魅力在哪里？请结合网上乔布斯的一段演讲视频进行分析。

（2）请观看网易公开课"魅力乔布斯之演讲技巧"，深刻领会乔布斯的演讲魅力。

【小训练】

《国王的演讲》是由汤姆·霍伯指导，科林·费斯担当主演的英国电影，整部影片以叙述的形式，讲述了英国女王伊丽莎白二世的父亲乔治六世国王的故事。乔治六世就是那位为了美人而放弃江山的爱德华八世的弟弟，爱德华退位后，他很不情愿地坐上了国王的宝座。然而乔治六世有很严重的口吃，发表讲话时非常吃力，连几句很简单的话都结结巴巴地讲不出来。幸运的是他遇到了语言治疗师莱昂纳尔（Lionel Logue），通过一系列的训练使国王的口吃大为好转，随后他发表了著名的圣诞讲话，鼓舞了当时第二次世界大战中的英国军民。

请观看这部影片，在全班交流观后感。

二、命题演讲

命题演讲是根据指定题目或限定的主题，事先做了充分准备的演讲。一般都写好了讲稿并经过精心设计和反复演练，也有不写讲稿，只拟提纲或只准备腹稿的。

命题演讲大致分为两类：一类是定题演讲，即根据邀请单位或主办单位事先确定的题目进行演讲。这种演讲对主题和内容都做了较严格的限制，例如《我心目中的秘书职业》，就必须谈秘书职业，必须谈个人经历和体会。另一类是自拟题目的演讲，即主办单位只提出演讲的主题要求和范围，题目由演讲者自定。这种演讲的限制虽不及前一种，具有一定的自主性，但演讲的内容同样必须符合主办单位的有关要求。

命题演讲一般具有严谨、稳定、针对性强的特点。

1. 命题演讲的准备

众所周知，1863 年 11 月 19 日林肯在葛底斯堡国家烈士公墓落成典礼上的演讲被尊为英语演讲史上的最高典范。那么，林肯是怎样成功的呢？

【小故事】

林肯准备演讲稿

他是在举行典礼前两周才接到通知的。主办者请他在埃弗雷特先生演讲之后"说几句话"。埃弗雷特先生是当时美国最富盛名的演讲家，又是主讲人，而林肯不过是国家纪念委员会出于政治上的考虑才邀请他"说几句话"的。林肯深谙其中的缘由，所以在演讲前做了充分准备。他先要来了埃弗雷特的演讲稿，该演讲长达两个小时。富有经验的林肯从被邀请"说几句话"的背景及演讲心理学出发，准备做两分钟的演讲。在这两周内，不论是在路上，还是在办公室里，一有时间他就思考着他的演讲，在内容和艺术上都做了整体的考虑。写出演讲稿之后，他随身携带，有空就思索、推敲。演讲的前一天晚上，他还在葛底斯堡旅馆的小房间里润色讲稿并高声试讲，请秘书提意见；第二天，骑马去公墓的路上，面对夹道欢呼的人群，他旁若无人，嘴里仍念念有词，练习他的演讲。

可见，巨大的成功与演讲前的精心准备是分不开的。演讲前的准备工作是多方面的。著名演讲家阿普列相在《演讲艺术》一书中指出："真正的演讲家总是一身而三任：既是作者（'剧作家'），又是导演，还是完成自己的演讲、谈话的表演者。"这段话形象地说明了演讲者肩负的职责，也道出了命题演讲的主要准备工作。命题演讲的准备一般包括研究听众、酝酿构思和试讲演练三个阶段。

1）研究听众

听众是演讲活动的客体，不了解听众的演讲是无的放矢乱讲一气，是无望获得成功的。研究听众，就是通过不同渠道设法了解听众的职业、身份、性别、年龄、文化程度、生活阅历、兴趣爱好及现时的心理活动。其目的在于因人而异，采取令对方喜闻乐见的形式传达自己的思想和主张，有效影响听众的思想和行动。

【小故事】

竞选班长

某市公共关系培训班的学员们以演讲方式竞选班长。前面发表竞选演讲的十几位学员都是以冷静的风格说明"我当班长要做好哪几项工作"或"我具备了哪些当班长的条件"。台下学员对千篇一律的演讲开始厌烦，有人开始起哄，会场秩序呈现混乱状态。这时，一位男学员大踏步地走上讲台，说："我——竞选班长！如果我当班长，我将是各位忠实的代表！（掌声）请记住——选我，就是选你们自己！"（热烈掌声）

点评：这位学员针对听众心理，及时调整演讲角度和风格，运用极富号召力的语句和语调，再辅之以大幅度的态势语言，造成了强烈的现场情绪，取得了较好的效果。

在研究听众时还应特别注意了解听众的意愿要求，有针对性地做好确定主题、选择材料等准备工作。听众参加演讲会的意愿要求大致有以下几种。

（1）慕名而来。当著名政治家、科学家、演讲家、学者、明星等发表演讲时，往往有大批听众慕名前往。此时听众的主要目的大多是为了一睹名人的风采，一般不太计较演讲水平的高低。同时，由于潜在的崇拜心理，名人的演讲往往能激起异乎寻常的热烈反响。

（2）求知而来。为了获取新的知识和能力，听众会自觉地选择那些能满足自己求知欲的演讲，如学术讲座、技术辅导、国外见闻等。如果演讲内容充实、条理清晰，听众一般不会过于挑剔演讲技巧。

（3）解惑而来。听众对自己渴望的演讲话题总是抱着极大的兴趣。如果关系自己的切身利益，听众会十分主动地参与演讲的沟通过程。此时，所要做的是分析听众希望了解的话题和存疑之处。此类听众只要求把演讲内容交待清楚，对演讲者的身份、地位和演讲水平不会有太苛刻的要求。

（4）欣赏而来。此类听众的目的在于欣赏演讲者的表达技巧，在其潜意识中隐藏着对高水平演讲者的崇拜和学习演讲的强烈愿望。面对这样的听众，演讲者要充分展示自己的口才魅力和表达技巧。

（5）被动而来。工作报告、经验交流、各类庆典的会场上，有些听众是由于纪律约束或出于礼貌而不得不来的。这类听众对演讲内容不甚关心，演讲过程中心不在焉，反应冷漠。演讲者要想征服这类听众，必须掌握高超的演讲技巧。

2）酝酿构思

不管是自愿还是受命，一旦准备登台演讲，就必然有一个由酝酿到构思的过程，而这一过程的结果就是演讲稿。这一过程包括审定题目、确立题目、收集和选择资料，再进入构思，最后完成演讲稿。这是一个十分艰难的创作过程。这既是一系列的封闭式的个人劳动，同时又是以社会、听众为背景的艺术创作活动。

（1）审定题目。对规定了题目的演讲，要研究审定题目中的关键词，譬如《传承文明，弘扬美德》，要求演讲者只做关于道德文明方面的演讲，演讲者可以自拟题目，也可从多个角度切入和演讲。

审题要把握两个关键点：一是选择角度。角度要新、要适度。新，是相对于同台演讲者而言的，尽可能避免与别人的演讲相同或相近，尽可能给人耳目一新的感觉。适度，是相对于自己而言的，太大，驾驭不了，讲不透；太小，容量不够，发挥不好。二是选择自身的优势。1994年，在新加坡举行的第二届全国华语演讲大赛中，印度姑娘鲁巴·沙尔玛一举夺魁。她在复赛和决赛中的演讲分别是《汉学在印度》《我与汉学》。因为她出生在印度，父母都是高级知识分子，从小又跟父母到了中国，从小学到大学都是在中国上学。她既熟悉印度，又了解中国的文化，因此做这方面的演讲，就特别得心应"口"，也特别能迎合新加坡听众的需求。

（2）确立主题。主题是命题演讲的核心。确立主题应特别注重把握以下两方面：一是主题要适时，即适合社会的需求，具有时代感；适合听众的需求，考虑听众年龄、职业、文化程度的共享性；二是主题要单一。演讲稍纵即逝，讲得太多、太杂，反而适得其反。正如德国著名演讲家海因兹·雷曼说的："在一次演讲中，宁可牢牢地敲进一个钉子，也不要松松地按上几十个一拔即出的图钉。"

（3）选择材料。演讲是信息的传播，信息的载体是材料。信息有疏有密，有强有弱。前者表现为量，即材料的多寡；后者表现为质，即材料的优劣。选择材料，就是在具有一定数量的基础上，对材料进行优化组合。组合的依据：一是能恰当地表现主题，二是能满足听众的预期需要，三是真实典型，四是具体新颖。

（4）构思框架。命题演讲的构思包括两个方面：一是构思演讲稿，二是精心设计演讲的现场实施。演讲稿的构思，包括开场白、主体、高潮、结尾，这实际上就是材料的安排与处理。同时也包括思维框架与基本语言形态的选定。实际上构思演讲稿的过程，就基本上包含了现场实施的设计。但两者比较，后者更具体、更细化、更具有操作性。这种设计是在演讲稿构思的基础上，进一步琢磨实施过程中的处理与表现，其中包括各种演讲技巧的运用，如手势、眼神、声音、应变等。构思在命题演讲过程中是较为重要的一个环节。

（5）撰写讲稿。执笔成文，是上述各个环节总的归宿。命题演讲的成败，取决于演讲稿的优劣。演讲稿必须精心写作，最好是自己动手写稿，保持个人的风格。怎样写稿，隶属于应用写作课程教学，不在此赘述。

3）试讲演练

试讲演练是命题演讲必经的一个阶段，主要目的是背诵和处理演讲稿、斟酌演讲的技巧应用。有的演讲者以为只要把讲稿记牢背熟就万事大吉了。其实不然，演讲稿中记载的只是演讲的内容和架构，至于演讲的技巧与方法，包括语调、节奏、停顿、体态、手势、表情、眼神等的设计与应用，演讲稿中却无法体现，这些都需要在试讲演练中细心揣摩，精心处理。

在试讲和演练中特别要处理好以下几个问题：一是情感基调的把握。或平实，或激昂，或欢快，或悲壮，都要根据稿件内容进行相应的处理。自己写的讲稿相对好处理些，别人代写，或者经过别人加工的稿子，就更要仔细琢磨。如果情感基调把握不准，感情处理不到位甚至错位，再好的稿子也难有好的演讲效果；二是语音处理。由文字转化为语音，一定要经过处理，否则便会在演讲中出现念稿或背稿的现象。演讲既要自然，又要进行恰当的艺术处理，否则便会造成整篇演讲的不协调；三是态势处理。服饰、化妆是可以事先设计好的，而手势、姿势、表情是随着演讲内容与情感的变化而不断改变的，原则上很难做出精确设计。

4）辅助手段

演讲者在制作 PPT 演示图片时要注意 KISS（Keep It Short and Simple）原则，即简单明了。还需注意 KILL（Keep It Large and Logic）原则，即字体大、内容逻辑性强。

坚持 KISS 原则要注意：图表不要成为数据的海洋；不要出现大段的文字、连篇累牍；尽量利用图形、图表，有利于清楚地传递信息；运用饼图、直方图、曲线图，每张幻灯片不要出现两个以上的图。

坚持 KILL 原则要注意：演示图片上的字体要稍大些，如文字一般在 28 号字以上，32 号比较合适；演示图片的图像、图表要大，能让听众清晰浏览；前后图片之间内容连贯；图片之间衔接有逻辑，不出现思路中断；要多运用逻辑性、总结性图片。

2. 命题演讲的技巧

命题演讲的技巧体现在很多方面，现仅从登台演讲必须经历的关键环节入手加以分析，如图 3-2 所示。

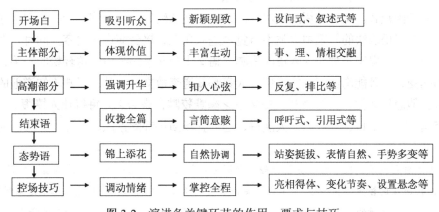

图 3-2 演讲各关键环节的作用、要求与技巧

1）新颖别致的开场白

开场白又叫开端语，是演讲者与听众之间架起的第一座桥梁，其成功精彩与否，将直接影响整场演讲的效果。所以古人云：善于始者，成功已半。开场白的作用是引起注意、控制会场、创造气氛、引入正题。开场白的方式不一而足，可从演讲的题目谈起，也可从演讲的缘由、主题、题目或现场情景谈起。这里介绍几种常见的较受欢迎的开头方式。

（1）开门见山式。这是一种最常见的成功的方式。演讲一开始就把"问题"提出来，或把自己的观点亮出来，做到观点鲜明突出、引人入胜。

【小案例】

刘少奇的开场白

1944年5月20日，刘少奇《在陕甘宁边区工厂代表会议上的讲话》是这样做开场白的："我们陕甘宁边区最近几年搞起来一件新的东西，这就是工业。我们今天的工业规模虽然还很小，但这几年的发展是惊人的。1935年，这里只有几十个人的一个修理厂，而现在则已经有一万多工人了。这次会议，相信会有更快更大的发展。"这里没有一句大话、套话、空话，也没有一句打官腔的话，而是开门见山、单刀直入，用三言两语摆出自己的观点，讲实事，讲大家亲身经历并关心的事，一开场就揭示了演讲的主题内容。

（2）故事导入式。巧妙地借用新鲜而有趣的小故事，以生动形象的材料，将自己的思想观点不动声色地融入故事中，引出一个话题，把听众引入一种"佳境"，起到"随风潜入夜，润物细无声"的作用。

【小案例】

关于习惯的小故事

演讲稿《养成一种良好的学习习惯》的开头如下。

什么叫习惯呢？先请同学们听一个小事。在印度和泰国随处可见这样的场景：一根小小的柱子，一截细细的链子，拴得住一头几千斤重的大象。那些驯象人，在大象还是小象的时候，就用一条铁链把它绑在水泥柱或钢柱上，无论小象怎么挣都无法挣脱。小象渐渐地习惯了不挣扎，直到长成了大象，可以轻而易举地挣脱链子时，也不再挣扎。小象是被链子绑住，而大象则是被习惯绑住。

这个故事讲得很有趣，使听众对"习惯"有个全新的认识："习惯真是一种顽强而巨大的力量，它可以主宰人的一生，因此，我们从幼年起就应该通过教育培养一种良好的习惯。"有了这种认识，肯定会认真听你演讲，相信效果一定错不了。

（3）诙谐幽默式。演讲时用幽默法导入，不仅能够较好地表现演讲者的智慧和才华，而且能使听众在轻松愉快的气氛中自觉不自觉地进入角色，接受演讲的内容。同时，在幽默趣味的开场中，不时发出一种与导入语的语感、语义十分和谐的笑声，这轻松的一笑，不仅给人以美的感受，而且能沟通双方的感情。大家都知道李敖文笔不凡，但却不知道他的口才也同样了得。他思维敏捷，词锋犀利，却又不乏幽默狡黠，诙谐之处每每让人捧腹。

2005年9月21日，李敖到北大演讲，他的整场演讲都幽默风趣，让人捧腹。他的开场白是这样的。

你们终于看到我了。我今天准备了一些"金刚怒目"的话，也有一些"菩萨低眉"的话，但你们这么热情，我应该说菩萨话多一些。（掌声，笑声）演讲最害怕四种人：一种是根本不是来听演讲的，一种是听了一半去厕所的，一种是去厕所不回来的，一种是听演讲不鼓掌的。（李敖话音未落，场内已是一片掌声）

当年克林顿、连战等来北大演讲时，是走红地毯进入的。我在进门前也问道："我是否有红地毯？"校方说："没有，因为北大把你的演讲当作学术演讲，就不铺红地毯了。"如果我讲得好，就是学术演讲；若讲得不好，讲一半再铺红地毯也来得及。（听众席爆发出了雷鸣般的掌声）

很多演讲者都喜欢在开场时先恭维一下在场的听众，赚点人气。李敖却不落窠臼，来了个"反弹琵琶"，不说客套话，首句便以"你们终于看到我了"来打趣听众，暗含潜台词"你们有机会见到我李敖应该很高兴",充满谐趣且匠心独运。紧接着,他用"金刚怒目"与"菩萨低眉"来形容自己的话语,诙谐之处令人捧腹。然后,他趣谈演讲最害怕的四种人,实则在变相向听众"讨要"掌声,可谓妙到极致。李敖接着拿"红地毯"说事,"如果我讲得好,就是学术演讲;若讲得不好,讲一半再铺红地毯也来得及",这句幽默话一语双关,既自矜于高超的演讲水平,又顺便戏谑了克林顿、连战的演讲水平不及自己,"中国台湾文坛第一狂人"的形象一展无遗。如此妙趣横生的开场白,自然能收获听众的满堂彩了。

(4)实物开讲式。在演讲开场的同时,展示与演讲内容有关的实物,可以强化演讲内容,给听众新鲜、感性的直观印象,引起听众的注意,充分调动起听众的兴趣和期待心理,一下子抓住听众的心。《演讲与口才》2005年第11期刊登的一篇题为《见贤思齐 和而不同》的演讲稿,就是这样处理的。

尊敬的院领导、老师、亲爱的同学们:大家好!先请大家欣赏两幅画:这一幅是清朝宫廷画师郎世宁的《八骏图》,这一幅是徐悲鸿的《群马图》。

这样的开场白,不但使大家欣赏到了名家作品,大饱了眼福,更令大家迫切地想知道,演讲者接下来到底要说些什么。

2)引人入胜的主体部分

演讲的价值和意义,集中体现在演讲的主要组成部分即演讲主体中。演讲的主体至少应该包括独到的见解、真挚的情感和典型的事实。

(1)独到的见解。演讲者要有自己的真知灼见,要能讲出别人想讲而未讲或根本没有想到的却对做人做事很有启发意义的道理,这样才能启迪人心,使人感佩。演讲最忌讳人云亦云、老生常谈。

【小案例】

让青春飞扬

《让青春飞扬》是一篇优秀的充满时代气息和人生理趣的演讲词。她不谈古而论今,论的是当下许多青年人中流行的一种人生观。她从一首青年人喜爱的流行歌曲《再回首》的歌词开始,巧妙入题,单刀直入,直切主题,三言两语切中要害,通过饱含情感的分析,批驳了一种无为的消极人生观,而鼓励青年大学生树立起积极向上的人生观和生活态度,相信许多青年朋友尤其是大学生们听了这样的演讲以后一定会有所感悟,受到启发。全篇演讲稿洋溢着一种浓郁的青春气息,给人一种昂扬向上的蓬勃感。

(2)真挚的情感。"感人心者,莫先乎情。"演讲具有真诚而热烈的感情才能打动人心,引起听众心灵的交汇和共鸣。

【小案例】

心底无私天地宽

20世纪80年代,曲啸的《心底无私天地宽》的演讲在中央电视台播出之后,深深拨动了广大观众的心弦。许多观众都说:"曲啸同志的报告有血有肉,充满了对党、对祖国、对人民的无限信赖和热爱,而且充满了对生活、对事业、对信仰的执着追求,特别是曲啸同志结合他自身的实际、自身的经历,告诉人们应当如何正确对待社会、对待人生、对待爱情和婚姻。"曲啸自己也说:"在演讲过程中,我讲'爱',我就满腔挚诚地爱;我讲'恨',就痛心疾首地恨。我用我的心血,甚至生命真实地表达着我个人的喜怒哀乐。于是,使我看到:听众与我一同进入了共同的喜怒哀乐。"

(3)典型的事实。"事实胜于雄辩"。因为人的大脑对外界种种信息的接受,总是具体的易于抽象的，感性的易于理性的。事实具有直接现实性的品格，它能够以自己丰富多彩的活生生的形象直接打动听众的思想和感情，浅显易懂地体现和证明深奥的道理，无需听众多费脑筋去思考、消化、转换。因此，事实和道理是演讲主体部分相辅相成的两个方面，分担着说服和感染听众的共同任务。

【小案例】

李燕杰的演讲

李燕杰在题为《德才学识与真善美》的演讲中，列举大量事实说明"人要想有学问，就得付出艰苦的劳动"这一朴素的道理。一位高考落榜、三十开外的青年工人，在两年半的时间里，在身份"三合一"（大学旁听生、工人、好爸爸）的情况下，发奋努力，最后通过考试，被录取为社科院科研人员；一个得过黄疸性肝炎的男青年，每月挣四十几元钱，节衣缩食买下七八百元的书，工作之余刻苦学习知识，寻求事业和理想的出路；一名患有眼病、肝病和胳膊先天畸形的女青年，却自强不息，矢志学习；等等。此外，他还提到了李四光、爱迪生、高尔基、贝多芬等多位名人年轻时发奋努力的故事。

3）动人心弦的高潮造势

"文似看山不喜平"，演讲也要求节奏鲜明，张弛相间，跌宕起伏。要有引人入胜的内容和动人心魄的高潮，力避平铺直叙，泛泛而谈。一次成功的演讲总会高潮迭起，扣人心弦，使听众达到"快者掀髯，愤者扼腕，悲者掩泣，羡者色飞"的出神入化的佳境。

（1）以重复形成高潮。在演讲中有意识地进行重复，不仅是为了让听众记住一些重要词句，更重要的是在重复时通过有声语言的变化来加强语气、强调观点和升华感情，从而增强语言的表达效果。

（2）以排比形成高潮。根据演讲内容的需要，运用排比的修辞方法，可以把演讲者的思想感情表达得淋漓尽致，把演讲和听众的情绪推向高潮。

4）耐人寻味的结束语

拿破仑说过："兵家成败决于最后5分钟。"中国民间也有"编筐编篓，重在收口"一说。同理，讲究结束语艺术也是保证演讲获得成功的关键一环。结束语的设计要合乎三点：一是收拢全篇，画龙点睛；二是简洁明快，耐人寻味；三是铿锵有力，富有鼓动性。结束语的设计方式也有很多，常见的有以下几种。

（1）呼吁式。利用感情激昂、动人心弦的语言对听众的理智和情感进行呼吁，并指明具体的行动方向。如演讲词《再筑一道长城》的结尾就是采用了这样的方式。

朋友们，让我们携起手来，用我们的思想，用我们的全部再筑一道长城，一道坚强不摧的血肉长城！让我们伟大的祖国，伟大的中华民族，永远，永远立于世界民族强林！

（2）引用式。引用名人说过的话结束演讲并将演讲推向一个新的高潮，有力证明自己的观点，丰富并深化演讲的主题。胡适的《毕业赠言》结尾，运用的名言颇耐人寻味。

诸位，11万页书可以使你成为一个学者了。可是，每天看三种小报，也得浪费你一点钟的工夫，四圈麻将也得费你一点半钟打发光阴。看小报呢？还是努力做一个学者呢？全靠你自己的选择！易卜生说："你的最大责任，是把你这块材料铸成器。"学问便是铸器的工具，抛弃了学问便是毁了你自己。再会了！你们母校眼睁睁地要看你们10年之后成什么器。

（3）重申式。成功的演讲者往往在演讲结尾重申此次演讲的重点，以加强听众的记忆。日本松下电器产业公司创始人松下幸之助在公司培训演讲的结束语中就应用了这种方法。

我已讲过的六条，其重要性是不一样的。唯有第一条和第三条是公司生存发展中最致命的，即松下永远以质量战胜一切竞争者，松下的凝聚力高于一切。这两条将成为我们的法宝和座右铭，也是我要求全体员工切记的。

（4）总括式。以精练概括的语言，抓住要点，总括全篇的中心。这种结尾，主题鲜明突出，给人印象深刻。

5）从容应对的控场技巧

所谓控场技巧，是指演讲者对演讲场面进行有效控制的办法。在演讲的过程中，由于种种原因，可能导致听众情绪不佳、注意力分散或现场秩序混乱等。演讲者为有效地调动听众情绪，集中听众的注意力，驾驭场上气氛及秩序，使其朝着有利的方向发展，就需要借助控场技巧来完成。关于控场，不同的演讲者有不同的方法，常用的有以下几种。

（1）亮相得体。控场应该从上场那一刻就开始。演讲者如果对自己的演讲胸有成竹的话，所散发出的那份从容和自信会对听众产生一定的威慑作用。科学家法拉第坦言自己的演讲诀窍就是："假设听众一无所知，所以我对自己的演讲充满自信。"

（2）声形结合。演讲是一种五位一体的活动，演讲者要把自己的主张和见解这种内部语言传输给听众，就得把内部语言转化为外部语言，并渗透着强烈的感情因素，这就需要通过语言、表情、眼神、动作、肢体行为等方式来协同传输外部语言。

（3）变换节奏。演讲者应用抑扬顿挫的不同语调和疾徐快慢的不同语速进行演讲，可使听众将分散的注意力又转移到演讲者身上。重点之处不断重复也是变换节奏的方法。

（4）设置悬念。精心选择既能扣住演讲主题，又不为听众所共知的东西设置悬念，可以有效地激发听众的兴趣，调动听众的情绪，同时又要在听众听兴正浓时戛然而止，使悬念最大限度地发挥作用。

（5）有意提问。提问不但可以增进讲者与听者之间的互动，还能促使听众积极地思考，演讲者也可以在没人回答准确时，用自己对问题的精准见解再次"征服"听众。

（6）脱稿演讲。既有助于增强听众对演讲者的信服感，也有利于更好地和听众交流。

尽管如此，演讲过程中难免出现一些不利情况，如听众情绪欠佳、看书看报、昏昏欲睡、交头接耳等。对此，演讲者应迅速分析个中原因，从容考虑应对措施。如果是演讲引不起听众的兴趣，则应压缩内容，穿插一些生动活泼、幽默风趣的材料；如果是演讲时间太长，则可删除一些无关紧要的材料，提议中途休息；如果是演讲现场气温太高、通风设备不佳，则可暂停演讲，打开窗户，令听众稍事休息。总之，演讲者控场的最高境界在于——营造让听众和自己完全融为一体的氛围，并确保这个氛围始终如一。

【小贴士】

临场意外及其应对三例

例1：有一位演讲者，当主持人宣布由他上台演讲时，听众报以热烈的掌声，他快步走向讲台，不料，在登台时突然摔倒，此时，全场听众突然哄笑起来。待他走上讲台，站定之后第一句话是"大家太热情了，我为大家的热情而倾倒，谢谢你们！"全场报以热烈的掌声。

例2：西方一位黑人领袖在演讲时被一位牧师打断："先生有志于黑人解放，非洲黑人多，何不去非洲？"黑人领袖当即反驳说："阁下既有志于灵魂解救，地狱灵魂多，何不下地狱？"

例3：英国首相丘吉尔一次演讲时，一位女议员打断他的话："如果我是你的妻子的话，我就在你的咖啡里放上毒药。"丘吉尔立即回答："如果我是你丈夫的话，我就把它喝下去。"

【小训练】

将全班同学分为若干小组，以小组为单位，每组准备一篇世界经典演讲词朗诵并介绍给大家欣赏。

三、即兴演讲

【小案例】

俞敏洪的一次即兴演讲

人的生活方式有两种，第一种是像草一样活着。你尽管活着，每年还在成长，但是你毕竟是一棵草；你吸收雨露阳光，但是长不大。人们可以踩过你，人们不会因为你的痛苦而产生痛苦。

人们不会因为你被踩了，而来怜悯你，因为人们本身就没看到你。所以，我们每一个人都应该像树一样成长。即使我们现在什么都不是，但是只要你有树的种子，即使被人踩到泥土中间，你依然能够吸收泥土的养分，自己成长起来。也许两年、三年你长不大，但是八年、十年、二十年，你一定能长成参天大树，当你长成参天大树以后，在遥远的地方，人们就能看到你；走近你，你能给人一片绿色、一片阴凉，你能帮助别人。即使人们离开你以后，回头一看，你依然是地平线上一道美丽的风景线。树，活着是美丽的风景，死了依然是栋梁之材。活着死了都有用，这就是我们每一个同学做人的标准和成长的标准。

......

当你是地平线上的一棵小草的时候，你有什么理由要求别人在遥远的地方就看见你？即使走近你了，别人也可能会不看你，甚至会无意中一脚把你这棵草踩在脚底下。当你想要别人注意的时候，你就必须变成地平线上的一棵大树。人是可以由草变成树的，因为人的心灵就是种子。你的心灵如果是草的种子，你就永远是一棵被人践踏的小草。如果你的心灵是一棵树的种子，就算被人踩到了泥土里，只要你的心灵是一棵树的种子，你早晚有一天会长成参天大树。不管你是白杨树还是松树，人们在遥远的地方都能看见在地平线上成长的你。当人们从你身边经过的时候，你能送他们一片绿色、一片阴凉，他们能在树下休息。因此做人的要求是你自己首先要成为地平线上的一棵大树。当你是草的时候，你没有理由让别人注意到你。而如果你变成了一棵树，即使在很远的地方，别人也会看到你，并且欣赏你，远处看来你是一道风景，死后又是个栋梁。

随着人们交际范围的日益扩大和人们演讲水平的提高，即兴演讲已经更广泛地应用于答记者问、观后感、来宾介绍、欢迎致辞、婚事贺词、丧事悼念、宴会祝酒、赛场辩论自由发言等场合。这里就探讨一下即兴演讲的有关问题。

1. 即兴演讲的含义、特点和类别

1）即兴演讲的含义

即兴演讲又称即席演讲或即时演讲，是演讲者事先没有充分准备，因事而发，触景生情，乘兴所做的一种临时性演讲。早在 20 世纪 30 年代，我国演讲家杨炳乾曾有论述："即时演说者，演说家事先无为演说之意，而忽遇演说之时机，不能不仓促构思，以即时陈述也。"即兴演讲确有一定难度，最见演讲者的功力，一般人难以把握。但其应用日益广泛，故不可等闲视之。

【小案例】

最伟大的演讲

1987 年 7 月的一天，又闷又热。美国海军陆战队司令凯利将军退役了，事先他精心构思了一篇出色的、篇幅较长的演讲稿。可是，当时气温高达 90℉（50℃）。面对已经在水泥场地上整装立队多时的全体官兵，凯利将军丢开了演讲稿，只说了句：没有比海军陆战队司令更值得自豪的指挥官了，我向你们致敬！

那天在场的士兵发誓说，这是他们听过的最伟大的演讲了。

2）即兴演讲的特点

即兴演讲具有以下几个特点：一是话题集中，针对性强。即兴演讲一般是由近期或眼前某种特定的场景和特殊的时境引发的，因此话题内容选取角度较小，说明议论求准、求精、求新。二是临场发挥，直陈己见。即兴演讲无法事先拟就讲稿，完全依靠演讲者的阅历、知识和才能，当场捕捉信息，展开联想，即兴表达自己的思想、观点和情感。这就要求演讲者在极短的时间内明确观点，组织语言，编制提纲或打好腹稿；说情况，讲道理，表看法，提意见，言简意赅，要言不烦，不模棱两可，不晦涩艰深。这种边想边说的演讲方式难度较大，对演讲者的综合素质要求很高。三是生动活泼，短小精悍。即兴演讲贴近生活实际，短小精悍，简明扼要（时间一般控制在1～5分钟，有的甚至只有寥寥几语），亲切感人，具有一定的思想性、趣味性、知识性。切忌冗长杂散、啰唆重复、不着边际的官话空话。四是以小见大，借题发挥。即兴演讲常常以点带面，从现象究本质，阐述具有普遍意义的人生道理、生活哲理或社会真理。

3）即兴演讲的类别

即兴演讲主要有以下几种。

（1）主动式即兴演讲。即被现场的情景所感染而主动发表的演讲。多在讨论会、酒宴上及各种聚会上遇到，演讲者往往由别人的一席话产生联想，或触景生情引发讲话冲动。这种演讲通常心理准备充足，内容丰富充实，感情激昂饱满，态度自信坚定，有较强的说服力和感染力。

【小案例】

林肯的告别演说

1860年，林肯当选为美国第16任总统。次年2月11日，他在车站面对斯普林菲尔德热烈送行的群众，触景生情，发表了一则满怀激情的告别演说——

朋友们：

任何一个人，不处在我的地位，就不能理解我在这次告别会上的忧伤心情。我的一切都归功于这个地方，归功于这里的人民的好意。我在这里已经生活了四分之一个世纪，从青年进入了老年。我的孩子们出生在这里，有一个孩子埋葬在这里。我现在要走了，不知道哪一天能回来。我面临的任务比华盛顿当年担负的还要艰巨。没有始终伴随着华盛顿的帮助，我就不能获得成功。有了上帝的帮助，我决不会失败。相信上帝会和我同行，也会和你们同在，而且会永远是到处都在，让我们满怀信心地希望一切都会圆满。愿上帝保佑你们，就像我希望你们在祈祷中会请求上帝保佑我一样，我向你们亲切地告别！

（2）被动式即兴演讲。即演讲者原本不准备演讲，但被主持人或组织者临时邀请所发表的演讲，如赛场点评、获奖感言等。这种演讲，要强调"切题"与"超旨"。切题即紧扣主题，不枝不蔓，不偏不倚；超旨即超出公共主题，不人云亦云、老生常谈，要题材新颖，与众不同。

【小案例】

一举夺冠的即兴演讲

在中国长春电影节礼仪小姐决赛场上，一位名叫冯笑萍的姑娘因为一分钟的即兴演讲，一举夺得最佳礼仪小姐的桂冠。其演讲内容如下：

各位嘉宾，各位朋友：

你们好！此时，面对大家，我真的有些紧张，我想，你们能够接受我吗？

我是一名医学硕士研究生。传统观念里，人们常常把研究生和书呆子联系在一起。在这里，我要用自己的行动告诉大家：研究生同样有美的理想、美的集体，同样热爱美的生活。

作为一名未来的医生，我从未后悔过对救死扶伤这一崇高职业的选择；作为一名现代女性，我更珍惜拥有充实多彩的人生。

在此，我以参与的实际行动来证明春城的小姐不都是花瓶，而我们女硕士研究生也不都是书呆子！

即兴演讲一般要符合以下要求：一是必须是"兴之所至，有感而发"；二是尽量短小精悍，片言居要；三是力求观点明了，用语通俗；四是言而有据，力避空话套话；五是要把握现场气氛，适可而止。

2. 即兴演讲的准备技巧

1）积累知识

知识积累、兴趣爱好、阅历修养与演讲的成功有着紧密的关系。"巧妇难为无米之炊"，许多演讲者都感到演讲的最大困难在于没有演讲材料。这就要求我们平时处处留心，注意收集、积累各方面知识，培养多种兴趣和爱好。既要熟悉重要的历史事件和历史人物，又要熟知当今国内外正在发生和已经发生的新闻事件，同时还要了解日常生活知识，牢记那些充满人生哲理的名人语录、经典诗词、格言警句等，以备即兴演讲时信手拈来，恰当使用。

2）临场观察

演讲者要尽快观察、熟悉演讲现场，及时收集捕捉现场的所见所闻，包括现场环境、听众、其他演讲者的演讲等，以确定自己的话题，增加演讲的即兴因素。

【小案例】

鲁迅成功的即兴演讲

鲁迅很善于随机应变，即兴演讲。他在厦门大学研究院任教时，校长林文庆常克扣办学经费，刁难师生。

一次，林把研究院负责人和教授找来开会，提出要将经费再减掉一半，大家听后纷纷反对，可是又说服不了林。林怪声怪调地说："关于这件事，不能听你们的，学校的经费是有钱人拿出来的，只有有钱人，才有发言权！"说完后，林洋洋得意地双手一摊。

在场的人都愣住了，面面相觑，无话反驳。突然，鲁迅"唰"地站起来，从口袋里摸出两个银币，"啪"地一声放在桌上，铿锵有力地说："我有钱，我也有发言权！"

鲁迅借林的话随机应变，冷不防地反驳使林措手不及。接着鲁迅慷慨陈词，大谈经费只能增不能减的道理，一款一项，有理有据，林文庆竟被驳得哑口无言。

鲁迅先生"拍钱而起"，紧扣主题，做了一次有的放矢的即兴演讲。

3）心理准备

既然是有感而发，就要有稳定的情绪、十足的信心和必胜的信念，这样才能保证思路通畅，言之有物，情绪饱满，镇定从容。

【小案例】

续范亭巧言"三大熔炉"

著名爱国人士续范亭先生在晋绥边区抗战学院向学生做开学演讲时，开场就说："我作为你们的校长，不是要你们服从我个人，不是的！而是要你们服从革命。今天礼堂门口挂着'熔炉'两个字，很好。现在中国有三个熔炉：一是延安和各个边区，八路军和新四军所在地——这是革命的熔炉；二是大后方的熔炉，有革命的，也有施行顽固教育的；三是汪伪政府——日本奴才的熔炉……"

他即景生情，随手拈来，把性质不同的三种环境比作影响人、改造人的三种不同"熔炉"，加深了学员对革命熔炉的理解，反映出演讲者才思敏捷，也使听众油然而生敬意。

3. 即兴演讲的表达技巧

1）选准话题，找准切入点

既快又准地选择话题，对即兴演讲极为重要。从自己熟悉的人和事入手，切入正题，事半功倍。那么怎样选择话题呢？

（1）从现场找话题。即以会场的环境、氛围为题，阐明其象征意义，表现演讲主题。

【小案例】

闻一多的即兴演讲

闻一多先生在一次纪念"五四"运动学生夜间集会上发表了即兴讲话，他借助了当时的场景，说："我们的会开得很成功！朋友们，你们看（他指着刚从云缝里钻出来的月亮）月亮升起来了，黑暗过去了，光明在望了，但是，乌云还等在旁边，随时还会把月亮盖住……"闻先生借景发挥，深刻而形象地表达了革命者对前途的坚定信念和对形势的清醒认识。

（2）从对象找话题。即以活动或会议的主角为题，表达演讲者的态度，引出演讲主旨。

【小案例】

对"老佛爷"的介绍

某大学邀请话剧《光绪政变记》中的慈禧太后的扮演者郑毓芝同志做演讲。主持人的开场白是这样的。

同学们，今天我们好不容易把"老佛爷"——慈禧太后——请来了（掌声、笑声，听众情绪顿时热烈起来）。"老佛爷"郑毓芝同志在戏台上盛气凌人，皇帝、太监、大臣见了都诺诺连声，磕头下跪；在台下却和蔼可亲，热情诚恳。她刚才和我谈起，还曾扮演过《秦王李世民》中的贵妃娘娘，话剧《孙中山》中的宋庆龄。她是怎样把这些截然不同的人物演得栩栩如生呢？下面就听她的演讲。（热烈鼓掌）

（3）从"会旨"找话题。各种聚会都有其不同的内容，即兴讲话时，可以根据会议的主旨、内容、目的来选择话题。

【小案例】

李雪健的获奖感言

1991年11月中国电影的最高奖"金鸡奖"与"百花奖"同时揭晓，李雪健因在影片《焦裕禄》中饰演焦裕禄而获两个大奖的"最佳男主角"。他在讲话时说："苦和累都让一个好人——焦裕禄受了；名和利都让一个傻小子——李雪健得了。"这就是根据会议的内容选择话题。

（4）从前者讲的内容找话题。即从前面演讲者的演讲里捕捉话题，加以引申、发挥，讲出新意来，从而给人以启迪。这种方式适合会议或者活动的主持人使用。

【小案例】

王教授的讲话

某大学中文系一次毕业生茶话会上，首先是系党总支书记讲话。3分钟的即兴讲话主要是向毕业生表示祝贺。然后是某教授讲话，他希望同学们继续努力学习，还引用了名人的名言。第三个讲话的教授朗诵了高尔基的《海燕》片段，以此勉励毕业生们学习海燕的精神。第四个讲话的系副主任希望同学们永远记住母校和老师们。

紧接着，毕业生们欢迎王教授讲话，在毫无准备而又难以推辞的情况下，王教授站起来，一字一顿地说："我最喜欢说别人说过的话。（笑声）第一，我要祝同学们胜利毕业！（笑声）第二，我希望同学们'学习，学习，再学习！'（笑声）第三，我希望同学们像海燕一样勇敢地搏击生活的风浪！（笑声、掌声）第四，我希望同学们不要忘记母校，不要忘记辛勤培育你们的老师们！"（大笑，热烈掌声）

王教授通过对前面四个人演讲内容的简练概括，完成了一次机智、风趣且具有个性特点的即兴演讲。

2）紧扣中心，要言不烦

即兴演讲要围绕中心，精心组织材料。材料来源，一靠平时的知识积累，二靠抓取眼前的人和事，其中又以后者为主。多联系现场的人和事，就能紧紧抓住听众的注意力。否则，就会失去即兴演讲的现实性和针对性。

【小案例】

雨果的演讲

1848 年，法国著名文学家维克多·雨果参加了巴黎市栽种"自由之树"的仪式并应邀发表了演讲："这棵树作为自由的象征是多么恰如其分和美好呀！正像树木扎根于大地之中，自由之树是扎在人民心中的；像树木一样的自由长青不枯，让人民世世代代享受它的萌蔽……"

雨果的演讲紧紧扣住"自由、和平"的主题，将"自由之树"的形象比喻和笃信的政治信念、富有激情的语言有机地结合在一起，在渴望自由、和平的公众中激起了强烈的感情波澜。

3）情真意切，动人心弦

闻一多先生《最后一次讲演》就是这样一篇著名的即兴演讲。1946 年 7 月 11 日，他的战友、民盟中央委员李公朴先生被国民党反动派暗杀了。在李先生的追悼会上，他发表了一篇感情炽烈、气势夺人的演讲。在一千多字的演讲词中，闻一多先生竟使用了几十个感叹句、十几个口号、十多处反问对比手法，使演讲如同火山喷薄、烈焰迸发，使得无数听众沸腾，烧得反动派体无完肤。它的语言短促有力、明白晓畅，充分体现了即兴演讲的特点和魅力。

4）短小精悍，言简意赅

即兴演讲受场合、事件、内容、时间的限制，不允许长篇宏论，必须言简意赅，抓住主题，精心选材，语言精练，要言不烦，力争做到言有尽而意无穷。

【小案例】

尼克松的演讲

1969 年 6 月 16 日，美国阿波罗 11 号飞船点火升入太空，5 天后，即 6 月 21 日，乘坐该船的两位美国宇航员首次在月球登陆，开辟了人类历史性旅程的新纪元。当宇航员登上月球之际，美国总统尼克松通过电视向他们发表了下面这则演讲：

因为你们的成就，使太空变成了人类世界的一部分，而且当你们从宁静海对我们讲话时，我们感到要加倍努力，使地球上也获得和平和宁静。

全世界的人都已融合为一体，他们对你们的成就感到骄傲，他们也与我们共同祈祷你们安返地球。

这篇演讲词虽然只有短短几句话，却准确而全面地表达了尼克松总统的心意，既有对两位美国宇航员首次登陆月球的高度评价，又很好地表达了谢意和祝愿。

5）主体部分，结构紧凑

主体部分是用来展开演讲内容、充分阐释自己观点、见解的部分。它的构架方式多种多样，最基本的有以下几种。

（1）并列式。把讲话的主体分为几个部分分别阐述，这几部分的关系是并列的。例如指导教师在"儿童口才培训班"结业汇报会上的讲话就采用了这种方式。

领导的支持坚定了我们搞儿童口才培训事业的决心——向领导致意；

家长的信赖与配合给予我们无穷的精神力量——向家长致谢；

小朋友们在培训班这个集体中刻苦练习、切磋琢磨，充分展示了自己——向小朋友祝贺。

希望大家随时随地练口才，将来成为口才棒棒的栋梁之材——喜候小朋友进步佳音。

（2）连贯式。按事情的发展经过和时空顺序来安排讲话的层次，各层次间的关系是连贯的。例如以"家乡变奏曲"为题做即兴演讲就可采用这种构架方式。

昨天，这里是一片荒凉；

今天，一片新绿在眼前；

明天，从这里走向辉煌。

（3）递进式。把讲话主体分为几个层次，层次与层次之间是层层深入的关系。例如对"商业贿赂"问题发表意见就可以这样架构。

"商业贿赂"的现状；

"商业贿赂"的实质与危害；

"商业贿赂"问题的根本治理。

（4）正反式。主体部分是由正、反两方面的内容构成的，即一方面围绕正面阐说；另一方面围绕反面论述。例如论证必须给企业"放权"的问题。

企业没有自主权时，举步维艰；

企业有了自主权时，效益可观。

以上介绍的是几种最基本的组合方式，实际运用时，可综合交错使用。

【小训练】

请上网搜集即兴演讲视频，并分析其特点和所运用的技巧。

第二节　谈　判　口　才

【小案例】

索赔谈判

在《哈佛谈判技巧》一书中有这样一个著名的真实案例：杰克的汽车意外地被一部大卡车给整个撞毁了，幸亏他的汽车买了全保险。为争取最大权益，他与保险公司调查员展开了以下"谈判"。

调查员：我们研究过当事人的案件，根据保单的条款，当事人可以得到3 300元的赔偿。

杰克：我知道，但你是怎么算出这个数字的？

调查员：依据这部车的现有价值。

杰克：你是按照什么标准算的？你知道我现在要花多少钱才能买到同样的车子吗？

调查员：多少钱？

杰克：我找一部类似的二手车价钱是3 350元，加上营业与货物税后大概是4 000元。

调查员：4 000元太多了吧！

杰克：我所要求的不是某个数目，而是公平的赔偿。你不认为我买了全险而得到足够的钱来换一部车是公平的吗？

调查员：好，我们赔你3 500元，这是我们可以付的最高价。公司政策是这样规定的。

杰克：你的公司是怎么算出这个数字的？

调查员：你知道3 500元是类似情况所能得到的最高数，如果你不想要的话，我就爱莫能助了！

杰克：我可以理解你受公司政策约束，但除非你能客观地说出我只能得到这个数目的理由，我想我们最好还是诉诸法律，然后再谈。

调查员：好吧。我今天在报上看到一部1978年的菲亚特汽车，出价是3 400元。

杰克：喔，上面有没有提到行车里数？

调查员：49 000公里，那又怎样？

杰克：我的车只跑了25 000公里，你认为我的车子可以多值多少钱？

调查员：让我想想……150元。

杰克：假设3 400元是合理的话，那么就是3 550元了。广告上提到收音机没有？

调查员：没有。

杰克：你认为一部收音机值多少钱？

调查员：125元。

杰克：冷气呢？

2.5小时以后，杰克拿到了4 012元的支票。

问题：杰克运用了哪些谈判技巧？

在社会交往中，人们之间不可避免地会发生各种各样的矛盾，此时必须运用谈判去协商解决，消除彼此的纠纷、误解，实现互惠互利，建立良好的人际关系。这样谈判口才便成为每个人的一项基本功。

一、谈判概说

谈判说起来既简单又复杂。说它简单，是因为谈判与我们的生活息息相关，随处可见。说它复杂，是因为它的内容极为广泛，是一项充满智慧和勇气，又充满艺术和技巧的人类活动，要给它下一个准确的定义，并不是一件容易的事。一般认为，谈判是参与各方为了满足各自的需求，协调彼此之间的关系，通过磋商而共同寻找各方都能接受的方案的活动。谈判有广义和狭义之分。广义的谈判泛指一切为寻求意见一致而进行协商、交涉、商量、磋商的活动，比如说，公司职员为加薪或升职与老板进行的沟通，父母为孩子购买玩具进行的协商等都属于广义的谈判。可以说，广义的谈判在日常工作和生活中是随处可见的。狭义的谈判仅仅是指正式场合下的谈判，并且用书面形式反映谈判结果。

1. 谈判的特征

谈判具有以下几个基本特征。

1）非单一性

谈判不能是自己跟自己谈判，必须要有两方或多方参与，这是谈判的首要特征。当谈判参与方为两个以上时，则称为三方谈判、四方谈判或多边谈判等。例如，2004 年在我国举行的关于朝鲜问题的"六方会谈"就是由朝、韩、中、美、俄、日六国参与的。

2）目标性

谈判一定要有明确的目标。谈判产生的直接动因就是谈判的参与者有需求并希望得到满足，这种需求无法自我满足，必须有他人的许可。谈判者参与谈判的最终目的是实现和满足各自的利益需求，而这种需求的满足又不能无视他方需求的存在。满足利益的需求越强烈，谈判的需求也越强烈。没有明确的目标，谈判就没有产生的理由。

3）交流性

谈判是一个相互交流的过程，谈判不能由一方说了算，谈判各方的目的和需求都会涉及和影响他方需要的满足。对于谈判而言，谈判的开始意味着某种需求希望得到满足或某个问题需要得到解决。由于谈判参与者各自的利益、思维方式不尽相同，存在一定的差异和冲突，因而谈判的过程实际上就是各方相互作用、磋商和沟通的过程，在此过程中不断调整各方的利益关系，直至最后达成一致意见。

4）公平性

只要谈判各方是自愿参与谈判，在谈判时对谈判结果具有否决权，这样的谈判就是公平的，无论它的结果看起来是多么的不公平。谈判的公平性体现在谈判的自愿参与、自主决策和自我负责上，只要是没有强迫性，不存在一方"打劫"的谈判就都是公平的谈判。

2. 谈判的构成要素

谈判的构成要素，是指从静态的角度分析构成谈判活动的必要因素。没有这些构成要素，谈判就无从进行。

1）谈判主体

所谓谈判主体，是指参加谈判活动的当事人。谈判主体具有双重性：一是指参加谈判的一线当事人，即出席谈判、上谈判桌的人员；二是指谈判组织，即出席谈判者所代表的组织。一线的当事人，除单兵谈判外，通常是一个谈判小组。小组成员包括谈判负责人、主谈人和陪谈人。其中，谈判负责人是谈判桌上的组织者和指挥者，起到控制、引导和场上核心的作用；主谈人是谈判桌上的主要发言人，他不仅是谈判桌上的主攻手，也是谈判桌上的组织者之一，其主要职责就是根据事先制定的谈判目标和策略，同谈判负责人密切合作，运用各种技巧与对方进行协商和沟通，使对方最终接受己方的建议和要求，或和对方一起寻找双方都能接受的共同点；陪谈人包括谈判中的专业技术人员、翻译和记录员，他们主要为谈判提供技术咨询服务以及记录谈判过程，消除语言障碍。谈判的当事人可以是双方，也可以是多方。

【小案例】

中国内地某公司与中国香港某承建有限公司的谈判

中国内地某公司（以下称甲方）与中国香港某承建有限公司（以下称乙方）曾就乙方负责某酒楼的建筑工程经过若干轮谈判。合同规定：该工程总建筑面积约 1 000m²，预算总造价约 300 万元人民币，按甲方建筑工程设计院设计图纸施工，质量规格要符合在 8 级震区使用的条件。第一期工程完工，甲方验收时，发现已完工部分的质量不合格，甲方就工程质量问题与乙方发生严重争执，甲方被迫向当地法院起诉。法院受理此案后，通过中国香港某律师行的协助，对乙方的资信做了调查，结果发现：乙方确实系在中国香港地区注册的有限责任公司，但注册资本仅有 2 000 元港币。根据法律规定，有限责任公司承担责任的能力仅限于其注册资本。这意味着，即使甲方胜诉，乙方无论给甲方造成多大的损失，其赔偿额最高也仅限于2 000元港币。甲方得知该详情后，不得不放弃赔偿要求，转而要求解除合同。最后，法院依照甲方的要求，以被告的权利能力和行为能力不足为由，终止了合同，甲方只追回了已付给乙方的全部定金，其他损失只有自己承受。从该案例看到，甲方受损的根本原因在于，谈判前没有查清乙方的主体资格，即使合同中对工程造价、质量条款均已做出规定，也不能避免自己的损失。

点评：对谈判当事人主体的审定应该注意，谈判当事人主体必须以自己的名称参加谈判并能够承担谈判责任。例如，是否有法人资格，以及与法人资格相应的签约、履约能力，注册公司的详细情况，公司的诚信程度等行为能力。核准落实谈判当事人主体是否有权参加谈判和完成谈判任务是审定谈判当事人资格的必须程序。

2）谈判客体

谈判客体是指谈判中双方所要协商解决的问题，即谈判议题。谈判客体大致要具备三个条件：一是它对于双方的共同性，也就是这一问题是双方共同关心并希望得到解决的；二是可谈性，亦即谈判的时机要成熟；三是它必然涉及参与各方的利益关系。

3）谈判目的

谈判目的是构成谈判活动不可缺少的因素。只有谈判主体和谈判客体，而没有谈判目的，就不能构成真正的谈判活动，而只是闲谈。正因为谈判各方鲜明的目的性，才使得谈判是在涉及各方的利益、存在尖锐对立或竞争的条件下进行的，无论谈判桌上表面看来是多么谈笑风生，实质上都是各方智慧、胆识、应变能力的交锋。而闲谈由于不涉及各方的利害关系，通常都是轻松愉快的。

4）谈判的背景

谈判背景是指所处的客观条件。任何谈判都不可能孤立地进行，而必然处在一定的客观条件之下并受其制约。客观存在的谈判条件能为谈判者实施谈判策略与技巧提供依据。这种背景既包括了外部的大环境，如政治、经济、文化等，也包括了外部的微观环境，如市场、竞争情况等，还包括了参与谈判的组织和人员背景，如组织的行为理念、规模实力、财务状况、市场地位等，谈判当事人的职位级别、教育程度、工作作风、心理素质、谈判风格、人际关系等。

以上因素是构成谈判的四个基本要素，这些要素不仅影响谈判活动的具体进行，也是分析和研究谈判的依据。

【小案例】

图德拉

有一个商人叫图德拉（Tudela），在20世纪60年代中期，他只是一家玻璃制造公司的老板。他喜欢石油行业，自学成才成为石油工程师，他希望能做石油生意。偶然的一天，他从朋友那里得知阿根廷即将在市场上购买××万美元的丁烷气体，他立刻决定去那里看看是否能弄到这份合同。当他这个玻璃制造商到达阿根廷时，在石油方面既无老关系，也无经验可言，只能仗着一股勇气硬闯。当时他的竞争对手是非常强大的英国石油公司和壳牌石油公司。在做了一番摸底以后，他发现了一件事——阿根廷牛肉供应过剩，正想不顾一切地卖掉牛肉。单凭知道这一事实，他就已获得了竞争的第一个优势。于是，他告诉阿根廷政府："如果你们向我买××万美元的丁烷气体，我一定向你们购买××万美元的牛肉。"阿根廷政府欣然同意，他以买牛肉为条件，争取到了阿根廷政府的合同。图德拉随即飞往西班牙，发现那里有一家主要的造船厂因缺少订货而濒于关闭。它是西班牙政府所面临的一个政治上棘手而又特别敏感的问题。他告诉西班牙人："如果你们向我买××万美元的牛肉，我就在你们造船厂订购一艘造价××万美元的超级油轮。"西班牙人不胜欣喜，通过他们的大使传话给阿根廷，要将图德拉的××万美元的牛肉直接运往西班牙。图德拉的最后一站是美国费城的太阳石油公司。他对他们说："如果你们租用我正在西班牙建造的价值××万美元的超级油轮，我将向你们购买××万美元的丁烷气体。"太阳石油公司同意了。就这样，一个玻璃制造商成功地做成了××万美元的石油交易，他的竞争对手只能自叹不如。

点评：在当今充满竞争的条件下，谁能掌握对方的需求信息，谁能更全面、准确、清楚地了解对方的利益需要，谁就有可能在竞争中取胜。这个商人正是凭借掌握对方的需求信息，清楚地了解对方的利益需要，击败了比他强大百倍的竞争对手，获得了成功，在谈判中取胜。

3. 谈判的主要阶段

谈判是一场知识、信息、心理的较量，也是礼仪修养的竞赛。一场事关组织发展前途的谈判，谈判人员在谈判程序的任何阶段都需注意礼仪，以留给对方良好的印象。

1）导入阶段

谈判的导入阶段时间不多，主要是通过介绍，相互认识，自始至终保持轻松愉快的合作气氛。在介绍时，个人以自我介绍最为适宜；团体则可由团长或司仪介绍，把参加谈判的每一个成员的姓名、身份、职务简要介绍给对方。一般先由职务高的开始介绍，然后按顺序介绍，介绍到谁时可起立，也可坐在原来的位置上，面带微笑点头示意。在一方介绍时，另一方要认真倾听，注意力集中，切不可东张西望、心不在焉。

【小案例】

和谐融洽的谈判气氛

1972年2月，美国总统尼克松访华，中美双方将要展开一场具有重大历史意义的国际谈判。为了创造一种融洽和谐的谈判环境和气氛，中国方面在周恩来总理的亲自领导下，对谈判过程中的各种环境都做了精心而又周密的准备和安排，甚至对宴会上要演奏的中美两国民间乐曲都进行了精心的挑选。在欢迎尼克松一行的国宴上，当军乐队熟练地演奏起由周总理亲自选定的《美丽的亚美利加》时，尼克松总统简直听呆了，他绝没有想到能在中国的北京听到他如此熟悉的乐曲，因为，这是他平生最喜爱的并且指定在他的就职典礼上演奏的家乡乐曲。敬酒时，他特地到乐队前表示感谢。此时，国宴达到了高潮，一种融洽而热烈的气氛感染了美国客人。一个小小的精心安排，赢得了和谐融洽的谈判气氛，这不能不说是一种高超的谈判艺术。美国总统杰弗逊曾经针对谈判环境说过这样一句意味深长的话："在不舒适的环境下，人们可能会违背本意，言不由衷。"英国政界领袖欧内斯特·贝文则说，根据他平生参加的各种会谈的经验，他发现，在舒适明朗、色彩悦目的房间内举行的会谈，大多比较成功。

2）概说阶段

谈判概说阶段的目的是让对方了解自己的期望目标和谈判设想，同时隐藏不想让对方知道的其他资料、信息。这个阶段只需要单纯地说出基本想法、意图与目的，而不宜过早地把谈判意图全部提出。因此，概说阶段要注意以下两个要求。

一是保持愉快的气氛。发言的内容要简短，要能把握重点及表示情感。比如："很高兴来这里开会，今天有关引进设备的讨论，希望能有圆满的结果。使双方都满意。"发言时要面带笑容，以示诚恳，在得到对方首肯以后，也要以目光和点头致意，表示彼此意见相同，成功的可能性很大。

二是倾听对方的发言。在谈判的概说阶段应留出时间让对方发表看法，待认真听完对方的意见后，进一步思考分析，找出双方目的的差别。

3）明示阶段

明示阶段，谈判双方不再隐瞒自己的真实意图，而把自己的谈判目的和盘托出，使对方明了自己的需求，为交锋阶段做好准备。例如，我国某出口公司在同东南亚某国商人洽谈大米出口交易时有这样一个片段，这就是谈判明示阶段常出现的情形。

我方："我们对这笔出口买卖比较感兴趣，我们希望贵方能以现汇支付。不瞒贵方说，我们已收到了某国其他几位买主的递盘，因此现在的问题只是时间，我们希望贵方以最快的速度决定这笔买卖的取舍……"

对方："我们的想法和您的一样，都想把这笔买卖做下来。我们认为最好的支付方式是用我们的橡胶交换，这在贵国也很需要。当然了，如果贵方大米的价格很有竞争力，我们也愿意考虑用现汇支付……"

双方都将自己的要求和意见如实地摆了出来。一个想卖，一个想买，这样，在彼此一致的基础上，双方就支付方式问题充分发表了自己的意见。

在明示时要注意分寸，把握谈判内容的"度"，绝不要流露自己迫切需要解决问题的心情，否则，就会被对方利用为施加压力的砝码；同时，对自己的真实实力，包括谈判"底线"等，应予以保密，否则在交锋时会使自己处在被动地位。

4）交锋阶段

交锋阶段就是谈判各方为获取利益、争取优势而处于对立状态的阶段。交锋阶段的表现方式一般有两种，即"以我为主"和"各说各的"。

（1）"以我为主"的交锋方式。这种交锋方式就是在双方的交锋过程中，先由一方对某个具体问题加以陈述，对方如有不同看法则提出反驳和攻击。下面的例子可以说明这种交锋方式。

卖方："我方这种产品的报价是每吨 500 美元。"

买方："500 美元？太高了！这大大地超过了我方的支付能力。你们怎么能要这样高的价格？"

卖方："这是市场价格。我们一直按这个价格出售。"

买方："据我们所知，市场价格是每吨 420 美元。你们应当降价！"

（2）"各说各的"的交锋方式。这种交锋方式就是一方在设法弄清对方陈述的意图之后，再进行自己的陈述。下面举例说明。

卖方："我方这种产品的报价是每吨 500 美元。"

买方："是否包括运费和关税？贵方开价的 500 美元不包括运费和关税，是吗？"

买方："是的，不包括。"

卖方："那么，我们希望每吨的价格降到 420 美元。"

谈判的目的就是为了获得自己想得到的利益。谈判双方的对立状态是从交锋开始的。由于双方都想说服对方以获得更大的利益，因此，彼此都充满信心，运用计谋，斗智斗勇，使争论相当激烈。在交锋阶段要有应付各种困难的思想准备，随时准备回答对方的质询，并表现出适当的强硬态度。但是高明的谈判者，又不是有勇无谋的人，因为交锋并不是为了证明一方强于另一方，而只是寻求双方利益一致的妥协范围，否则，谈判将导致破裂。因此，谈判者的态度应"硬中有软"，适时地"软硬兼施"。

5）妥协阶段

妥协是交锋的结果，在相互僵持过程中总有一方主动做出让步，使另一方也相应退让，若双方都不让步就无法达成妥协协议。让步要选择时机，把握让步的幅度，讲究让步的艺术。谈判中不恰当的让步会让己方难以实现最终愿望。正确的让步是使双方都得益，互为补偿，如果是单方面的让步，就不是成功的谈判。这里要注意以下两点。

一是在谈判中要慎用妥协。妥协不是目的，而是手段，妥协就其实质而言，是不得已而为之。因此，要慎用妥协，一般在谈判前就应设想自己的妥协范围，并在谈判过程中依据双方情况的变化，寻找理想的妥协时机。妥协不是无限度地一味退让，而是有限度、有范围的，以不损害自己的根本利益为尺度，使对方能接受，从而达成互利互惠协议。

二是让步要讲究方式。在开始阶段，谈判人员代表组织可做较大的让步，然后在长时间内再缓慢地一点一点地做小的让步。这样，一开始大的让步能取悦对方，建立好感后再逐步做点小的让步，也就比较顺理成章，容易被对方所接受。当然，具体选择何种让步，还要视对方情况而定。

【小案例】

打破僵局

广东某家玻璃厂与美国欧文斯公司就引进新设备问题进行了谈判。在全面引进还是部分引进的问题上，双方各持己见、互不相让，谈判陷入了僵局。为了缓和气氛，达到既要引进好设备又要节省外汇的目的，我方代表微笑着转了话题："你们欧文斯公司的技术、设备和工程师都是世界第一流的。你们用最好的东西帮助我们成为全国第一，这不仅对我们有利，而且对你们更有利！我们厂的外汇确实有限，不能买太多的东西，所以国内能生产的就不打算进口了。现在，你们也知道，法国、比利时和日本都在和我们北方的厂家搞合作，如果你们不尽快和我们达成协议，不投入最先进的设备和技术，那么你们就会失掉中国市场，人家也会笑话你们欧文斯公司无能。"

上述一番话一针见血地指明了对方更重要的利益所在，僵局立刻被打破。最后，欧文斯公司做出妥协，双方达成了只进口主要设备的协议。

6）协议阶段

谈判双方认为已基本上达到自己的谈判目标，以签订协议宣告谈判的结束。签订协议是很重要的仪式，双方除了出席谈判的代表外，还可请组织和政府的领导人出席，以示重视。谈判的双方代表在协议上签字后，要交换协议书，并握手祝贺。签订协议的会场、服务、接待等各项工作都要由专人负责。最后，双方还要发表简短的祝词，以及摄影留念。协议签订的仪式结束后，还可组织招待会、新闻发布会、宴会、舞会等庆祝活动。

【小训练】

（1）请结合自身体会，具体说明谈判在我们生活中的作用。

（2）一天，一位打扮入时的年轻女子牵着一条宠物狗走进一家餐馆，她自己坐下后把小狗放在对面的座位上，引起旁边顾客的不快，有人向老板抱怨。请一位同学扮演这家餐馆的老板，试着与年轻女子（另一位同学扮演）谈判。要求：注意礼貌、风度，使用相应技巧，力求取得理想的效果。

二、谈判的语言艺术

谈判，离不开一个"谈"字，不管是和风细雨的劝说，还是理直气壮的唇枪舌剑，时时刻刻都离不开语言。谈判中最重要的工具就是语言，谈判双方必须利用语言来传播信息、交流情感，表达自己的意向。没有语言，谈判根本无法进行。谈判是智慧的较量，而语言又是谈判者思想与智慧的表达方式。谈判语言关系到谈判的成败，其原因就在于谈判语言不同于一般生活中的语言，它需要在紧张、激烈的对抗中，始终把握己方的目标，同时运用各种语言技巧来突破对方的防线。

1. 谈判的语言特征

谈判语言的主要特征如下。

1）鲜明的利益性

谈判语言是一种目的非常明确的语言，不管是谈判中的陈述、说服，还是提问、回答，都是为了自己的利益需要而进行的。不带有任何功利目的，也无求于对方的谈判是不存在的。

【小案例】

价格分析

在某年秋季广交会上，我国的外贸人员在一个清雅的接待室里与外商谈判。中方人员讲："由于国际、国内铅价猛涨，这次出口的蓄电池，我们准备适当提高价格。"听到新的价格，中方连连摇头。再谈下去，对方却说："还是以前的报价就谈，否则谈判就结束。"眼看谈判陷入僵局。外贸人员找到北京电池厂负责人，要求他们压一压出厂价。电池厂副厂长等人一算账，认为压价就肯定赔钱，无法接受这个建议。怎么办？经过充分的准备，副厂长等人开始与外商直接谈判。在两天半的时间里，厂方详细谈到国际市场铅价及蓄电池价格上涨的幅度，原料价格上涨对产品成本的影响，本厂产品与外国同类产品价格的对比情况，以及如果双方成交的话各自可获取的利润。厂方摆出的事实和数据清晰明确，具有无可辩驳的说服力，外商不得不叹服："你们对市场行情真是一清二楚。"买卖最后终于谈成了。

2）灵活的随机性

谈判是一个动态过程，瞬息之间，变化万千。尽管一般情况下，谈判双方事前都要做充分的准备，对谈判的内容、己方的条件、可能做出让步的幅度、对方的立场、对方可能采取的策略，都进行了研究，并对谈判过程进行了筹划，但是，谈判过程常常是风云变幻、复杂无常，任何一方都不可能事前设计好谈判中的每一句话，具体的言语应对仍然需要谈判者临场组织，随机应变。

谈判中，谈判者要密切注意信息的输出和反馈情况，根据不同内容和阶段，针对谈判对象、主客观情况变化，及时、灵活地调整谈判语言。尤其是在双方就关键性的问题短兵相接时，一问一答、一叙一辩，都要根据当时谈判场上的变化而变化，这就是灵活的随机性。如果谈判中发生意料之外的变化，而仍然拘泥于既定的对策，思想僵化，方式呆板，语言不能机智应变，则必然在谈判中失去优势，导致被动失利。

3）巧妙的策略性

因为谈判是一种智慧的较量，所以在谈判中，一方为了获得尽可能多的利益，往往采取各种策略，诱使对方按照己方的条件达成协议。因而成功的谈判者常常在谈判双方的利益冲突和利益协调中，从合作的立场出发，以特有的机警和敏锐，不放过有利于自己的任何一个机会。同时，运用各种计谋、多种恰到好处的言谈，使谈判朝着有利于己方的方向发展。谈判语言的策略性表现在：一样的话，可以有几种说法；同样的意见，用不同的说法表达，以产生不同的效果。

【小案例】

日本人的谈判策略

有一次，日本一家公司与美国一家公司进行一场许可证贸易谈判。谈判伊始，美方代表便滔滔不绝地向日方介绍情况，而日方代表则一言不发，认真倾听，埋头记录。当美方代表讲完后，征求日方代表的意见，日方代表却迷惘地表示"听不明白"，只要求"回去研究一下"。几星期后，日方出现在第二轮谈判桌前的已是全新的阵容，由于他们声称"不了解情况"，美方代表只好重新说明了一次，日方代表仍然以"还不明白"为由使谈判不得不暂告休会。到了第三轮谈判，日方代表团再次易将换兵并故伎重演，只告诉对方，回去后，一旦有结果便会立即通知美方。半年多过去了，正当美国代表团因得不到日方任何回音而烦躁不安、破口大骂日方没有诚意时，日方突然派了一个由董事长亲率的代表团飞抵美国，在美国人毫无准备的情况下要求立即谈判，并抛出最后方案，以迅雷不及掩耳之势催逼美国人讨论全部细节，措手不及的美方代表终于不得不同日本人达成一份明显有利于日方的协议。

4）迅捷的反馈性

谈判中的双方斗智斗勇，往往会出现许多稍纵即逝的机会。谈判者不仅要反应敏捷，而且要立即做出判断和回答。抓住了机会，也就抓住了成功。所以谈判时一方面要对己方的谈判条件争取到最大的满足；另一方面要迅速捕捉对方谈话中的矛盾之处或者漏洞，不失时机地加以利用，这就是谈判语言迅捷的反馈性。

【小案例】

快速反应

一次某外商向我国一个外贸单位购买香料油，出价每千克40美元，我方要价48美元。外商一听我方要价就急了，说："不，不，你怎么能指望我出45美元以上来买呢？"我方代表立即抓住这一机会，巧妙地反问说："这么说，你方是愿意45美元成交了？"外商情急之下露了底，只好说，可以考虑。结果双方以每千克45美元成交，比我方原定的成交价高出3美元。

谈判中对时间的要求是严格的，这与平常的生活语言大不相同。谈判中双方的陈述、说明、提问、回答等都是紧张的智力较量，要求在极短的时间内立即对对方的发言做出反馈。或同意，或拒绝，或反驳，或提出新的建议，都要求谈判者迅速做出反应。迟迟不予回答，或在谈判桌上说错了又收回来，都会被认为是不礼貌的，或者是不负责任的表现。

2. 谈判的语言技巧

美国著名律师、谈判家杰伦德·尼尔伦伯格在其著作《谈判的策略》一书中举了这样一个例子："最近，我那两个儿子为分吃一块苹果馅饼而争了起来，两个人都坚持要切一块大的给自己，结果他们始终分不好。于是我建议他们，由一个人先切，由另一个先拿自己想要的那块。两个人似乎觉得这样公平，他们接受了，并感到自己得到了公平的待遇。"谈判应该是一种"赢——赢"式谈判，而非"赢——输"式谈判，这是谈判的最高境界。我们在谈判时，一定不要忽视这一基本点。谈判的语言技巧主要体现在以下几个方面。

1）积极倾听，用心理解

【小案例】

松下的教训

日本松下电器公司的创始人松下先生曾谈到自己初次交易谈判中的一个教训，他上东京找批发商谈判，意欲推销他的产品，批发商和蔼可亲地说："我们是第一次打交道吧？以前我好像没见过您。"

这是明显的探测语，批发商想要知道面前的对手是生意老手还是新手。松下先生恭敬地回答："我是第一次来东京，什么都不懂，请多多关照。"这极平常的寒暄语却使批发商获得了重要信息：对手原来是一个初出茅庐的新手。批发商问："你打算什么价格卖出你的产品？"松下又如实亮底说："产品成本20元，我准备卖25元。"按当时市场价格25元钱价格适中，产品质量又好，但由于松下无意间暴露了自己的弱点，因此批发商说："你首次来东京做生意，刚开张应当卖得更便宜些，20元卖不卖？"批发商了解对手人生地不熟，又有急于打开销路的愿望，因此趁机杀价。松下先生后来才悟到当初的失误，正是由于自己缺少经验，没有能感觉到对方的探测性语言。在许多人看来，谈判中要多发言，这样才能把自己的意图说清楚，使另一方完全明白自己的观点、看法。其实，真正高明的谈判家并不这样做。他们采用的办法大多是"多听少说"。尽量少发表自己的看法，多听对方的陈述，这种听是主动的，并非只是简单地用耳朵就行了，还需要用心去理解，探求对方的动机，积极做出各种反应。这不仅是出于礼貌，而且是在调节谈话内容和谈判气氛。

（1）要耐心倾听。谈判中的交谈内容，并非总是包含许多信息。有时，一些普通的话题，对你来说知道的已经够多了，可对方却谈兴很浓。这时，出于对谈判对手的尊重，应该保持耐心，不能表现出厌恶的神色，也不能表现出心不在焉。越是耐心倾听他人意见的人，谈判成功的可能性越大。因为聆听是褒奖对方谈话的一种方式，能提高对方的自尊心，加深彼此感情，为谈判成功创造和谐融洽的环境和气氛。

（2）要虚心倾听。谈判的一个主要目的是沟通信息，联络感情，而不是智力测验或演讲比赛，所以在听人谈话时，应该有虚心聆听的态度，不要中途打断对方的谈话。正确的做法是听话者在谈判中应随时留心对方的"弦外之音"，回味对方谈话的观点、要求，并把对方的要求与自己的愿望相比较，预想好自己要阐述的观点、依据的理由，使谈判走向成功。

（3）要注意主动反馈。在对方说话时，听话者不时发出表示倾听或赞同的声音，或以面部表情及动作向对方示意，或有意识地重复某句你认为很重要、很有意思的话。若一时没有理解对方的话，不妨提出一些富有启发性和针对性的问题，这样对方会觉得你听得很专心，重视他的话。

2）善于提问，控制局面

【小案例】

教徒的发问

有一位教徒问神父："我可以在祈祷时抽烟吗？"他的请求遭到神父的严厉斥责。而另一位教徒又去问神父："我可以吸烟时祈祷吗？"这个教徒的请求却得到了允许，悠闲地抽起了烟。这两个教徒发问的目的和内容完全相同，只是语言表达方式不同，但得到的结果却相反。由此看来，善于提问，语言技巧高明才能赢得期望的谈判效果。

俗话说："知己知彼，百战不殆"。了解谈判对手，是保证谈判成功必不可少的条件。要深入了解对方，除了仔细倾听对方发言，注意观察对方的举止、神情、仪态，以捕捉对方的思想脉络、追踪对方的动机之外，通过适当的语言手段，巧妙提问，随时控制谈话的方向，并鼓励对方说出自己的意见，是获取必要信息更为直接的有效方式。

（1）不要羞于提问。很多谈判者坐在谈判桌前时，羞于提问。虽然没听明白对方的意思，但是因为有众多的谈判人员在场，认为提问题暴露了自己的无知，会让别人瞧不起，有碍面子，因此不懂装懂，不提问题；或者有些时候怕自己提问题太多，会引起对方的反感，因而尽量少提问题，这些都是不正确的态度。谈判牵扯到双方的重要利益，而且谈判时双方都在使用各种策略以争取自己的利益。有时是故意说得复杂让对方听不懂，如果此时稀里糊涂地答应了条件，正合对方心意。因此，如果有疑问，就必须要向对方提问，这不仅使己方了解了事实真相，而且很大程度上控制了局势。我们可以想想在日常生活中，是提问题的人掌握了主动权，还是回答问题的人掌握了主动权？当然是提问题的人，因为他控制了对方的思维，回答问题的人更多是被牵着鼻子走。因此，在谈判中适时适度地提问不仅不会让己方陷于被动，而且很大程度上占了主动权。

（2）注意提问的恰当时机，应该等对方发言完毕再问。日常生活中，我们都知道打断别人的谈话是不礼貌的，在谈判中，更是如此。要注意听对方的谈话，不明白的地方可以先记下来，等对方陈述完后再问。这样有三个好处：首先，是尊重他人的体现，不会因中途打断对方而引起不快；其次，听完了对方的谈话可以完整地了解对方的思路和意图，避免断章取义，错误地理解对方的意图；最后，听完对方的陈述再提问，也为自己争取了思考的时间，可以思考怎样提问比较合适，以免出现漏洞。如果对方的话冗长，也可以适时地打断对方。在打断对方前，要注意当时的气氛和对方的情绪。我们知道在日常生活中如果要向某人提要求，一般是选择该人比较高兴的时候，在谈判中也是如此。如果打断对方提问题，要选择对方说话的间歇，而且要气氛融洽，对方认为形势有利于他们的时候提，这时对方心理往往较少设防，回答得比较详细、充分，己方获取信息充足。如果气氛紧张，对方会很谨慎地回答，己方获得的信息有限。

（3）讲究提问方式。提问有不同的方式，在谈判中更要注意选择提问方式。为了保证谈判气氛的融洽，一般来说，较多地使用选择性问句。如"您认为我们应该先讨论交货方式的问题还是价格的问题呢？"这种问句方式，给对方一个选择的空间，以免引起对方的逆反心理，再配以得体的措辞、柔和的语调，对方比较容易接受。而且这种问法看起来是让对方选择，实际上己方已经设定了选择的范围"交货方式还是价格"，表面看起来得主动权给了对方，实际是己方在掌握了主动权的基础上给了对方少许的自主权，而就是这"少许自主权"往往使得对方心理比较满足。因此，在谈判中经常会使用选择性问句。在提问时应多使用比较委婉的词语，例如，"您觉得这样处理怎样？""我们是不是还需要讨论一下供货方式的问题？""麻烦您解释一下刚才的建议，我们还不是很清楚"等，再辅以诚恳的态度，一定会取得比较理想的效果。

另外，提问应该避免几个问题：一是不要使用盘问、审问式的问句，避免几个问题连着问，因为对方既不可能一一给予详细的回答，还会引起对方的反感，破坏了谈判的气氛；二是提问题的态度要诚恳，避免给对方讽刺、威胁等感觉，对方才乐于回答；三是要有疑而问，不要为了表现自己而问，有的人为了表现自己的口才或专业，故意卖弄，结果往往会弄巧成拙；四是对方不愿回答的问题，不要一而再、再而三地追问，可以委婉地换种方式获得信息，不一定非得逼问对方。

【小案例】

连连发问

在一场货物买卖谈判中，双方就价格问题难以达成一致时，买方经过精心策划，提出了下列问题："尊敬的先生，当一件成品所需的原材料开始降价，那么随着成本的下降，其价格是否应降低呢？""是的，毫无疑问。""当一件产品的包装改用简易包装了，那么它的价格是否应降低呢？""是的。""那么你方在原材料价格大幅度下降，产品又改用简易包装的情况下，为什么还坚持原来的价格呢？"直到这时卖方才发现落入了陷阱，无言以对，只能应对方的要求降低产品的价格。

3）巧妙回答，避实就虚

在谈判中，如何回答对方的问题更为重要。如果回答不好，往往会掉进对方设置的"陷阱"，被对方牵着鼻子走。因此，在很多的政治谈判、军事谈判和商贸谈判中，"回答"比"提问"还重要。同提问一样，回答应为谈判效果服务，该说什么，不该说什么，应该怎么说都要由"是否有利于谈判效果"来决定。回答时的总原则就是"经过慎重思考，再三斟酌，能不答的就不答，能少答就不要多答，尽量少说"。

实际上，擅长回答的谈判高手，其回答技巧往往在于给对方提供的是一些等于没有答复的答复。潘肖珏在其所著的《公关语言艺术》中列举了如下实例来说明之。

例一：在答复您的问题之前，我想先听听您的观点。

例二：很抱歉，对您所提及的问题，我并无第一手资料可做答复，但我所了解的粗略印象是……

例三：我不太清楚您所说的含义是什么，是否请您把这个问题再说一下。

例四：我们的价格是高了点，但是我们的产品在关键部位使用了优质零件，延长了产品的使用寿命。

例一的应答技巧是，让对方再次叙述来为自己争取思考时间；例二一般属于模糊应答法，主要是为了避开实质性问题；例三是针对一些不值得回答的问题，让对方澄清他所提及的问题，或许当对方再说一次的时候，也就找到了答案；例四是用"是……，但是……"的逆转式语句，让对方先觉得是尊重他的意见，然后话锋一转，提出自己的看法，这叫"退一步而进两步"。我们应当很熟练地掌握和运用这些回答技巧。在谈判中，回答还要注意以下方面。

（1）尽量避免正面回答。对方提问的目的是想从回答中获取信息，因此在回答时就要尽量避免正面回答，防止泄露太多的信息。如果对方知道的太多，我们就丧失了主动权。如果对方问"你们的报价是多少"，就不应直接回答是多少，可以回答："跟市场上其他同类产品的价格差不多，但是我们的产品比市场上的同类产品质量要好得多，相信价格方面你们会满意。"多使用模糊性的词语，回答不要太确切。比如有的谈判人员，想知道对方打算在什么时候结束谈判，以便运用限期策略迫使对方做出让步，于是在初次见到对方时就非常热情地询问："贵方打算什么时候离开呀？最近机票不好买，如果需要的话，我们可以帮忙预订。"这时可千万不能被对方的热情打晕了头，说出类似"我们打算下周一走，那就麻烦你们帮忙订机票吧"之类的话，这样就掉进对方的"陷阱"里了，对方可能会在谈判时"故意"拖延时间，迫使我们最后做出巨大让步，陷于被动。可以回答："我们不着急，难得来一趟，有时间我们还要四处玩玩。"这就委婉地向对方表明"时间不是问题，我们有足够的精力进行谈判"。对方也就不敢使用限期策略了。

【小案例】

刘伯温的妙答

明朝的刘伯温是个堪与诸葛亮相比的智者。有一次，朱元璋问他："明朝的江山可坐多少年？"刘伯温寻思，无论怎么回答都可能招致杀身之祸，不由汗流浃背地伏地回答说："我皇万子万孙，何须问我。"他的回答用"万子万孙"的恭维话作为掩护，实际上却是以"何须问我"的托词做了回答，朱元璋抓不到刘伯温的任何把柄，自然也就对他无可奈何。

（2）不要一一作答。有时，对方的问题很多，如"我们想知道关于价格、数量、交款方式等问题贵方是怎样考虑的。"不要一一给予答复，被对方控制思维，可以就其中已方考虑成熟的问题予以答复，如"我们先讨论一下对我们双方都很重要的问题，就先说说价格吧。"后面的问题，如果对方不追问，就没有必要一一作答了，否则有些像学生回答老师的提问，心理、气势都处于弱势，不利于谈判的平等进行。

最好能把问题"踢"给对方，让对方作答。前面已经说过，问者往往控制局势，所以要学会把问题"踢"给对方，把问题"踢"给对方的同时也把压力转移给了对方。如对方问："贵方对价格是怎样考虑的？"可以这样回答："一般说来，价格通常跟货物的数量相关。如果贵方要的数量多，价格就稍微低些；如果贵方要的数量少，价格就相对高些，贵方打算要多少呢？"这样就把问题踢给了对方，先让对方思考如何应答"要多少"的问题。己方可以根据对方的回答灵活应答价格问题，这样就可以变被动为主动。

【小案例】

幽默语言

背景与情境：在中国加入世贸组织"关于旅游服务业谈判"过程中，中方谈判代表要求欧共体承认中国厨师资格证书，允许中国厨师作为专家进入欧共体各成员国市场提供服务。中国驻日内瓦代表团杨维宏参赞用生动的语言向欧共体代表介绍了中国厨师的精湛厨艺和等级资质。有着法兰西、意大利烹调传统的欧洲人自然能够理解中国烹调技艺的非同寻常。欧共体主谈代表丹尼尔女士也不例外，她兴致盎然地点头同意在有商业存在的条件下，中国厨师可以作为专家进入欧共体市场。但是，丹尼尔女士毕竟是一位口才干练、头脑机敏、富有协调能力的贸易谈判专家，所以，她似乎又意识到让步之后应该索要一点什么，于是问道："我们能够得到什么回报呢（What can we get in return）？"中方代表立刻回答："你们可以在国内享用中国菜呀（You can enjoy the Chinese food in your country）！"全场都笑了。

（3）遇到难以回答的问题，使用缓兵之计。在谈判中，如果遇到难以回答的问题，不要急于回答，可以含糊其辞，拖延回答。

【小案例】

嗯……我不知道

美国一位著名的谈判专家有一次替他的邻居与保险公司交涉赔偿事宜。理赔员先发表了意见："先生，我知道你是谈判专家，一向都是针对巨额款项谈判，恐怕我无法承受你的要价，我们公司若是只出 100 元的赔偿金，你觉得如何？"

专家表情严肃地沉默着。根据以往经验，不论对方提出的条件如何，都应表示出不满意，因为当对方提出第一个条件后，总是暗示着可以提出第二个，甚至第三个。

理赔员果然沉不住气了："抱歉，请勿介意我刚才的提议，我再加一点，200 元如何？"

"加一点，抱歉，无法接受。"

理赔员继续说："好吧，那么 300 元如何？"

专家等了一会儿道："300？嗯……我不知道。"

理赔员显得有点惊慌，他说："好吧，400 元。"

"400？嗯……我不知道。"

"就赔 500 元吧！"

"500？嗯……我不知道。"

"这样吧，600 元。"

专家无疑又用了"嗯……我不知道"，最后这件理赔案终于在 950 元的条件下达成协议，而邻居原本只希望要 300 元！

这位专家事后认为，"嗯……我不知道"这样的回答真是效力无穷。

4）婉言拒绝，不伤情面

谈判过程中，不仅要经常说服对方，还要避免被对方说服，即拒绝对方的某些要求。拒绝对方也意味着己方在某个问题上的承诺，因此，拒绝是谈判中一项难度较大的技巧，谈判者需要认真掌握，才能做到得心应手。

（1）委婉语言拒绝。谈判中在拒绝对方时尤其应该使用委婉的语言，如果觉得对方的要求太过分，己方难以承受，我们可以试想，下面两种方式哪种更有利于谈判的进行？一是不等对方把话说完，就怒火中烧，拍案而起，不惜用尖刻的语言回击对方，情绪失控；一是神情平静地听对方把话说完，然后微笑地看着对方，说："我们完全理解您的要求，也希望双方尽量达成一致意见，但是我方的确承受不了这种让步，还希望你们能够理解。"哪一种解决方式更有利于问题的解决呢？当然是第二种。委婉、真诚中透露着坚定的语气，不容对方置疑，效果远远高于前者。

委婉地拒绝对方还要注意一些词语和句式的选择，如"这件事情恐怕目前我们还难以做到"要比"这件事，我们做不到"更容易让对方接受，"这个建议也还可以，但我们能否想一个更好的解决办法呢"要比"这个建议不好"更有利于谈判的进行。这些说法，都是侧面否定对方的建议，不易激起对方的反感心理，也使己方的观点顺理成章。当然，委婉地拒绝对方并不等于不拒绝对方，虽然说法委婉，但一定要让对方清楚是拒绝了他，以免引起误会。例如，某公司谈判代表故作轻松地说："如果贵方坚持这个进价，请为我们准备过冬的衣服和食物，总不忍心让员工饿着肚子瑟瑟发抖地为你们干活吧！"这样拒绝不仅转移了对方的视线，还阐述了拒绝的理由，即合理性。

（2）幽默语言拒绝。直接地拒绝对方有时会难以说出口，如果能恰当地使用幽默等手法会使拒绝不再尴尬，而且不失风度。

【小案例】

柯伦泰的幽默

1923 年 5 月，苏联驻挪威的全权贸易代表柯伦泰与挪威商人进行购买鲱鱼的谈判。挪威商人利用苏联国内急需大量食品的机会而索价昂贵。由于双方在价格上的距离较大，谈判陷入了僵局。为了打破僵局，柯伦泰在第二天的谈判中似乎做了让步，但语言却是幽默、委婉的："好吧，我同意你们提出的价格，如果我国政府不批准这个价格，我愿意把自己的薪金拿来支付差额。不过，我的工资有限，这笔差额要分期支付，可能要支付一辈子。如果你们同意的话，就这么决定吧！"挪威商人被他的话惊呆了，最后无可奈何地降低了鲱鱼的价格。可见，柯伦泰是表面做出让步，实质并未让步。

（3）模糊语言拒绝。巧妙地使用模糊语言也可以避免矛盾激化，变被动为主动。模糊的回答可以避开一些敏感话题，避免泄密，还可以为自己以后的行为留有余地。如当对方提出要参观我方的工厂时，己方不想让对方窥探一些行业信息，于是给出一个模糊的回答："我们也希望贵方在合适的时候参观我们的工厂，只是现在我方还没有招待参观者的经验，等我们准备一下，到时候我们一定邀请贵方来参观。"这样的回答就巧妙地拒绝了对方，将主动权握在了自己手里。

5）摆脱窘境，反败为胜

谈判中，有时会出现一些意想不到的场面，此时缺乏经验者往往会一时语塞，无言应答，窘态百出。遇到紧急情况要冷静、沉着，充分运用语言这根"魔棒"调节谈判气氛，尽快摆脱窘境。

（1）引申转移法。谈判时遇到紧急情况，应尽力以新话题、新内容引申转移，把尴尬的情况引开，千万别拘泥一端，执著不放，那会弄成僵持不下的局面，甚至使谈判失败。

【小案例】

打破窘境

我国一贸易代表团到美洲一个国家洽谈贸易，由于会谈十分成功，参加谈判的成员十分高兴。这时，对方一位年长的谈判者为表达兴奋之情，竟热烈地拥抱了我方的一位女士，并亲吻了一下。该女士十分尴尬，不知所措。这时，我方代表团团长走上前来，用一句话打破了窘境。他说："尊敬的××先生，您刚才吻的不是她本人，而是我们代表团，对吧？"那位年长者马上说："对！对！我吻的是她，也是你们代表团，也就是你们中国！"尴尬的气氛顿时在笑声中烟消云散了。

（2）模糊应答法。模糊应答可以应付一些尴尬的乃至困难的场面，使一些难以回答、难以说清的问题变得容易起来。例如，在谈判中，对方提出了一个你既不好当即肯定，也不好当即否定的问题，怎么办？不妨这么回答："这个问题很重要，我们将注意研究。"这就是一种特定语境中的模糊应答。

（3）反思求解法。有时会面对一些很难从正面回答的问题，这时换个角度，从话题的反面去思考，常可找到新颖的答案，使人脱离窘境。

【小案例】

一句谚语来解围

我方与美方的一次谈判已进入尾声，双方只是就一些细节反复协商。这时，美方有人送来一封信，美方首席谈判者打开一看，信封内空空如也。原来送信人疏忽了，信没装入信封，美方送信人十分尴尬。这时我方代表为缓和气氛，使谈判顺利进行下去，微笑着说："没有消息就是最好的消息。"一句话，使美国送信人解脱了尴尬，冲淡了紧张气氛。这句话是美国人常用的一句谚语，我方代表借此语"反思求解"，使气氛恢复正常。

【小训练】

角色扮演，模拟以下谈判情景。

（1）小夏是一位销售人员，这一年他在公司表现出色，业绩良好，年底他找到部门经理提出增加工资的要求。小夏该如何和经理谈判？

（2）学校放暑假，小贾和小陆因为在一家公司打工，不能回家，便合计在校外合租一间房子。他们找到一位房东，说明了来意。因为学校放假，原先租出去的房子大都空着，房东一口答应了，但在租金上产生了分歧，经过讨价还价，房租定为每月600元。小贾和小陆只要租住45天，提出付租金900元。房东不同意，说只能按月付租金，没有按天算的先例。小贾和小陆因为所要租住的房子离上班地点近不想放弃，他们该如何与房东谈判呢？

拓 展 阅 读

谈谈失败的收益

J. K. 罗琳

首先我想说的是"谢谢你们"，这不仅因为哈佛给了我非比寻常的荣誉，而且是为了这几个星期以来，由于想到这次演说而产生的恐惧与担心，让我最终减肥成功。这真是一个双赢的局面啊！现在我需要做的就是来一次深呼吸，望着红色的横幅，然后欺骗自己，让自己相信正在参加世界上受到最好教育群体的"哈利·波特大会"。

在今天这个愉快的日子里，我想和你们谈谈失败的收益。对于我这个 42 岁的人来说，回头看自己刚毕业时的情景，并不是一件舒服的事。我的前半生，一直在自己内心的追求与最亲近的人对我的要求之间进行"不屈的抗争"。我曾经确信我自己唯一想做的事就是写小说。但是我的父母都是出身于贫穷的家庭，他们希望我去读个赚钱的专业，而我却想去攻读英国文学。最后，我们达成了一个双方都不甚满意的妥协：我改学外语。可是等到父母一走开，我就立刻报名学习古典文学。

我并没有因为他们的武断而抱怨，因为现在已经不是抱怨父母引导自己走错方向的时候了。如今的你们，已经足够来决定自己的前程了，责任要靠自己承担。而且，我也不能批评我的父母，他们只是希望我能摆脱贫穷。他们以前遭受了贫穷的折磨，我也曾经贫穷过。贫穷会引起恐惧、压力，有时候甚至是沮丧，这意味着卑微和很多艰难困苦。通过自己的努力摆脱贫穷确实是件很值得自豪的事情，但只有傻瓜才对贫穷本身夸夸其谈。

在我毕业 7 年后，我经历了一次巨大的失败。家庭的"突变"，让我成为了一个单身妈妈，而且还失去了工作。在这个现代化的英国，除了没到无家可归的份上，你能想到我要有多穷就有多穷。我生命的那段时间非常灰暗，那时我还不知道我的书会被新闻界认为是神话故事的革命，我也不知道那段灰暗的日子要持续多久。

今天，我为什么要谈失败的收益呢？因为失败后，我找到了自我，不必再伪装成另外的形象。我所有的精力都放在我关心的工作上。如果我在其他方面成功过，我就不可能具备要求在自己领域内获得成功的决心。我开始自在，因为我已经经历过最大的恐惧，而且我还活着，我有一个值得我自豪的女儿，我有一台陈旧的打字机和很不错的写作灵感。我在失败堆积而成的硬石般的基础上开始重塑我的人生。

失败给了我内心的安宁，这种安宁是一切成功都获得不了的。失败让我更好地认识自己，这些是没法从其他地方学到的。此刻，我发现，我有坚强的意志，而且我的自我控制能力比想象的还要强，我还发现自己拥有比宝石更珍贵的朋友。

从挫折中获得的知识越充满智慧、越有力，你在以后的生存中就越安全。除非遭受磨难，否则你们不会真正认识自己，也没法知道你们之间关系有多铁，友谊有多牢固。这些知识才是失败给我们的真正的礼物，它比我曾经获得的任何资格证书更为珍贵，因为这些是我经历过痛苦的历练后才获得的。如果给我一个时间机器，我会告诉学生时代的自己，个人的幸福建立在自己能够认识到：生活不是拥有的物品与成就的清单。虽然你们会碰到很多和你们一样大或年长的人，他们分不清楚生活与清单的区别，但你们的各种证书、简历，都不能等价于你们的生活。生活是困难的，也是复杂的，它完全超出任何人的控制，只有谦虚地认识到这些，才能使你在生命的沉浮中得以生存。

我对大家还有一个希望，这是我在学生时代就明白的道理。毕业那天和我坐在一起的朋友后来成了我终生的朋友，他们是我碰到麻烦时求助的人。在毕业的时候，我们沉浸在巨大的情感冲击中，我们沉浸于那段永不能重现的共同时光中。当然，如果我们中的某个人将来成为国家首相，我们也沉浸于能拥有极其有价值的相片作为证据的兴奋中。

所以今天，我最希望你们在失败的时候，能够收获睿智的思想、真挚的友情。到了明天，即使你们不记得我说过的任何一个字，也要记住古罗马哲学家塞内加说过的一句话："生活如同小说，要紧的不是它有多长，而在于它有多好。"

祝愿你们都有幸福的生活!

点评:2008年6月5日,英国女作家、风靡全球的《哈利·波特》的作者J.K.罗琳应邀参加了哈佛大学的毕业典礼,并被授予名誉博士学位。作为特邀嘉宾,罗琳在毕业典礼上发表了情真意切、情理交融的演讲。她鼓励同学们在未来人生中,勇于面对失败,并在失败中获得收益。这篇闪耀着理性光芒的演讲词,犹如一剂清醒剂,给青年学子以深深的启迪。

身在世界著名学府,面对一群风华正茂的时代骄子,罗琳首先幽默地表达了自己的感激之情:感谢"哈佛给了我非比寻常的荣誉",感谢"演说而产生的恐惧与担心让我最终减肥成功",虚实结合,庄谐相映,罗琳的这个幽默开场,一下子就抓住了莘莘学子的心,拉近了与同学们的距离,而一句"让自己相信正在参加世界上受到最好教育群体的'哈利·波特大会'",则在幽默中又能体现出罗琳天才般的想象,她把听众都幻化成自己笔下的主人公,霎时,让演讲者和听众融为一体,场内陡然升温,赢得了听众的好感。

罗琳的演讲之所以能吸引人、打动人,不在于她的身份地位,而在于她的坦率真诚、推心置腹。罗琳巧妙地利用自己特殊的人生经历,现身说法,用自己刻骨铭心的深切体会,使得演讲更有说服力。演讲中,罗琳自曝"家丑",列举了身处逆境的一些事实:求学时代与父母亲之间的"抗争",凸显的是自己极其贫穷的家境;不幸的婚姻遭遇,使自己成为一个单身妈妈,加之失业的打击。在细数自己的种种不幸之后,罗琳睿智地道出了失败给自己带来的诸多好处。恰恰是这些失败,反而激发了她,让她从中获益匪浅。"失败的收益"这个精辟的论点是她的切身体会,具有很强的针对性和理性的深度。"我在失败堆积而成的硬石般的基础上开始重塑我的人生。""失败给了我内心的安宁,这种安宁是一切成功都获得不了的。失败让我更好地认识自己,这些是没法从其他地方学到的。""从挫折中获得的知识越充满智慧、越有力……这些知识才是失败给我们的真正的礼物,它比我曾经获得的任何资格证书更为珍贵"。这些闪烁着智慧光芒的话语,如格言一般,凝聚着演讲者真切感受的真知灼见,体现出演讲的深度,发人深省,引起共鸣,值得所有莘莘学子慢慢咀嚼,细细回味!

J.K.罗琳的这次情真意切、寓意深刻的演讲,必将激励着莘莘学子的成长之路,尤其是在失败时,能让他们充满斗志,看到新的希望。(张斗和)

在哈工大的即兴演讲(节选)

白岩松

有这么一对儿夫妇,吃完饭就坐下来看电视,看完了,就洗漱一下睡觉,日复一日、年复一年,就这么过着。也许有的同学会说:太枯燥了吧,该离了吧?但真正的生活就是这样,就是这样平常,生活如此,创业如此,大学生们走入社会之后注定要花大部分时间做平平常常的事。那对夫妻在老年的那一天会彼此含着热泪感谢对方与自己携手相伴一生、彼此温暖一生,而同学们也会在平平常常的生活中等来生命中只占5%的激情与辉煌时刻!(掌声)因此,同学们要做好准备,毕业后准备好迎接平淡。

同学们在大学里一定要做梦,甚至可以梦游,(笑声)比如现在一谈爱情,我脑子里只会闪现我爱人的照片,而你们则可以设想1000位俊男靓女的样子……这就叫作虚位以待。我年少时看了三毛的书,也想周游列国,没准还能碰上个女荷西。(笑声)但是所有这些梦想都属于你们这个年龄段的,我现在没有资格做这样的梦了,我现在所处的是人生的舍弃阶段。而你们所处的是人生的选择阶段,不要放弃做梦!(长时间的掌声)更别忘了替这个社会、替这个国家做梦,能全身心地做这种梦,一个人一生中没有几次这样的机会,等你人到中年、上有老下有小时,想做梦你也力不从心了,因此趁现在抓紧做梦!

有人说现在大学生找不到工作。怎么会呢？我有时候就想不通，真的如此，那我国岂不是比美国更发达了……因为我们的大学生都在待业呀！（如雷的掌声）其实大学生不是找不到工作，而是找不到一步到位的最满意的工作！实际上你就是一个骑手，毕业后你就应该先骑上一匹马，只要你优秀，你就能找到更棒的马！（长时间的掌声）

季羡林先生的一席话给我印象很深，采访他时，他说："我已经如此老了，但我的道路前方仍有百合花的影子。人生的前方要永远有希望、有温暖才行。"再举个例子：狗赛跑怎么比？怎么让狗跑起来、跑得快？每个狗嘴前边都吊着块骨头！我们每个人也要给自己放块"骨头"，（笑声）精神的骨头！（热烈的掌声）

点评：央视名嘴白岩松曾应邀到哈尔滨工业大学做了一场即兴演讲，在台上白岩松即兴发挥，妙语连珠，赢得了大学生们的阵阵掌声。

作为央视名嘴的白岩松，在哈尔滨工业大学这个大学校园里，面对着莘莘学子一双双充满渴望的眼睛，并没有大谈特谈自己奋斗与成功的过程，而是从大学生们要树立正确的人生观与理想观这个角度入手。分别从"要学会过平淡生活""要多做梦""要有正确的就业态度""人要有精神"这四个小题分而论之。这些小观点的提出，与学生们的实际生活息息相关，因此，引起了大学生们的关注与共鸣。

在演讲中，白岩松运用了其特有的幽默感，博得了同学们的阵阵掌声，同时也表达了自己对青年问题的独到见解，其语言中透着强烈的责任感。针对青年学生不甘于平淡的普遍心理，白岩松并没有呆板地说教，他先是从一对夫妇的平淡生活讲起，以家庭中普遍存在的现象为例，巧妙地过渡到青年学生的生活态度问题上，朴实的话语，简单的道理使人一听即明。谈起青年人的理想问题，白岩松没有用艰深的术语予以阐述，而是实实在在地用"做梦"代替了"理想"这一主题，二者的置换反映出了白岩松对演讲主题的匠心。在选例时，他由己及人，用对比的手法突出了"青年人要有理想"这个主题。这种"做梦"的说法，比起课堂上的正面说教，更让学生们容易接受。接下来，白岩松谈到广大学生最关心的话题——就业。他把找工作比喻为"找马"，另辟蹊径。"骑马找马"具体地概括了大学生们应有的择业观念，易于学生理解，因此也更能起到说服的作用。最后，白岩松引用了季羡林老先生的一段话，旨在告诉大学生们，虽然前路荆棘满地，但只要有一点点希望，就要不惜一切，勇往直前，直到理想的彼岸。人总是要有精神的，生命不息，奋斗不止。在阐述这一道理时，他用了一个极其生动的比喻——"狗赛跑"，意在启发青年朋友要有精神，要有目标，如此生动而形象的比喻怎能不受学生们的欢迎呢？

在语言的运用上，白岩松时而张扬，时而含蓄，时而激越，时而温婉，真是收放自如、张弛有度。在篇幅不长的演讲中多次获得了学生们的掌声。

白岩松的即兴演讲，真正达到了锦心绣口、妙语连珠的至善至美境界，他善于从现场中捕捉话题，取之有道而又用之有术，加上自身的幽默感，使现场始终洋溢着轻松、活泼的气氛。这场演讲展现了白岩松个人的语言及人格魅力，可称作是即兴演讲的典范。（郑蔚萍）

奥林匹克生涯已经结束

（美）迈克尔·乔丹

朋友们：

我经常强调说，一旦我失去动力或不需要再证明什么了，我就应该退役。现在是我离开的时候了，这并不是我不爱这项运动，我只是觉得我已经达到了自己事业的顶峰，我没有什么可再证明的了。

我不知是否会复出，退役的意思就是从今天开始我想干什么，就可以干什么。如果这意味着今后要复出，我也许会的。我不把这扇门关死。如果公牛队还需要我，我也许会重归赛场。如果我日后复出，也不会效力于另一支球队，因为我的心已经属于它了。

我的奥林匹克生涯已经结束了。

我第一次得 NBA 总冠军后，我父亲就劝我退役。我们当时的看法有很多不同，因为我认为，作为球员我还有许多东西要去证明，第三次夺得总冠军后，我们又谈了一次，我被他说服了。

我时刻在承受着新闻媒介所带来的压力，我不会因为他们而离开球场的，这是我自己的抉择。即使我父亲没有去世，我也会作出同样的决定。父亲的去世使我看到了自己的未来，但痛苦会一天天地淡漠下去的。是他的不幸提醒了我，人的一生是何等短暂，该如何珍惜。我不能太自私，要用更多的时间去陪我的亲人，包括我的妻子、孩子，我需要过一种正常的生活。

我退役以后，很多朋友对公牛队的实力表示怀疑，但我并不担心，这好像父亲送儿子上大学。当然，我不是他们的父亲，我告诉他们要相信自己。我认为我们有很多获胜的机会。

我也坚信，肯定会有更多的球星诞生的。

我需要一件工作吗？我从来没有考虑过，现在也不想要，我现在要看一看小草是如何成长的，然后再把它们割掉，我当然要经常去看公牛队的比赛，可我不会告诉伙伴们我什么时候去看。我想，我不会完全过一种正常的生活，只不过公众的关注比以往少一些，我会怀念篮球比赛的，我会怀念夺取冠军辉煌的时刻，会怀念每年与队友们待在一起的八个月的美好时光。

点评：这是美国著名的篮球运动员迈克尔·乔丹在宣布退出篮球运动生涯时发表的即席电视告别演说，它是一篇典型的即兴演讲。迈克尔·乔丹在即兴演讲之前并未拟草稿，也没有经过深思熟虑，只是急于把自己的主要意思和此时此刻的激动心情告诉给电视观众：应该退役——倘若公牛队需要也许会复出——退役的思考过程及退役的深层原因——坚信公牛队的实力——今后自己要好好生活，但仍关心公牛队，怀念篮球比赛。告别演说具有临场性的特点，迈克尔·乔丹的演说语言流畅，饱含深情，深深地感染着每一位观众。（李元授）

你准备好了吗？（有删减）

李嘉诚

各位校董、各位校领导、各位嘉宾、老师、同学们：

这一刻肯定是你们感到兴奋的时刻，你们认真学习，完成了人生一个重要阶段，要踏上一个新的台阶。这几个晚上，我在校园里都能感受到你们的雀跃。你们是幸运的一代，我很替你们高兴，我谨代表校董会每一位校董和顾问，向你们致以衷心的祝贺。

每当我们要展开新的一页，追求一个新的梦想，编织一个新的希望，都是我们需要思考时，Are you ready? Do you have what it takes?

当你们梦想伟大成功的时候，你有没有刻苦的准备？

当你们有野心做领袖的时候，你有没有服务于人的谦恭？

我们都希望别人听到自己的说话，我们有没有耐性聆听别人？

每一个人都希望自己快乐，我们对失落、悲伤的人有没有怜悯？

每一个人都希望站在人前，但我们是否知道什么时候甘为人后？

你们都知道自己追求什么，你们知道自己需要什么吗？

我们常常只希望改变别人，我们知道什么时候改变自己吗？

每一个人都懂得批判别人，但不是每一个人都知道怎么自我反省。

大家都看重面子，　but do you know honor?

大家都希望拥有财富，但你知道财富的意义吗？

各位同学，相信你们都有各种激情，但你知不知道什么是爱？

这些问题，没有人可以为你回答，只有你自己才知道你将会怎样活出答案。这四年来你得来的知识，可助你在社会谋生，但未必可以令你懂得如何处世。只有你知道，你将会怎样运用脑袋内的知识素材转化为做人的智慧。生长与变化是一切生命的定律，昨天的答案未必适用于今天的问题，只有你的情操才是鼓舞你生命的力量。没有人可以为你打造未来，只有你自己才知道怎样去掌握。各位同学，Are you ready？

谢谢大家。

点评：这是一篇充满关切之情的演讲稿。李嘉诚以一位长者的身份，谆谆告诫将要走上社会的青年人，为将来事业的发展，一定要做充分的准备。演讲稿一气呵成，衔接紧密，富有激情，被视为演讲词中的经典之作。

实 践 训 练

一、组织一次命题演讲比赛

实训目标：培养学生了解命题演讲的准备过程，掌握演讲的基本技能；通过活动，锻炼学生团队协作意识等其他综合能力。

实训学时：2学时。

实训地点：教室。

实训方法：教师提前一周布置演讲比赛题目，要求以小组为单位讨论拟定大纲、撰写演讲稿；小组成员在组内进行预选赛，各组推荐两名选手参加班级比赛。指导教师最后讲评。

参考题目：

（1）扬起青春的风帆　　　　　　（2）奋斗，做生活的强者

（3）年轻，没有什么不可以　　　（4）是金子，总要闪光

（5）高职生自有风流在

二、组织一次即兴演讲比赛

实训目标：培养学生掌握即兴演讲的基本技巧，锻炼提高快速思维、准确表达与临场应变等能力。

实训学时：2学时。

实训地点：教室。

实训方法：教师拟定若干个即兴演讲话题（最好每生一题）或准备多种有象征意义的实物，比赛前采用抽签形式确定每位学生的演讲话题或实物，要求学生进行2分钟左右的话题演讲或观物演讲，同时要求每个小组推荐2名主持人，在比赛过程中按小组顺序轮流主持。比赛结束后指导教师最后讲评。

参考话题：

（1）对考场作弊说"不"　　　　　（2）我看中国人过洋节

（3）同学，我想对你说　　　　　　（4）我最喜欢的一句格言

（5）童年趣事　　　　　　　　　　（6）我最想读的一本书

（7）我心中的偶像　　　　　　　　（8）购物消费的感受

（9）保护环境　　　　　　　　　　（10）今年我 18 岁

三、演讲综合训练

（1）克服口头禅。有些人在初次上台，甚至是多次上台之后，仍然会使用口头禅，从而影响到演讲的效果，可以采用如下三种方法进行克服演练。

记住演讲稿，一字不差，形成语言定式；

在语音停顿处用空白去代替口头禅的出现；

录下演讲内容，反复听，一出现口头禅就给自己一个刺激，让自己对口头禅充满厌恶感。

（2）"卡壳"的处理。人在紧张的时候脑子会空白，什么都想不起来。演讲过程中出现"卡壳"应该怎么办？可以从以下五个方面减少"卡壳"的负面影响，进而引导演讲的顺利进行。

假装倒水、喝水；

让听众休息；

把刚才的内容再做重复；

稍作停顿；

提问并回答。

（3）辅助媒体的使用。在现代演讲中，要学会使用媒体，如何制作演讲媒体、幻灯片演示（PPT），如何正确使用辅助媒体，则是一门专门的技巧。紧扣以下方面进行使用演练。

要让所有的观众都能看到，特别是前边两侧和后边的观众；

站立时不要挡住屏幕和白板；

进行演示，要先打出幻灯片再进行演讲；

演讲内容和媒体展示内容要一致；

写板书时人要站在一边。

四、谈判能力测试

你的谈判能力如何？请回答下列问题测试一下自己的谈判能力。

（1）在买议价商品的时候，你是否觉得很为难？

①一般不会

②很难说

③是

（2）你觉得谈判就是让对方接受你的条件吗？

①不是

②很难说

③是

（3）在一次谈判没有取得预期效果的时候，你会尝试换一种方式再次努力吗？

①会

②有时会

③不会

（4）你觉得和别人谈判之前是否必须尽量全面了解对方的情况呢？

①是

②很难说

③不必

（5）在谈判的时候，你是否觉得充分考虑对方的利益自己就会吃亏？

①不是

②难说

③是

（6）在谈判时，你是否觉得应该居高临下不给对方留足面子？

①不是的

②要视情况而定

③是的

（7）你觉得对方坚持自己的立场是"冷漠无情"吗？

①不是

②难说

③是

（8）在谈判的时候，你喜欢用反问句式代替直接陈述吗？

①非常喜欢

②有时会用

③几乎不用

（9）你觉得为了赢得一场谈判而失去一个朋友值得吗？

①不值得

②难说

③值得

（10）你是否认为只有达成"双赢"的谈判才是成功的谈判？

①是

②难说

③不是

得分指导

五、模拟谈判训练

1. 案例介绍

比三个商人更聪明的专家

某年 4 月 5 日，美国谈判专家史蒂芬斯决定建个家庭游泳池，建筑设计的要求很简单：长 9 米、宽 4.5 米，有温水过滤设备，并且在 6 月 1 日前竣工。

隔行如隔山。虽然谈判专家史蒂芬斯在游泳池的造价及建筑质量方面是个彻头彻尾的外行，但是这并没有难倒他。史蒂芬斯首先在报纸上登了个建造游泳池的招商广告，具体写明了建造要求。很快有 A、B、C 三位承包商前来投标，各自报上了承包详细标单，里面有各项工程费用及总费用。史蒂芬斯仔细地看了这三张标单，发现所提供的抽水设备、温水设备、过滤网标准和付钱条件等都不一样，总费用也有不小的差距。

于是 4 月 15 日，史蒂芬斯约请这三位承包商到自己家里商谈。第一个约定在上午 9:00，第二个约定在 9:15，第三个约定在 9:30。三位承包商如约准时到来，但史蒂芬斯客气地说，自己有件急事要处理，一会儿一定尽快与他们商谈。三位承包商只得坐在客厅里一边彼此交谈，一边耐心地等候。10:00 的时候，史蒂芬斯出来与承包商 A 先生进到书房去商谈。A 先生一进门就介绍自己干的游泳池工程一向是最好的，建史蒂芬斯的家庭游泳池实在是胸有成竹。同时，还顺便告诉史蒂芬斯，B 先生曾经丢下许多未完的工程，现在正处于破产的边缘。

接着，史蒂芬斯出来请承包商 B 先生进行商谈。史蒂芬斯从 B 先生那里又了解到，其他人提供的水管都是塑料管，只有 B 先生所提供的才是真正的钢管。

后来，史蒂芬斯出来请承包商 C 先生进行商谈。C 先生告诉史蒂芬斯，其他人所使用的过滤网都是品质低劣的，并且往往不能彻底做完，而自己则绝对能做到保质、保量、保工期。

不怕不识货，就怕货比货，有比较就好鉴别。史蒂芬斯通过耐心地倾听和旁敲侧击地提问，基本上弄清了游泳池的建筑设计要求，特别是掌握了三位承包商的基本情况：A 先生的要价最高，B 先生的建筑设计质量最好，C 先生的价格最低。经过权衡利弊，史蒂芬斯最后选中了 B 先生来建造游泳池，但只给了 C 先生提出的标价。经过一番讨价还价之后，谈判终于达成一致。就这样，三位精明的商人，没斗过一位谈判专家。史蒂芬斯在极短的时间内，不仅使自己从外行变成了内行，而且还找到了质量好、价格便宜的建造者。

这个质优价廉的游泳池建好之后，亲朋好友对其赞不绝口，对史蒂芬斯的谈判能力也佩服得五体投地。史蒂芬斯却说出了下面发人深省的话："与其说我的谈判能力强，倒不如说用的竞争机制好。我之所以成功，主要是设计了一个公开竞争的舞台，并请三位商人在竞争的舞台上做了充分的表演。竞争机制的威力，远远胜过我驾驭谈判的能力。一句话，我选承包商，不是靠'相马'，而是靠'赛马'。"

2. 实训要求

以案例提供的情景为背景，四名学生为一组，分别模拟史蒂芬斯以及承包商 A 先生、B 先生和 C 先生，进行谈判练习。

课 后 练 习

一、演讲练习

1. 就大学生普遍关心的社会热点问题，自选题目，写一篇 1 000 字左右的演讲稿，经过演练后在班上正式演讲。

2. 观摩演讲或观摩电影中的演讲片段，有目的地观察别人的手势、表情，仔细研究，博采众长，并经常对镜练习、矫正。多积累，烂熟于心，形成自己的动作。

3. 第一次参加演讲时你感到紧张吗？你是怎样克服紧张情绪的？

4. 应如何提升自己的演讲临场应变能力？

5. 根据以下材料或生活场景做 2～3 分钟的即兴演讲。

（1）在大学校园里"60 分万岁"的思想经久不衰，一届传给一届，玩世不恭者说："若是不考试，一切皆可抛。"有的振振有词："60 分足矣，多一分浪费，少一分犯罪。""不是我们不想好好学习，也不是不想取得好成绩，问题在于学得再好，分数再高，也没用，到毕业工作时知识又老化了。"对诸如此类的观点论调，你是怎样看的？

（2）在社会生活中，人人都扮演着不同的角色。有的是编剧，有的是导演；有的是主角，有的是配角。你扮演的是什么角色？是主角，还是配角？是生活的主人，还是附庸？你的亲人、朋友，又是怎样的角色？请以"角色"为话题进行即兴演讲。

（3）慕名已久的李老师将要来做你们的辅导员，在李老师到来的欢迎班会上，请你代表全班同学致欢迎词。

（4）做了你们辅导员的刘老师因为工作关系，即将离开学校，请你在欢送会上代表全班同学向刘老师致欢送词。

（5）你的同学举办 18 岁的生日派对，请你结合他本人的特点，发表简短的讲话，表示祝贺。

（6）你的老师举行 60 岁生日酒会，即将退休。请你在会上发表讲话，为老师祝寿。

（7）新学期开学不久，班上举行班干部竞选会。你参加了某班干部职位的角逐，请你发表简短的竞选演说。

（8）即将告别熟悉的校园、亲爱的老师和朝夕相处的同学，在班级举行的毕业聚餐会上，请你发表感言。

（9）你和几位同学一起到一家公司实习，在公司的一次全体职工大会上，该公司经理把你们这些实习生介绍给大家，并致了欢迎词后，同学们推选你代表实习生发言，你该怎么办？

二、谈判练习

1. 假如你与一位采购商进行价格谈判，他处于绝对优势地位，采取了轻视与傲慢的态度，那么你如何与他谈判，你的策略如何？

2. 注意观察市场上买卖双方讨价还价的技巧，并结合所学的谈判知识，写一篇观察报告。

3. 瑞士一家著名钟表公司在法国"登陆"时，急需找一家法国代理商来为其销售产品，以弥补他们不了解法国市场的缺陷。当瑞士钟表公司准备与法国的一家公司就此问题进行谈判时，瑞士钟表公司的谈判代表路上塞车迟到了。法国公司的代表抓住这件事紧紧不放，想要以此为手段获取更多的优惠条件。谈判伊始，法国公司的代表就咄咄逼人地提出各种条件。面对这种非常被动的谈判形势，瑞士谈判代表将怎样改变局面使谈判进行下去，并能达到最初的目的？

请你为其设计一种策略，体现你高超的语言艺术。

4. 分析下列谈判对话，为什么谈判没有结果？

A：你们需要的卡车我们有。

B：吨位是多少？

A：四吨。

B：我们要两吨的。

A：四吨有什么不好？万一货物太多，不就很适宜吗？

B：我们算过经济账，那样浪费资金。这样吧，以后我们需要时再与你们联系。（谈判不了了之，没有任何结果。）

5. 为了给学生的一次公关礼仪大赛筹集一点资金，派两名学生到校内一家眼镜店争取赞助费。假如你就是代表，将怎样去和眼镜店的老板谈判以取得他们的支持？

6. 你有一部已经开了几年的汽车，想把它卖掉。如果能卖到 7 万元，你就很满意，就在你准备刊登出售汽车广告的当天下午，有人想出 8 万元买你这部车。此时，你如何与买家谈判？请注意你的语言技巧和非语言技巧的运用。

三、案例分析

林语堂的即兴演讲

林语堂是我国现代著名的语言学家，也是著名的幽默大师。有一次，他到一所大学去参观。参观后校长请他到餐厅和学生们共进午餐。校长认为这是一次难得的机会，就临时请他和学生讲几句话。林语堂很为难，无奈之下，就讲了一个笑话。

林语堂说，罗马时代，皇帝残害人民，时常把人投到斗兽场中，给猛兽吃掉。这实在是一件惨不忍睹的事！可是，有一次皇帝又把一个人丢进斗兽场里，让狮子去吃。这个人胆子很大，看到狮子并不怎么害怕，径直走到狮子身旁，在狮子耳边讲了几句话，那狮子掉头就走，不吃他了。皇帝觉得很奇怪，狮子为什么不吃他呢？于是又让一个人放了一只老虎进去，那人还是毫无惧色，又走到老虎身旁，也和它耳语一番。说也奇怪，老虎也悄悄地走了，同样没有吃他。皇帝诧异极了！怎么回事？便把那个人叫出来，盘问道："你究竟向狮子和老虎说了些什么，竟使它们不吃你呢？"那人答道："陛下，很简单，我只是提醒它们，吃我很容易，可吃了以后，你们得演讲一番！"林语堂说罢就坐下了，"哗"，顿时全场雷动，林语堂的故事得了一个满堂彩，校长啼笑皆非。

思考题：

（1）林语堂的演讲为什么能使全场雷动？

（2）本事例对你有何启示？

婚礼上的即兴演讲

我们见识过婚礼上的热烈场面，领略过婚礼上精彩的即兴演讲。这里转载的是李本钱的《在婚礼上的即兴演讲》（见《演讲与口才》杂志，2008（9））。

各位首长、各位来宾：

寒霜已至枫叶红，铁树总有开花时。在伟大的人民空军成立 57 周年这个光辉的节日里，我终于也算光荣地结束了单身生活，在 44 岁的年龄，第一次勇敢地走向了婚姻的殿堂。请允许我和我的新娘陈素华，向各位首长、各位战友，向长期关心我的婚姻大事的地方领导和朋友们致以节日的问候，欢迎大家的光临！

此时此刻，我思绪万千，感慨多多。在通向婚姻的道路上，我苦苦追寻了 20 多年，20 多年的平凡生活中，我的感情生活极不平静。有阳光下嫩草出土的快意，也有冷风中头撞南墙的失意；有赤膊上阵的莽撞，也有草草收场的悲凉。总之，有泪流，有伤心。但是，我始终抱着铁树总能开花的信念，发扬人民空军创建时期"马拉飞机"的伟大精神，乐观向上，顽强搏击，于是，今天终于站在了婚姻的门槛上。

没有父母的养育之恩，没有哥哥姐姐的精心呵护，没有在座的各位首长和朋友们的鼎力扶持，关键是没有新娘的"献身精神"，铁树开不了花，我也结不了婚。因此，请让我深情地说一句：感谢父母，感谢首长，感谢大家，感谢新娘！

生活美好，爱情甜蜜。婚后，我还要向已婚的兄弟姐妹们学习，争取把损失的时间补回来。争取从明天起，向朋友们发出"珍爱家庭，远离酒桌"的倡议，广泛深入地开展"百日无滴酒"活动，争取在我自己制订的第一个五年计划内，与新娘一道加倍努力，勤奋工作；让祖国的百花园里也有属于我们的一朵。

各位嘉宾：

爱情诚可贵，友情价更高。各位对我们的厚爱，我将永远铭记。再一次感谢你们。

人说婚姻是围墙，我说墙内有花香。永别了，我的单身生活；永别了，我的铁树总不开花的日子。祝愿未婚的兄弟姐妹们早觅知音，共度爱河；祝愿已婚的每个家庭花团锦簇，一路芬芳！

伟大的亲情、友情、爱情万岁！

伟大的铁树开花精神万岁！

谢谢大家。

思考题：

（1）这篇即兴演讲有何特点？

（2）请介绍一下你在婚礼上见到的精彩即兴演讲。

中意公司之间的一次谈判

意大利某电子公司欲向中国某进口公司出售生产半导体使用的设备，派人来北京与中方洽谈。其设备性能良好，适应中方的需求。双方很快就设备性能指标达成协议，随即进入价格谈判。中方认为："设备性能可以，但是价格不行。希望降价。"意大利方面认为："货好，价格自然就高。不能降价。"

中方："不降我们接受不了。"

意方："东方人爱讲价，我们意大利人讲究义气，只能降0.5%。"

中方："谢谢您的义气之举，但是价格是不合理的。"

意方："怎么不合理了？"

中方："设备是中等性能，但是价格远远高于性能，不匹配。"

意方："贵方不是很满意我们的设备吗？"

中方："是的，性能方面符合我们的需求，但并不意味着性能是最佳的水平。如果用拟好的报价，我们可以买到更好的设备。"

意方："我需要考虑一下。"

休息片刻后，双方再谈。意方改为价格再优惠3%，但是中方仍然不能满意，没有达到中方的成交线，要求意方再降。意方坚决不同意，要求中方还价，中方给出价格优惠15%的条件。

意方听后沉默了一会儿，从包里拿出机票说："贵方条件太苛刻，我方难以接受。为表示诚意，我再降2%。如果同意，我们签订合同；如果不同意，我的机票是明天下午两点的，按时离开。"说完站起离开，临走说："我住在友谊宾馆，如果有了决定请在中午12点前给我答复。"

中方研究之后，不能接受5.5%的优惠，至少应该降7%。如何再谈呢？中方调查了第二天下午两点是否有飞往意大利或者欧洲的航班，得到了否定的答案。第二天早上10点，中方给宾馆打电话，说明了诚意，表示中方也愿意让步，只要求优惠10%。意方看到了诚意，也看到谈判的希望，表示愿意见面，继续谈判。最后双方再次都做出了让步，以优惠7.5%的价格成交。

思考题：

（1）试分析，该谈判中双方是如何促成交易的？

（2）双方是否形成了僵局？

（3）双方使用了什么样的谈判策略？

服装店里的谈判

一位女顾客在一个服装店里看衣服。店主指着一身套装说："小姐，你身材这么好，这套衣服你穿着准合适。先试一下吧。"

女顾客试了一下，很合身，便问："多少钱？"

店主回答："360元。"

"太贵了"，女顾客说着把衣服脱了下来，准备离开。

"这可是名牌，大商场要卖600多元呢，我这是最后一套了，昨天还卖480元呢。"店主说。

女顾客转回身，拿起衣服看了又看说："180元，我就买。"

店主道："实话跟你说，我是300元进的货，这样吧，就按进价给你，300元，我就不赚你的钱了。"

女顾客又仔细检查了一下衣服说："你看，这衣服就剩一套了，袖口还脏了一块，有的扣子还松了，最多值250元。"

店主道："250元？多难听呀，图个吉利，280元。"

女顾客："别啰唆了，260元要卖我就买，否则就算了。"

店主："您真会砍价，260元，成交了。"

思考题：

（1）用你掌握的谈判技巧分析商家成功的原因。

（2）你的生活中有没有类似的情况发生？你是怎么砍价的？

第四章 工作口才

说话和事业的进展有很大的关系，是一个人力量的主要体现。

——【美】本杰明·富兰克林

如果有一天神秘莫测的天意将我从这里把我的全部天赋和能力夺走，而只给我留下选择其中一样保留的机会，我将会毫不犹豫地要求将口才留下，如此一来我将能够快速地恢复其余。

——【美】丹尼尔·韦伯斯特

学习目标

掌握与领导沟通的基本原则和方法；明确请示与汇报工作的技巧；掌握处理领导误解的沟通技巧；掌握与同事沟通的要求、方法及禁忌；掌握劝慰同事的技巧；了解与下属沟通的意义；掌握与下属谈心的技巧；掌握表扬下属的技巧；掌握调解下属矛盾的技巧；掌握应聘面试口才的原则和语言技巧；应聘面试中能够得体地进行自我介绍；针对面试官提出的问题能够从容作答。

案例导入

不善沟通的约翰

约翰所在的公司要进行人事调动，负责人罗伯特对约翰说："把手下的工作放一放去销售部工作，我觉得那里更适合你，你有什么意见吗？"

约翰撇了撇嘴说："意见？您是负责人，我敢有意见吗？"实际上他的意见大得很，因为当时销售部的状况特别糟糕。

来到销售部后，约翰的消极情绪非常严重，总是板着一副面孔，对同事爱理不理，别人主动跟他打招呼，他也只是应付地点点头，一来二去，同事们渐渐疏远了他。

一天，一个客户打来电话，请约翰转告罗伯特，让罗伯特第二天务必到客户那里参加洽谈会，有非常重要的生意要谈。约翰认为这是绝好的报复机会，就当什么事也没有发生一样，吹着口哨回家了。

第二天，罗伯特将他叫进办公室严厉地说："约翰，客户那么重要的电话怎么不告诉我？你知道吗？要不是客户早晨打电话给我，一笔1000万美元的大生意就白白溜走了！"

罗伯特看了看约翰，一副毫不在乎的样子，根本没有承认错误的迹象，便说，"约翰，说实在的，你的工作能力还不错，但在为人处世方面还不够成熟，我本来想借此机会锻炼你一下，可你却让我大失所望。我知道你心里对我不满，可你非但不与我沟通，反而暗中给我使绊子。你知道吗，部门的前途差一点毁在你手里。你没能通过考验，所以现在我只能遗憾地宣布：你被解雇了。"

鉴于此事的教训，这家公司的高管层还专门召开了一次名为"张开你的嘴巴"的会议，强调并鼓励所有员工要与上级多多进行沟通。

问题：约翰为什么被解雇了？本案例对你有何启示？

工作口才包括职场沟通的口才和应聘面试的口才。应聘面试也可视为职场的起点，所以应聘面试口才也可视为职场沟通口才的一部分。

人在职场，必然要与领导、同事、下属等进行交往，交往的效果将直接影响个人的职业生涯乃至发展前途。因为，我们每天至少有三分之一的时间是在职场度过的，能否从工作中获得快乐与满足，能否敬业、乐业并最终成就一番事业，领导、同事和下属均扮演着很重要的角色。讲究职场沟通艺术，不仅可以减少矛盾与冲突，还能使职场人际关系更加和谐融洽，大大提高工作效率。所以，有专家认为，一个职场人士必须具备三项基本技能，即：沟通技巧＋管理才能＋团队合作意识。世界上很多著名的大公司也都以此来要求员工。

职场沟通的对象主要包括上司、同事和下属等。对象不同，沟通的技巧也有所不同。但是，无论与谁沟通均应遵循以下基本原则。

一是真诚。在沟通过程中，只有坦诚相见，言必由衷，才能促进理解和信任，才能化解矛盾与隔阂。

二是自信。成功者就是那些拥有坚强信念的普通人。在沟通中，只要充满自信，就能从容不迫、应对自如，就能赢得对方的尊重与认可。

三是友善。即从他人的立场看事情，从对方的角度想问题，以友善的态度与人沟通。

四是理性。沟通一定要清醒、理智，明确沟通的目的，预知沟通的效果，采取可行的沟通方法。不信口雌黄、口无遮拦，不一时冲动、说"过头话"，不无谓争执、伤了和气，不斤斤计较、耿耿于怀。

五是尊重。沟通的主体都是平等的，只有互相尊重，平等交流，沟通才能顺利进行。在职场沟通中切记要不责备、不抱怨、不攻击、不谩骂、不说教。

六是互动。沟通是双向的，不是洗耳恭听，默不作声；也不是口若悬河，夸夸其谈。

沟通始终是两个维度之间平等、融洽的互动交流。恪守互动原则，才能在沟通中有说有听，有问有答，对等交流，实现共赢。

第一节 职场沟通

一、与领导沟通口才

与领导沟通，指的是团队成员通过一定的渠道和方式，与管理者或决策层所进行的信息交流。

上下级之间的有效沟通，无论对于组织还是个人，都具有十分重要的意义。仅就下级而言，通过与上级主动有效的沟通，既能准确了解信息，提高工作效能，又能及时表达自己的意愿，形成积极的双向互动。

1. 与领导沟通的原则

与职场其他交际对象相比，"上级领导"这个群体往往具有位高权重、能力过人、稳重老练、好为人师和人脉较好等特征，针对其特征在沟通过程中尤须注意遵循以下基本原则。

1）不卑不亢

与领导沟通，要采取不卑不亢的态度，既不能唯唯诺诺、一味附和，也不能恃才傲物、盛气凌人。因为沟通只有在公平的原则下进行，才可能坦诚相见，求得共识。

在社交过程中，每个人都有一种心理期待，希望得到别人的尊重、帮助，希望自己应有的地位和荣誉得到肯定和巩固，没有人愿意在一个群体中被孤立和冷落。如果这种愿望得不到满足，就会对周围的人产生隔膜，进而拒绝合作。因此，尊重别人，是每个职场人士必备的一种修养。在工作中，尊重领导的意见，维护领导的威信，理解领导的难处和苦衷，即使提出不同的意见，也要注意寻找适当的时机，选择对方易于接受的方式，无论是对工作，还是对沟通双方的感情、建立融洽的心理关系，都是很有益处的。

尊重与讨好、奉承有着质的区别。前者是基于理解他人、满足他人正常心理和感情需要的前提，而后者则往往是为了满足一己之私欲。现实生活中，确有一些人为了达到自己不可告人的目的，不惜降低人格，曲意迎合、奉承、讨好领导，不仅屏蔽了领导的耳目，降低了领导的威信，也造成了同事之间心理上的不和谐。绝大多数有主见的上司，对于那种一味奉承、随声附和的人都是比较反感的。

2）工作为重

上下级之间的关系主要是工作关系，因此，下属在与领导沟通时，应从工作出发，以做好工作为沟通协调之要义。既要摒弃个人的恩怨和私利，又要摆脱人身依附关系，在任何时候、任何问题上都是为了工作，为了整个团队的利益；都要作风正派，光明磊落。切忌对领导一味地讨好献媚、阿谀奉承、百依百顺，丧失理性和原则，甚至违法乱纪。

3）服从至上

上级居于领导地位，掌握全盘情况，一般来说，考虑问题比较周全，处理问题能从大局出发。在与上级沟通时要坚持服从原则，是一切组织通行的原则，是组织获得巩固和发展的基本条件。事实证明，如果下属与上级沟通时拒不服从，那么这样的组织就无法形成统一的意志和严密的整体，组织就会像一盘散沙，不可能顺利发展。当然，服从不是盲从，下属一旦发现领导某些错误，就应抱着对工作高度负责的态度，及时向领导反映，并请求领导予以改正。

【小案例】

尊重领导的决定

阿成的工作很简单，就是每天收发文件，领导脾气很好，同事之间相处也很融洽，阿成很希望自己能长期在这里工作。

可是好景不长，一天领导突然找阿成谈话，他说："因为你是外地人，'三金'不好交，以我们公司目前的情况不可能给你转户口，而如果不给你缴'三金'，我们就违反了国家的规定。所以……"

阿成听了也不知道该如何是好，他难过地说："我尊重您的决定，虽然我很喜欢这里。"阿成没有再说什么，出门前给领导鞠了个躬，并轻轻地把门带上。

第二天，领导找阿成谈话，他说："我专门跑到相关部门打听了，你还可以留在我们这里上班，但是你要到派出所办理个暂住证！"阿成会心地笑了。

点评：阿成面对领导的"为难"，非常理智，他的表态体现了对领导的尊重、理解与服从，表示不愿给领导添麻烦，愿意接受领导的决定，这使领导的权威得到完全体现。果然，他让领导也大受感动，还专门为其排忧解难。这就是服从至上的好处。（李元授）

4）非理想化

在与领导沟通中，下属不能用自己头脑中形成的理想化模式去要求现实中的领导，从而造成对领导的过分苛求。坚持非理想化原则，就必须全面地看待领导，既要看到其优点和长处，又要看到其缺点和短处，同时还要能够容纳领导的一般性错误和缺点，克服求全责备的思想。

2. 与领导沟通的方法

1）主动沟通

有人说："要当好管理者，要先当好被管理者。"作为下属要时刻保持主动与领导沟通的意识，因为领导工作比较繁忙，不可能经常深入员工去寻求沟通。但在实际工作中，很多下属都害怕直面自己的上司，不敢积极主动地与上司沟通交流，这是一种职场通病。我们应该消除对上司的恐惧感，上司也是人，也有情感，而人与人之间如果没有了交流和沟通，那么情感也会因此而疏离。

【小案例】

主动与领导沟通的小丽

小丽在一家化妆品公司做财务工作，一直以来，她踏实肯干，工作能力也很强，但一直没有得到提升。原因是她不善于主动与老总沟通，许多事都等着老总亲自来找她。后来由于工作上的竞争，她被同事踩到了脚底下。

小丽吸取失败的教训，辞职后以全新的面貌到另一家公司上班。一个月后她接到一份传真，说她花了两个星期争取到的一笔业务出了问题，她马上去找老总。老总正准备用电话同这位客户谈生意，她就将情况做了汇报，并提出具体的建议和意见。老总掌握这些材料后，与客户交谈时顺利地解决了这一问题。

此后，小丽经常主动向老总汇报工作，及时进行良好的沟通，并在销售和管理方面提出了一些不错的意见和建议，不断得到老总的认可。不久，她被提升为业务主管。

那么，怎样消除对上司的恐惧感呢？

首先，要抛弃"不宜与上司过多接触"的观念。合理的沟通观念应该是：和上司沟通是一个职场人士的基本职责之一，因为领导是决策者和管理者，而下属则是执行者和完成者。在决策执行和目标实现过程中，必须借助沟通了解上司意图，争取上司支持，获得上司认可。

其次，不要害怕在上司那里"碰钉子"。当上司反馈意见不理想时，要从沟通态度、方式等方面进行自我反省；同时，要仔细揣摩领导的态度和意见，并通过换位思考去寻求对领导处理方法的理解。

最后，要用改进沟通技能的方法增强自信。在沟通内容上，尽量做到观点清晰、有理有据、层次清楚。在沟通方式上，采用易被对方接受的沟通频率、语言风格和态度情绪。刚开始时最好采取面对面这种直接交流的方式，相互熟悉之后可借助电话、短信、电子邮件等方式。

【小案例】

少说话也有效果

方知渔老实、木讷，很少出声。所以，尽管他工作勤勤恳恳，可是在公司里总是不上不下，几年如一日地待在当初的位置上。

上司最近出差，要带几个下属一道去。在火车上，方知渔的铺位刚好在上司的旁边，两人寒暄了几句后，就陷入了沉默。

突然，方知渔瞥见上司脚上穿着一双新皮鞋，非常显眼。于是就说："头儿，你这鞋子很有品位，在哪里买的？"

原本只是没话找话，但上司一听，顿时眼睛放光说："这双鞋啊，我在香港买的，世界名牌呢！"上司的话匣子一下子打开了，滔滔不绝地讲述自己在服装搭配上的心得，还善意地指出方知渔平时在工作中着装的不足，方知渔只听不说，关键的时候才加一句。两人言谈甚欢。下车的时候，上司意味深长地说："知渔啊，看来以前对你的了解太少了，今后你好好干，会很有前途的。"

点评：赞美对方衣饰细节的变化，能迅速拉近双方间的距离。方知渔歪打正着了。

2）适度沟通

所谓适度，是说下属与领导的关系要保持在一个有利于工作、事业及二者正常关系的适当范围内，形成和谐的工作环境，沟通既不能"不及"，也不可"过分"。

目前，下对上的沟通存在两大弊端：一是沟通频率过高。有些下属为了博得领导的赏识和信任，有事没事经常往领导办公室跑，既给领导的正常工作造成了干扰，又会让领导认为你缺乏独立工作能力，遇事没有主见。二是沟通频率过低。有些下属以为干好本职就行了，至于是否向领导汇报思想和工作情况则无所谓，因而该请示不请示，该汇报不汇报，目无组织和领导。久而久之，既不利于开展工作，一定程度上也会影响个人和团队的发展前途。

【小案例】

乙主任为何里外不好做人

甲和乙是两位新上任的车间主任，业务水平都很高。不过，在与上级沟通时采取的却是截然不同的态度。甲主任认为，一定要和上级搞好关系，于是，有事没事就往厂领导那儿跑，弄得车间员工议论纷纷，都说甲主任只会拍马屁，不关心员工的实际工作。后来这话传到了厂领导耳朵里，领导感到很难堪。与此相反，乙主任则认为"打铁还要自身硬"，一天到晚只知埋头苦干，为了业务生产甚至连车间主任会都不参加。可是车间员工也不买账，他们认为这样的主任不会为员工着想；而厂领导也因为他常常不来开会心生不满，乙主任由此弄得里外不好做人。

3）适时沟通

上司一天到晚要考虑的事情很多，因此应根据问题的重要与否，选择恰当的沟通时机。

首先，要选择上司相对轻松的时候。与上司沟通之前，可以通过打电话、发短信等方式主动预约，或者请对方预定沟通的时间、地点，自己按时赴约。假如是个人私事，则不宜在上司埋头处理大事时去打扰，否则就会忙中添乱，适得其反。

其次，要选择上司心情良好的时候。沟通之前，与其秘书或助理取得联系，以了解对方的情绪状态。当上司情绪欠佳时，最好不要去打搅对方，特别是准备向对方提要求、摆困难或者发表不同意见的时候。

再次，要寻找适合单独交谈的机会。特别是试图改变上司的决定或意向的时候，要多利用非正式场合和没有第三者在场时，这样既能给自己留下回旋余地，又有利于维护上司的尊严。

最后，不要选择上司准备去度假、度假刚回来或吃饭、休息的时间沟通。因为，这时对方容易分散精力，心不在焉，或者匆忙做出决定。

4）灵活沟通

由于个人的素质和经历不同，不同的领导就有不同的处世风格。揣摩上司的不同风格，在交往过程中区别对待，往往会获得更好的沟通效果（见表4-1）。

表 4-1　与不同风格类型上司沟通的技巧

风格类型	性格特点	沟通技巧
控制型 （权力欲强）	实际，果决，求胜心切	简明扼要，直截了当
	态度强硬，要求服从	尊重权威，执行命令
	关注结果，而非过程	称赞成就而非个性或人品
互动型 （重人际关系）	亲切友善，善于交际	公开、真诚地赞美
	愿意聆听困难和要求	开诚布公地发表意见
	喜欢参与，主动营造融洽氛围	忌背后发泄不满情绪
务实型 （干事创业）	为人处世自有标准	开门见山，就事论事
	理性思考，不喜感情用事	据实陈述
	注重细节，探究来龙去脉	不忽略关键细节

5）定位沟通

正确认识自己的角色、地位，真正做到出力而不"越位"，是处理好上下级关系的一项重要艺术。越位是下级在处理与上级关系过程中常发生的一种错误。主要表现在以下方面。

（1）决策越位。决策是领导活动的基本内容，不同层次的领导决策权限也不同。如果本该上级做出的决策却由下级做出了，就是超越权限的行为。

（2）表态越位。一个人对某件事的基本态度，往往与其特定的身份相联系，超越身份胡乱表态，是不负责任的表现，是无效的。

（3）工作越位。本该由上级出面才合适的工作，下级却越俎代庖、抢先去做，从而造成工作越位。

（4）场合越位。有些场合，如应酬客人、参加宴会等，应适当突出上级，下级若张罗过头，风头出尽，也会造成越位。

【小案例】

杨瑞该怎么办

杨瑞是一个典型的北方姑娘，在她身上可以明显地感受到北方人的热情和直率，她非常坦诚，有什么说什么，总是愿意把自己的想法说出来和大家一起讨论。正是因为这个特点，她在上学期间很受老师和同学的欢迎。某年，杨瑞从西安某大学的人力资源管理专业毕业，她认为，经过四年的学习，自己不但掌握了扎实的人力资源管理专业知识，而且具备了较强的人际沟通技能，因此她对自己的未来期望很高。为了实现自己的梦想，她毅然只身去广州求职。

经过一个月的反复投简历和面试，在权衡了多种因素的情况下，杨瑞最终决定去东莞市的一家研究生产食品添加剂的公司。她之所以选择了这家公司，是因为该公司规模适中、发展速度很快，最重要的是该公司人力资源管理工作还处于尝试阶段。如果杨瑞加入，她将是人力资源部的第一个人，因此她认为自己施展能力的空间很大。但是到公司实习一个星期后，杨瑞就陷入了困境中。

原来该公司是一个典型的小型家族企业，企业中的关键职位基本上都是由老板的亲属担任，其中充满了各种裙带关系。尤其是管理者给杨瑞安排了他的大儿子做杨瑞的临时上级，而这个人主要负责公司的研发工作，根本没有管理理念，更不用说人力资源管理理念。在他的眼里，只有技术最重要，公司只要能赚钱，其他的一切都无所谓。但是杨瑞认为越是这样就越有自己发挥能力的空间，因此在到该公司的第五天杨瑞拿着自己的建议书走向了直接上级的办公室。

"王经理，我到公司已经快一个星期了，我有一些想法想和您谈谈，您有时间吗？"杨瑞走到经理办公桌前说。

"来来来，小杨，本来早就应该和你谈谈了，只是最近一直很忙就把这件事忘了。"

"王经理，对于一个企业尤其是处于上升阶段的企业来说，要持续企业的发展必须在管理上狠下功夫。我来公司已经快一个星期了，据我目前的了解，我认为公司主要的问题在于职责界定不清；雇员的自主权力太小，致使员工觉得公司对他们缺乏信任；员工薪酬结构和水平的制定随意性较强，缺乏科学合理的基础，因此薪酬的公平性和激励性都较低。"杨瑞按照自己事先所列的提纲开始逐条向王经理叙述。

王经理微微皱了一下眉头说："你说的这些问题我们公司也确实存在，但是你必须承认一个事实——我们公司在盈利，这就说明我们公司目前实行的体制有它的合理性。"

"可是，眼前的发展并不等于将来也可以发展，许多家族企业都是败在管理上。"

"好了，那你有具体的方案吗？"

"目前还没有，这些还只是我的一点想法而已，但是如果得到您的支持，我想方案只是时间的问题。"

"那你先回去做方案，把你的材料放这儿，我先看看然后给你答复。"说完王经理的注意力又回到了研究报告上。

杨瑞此时真切地感受到了不被认可的失落，她似乎已经预测到了自己第一次提建议的结局。

果然，杨瑞的建议书石沉大海，王经理好像完全不记得建议书的事。杨瑞陷入了困惑之中，她不知道自己是应该继续和上级沟通，还是干脆放弃这份工作，另找一个发展空间。

思考：杨瑞沟通失败的原因是什么？杨瑞到底应该怎么办？请你帮她出出主意。

3. 请示与汇报的技巧

请示，是下级向上级请求决断、指示或批示的行为。汇报，是下级向上级报告情况，提出建议的行为。二者都是职场人士经常性的工作。

【小案例】

哪种请示汇报方式好？

"领导，感觉最近员工的士气总是不高，您能不能给我些建议？"

"领导，我感觉最近员工的士气不高，业绩也受到了影响。这两天，我跟大家沟通了一下，感觉主要是临近春节，很多客户都忙着拜年和要账，没有精力跟我们谈广告业务，而我们的业务员也都想着回家过年，所以整个团队士气不高。我感觉春节前这段时间还是很宝贵的，我们必须提高团队的士气，我有两个方案，您看怎样？一是我们在团队内部做个竞赛，业绩排名前六的，公司帮助解决回家的火车票；二是搞个激励活动，对表现良好的，公司准备一个春节大礼包。这两个方案，花费都不会超过 6 000元，而增加的收入可能是 60 万元，您看选择哪个比较好？"

点评：上司只做"选择题"，不做"问答题"。对于下属而言，把"问答题"抛给上级是不明智的做法，甚至会导致上级出现错误的判断或决定。所以在请示上级时，一定要掌握请示汇报的技巧。

1）明确程序

请示与汇报工作主要有四个步骤。

（1）明确指令。一项工作在明确了方向和目标后，上级通常会指定专人负责此项工作。如果上级明确指示自己去完成这项工作，就一定要迅速准确地把握领导的意图和工作的重点，包括谁传达的指令（who）、做什么（what）、什么时间（when）、什么地点（where）、为什么（why），以及怎么做（how）、工作量（how much）。其中任何一点不明白，都要主动询问，并及时记录下来。最后，还要简明扼要地复述一遍，以确认是否有遗漏之处或领会有误的地方。当对领导的指令理解模糊时，绝不能"想当然"；在执行任务的过程中，遇到困难或疑惑之处，也要及时跟上司沟通，以避免多走弯路，贻误工作。

【小贴士】

在面对上司的指示时应询问下面几个问题

要知道上司希望做的是什么？

要知道这项任务的具体目标是什么？

要知道完成这项任务的最佳做法是什么？

要知道公司在这一项目上准备投入多少资源？

要知道怎样进行工作报告？报告中包括哪些内容？什么时候需要报告？应该向谁报告？信息要求以什么形式呈报？

（2）拟订计划。在明确工作目标之后，应尽快拟订工作计划，交与领导审批。在拟订工作计划时，应详细阐述自己的行动方案和步骤，尤其是工作进度要有明确的时间表，以便领导进行监控。以制订月销售计划为例：首先，要明确下个月要达成的业绩目标；然后，要说明这些目标有多少源于老客户、多少源于新客户；最后，要说明打算通过哪些渠道，采用什么促销方案来实现这一目标；等等。这样的月销售计划交上去，既具体可行，也方便领导及时纠正。

（3）适时请教。在工作进行过程中，要及时向领导汇报和请教，让领导了解工作进程和取得的阶段性成绩，并及时听取领导的意见和建议。切不可等工作全部结束后，才将工作情况和盘托出。

（4）总结汇报。工作任务完成以后，应及时向领导总结汇报，总结成功的经验和不足之处，以便在今后的工作中改进提高。与上司沟通自己的工作总结，既显示出对上司的尊重，也有利于展示自己的才干，为赢得上司的赏识和器重奠定了基础。

【小案例】

善于汇报的销售员

一个小伙子名叫小波，是一家酒店的销售员，颇得上司的赏识。他之所以能够得到上司的青睐，一方面是因为业绩突出，另一方面就是小波每做完一笔单子，都会以书面的形式总结出这项业务成功与失败的原因。上司对此非常满意，尽管有些单子完成得不是很出色，但上司从来没有责备过小波，相反，还经常给他提出一些合理化建议。

2）充分准备

"凡事预则立，不预则废。"无论请示还是汇报，要想达到预期目的，事先必须认真做好准备。

首先，要做好思想准备。向领导汇报，既要消除紧张心理，又要克服无所谓的态度，调整情绪、树立信心、认真对待。

其次，要做好资料准备。"巧妇难为无米之炊"，充分占有资料是汇报成功的基础。如果对情况不熟悉，或某方面的情况还不明了，就不能凭主观臆断、道听途说去汇报，搞所谓"领导要，我就报，准不准，不知道"那一套。只有通过调查了解，准确掌握情况，才能进行请示汇报。

最后，要搞好"战术想定"。如果是就某个特殊问题请求上司批示，自己心中至少要有两套以上的解决方案，并对其利弊了然于胸，必要时向领导阐述明白，并提出自己的主张，争取得到领导的理解和支持。如果是就某项工作加以汇报，要在明确领导意图的基础上，确定汇报主题，把握汇报重点，组织汇报材料，合理安排内容的顺序与层次；对汇报中可能出现的情况，领导可能提出的问题，要做到心中有数，绝不能仓促上阵。

3）选择时机

除了紧急事件需及时请示、汇报外，还应注意选择以下时机：当本人分管或领导交办的工作告一段落时；工作中遇到较大困难，想求得领导帮助支持时；领导决策需要某方面的信息时；领导主动询问有关情况时；领导有空余时间时等。汇报不仅要注意时机，还要区别场合，可以通过会议形式正式汇报的，尽量不要不分场合地临时汇报。当领导公务繁忙或工作中出现困难，心情烦躁时，一般不宜贸然开口汇报，应选择领导乐意听取汇报的时机进行汇报，以取得预期的效果。

4）因人而异

在请示和汇报时下属应采取不同的方式，以适应不同领导者的风格特点。例如，对于严谨细致的领导者，要解释得详细一点，最好列举必要的事例和数据；对于干练果断的领导者，要注意言简意赅，提纲挈领；对于务实沉稳的领导者，注意语言朴实，少加修饰；对于活泼开朗的领导者，语言可以轻松幽默一些。总之，要针对领导的个性特点，有针对性地做好请示和汇报。

【小案例】

冯涛的汇报技巧

市建材公司的冯涛从一个用户那里考察回来后，敲了经理办公室的门。"情况怎样？"经理劈头就朝冯涛问道。冯涛坐定后，并不急于回答经理的问话，而是显得有些心事重重的样子。因为他十分了解经理的脾气，如果直接将不利的情况汇报给他，经理肯定会不高兴，搞不好还会认为自己没尽力去办。经理见冯涛的样子，已经猜出了肯定是对公司不利的情况，于是改用了另一种方式问道：

"情况糟到什么程度，有没有挽救的可能？"

"有！"这回冯涛回答得倒是十分干脆。

"那谈谈你的看法吧！"

冯涛这才把他考察到的情况汇报给经理："我这次下去了解到，这个客户之所以不用我们厂的产品，主要是因为他们已经答应从另一个乡镇建材厂进货。"

"竟有这样的事！那你怎么看呢？"

"我想是这样的，我们公司的产品应该比乡镇企业的产品有优势，我们的产品不但质量好而且价格还很公道，在该省已经具有一定的知名度……"

点评：向上级请示汇报一定要掌握技巧，对不同类型的领导采用不同的汇报方式，特别是汇报时涉及坏消息，如果处理不好，可能会引火上身。冯涛的汇报技巧就是根据经理的性格特点，先给经理打预防针，然后再顺势而行。

5）斟酌语言

向领导汇报工作，一定要抓住重点，简短明快，而不能东拉西扯、词不达意，这样的汇报既浪费领导宝贵的时间，又令人生厌。因此，下级向领导做汇报，一定要有提纲或打好腹稿，使用精辟的语言归纳整理所要汇报的内容，做到思路清晰、观点精练、语言流畅、逻辑性强，遣词用句朴实、准确。关键语句要认真推敲，评价工作要把握好分寸，切忌说过头话，列举数字一定要准确无误，尽量避免"大概""估计""可能"之类的模糊词语。如果语言啰唆，拖泥带水，再好的内容也汇报不出应有的效果。

6）遵守礼仪

一是准时赴约。要按照事先约定的时间到达。过早到达或迟迟不到，都是严重失礼的行为。二是举止得体。做到站有站相，坐有坐相，文雅大方，彬彬有礼。三是控制好时间。一般情况下，领导总是想先了解事情的结果，所以在汇报工作时要先说结果，再谈过程和程序。这样，汇报工作时就能简明扼要，有效节省时间。四是注意场合。切忌在路上、饭桌、家里汇报工作，更不能在公开场合与领导耳语汇报工作。

此外，请示与汇报还应注意：要按照下级服从上级的原则，坚持逐级请示、报告；要避免多头请示、报告，坚持谁交办向谁请示、报告，以减少不必要的矛盾，提高办事质量和工作效率；要尊重而不依赖，主动而不擅权。请示、汇报要根据工作需要，不能仰仗、依附于领导，不能时时、事事都去请教或求助。要在深刻领会领导工作思路前提下，积极主动、大胆负责地开展工作。

4. 妥善处理领导误解

在实际工作中，由于某些特殊的原因，下级可能会无意得罪领导，遭到领导误解，尤其是在多个领导属下工作或单位人际关系复杂微妙的环境中。遇到这种情形，就必须设法消除误解，否则，就会影响工作甚至个人的发展前途。

【小案例】

和好如初

李杰是三年前从基层调到宣传部的，因为宣传部的方部长是一个求贤若渴的人，见李杰在报纸上发表的文章文笔不错，就多方跑动，终于将这个人才笼络到自己的麾下。几年后，由于李杰精明能干，厂里调他到办公室工作，厂办主任也很喜欢他。

过了不久，李杰忽然觉得方部长似乎对自己有点看法，关系好像渐渐疏远了。经了解才知道，原来方部长和厂办主任之间有隔阂。方部长认为，李杰已经是厂办主任的人了，有点忘恩负义。误解的形成很简单：一次下雨，中层干部开会，李杰拿着雨伞去接上司，只发现了雨中的厂办主任，却没有看见站在门口躲雨的方部长，这样雨中送伞就送出麻烦了。

盛怒之下，方部长对信得过的人说，都怪他当初看错了人，没想到李杰是个见利忘义的人。时间不长，此话便传到李杰的耳朵里了，他这才意识到自己已经被误解，问题严重了。怎么办呢？李杰真的有些为难了，他经过反复思考后是这样处理的。

每当有人当面说起自己与方部长的关系时，他总是矢口否认两个人之间有矛盾。这样做一方面可以向方部长表明自己的人品；另一方面可以制止误解继续扩大，便于缓和与方部长的关系。

李杰和方部长在工作中经常打交道。他总是先向部长问好，不管对方理与不理，脸上总是笑呵呵的。逢到工作上一起宴请客人时，李杰总是斟满酒杯，当着客人的面向方部长敬酒，并公开说明正是由于方部长的培养和提拔，自己才有了今天的长进。李杰的感激和态度，不仅是对客人的介绍，更重要的还是一种心灵道白，表示自己并非忘恩负义的小人。最后，方部长终于和李杰和好如初。

宇宙万物，无时无刻不处于矛盾之中。在与领导共事的过程中，磕磕碰碰是在所难免的。其实，矛盾并不可怕，最重要的是我们能够勇敢地正视它，并运用自己的智慧和技巧化解它。上下级之间最常见的矛盾就是彼此之间存在着误解与隔阂。如果处理不当或掉以轻心，误解就会变为成见，隔阂更会扩展成鸿沟，这无疑对下属是极为不利的。

误解缘何而生？这是一个非常复杂的问题，它涉及人的心理活动的复杂性。嫉妒、多疑、防范、自负甚至偏爱，都可能诱发领导心中对别人的不信任感，导致各种误解。这里，我们想要探讨的是产生误解的一般性原因或者说客观性原因，这就是：上下级之间存在着信息不完全或沟通不充分。由于缺乏足够的沟通与交流，彼此对对方的情况没有清晰的认识，在判断事情上难免加入更多的主观色彩和心理因素，导致对对方的不客观认识和推测。

【小案例】

职场生存——除了沟通还是沟通

小芸已在公司做了三年秘书，敬业精神有口皆碑。最近她新换了上司，是负责研发的公司副总经理。这位上司让小芸心烦不已，不是因为他不苟言笑、难以"伺候"，而是因为他特别喜欢加班，即使没有应酬，也不会在晚上七点半之前离开办公室。

小芸的家离公司比较远，每天下班回家要倒两次公交车和一次地铁，路上至少得花两个小时。另外，每周要上一次夜校，还要与男朋友约会。最初一个月，小芸还能坚持在上司离开办公室之后再下班，慢慢地就感到坚持不下去了。

作为职业秘书，小芸一开始就严格要求自己，三年来都是在上司下班后自己才下班，现在这位新上司的工作习惯却让她犯了难。经过一个多月的观察，她发现新上司也不是每天都有什么重要的事，有一次竟然是在网上玩游戏。

小芸希望上司能了解自己的苦衷，却不知道怎么开口。直接告诉上司自己家离公司很远，不能每天都加班到七点半？那就是说自己要比上司先下班，这有违她对自己的职业要求，她不能这么做。即使这么说了，上司也不一定会同意，那今后两人就更难相处了。要么"提醒"上司没事就早点下班？这更不行，这种"提醒"是变相的指责，更有违秘书的道德准则。

怎么办？思来想去，小芸最后决定辞职，尽管她舍不得这份轻车熟路的工作还有办公室里的同事。在小芸办完所有离职手续最后与上司告别时，上司问她为什么干得好好的要辞职，是不是他这个上司有什么地方做得不好，这时小芸才把心里的苦水倒了出来。

上司这才恍然大悟，但他告诉小芸，自己之所以每天七点半以后才离开办公室，是因为回家的路上有一段在建立交桥，每天上下班时都堵车，所以他总是等到车流高峰过后才开车回家。

"原来是这么大的误会！这种事你怎么不早说？"上司问小芸。

小芸无言以对……

对待领导的误解，下属最明智的态度就是及时、主动地去消除它，不要让它变成成见与隔阂。怎样消除领导的误解？要从以下方面着手。

1）掩盖矛盾

在其他同事或领导面前，极力掩盖彼此之间的矛盾，以防事态进一步扩大。

2）尊重对方

即使领导误解了自己，仍要尊重对方，见面主动打招呼，不管对方反应如何都面带微笑。当误解自己的领导遇到困难的时候，要挺身而出，及时"救驾"，用实际行动去感动对方。

3）背后褒扬

一方面可以通过他人之口替自己表白心迹；另一方面能够很好地取悦于对方，毕竟，第三者的话总是比较真实、可信的。

4）主动沟通

经过以上多种努力，彼此之间的矛盾会有所缓和，在此基础上，下级要寻找合适的机会，以请教的口吻让领导说出产生误会的原因。此时，可以做必要的解释，但一定要注意措辞，适可而止，否则就会显得缺乏诚意，引起对方逆反心理。

5）加强交流

误解消除后，要经常与领导进行思想交流和情感沟通，不断增进彼此之间的了解和友谊，以免误解再次发生。

二、与同事沟通口才

处理好同事关系对每一位职场人士来说都很重要。所谓同事关系，是指同一组织内部处于同一层次的员工之间存在的一种横向人际关系。同事之间既是天然的合作者，又是潜在的竞争者（见图4-1），这是一种微妙的人际关系，必然会产生既渴望"合作"，又警觉"竞争"的复杂心理。因此，职场人士在与同事相处时，应特别注意沟通艺术。

图 4-1　同事基本特征示意图

【小故事】

荀攸的智慧

三国时的荀攸智慧超群，谋略过人。他辅佐曹操征张绣、擒吕布、战袁绍、定乌桓，为曹操统一北方建功立业，做出了自己的贡献。在朝二十余年，他能够从容自如地处理政治漩涡中上下左右的复杂关系，在极其残酷的同僚斗争中，始终地位稳定，立于不败之地，原因就在于他能谨以安身，以忍为安，很好地处理同僚关系。他平时特别注意周围的环境，对同僚从不刻意去争高下，总是表现得十分谦卑、文弱、愚钝和怯懦。他对于自己的功勋讳莫如深。这样，他就能和其他的同僚和平共处，并且深受曹操宠信，也从来没有人到曹操处进谗言加害于他。

1. 与同事沟通的要求

与同事沟通的要求有以下四个方面。

1）互相尊重

被尊重是每个人都需要的，也是沟通的前提。职场人士的尊重需要包括团队成员给予的重视、威望、承认、名誉、地位和赏识等。每个成员都希望获得其他成员的承认，要求给予较高的评价，希望自己受到礼遇，获得较高的名誉和地位。因此，高明的领导者都十分重视尊重员工。尊重是相互的。古人语：敬人者人恒敬之。因此，职场中要想得到同事的尊重，就必须首先尊重同事的人格，尊重同事的工作和劳动，尊重同事在整个团队中的地位和作用。

【小案例】

小陈为何不受欢迎

小陈是毕业于北京某重点大学的研究生，在单位工作几年后，由于业务能力突出被提拔为车间主任，这对他来说是一个施展才华的大舞台。但他在与别的车间主任交流时，总是流露出对这些工人出身的主任的不屑，开口闭口总是我们研究生如何、你们工人怎样，很快就把自己陷入与其他车间主任格格不入的境地，成为一个不受欢迎的人，最终不得不调换工作岗位。

2）真诚待人

常言道："精诚所至，金石为开。"同事之间要互相沟通，就必须消除不必要的戒备心理，摈弃"逢人只说三句话，不可全抛一片心"的处世原则，要襟怀坦荡，以诚相见。唯有真诚，才能打开同事心灵的窗口，才能激起思想和情感上的共鸣。反之，如果当面一套，背后一套，或者说一套，做一套，就会失信于人，引起他人的反感。

【小案例】

互相帮助

伍兰兰大学毕业后进入一家企业从事销售工作。她是一个勤劳善良的女孩，每天都提前到达公司，把同事的桌椅收拾整齐，把办公室打扫干净。尤其是帮同事江龙收拾好桌椅，由于江龙常常加班，桌上堆满书本，显得十分凌乱。江龙对此非常感激，主动要求带伍兰兰出去洽谈业务。在"师傅"的指引下，伍兰兰的能力提高很快。半年后，伍兰兰自认为已经能够胜任业务工作，私自决定替江龙撰写一份策划方案，并交给了客户。

没想到由于疏忽大意，一组数据被弄错了，客户因此否决了伍兰兰的方案，并且拒绝与他们合作。江龙得知后非常生气。伍兰兰诚恳地承认了错误，并在以后的工作中更加努力，将洽谈好的业务都算在江龙的头上，以此弥补自己的过失。

后来有一天，江龙生病住进医院，伍兰兰主动去医院精心照顾，而且没有放松工作，甚至连江龙的工作也一起处理了。

伍兰兰的一言一行都被同事们看在眼里，渐渐地，她的人缘越来越好，有什么事情大家都愿意真诚地帮助她。

点评：伍兰兰与同事交往的方法并不复杂，之所以受到同事欢迎，她只是因为一颗真诚的心去沟通而已。真诚是做人的基石，也是与人相处的根本。（李元授）

3）互谅互让

职场人士都希望有一个平和的、令人心情舒畅的工作环境。但是，同事之间由于思想认识、性格修养、观点立场等方面的差异，看问题的角度会有所不同，处理问题的思路与方法也不尽一致。面对这种差异和分歧，首先，不要过度争论，以免激化矛盾，影响彼此之间的关系；其次，要通过换位思考充分理解对方，并本着从工作出发、为全局着想的原则，求同存异，互相谦让。

4）分享成绩

同在职场中，对成绩的取得与分享，利益的分配，都是关注的焦点。对于成绩，如果你在工作上有特别的表现，受到嘉奖时，千万别独享成功的荣耀。因为成绩的取得，不是哪一个人能够独自完成的，需要同事明里暗里的协助，所谓"一个篱笆三个桩，一个好汉三个帮"，是大家共同努力的结果。无论是有人与你争功，还是无人与你争功，你都要抱着分享、感恩的心态，才能赢得同事的好感与支持。

【小案例】

功劳是大家的

在某单位的一次公开竞聘中，左某战胜了其他几位竞争对手，当上了经理。许多同事对他表示祝贺，更有人当众夸他能力非凡。左某却坦诚地说："其实几位候选人各有长处。论管理我不如老刘，论经营我不如老叶，论公关我不如小王。"后来左某不但以诚意挽留了这几位竞争者，而且还根据他们各自的特长做出了相应的安排。宽厚的气度使他赢得了大家的尊重，也使他在工作中取得了显著成就。他上任没多久，单位就取得了很大的业绩。

点评：左某之所以能得到同事的支持，妙诀就是不把功劳揽在自己一个人怀里，一句功劳是大家的，温暖的是人心，赢得的是尊重。

5）大局为重

同事之间由于工作关系而走到一起，就形成了一个利益共同体，其中的每一分子，都要有集体意识和大局意识。因此，在与上司、同事交往时，要尽量保持同等距离，即使和某些同事情趣相投、关系密切，也不要在工作场合显现出来，以免让别的同事产生猜疑心理；在与本单位以外的人员接触时，更要形成荣辱与共的"团队形象"观念，多补台少拆台，不要为自身小利而害集体大利；不可外扬"家丑"，对自己的同事品头论足甚至恶意攻击，影响同事的外在形象。

2. 与同事沟通的方法

1）重视团队合作

荀子说过，"人力不若牛，走不若马，而牛马为之用，何也？曰：人能群，彼不能群也。"这段话道出了团队合作的重要性。随着社会分工的越来越细，现代企业越来越强调员工之间的沟通协调。作为企业中的个体，无论自己处于什么职位，在保持自己个性特点的同时，都必须很好地融入集体。比尔·盖茨认为："小成功靠个人，大成功靠团队。"因此，在工作中同事要同心协力、互相支持、共同合作；需要大家共同完成的，要预先商定，配合中要守时、守信、守约；自己分内的事要认真完成，出现问题或差错时要主动承担责任，不拖延，不推诿；确需他人协助完成的，要使用请求的态度和商量性语气，不能居高临下、颐指气使。

【小故事】

天堂和地狱的故事

有一个人请求上帝带他参观一下天堂和地狱，希望通过比较选择自己的归宿。上帝答应了，先带他参观了由魔鬼掌管的地狱。进去之后，只见一群人，围着一个盛满了肉汤的大锅，但这些人看起来都愁眉苦脸、无精打采、一副营养不良、绝望又饥饿的样子。仔细一看，原来，每个人都拿着一只可以够到锅子的汤匙，但汤匙的柄比他们的手臂长，所以没法把东西送进嘴里。他们看来非常悲苦。

紧接着，上帝带他进入另一个地方。这个地方和先前的地方完全一样：一锅汤、一群人、一样的长柄汤匙。但每个人都很快乐，吃得也很愉快。上帝告诉他，这就是天堂。

这位参观者很迷惑：为什么情况相同的两个地方，结果却大不相同？最后，经过仔细观察，他终于看到了答案，原来，在地狱里的每个人都想着自己舀肉汤；而在天堂里的每一个人都在用汤匙喂对面的另一个人。结果，在地狱里的人都挨饿而且可怜，而在天堂的人却吃得很好，非常快乐。

点评：团队合作多么重要，在和谐的团队人们在帮助别人的同时也得到别人的帮助，在相互帮助中，让我们体会到了和谐人际关系的幸福快乐。

2）懂得相互欣赏

人是具有能动思维的主体。人所具有的这种特性，表现在工作中就是有一定的价值目标，即追求理想和信念的成功，也就是成就感。人的成就感包括职业感和事业感两方面。职业感体现为个人对本职工作的态度；事业感则体现为个人追求被群体和社会承认的较高层次的成就。因此，职场人士都有得到赞许的欲望，都希望自己的职业和工作受到别人的重视，得到恰如其分的评价和鼓励。懂得了这些，我们就会在长期共事的过程中，善于发现同事的优点、长处及工作中取得的成绩和进步，并及时地给予肯定和赞美。欣赏是人际关系的润滑剂。一句由衷的赞美，既可以表达对同事的尊重，又会赢得对方的好感，进而融洽彼此之间的关系。

3）主动交流沟通

人际关系是在"互动"中发生联系和变化的。人际关系要密切，注重彼此的交往是前提。因此，在紧张的工作之余不妨主动找同事谈谈心、聊聊天或请教一些问题等，以便加深印象、增进了解。在主动沟通中应把握以下几点：一是选择合适的时间、场合及易引起对方兴趣的话题；二是保持诚恳、谦虚的态度；三是善于体察对方的心理变化，因势利导、随机应变；四是讲究语言艺术，选择"商量式""安慰式""互酬式"等语言并注意分寸。

4）保持适当距离

"过密则狎，过疏则间。"同事之间保持适当距离，为人处世才可能客观、公正。每个人都有自己的私人空间，搞好职场人际关系并不等于无话不谈、亲密无间。有时同事之间摩擦不断、矛盾重重，恰恰是由于交往太过密切、随意，侵犯了别人的隐私。所以，当自己的个人生活出现危机时，不要在办公室随意倾诉；要尊重同事的权利和隐私，不打探同事的秘密，不私自翻阅同事的文件、信件，不查看对方的电脑；对同事不过多地品头论足，更不要做搬弄是非的饶舌者。

【小案例】

焦先生的后悔

焦先生刚刚调入某局一个月，一个月来由于他处处小心做事，每每笑脸相迎，所以同事们对他的态度也颇为友善，竟不曾遇到他所担心的任何麻烦。一天，全科室的人决定一块儿去餐厅聚餐以度周末，也邀请了焦先生。席间大家有说有笑，无所不谈，其中有一名同事与焦先生最谈得来，几乎把局里的种种问题，以及科里每位同事的性格、缺点都尽诉无遗。焦先生一时受宠若惊，加之对局里的人事一无所知，很珍惜这样一位"知无不言，言无不尽"的同事，彼此显得相当投机，于是开始放松自己的防卫，便将一个月来看到的不顺眼、不服气的人和事通通向这位同事倾诉而后快，甚至还批评了科里一两个同事的不是之处，借以发泄心中的闷气。

不料这位同事竟是个翻云覆雨之人，不出几日便将这些"恶言"转达给了其他同事，这令焦先生狼狈之极，也孤立之极，几乎在科里没了立足之地。这时焦先生才如梦初醒，悔不该一时激动没管好自己的嘴巴，忘记了"来说是非者，必是是非人"这样一个浅显的道理。

点评：初到新环境中，必须学会与同事保持一段距离，凡事采取中道而行，适可而止。在大家面前不要轻易显露行动及言行，学习做个聆听者，"人不犯我，我不犯人"，公平对待每一位同事，避免建立任何小圈子，对谣言一笑置之、深藏不露，如此才能尽快适应新环境，打开新局面，成为办公室中的生存者，而非受害者。（谢红霞）

3. 与同事沟通的禁忌

同在一单位，甚至同处一个办公室，每天都要见面谈话，谈话的内容可能无所不包，涉及工作内外的方方面面。因此，在日常沟通中如何把握分寸，就成了不可忽视的一个环节。

1）不谈论私事

办公室不是互诉心事的场所，虽然这样的交谈富有人情味，能使彼此之间变得亲切、友善。据调查，只有不到 1%的人能够严守别人的秘密。因此，当自己的生活出现危机，如失恋、婚变等，不宜在办公室里倾诉；当自己的工作出现危机，如工作不顺利，对老板、同事有意见，更不应该在办公室里向人袒露。我们不能把同事的"友善"和朋友的"友谊"混为一谈，以免影响正常的工作秩序和自身的形象。

2）不好争喜辩

同事之间在某些问题上发生分歧很正常，尤其是在座谈、讨论等场合。当别人提出不同意见时，要尊重对方，认真倾听，不随意打断，不急于反驳，在清楚了解对方观点及其理由的前提下，语气平和地陈述自己的观点，并提供支持的理由。切不可抱着"胜过对方"或"证明自己是对的，对方是错的"心态一味地争执下去，否则就会影响彼此关系，伤害别人的自尊。

3）不传播"耳语"

所谓"耳语"，即小道消息，是指非经正式途径传播的消息，往往传闻失实，并不可靠。在一个单位里，各方面的"耳语"都可能有，事关上司的"耳语"可能更多。这些耳语如同噪声一般，影响着人们的工作情绪。对此，应该做到"三不"：不打听，不评论，不传播。

4）不过分表现

表现自己并没有错。在现代社会，充分发挥自己潜能，表现出自己的才能和优势，是适应挑战的必然选择。但是，表现自己要分场合、分方式。美国戏剧评论家成廉·温特尔说过："自我表现是人类天性中最主要的因素。"人类喜欢表现自己就像孔雀喜欢炫耀美丽的羽毛一样正常，但刻意的自我表现就会使热忱变得虚伪，自然变得做作，最终的效果还不如不表现。

【小案例】

小马的表现

小马是一家大公司的高级职员，平时工作积极主动，表现很好，待人也热情大方。但一天，一个小小的动作却使他的形象在同事眼中一落千丈。那是在会议室里，当时好多人都等着开会，其中一位同事发现地板有些脏，便主动拖起地来。而小马似乎有些身体不舒服，一直站在窗台边往楼下看。突然，他走过来，一定要拿过那位同事手中的拖把。本来地差不多已拖完了，不再需要他的帮忙，可小马却执意要求，那位同事只好把拖把给了他。

刚过半分钟，总经理推门而入，他正拿着拖把勤勤恳恳，一丝不苟地拖着。这一切似乎不言而喻了。从此，大家再看小马时，顿觉他假了许多，以前的良好形象被这一个小动作一扫而光。

点评：在工作中，往往有许多人掌握不好热忱和刻意表现之间的界限。不少人总把一腔热忱的行为演绎得看上去是故意装出来的，也就是说，这些人学会的是表现自己，而不是真正的热忱。热忱绝不等于刻意表现。在需要关心的时候关心他人，在应当拼搏的时候努力付出，真诚自然，谁都会赞许。而不失时机甚至抓住一切机会刻意表现出自己"与群众打成一片""关心别人""是领导的好下属"，则会让人觉得虚假而不愿与之接近。

5）不当众炫耀

在人际交往中，任何人都希望得到别人的肯定评价，都在不自觉地维护着自己的形象和尊严。如果当众炫耀自己的才能、长相、财富、地位等，处处显出高人一等的优越感，那么无形之中就是对他人自尊与自信的挑战与轻视，会引起别人的排斥心理乃至敌对情绪。因此，在与同事相处过程中，应该谨小慎微，认真做事，低调做人，即使自己的专业技术很过硬，深得老板赏识和器重，也不能过于张扬。

爱吹嘘的多娜小姐

多娜小姐刚到公司的时候，最喜欢吹嘘自己以前在工作方面的成绩，以及自己每一个成功的地方。同事们对她的自我吹嘘非常讨厌，尽管她说的都是千真万确的事实。她与同事们的关系因此弄得很僵，为此，多娜小姐很烦恼，甚至无法在公司里继续工作了。

她不得不向职业专家请教。专家在听了她的讲述之后，认真地说："唯一的解决方法就是隐藏你自己的聪明以及所有优越的地方。他们之所以不喜欢你，仅仅是因为你比他们更聪明，或者说你常常将自己的聪明向他们展示。在他们的眼中，你的行为就是故意炫耀，他们的心里难以接受。"多娜小姐顿时恍然大悟。她回去后严格按照专家的话要求自己。从此，她总是先请对方滔滔不绝地把他们的成绩讲出来，与其分享，而只是在对方问她的时候，才谦虚地说一下自己的成绩。很快，公司同事们就改变了对她的态度，慢慢地，她成了公司最有人缘的人。

点评： 可见，炫耀让人讨厌，谦虚赢得信赖。你尊重别人，别人才会尊重你，才能与同事建立良好的关系。

6）不直来直去

我们常常认为心直口快是一种难得的品质，有话就说，直来直去，给人以光明磊落、酣畅淋漓之感。其实，不分场合、不看对象的直率，往往也会成为沟通的障碍，特别是当我们有求于对方或者发表不同见解的时候，更不能颐指气使、直截了当。

7）不随便纠正或补充同事的话

日常交流过程中，可以对某个问题发表自己的见解，但不要随意纠正或补充同事的话，除非工作需要或对方主动请教。否则，会有自以为是、故作聪明之嫌，也会无意损伤对方的自尊心。

【小案例】

怎样与同事沟通

小张本是个心直口快的人，说话向来不会含蓄婉转，所以经常得罪同事。一次，饮水机没水了，他对同事小刘说："帮个忙换桶水吧，就你闲着。"小刘一听不高兴了："什么就我闲着？我在考虑我的策划方案呢。"小张碰了一鼻子灰。

小张跑到销售部："吴经理，你给我把这个月的市场调查小结写一下吧。"吴经理头也没抬，冷冷地说："刚当上管理员，说话就是不一样。"显然吴经理生气了。小张想，我也没说什么呀。他顺手拿起打印机旁的一份"客户拜访表"问："这是谁制的表？"吴经理的助理夺过表格："你什么意思？"

当天，几个同事在一起谈话，让小张说说对公司管理的看法，小张竹筒倒豆子一吐为快："我认为目前我们公司的管理非常混乱，有令不行，有禁不止，简直一个乡下企业。"大家不爱听了，认为他话里有话。

一会儿同事小王问小张，某某事情可不可以拖一天，因为手头有更重要的事情在做。"有这么做事情的吗？你别找理由了，这可是你分内的事，反正又不是给我做，你看着办！"小张声色俱厉地说。小王也不甘示弱，说："喂，请注意你的言辞。你以为你是谁呀？我就是没时间。"小张气得发抖："我怎么了？本来就是这回事嘛，我不过是实话实说。"

思考： 小张的同事关系何以如此紧张？你若是小张，你将怎样改善同事关系？

4. 劝慰同事的技巧

俗话说：患难见真情。当同事在工作中遇到了麻烦，本人或者家中遭遇了不幸，我们理应伸出援助之手，努力为对方排忧解难，给同事以安慰和鼓励，这是人之常情，也是一种为人处世的美德。但是，要使劝慰真正收到实效，就必须掌握劝慰的艺术。

【小案例】

口舌拙笨的小王

小王被分配到机关工作，本是件令人开心的事，但是上班几个月以来，小王却感到很郁闷，由于自己口舌拙笨，总是让同事不高兴。一次，奔丧回来的老李来到办公室，小王马上站起来安慰他说："听说你岳母大人被车撞死了，我们都很难过，希望你节哀顺变。"老李面色阴沉地走出办公室。

1）劝慰同事的基本要求

这主要有以下四个方面。

（1）同情而非怜悯。当一个人遭到挫折和不幸的时候，十分需要别人的同情。真正的同情，是站在完全平等的地位上交流思想感情，给对方以精神和道义上的支持，并分担对方的感情痛苦，使不幸者痛苦、懊丧的消极情绪得以宣泄，并逐渐消除心理上的孤独感，不断增强战胜困难的信心。怜悯则是对不幸者的感情施舍，其结果，要么是刺伤不幸者的自尊心，从心理上拒绝接受；要么使不幸者更加心灰意冷，无法振作精神重新站起来。

（2）鼓励而非埋怨。遭遇挫折和不幸的人，由于一时无法摆脱感情上的羁绊，往往会垂头丧气，消极悲观。此时，最重要的是通过积极鼓励，给予信心和勇气，让他在困难的时候看到前途和希望。一味埋怨只会使不幸者更加悲观，个别情感脆弱的人甚至会走上极端。

（3）安抚而非教训。当一个人遭到挫折，精神处于迷惘状态时，特别需要有人，针对他此时此刻的心理，循循善诱，积极开导，帮助对方解除忧愁，驱散烦恼。如果以教训人的口吻讲大而空的道理，只能使对方更加不安，甚至产生破罐子破摔的情绪。

（4）选择恰当时机。劝慰效果的好坏，很大程度上取决于能否选择恰当的时机。对生老病死等突发事件要注意及时安慰。当一个人情绪处于失控的情况下，任何劝慰都听不进去，就要等他冷静下来后再去交谈。

2）劝慰同事的技巧

这主要有以下几个方面。

（1）劝慰事业受挫者。对于胸怀大志而又在事业上屡遭挫折和失败的同事，最重要的是对其事业的充分理解和支持。在劝慰过程中，应注意理解多于抚慰，鼓励多于同情。最好的安慰是帮助其总结经验教训，分析面临的诸多有利和不利条件，克服灰心丧气的情绪，树立必胜的信心。

（2）劝慰患病者。一般来说，生病的人都会感到心情烦躁，有些病人还会顾虑重重，因病住院者更常常感到寂寞、孤单和愁闷。在探望生病的同事时，要视其具体情况思考谈话内容。对于身患重症、绝症的同事，即便友情再深，也不能在其面前流露哀伤情绪，以免给病人造成精神上的压力和负担，而应选择较为愉快的事情进行交谈，并多讲些安慰和鼓励的话。

（3）劝慰丧亲者。如有同事的亲人去世，其悲伤的心情可想而知。安慰同事时，专注的倾听尤其重要，要倾听对方的回忆和哭诉，让其悲痛的心情得以宣泄和释放，这样有利于对方恢复情绪。此外，还应与同事多谈死者生前的优点、贡献以及后人对他的敬仰怀念，因为，对死者的评价越高，其亲属就越感到宽慰，进而也能尽快从丧亲的沉重与悲痛中走出来。

（4）劝慰受轻视者。在现实生活中，那些因能力平平或其他原因而被上司和同事轻视的人，往往都存在一个共同的心理缺陷——自卑。因此，劝慰时应多讲些成功人士的典型事例，鼓励对方不要向现实屈服；同时，要善于挖掘对方身上不易觉察的优点和长处，从而唤醒他的自尊心和自信心，使其坚信只要充分发挥自己的主观能动性，就一定能够取得成功，赢得别人的尊重与信赖。

此外，劝慰应注意：避开对方的痛处和能够引起对方伤感的相关讯息；认同对方的感受，以示理解和同情；引导对方把注意力集中到如何解决问题上；控制好自己的情绪；真诚地关心对方，经常关心对方的生活与工作。

三、与下属沟通口才

1. 与下属沟通的意义

【小案例】

与下属沟通不当

美容师小张和小李都是新来的员工，小张热情大方能说会道，吸引顾客来开卡消费的数量比小李多，因此受到店长赵姐的认可，在员工会议上赵姐多次对小张提出了表扬。而小李却寡言少语，只听说她很踏实。眼看两个月的试用期快到了，小李的业绩还不足小张的一半，赵姐就特别找她沟通了好几次，每次都希望她向小张多多学习口才，但每次她都发现小李听后都一脸郁闷，欲言又止。不久后，小李便辞职走人了。接下来，赵姐却发现小张的开卡数量在小李走后，居然没有增加一单，反而流失了好多客户。

身为管理者，一定要注意做好与下属的沟通，才能知人善用，发挥人才的最大价值。在进行沟通时，也要注意运用恰当的方式和技巧，才能达到沟通的目的。

此时，老员工周姐向她说了些情况后，赵姐才知道原来能言善道的小张技术不佳，大部分她说服做疗程的客户都是在经过技术能力合格的小李护理后，才决定留下办卡。此时的赵姐才猛然醒悟，由于自己跟下属的沟通不当，严重伤害了对方的工作热情，最终丢失了一个忠诚的核心员工。

点评：作为管理者，与下属的沟通，绝对不是聊天和谈工作这么简单，因为与下属沟通最大的目的，就是要通过沟通，充分调动下属的积极性，使他们的潜力得以最大限度地发挥。如果沟通的此目的不能达到，你和下属的对话要么属于寒暄，要么可能成为对方离开的导火索。

管理者不仅要把工作设计成为生产产出过程，更应该设计成为人和人交流、协作、沟通，实现员工深层交往需要以及个性、心理满足的过程。管理者必须了解员工的观点、态度和价值，努力帮助员工在工作中实现其价值。实现这一目标的根本途径即是面对面的语言沟通，没有沟通，就没有了解；没有了解，就没有全面、整体、有效及平衡的管理过程。

在现实生活中，上下级出现沟通问题屡见不鲜。管理者在处理人与人之间的各种矛盾时谴责、贬斥、误解，或是以一种"我是领导我怕谁"的态度对待别人，都会把事情搞糟。即使在世界著名的大公司，类似的事件也屡见不鲜。

【小案例】

总裁史蒂芬·盖瑟的转变

美国银行前总裁史蒂芬·盖瑟曾经亲身体会到作为领导者与下级沟通的重要性。20世纪80年代末期，大学刚毕业的他就在一家大规模的投资公司任业务主管。他在洛杉矶西区拥有住宅，开着一辆奔驰，时年不过25岁。此时他自认为能力出众，可以呼风唤雨、无所不能，而且在他人面前也毫不掩饰这种自大的态度。

20世纪90年代以后，美国经济开始萎缩，裁员的风暴无情袭来。起初他不以为然。可没想到有一天，老板对他说："史蒂芬，你的能力没话讲，可是问题出在你的态度上，公司里没有人愿意与你配合，我恐怕必须请你离开公司。"

这真是晴天霹雳，像他这样的人才居然被开除了！此后，经过几个月求职的挫折，他以前那种自大的态度已荡然无存。他终于意识到应该与他人有效沟通，并帮助那些处境不如自己的人。他换了一种态度去待人，变得更有人情味、更可爱、更能共事了。之后周围的人也开始关心他，三年后，他又回到高级主管职位，只不过这一次周围的同事都是他的朋友了。

身为领导，不管工作多么繁忙，都要保留与下属沟通的时间。美国前总统里根被称为"伟大的沟通者"，在漫长的政治生涯中，他深切体会到与自己的服务对象沟通的重要性。即使在总统任期内，他也保持着阅读来信的习惯。他请白宫秘书每天下午交给他一些信件，再利用晚上的时间在家里亲自回复。克林顿总统也常常利用传媒与人们面对面交流，借此了解他们的想法，表达对他们的关切。即使无法解决所有人提出的问题，但总统亲自到场聆听人们的意见，表达自己的想法，这本身就具有沟通的意义。

真正有效的沟通并不妨碍工作，比如开会、讨论、走廊里的短暂同行、共进午餐的时机，等等，都是进行沟通的机会。要成功地与下属沟通，关键点有三个：一是怀有真诚的态度，不走形式；二是保持开放的心态，不搞"一言堂"；三是主动创造沟通的良好氛围，不咄咄逼人。

【小贴士】

上司喜欢下属的品质

爱岗敬业，忠诚可靠。

独当一面，开拓创新。

自觉主动，服从第一。

乐观向上，勇担责任。

善于沟通，乐于合作。

2. 与下属谈心的技巧

有这样一则寓言：

一把结实的锁挂在铁门上，一根铁杆费了九牛二虎之力还是无法将它撬开。钥匙来了，它瘦小的身子钻进锁孔，只轻轻一转，那大锁就"啪"的一声开了。铁杆奇怪地问："为什么我费了那么大气力也撬不开，而你却轻而易举地把它打开了呢？"钥匙说："因为我最了解它的心。"

领导的才能不是表现在告诉员工如何完成工作，而是使得员工发挥能力去完成它。因此，身为领导，必须注意通过语言沟通，了解本单位、本部门每个员工有形的和无形的需求，并设法满足其正当需求，如此，员工才会更忠诚、更有凝聚力。而在实际管理工作中，领导者往往重视自身的带头示范作用，却忽视了跟员工的沟通，尤其是上、下级之间的真诚谈心。

1）贴近下属，寻求沟通

下级对上级，往往存在各种各样的心态：试探、戒备、恐惧、对立、轻视、佩服、无所谓，等等。有的员工在上级面前唯唯诺诺，不敢说话，在同事面前则落落大方，侃侃而谈。因此，身为领导应该避免使用命令、训斥的口吻讲话，要放下架子，以平易近人、亲切和蔼的姿态去寻求沟通。如经常深入基层和员工之中，通过召开座谈会、个别访谈、即时聊天等形式，了解员工关心的焦点问题，征求员工的意见和建议，关心员工的工作和生活。只有这样，下级才会敞开心扉，畅所欲言。

善沟通的奥田

奥田是丰田公司第一位非丰田家族成员的总裁，在长期的职业生涯中，奥田赢得了公司内部许多人士的深深爱戴。他有1/3的时间在丰田城里度过，常常和公司里的多名工程师聊天，聊最近的工作，聊生活上的困难。另有1/3的时间用来走访5 000名经销商，和他们聊业务，听取他们的意见。

2）仔细倾听，适时提问

沟通艺术的核心在于仔细倾听和适时提问。一个优秀的领导人应该具备"作为一个听者所拥有的非凡技能"和一针见血地提出问题的能力。通过聆听，充分体味下属的心境，了解信息的全部内容；通过提问，促进沟通的深化，探究信息的深层内涵。二者均可为准确分析反馈信息、调整管理方式提供客观依据。因此，在谈心过程中，领导要尽量少说多听，不随意插话，不轻易反驳；提问要言语简洁，要等对方说完或者说话告一段落时再进行提问。

3）设身处地，换位思考

站在他人立场上分析问题，能给人以善解人意、体察入微的印象。要做到这一点，知己知彼十分重要，唯有知彼，方能从对方立场上考虑问题。这就需要领导经常深入基层开展调研，及时了解和掌握下属的思想动态和关心的利益所在。在谈心时，要善于联系对方的身份、职位和目前的工作、生活境况去揣摩对方心理，做到想对方之所想，急对方之所急，以真正理解对方的思想观点。

【小案例】

关心

财务部陈经理结算了一下上个月部门的招待费，发现有一千多元没有用完。按照惯例他会用这笔钱请手下员工吃一顿，于是他走到休息室叫员工小马通知其他人晚上吃饭。

快到休息室时，陈经理听到休息室里有人在交谈，他从门缝看过去，原来是小马和销售部员工小李两人在里面。

"呃"小李对小马说，"你们部陈经理对你们很关心嘛，我看见他经常用招待费请你们吃饭。"

"得了吧！"小马不屑地说道，"他就这么点本事来笼络人心，碰到我们真正需要他关心、帮助的事情，他没一件办成的。你拿上次公司办培训班的事来说吧，谁都知道假如能上这个培训班，工作能力会得到很大提高，升职的机会也会大大增加。我们部几个人都很想去，但陈经理却一点都没察觉到，也没积极为我们争取，结果让别的部门抢了先，我真的怀疑他有没有真正关心过我们。"

"别不高兴了，"小李说，"走，吃饭去吧。"

陈经理只好满腹委屈地躲进自己的办公室。

思考：本案例中，陈经理与部下在沟通上存在什么问题？假如你是陈经理，你会怎么做？

4）拉近距离，平等交流

谈心伊始，要特别重视开场白的作用。可以先拉几句家常，开一些善意的玩笑，以消除对方的拘束感，拉近双方心理上的距离，然后再慢慢引出正题。在阐述自己观点时，要有平等的姿态，晓之以理，动之以情，不以势压人，不训斥命令；音量适中，语气平和，语调自然，态度和蔼；手势或动作幅度不宜过大；多采用商量性的口吻，如"你觉得我的话有道理吗？""你同意我的意见吗？"

【小故事】

艾森豪威尔与士兵

艾森豪威尔是第二次世界大战时的盟军统帅。有一次，他看见一个士兵从早到晚一直挖壕沟，就走过去跟他说："大兵，现在日子过得还好吧？"士兵一看是将军，敬了个礼后说："这哪是人过的日子哦！我在这边没日没夜地挖。"艾森豪威尔说："我想也是，你上来，我们走一走。"艾森豪威尔就带他在那个营区里面绕了一圈，告诉他当一个将军的痛苦和肩膀上挂了几颗星以后，还被参谋长骂得那种难受，打仗前一天晚上睡不着觉的那种压力，以及对未来前途的那种迷惘。

最后，艾森豪威尔对士兵说："我们两个一样，不要看你在坑里面，我在帐篷里面，其实谁的痛苦大还不知道呢，也许你还没死的时候，我就活活地被压力给压死了。"这样绕了一圈以后，又绕到那个坑的附近的时候，那个士兵说："将军，我看我还是挖我的壕沟吧！"

3. 调节下属矛盾的方法

只要有人的地方，就必然会有矛盾与冲突发生，而矛盾与冲突的结果，不仅会破坏人与人之间的和谐关系，而且会削弱一个集体的凝聚力和战斗力，降低整个团队的声誉和绩效。因此，领导者的日常管理活动之一就是处理下属之间的矛盾与冲突。

那么，怎样正确处理下级之间的矛盾，营造和谐、积极的工作氛围呢？

1）事前有预案

识别冲突，调解争执，是管理者最重要的能力之一。当发现下属间发生冲突时，如果盲目调和，往往收效甚微，搞不好还会火上浇油，弄巧成拙。因此，要对冲突的原因、过程及程度等做详尽的了解后，研究制定出可行的调和方案，并按方案进行调和。

2）大局为重

现代社会的一个重要特点就是分工严密，这样可以提高工作效率，但同时也带来了一个不可避免的缺陷，这就是彼此之间缺乏相互了解。在诸多的矛盾与冲突中，虽然双方在各自的利益上产生纷争，但共同的目标还是一致的，因此管理者应让冲突双方清醒地意识到，单纯地指责对方是无济于事的，只有相互配合、密切协作才能解决纷争，才能实现团队的共同目标。事实上，当双方均以单位的整体利益为重时，心中的怒气就会化为乌有。

3）换位思考

在局部利益冲突中，双方所犯的错误多半是只考虑自己，以自己为中心，而不能体谅对方。要让他们互相了解、体谅对方的最好办法，莫过于各自站在对方的立场上去考虑问题。当双方确实做到这一点后，可能就会握手言和、心平气和地协商一种积极的解决冲突的方法。孔子说"己所不欲，勿施于人"，正是设身处地、从对方角度看问题而得出的结论。

4）折中调和

领导是下属之间矛盾的最终仲裁者。仲裁者要保持权威，就必须坚持公平、公正的原则。如果偏袒一方，就会使另一方产生不满和对立情绪，进而加剧矛盾，甚至将矛盾转化为上下级之间的矛盾，使矛盾性质发生变化。所以，冷静公允，不偏不倚，是处理下属矛盾时最起码的原则，尤其是在调节利益冲突时。此外，很多情况下冲突双方均各有道理，但又各执一词，很难判断谁是谁非。这时候，折中协调、息事宁人是最好的解决办法。

5）创造轻松气氛

发生冲突的双方均抱有成见和敌意，所以在进行调解时缓和气氛很重要。调解不一定在会议上或办公室里进行，有时在餐桌上、咖啡厅或领导家里效果反而会更好。

总之，下属之间的矛盾冲突是多样的，调和的办法不能千篇一律，要在实际工作中根据不同的冲突对象、起因及程度采用灵活的技巧来加以调解。

【电影赏析】

从《杜拉拉升职记》学职场沟通

《杜拉拉升职记》影片讲述了职场女性杜拉拉在外企经历八年，从一个职场菜鸟，到见识各种职场变迁及职场磨炼，最终成长为一个专业干练的 HR 经理，同时收获爱情的故事。定位准确是电影《杜拉拉升职记》成功的一大关键，在中国，白领人群可以千万来计，庞大的受众群体，职场加爱情的剧情，再加上全面宣传，使得《杜拉拉升职记》大火，上映 13 天即宣告票房破亿。

影片中有很多经典对白，被很多职场人奉为经典，如：

1. EQ 在斗争中成长得最快。

2. You deserve it！——名至实归和罪有应得。

3. 升职前，拉拉打心眼觉得自己坐经理位子绝对胜任，到她真正坐到这个位子才发现，原来这个位子上的很多活，是自己以前不了解的。

4. 经理以下级别叫"小资"，就是"穷人"的意思，一般情况下利用公共交通上下班，不然就会影响还房贷。

5. 经理级别算"中产阶级"，阶级特征是他们买的第一个房子不需要贷款，典型的一线经理私家车是"宝来"。

6. 总监级别是"高产阶级"，"高产"们有不止一处住房，房子得是在好地段的优质房产或者"别墅"，可以自愿享受公司提供的商务车，或同等价格的补贴自己买车，和车相关的所有费用完全由公司负担。

7. VP 和 president 是"富人"，家里有管家和门房，公司给配着专门的司机，出差坐头等舱。

8. 爱情不是用来考验的，而是用来珍惜的，对女孩儿而言，青春苦短，守着一份变数太大的爱情是最大的危险。

9. 当痛苦有了一个时限，当事人就有了一个熬出头的指望，每过一天，你都知道你正在离痛苦更远。

10. 多参加集体活动，能增加良性进程。

11. 商业行为准则，就是公司用正式的书面形式，告诉员工什么可以做、什么不可以做，如果非做会受到什么样的处罚等，公司通过这套准则让员工明白，这里的企业文化认为，什么是道德的，什么是不道德的。

12. 忠诚源于满足。入职培训的忠诚教育，不仅源于洗脑者的需要，也源于被洗脑者的需要。这和婚姻没有什么两样，人们越满意自己的配偶，越为自己的配偶骄傲和自豪，就越愿意忠诚于自己的配偶。

13. 真正的外企，500 强跨国企业，不需要背《陋室铭》，更不会有性骚扰，而且老板肯定很忙，没有兴趣让我伺候他吹牛两小时，就算老板吹牛吧，一定也吹得非常有魅力。

第二节　应 聘 面 试

【小案例】

小林成功应聘

应届毕业生小林到一家外资公司应聘，他顺利地通过了笔试和前两轮面试，这一天是最后一轮面试了。小林前面已经有 5 名面试者，他们先后沮丧地走出面试室，从他们的表情可以得知，面试情况不大理想。

小林进入面试室前敲了敲门，得到允许后，进门后坐在人事经理老邓对面。老邓不动声色地问了几个问题，突然，他将小林的简历递过来说："你的专业与所申请的职位不对口。"

小林一愣，招聘启事上明明写了"专业不限"，而且自己的简历也通过了筛选。他接过简历，认真地望着老邓的眼睛，回答说："公司有很多专业人员，如果进入公司，我会学得很快。同时，21 世纪最抢手的就是复合型人才，而外行的灵感也许能超过内行，因为他们没有思维定式，没有条条框框。"

老邓的眉头拧紧了，紧接着他一连指出小林身上好几个不足，如工作经验不够丰富、性格内向、不善于与人沟通。老邓的说法相当准确，他几乎一眼看穿了小林。面对老邓表示面试就此结束的冷漠表情，小林不卑不亢地说："您说得很对，我身上有很多缺点，但也有很多优点。我相信，即便不能得到这份工作，在以后的日子里，我也会在发扬自己优点的同时，努力去弥补自己的不足！当然，我还是非常期待能在贵公司谋得一个职位的。"

说完，小林准备起身离开，不料老邓却热情地伸出了手："恭喜你，年轻人，你用你的自信通过了我们最关键的一次面试。"原来老邓的步步紧逼不过是他面试的一种方式。前面 5 名应聘者就是因为禁不住接二连三的否定，情绪陷入低落沮丧而被淘汰。

问题：

（1）老邓为什么要采用这样咄咄逼人的面试方式？他的目的是什么？

（2）小林为什么能应聘成功？他成功的关键因素是什么？

（3）本案例给你哪些启示？

面试是在特定场景下，经过组织者精心设计，通过面试官与面试者面对面地观察、交谈等双向沟通方式，由表及里考察面试者的知识、能力、经验等能力特征和个性品质的一种人事测评手段。面试，问的是问题，听的是底气，察的是神态举止，析的是心理，判的是综合素质。通过面试，用人单位重点了解面试者的语言表达能力、思维能力、处事能力、仪容仪表，以及对一些问题的看法和其他不能通过笔试反映出来的综合素质，以弥补笔试的不足，有利于全面、公正地考查面试者。为了成功敲开职场大门，应聘面试者必须重视面试口才。

一、面试口才的原则

面试口才的原则如下。

1. 尊重对方

求职面谈时，首先，要尊重对方，不能因为招聘者的学历、职称、年龄或资历不如你优越，你就轻视对方。尊重对方、赏识对方，可以使招聘者增加对你的好感；其次，要善解人意，无论对方提出什么问题，你都应该从积极的角度去理解，而不是一味地产生对立情绪，认为是故意刁难你。如某科学院一名博士生毕业时向北京一所高校发出了求职信，并接到了面试的通知书。这位博士生读博士前就已被评为讲师，只是家属工作单位在外地。面谈前，高校的人事干部做了大量的工作，疏通了各种渠道，初步办好了接收工作。可是见面交谈时，这位博士发现坐在自己面前的是一位不足 30 岁的年轻小伙子，于是他不仅流露出不尊重对方的神情，而且还刨根问底地询问对方，处处显示出优于对方、待价而沽的情绪，引起了对方的反感，结果毁了一桩好事。这位博士抱着"此处不养爷，自有留爷处"的自信转了十几个单位，可是，不是因为名额已满，就是因为不能解决夫妻两地分居的问题而告吹。当他再次找到这所高校时，对方已录用了另外一名硕士毕业生。其实那位和他面谈的年轻人正是录用他的关键人物，虽然看上去年轻，却已是留美博士生，并且是某个国家重点项目的负责人。人事部门有意安排他来负责招聘，主要是从将来开展博士后研究的角度着想的。事后，这位年轻人说："这位求职者不仅仅是外语水平不符合要求，关键是妄自尊大，目空一切，好像不是他在求职，反倒是我在求职，这种人即使在国外也很难找到合适的工作。而我们现在录用的这个研究生，家也在外地，不但专业水平和外语水平较高，关键是人很谦虚，很有发展前途。"

2. 充满自信

求职时既要自知，更要自信。求职过程中的自信表现，就是在自大与自卑之间选择合适的一个度，既不过分张扬，也不过分卑下，是指围绕着求职、面试的主题，进行自我介绍并回答面试官的问题，也是指在适当的时候，可借题发挥，进一步展示自己的能力与才华。如果在自信的基础上加以训练，就一定能够使求职者在真正的面试舞台上，超水平发挥。

【小案例】

自信的回答

2016年宁波某房地产公司面试有这样的问题："请你给我10个进入本公司的理由。"多数应聘者都硬着头皮搜肠刮肚找理由，有的给不到10个，有的一个理由重复好几遍，有的支支吾吾下不来台。只有一个应聘者回答："不好意思，我实在没有10个理由，我只有一个进入贵公司的理由。"问："说来听听。"回答："我的理由就是，我自信我能够胜任这一职位。"然后，该应聘者从自己的专业及特长展开讲述，来支持她这个唯一的理由。毫无疑问，她充满自信，聪明的合时宜的"主动"，争取主动，赢得了面试官的"青睐"，获得了想要的职位。

3. 双向交流

富兰克林在其自传中讲道："说话和事业的发展有很大的关系，你出言不慎，将不可能获得别人的同情、别人的合作和别人的帮助。"在求职过程中，正确使用语言进行表达，无论是描述自己的情况、成绩或意向，还是回答面试官的问题，都是非常重要的。同样，通过求职交流，也会使求职者获得招聘公司的相关信息。只会答、不会问的求职者很难求职成功，因为无法发问、无法进行双向的交流就意味着一名求职者失去了自我思考的能力，而无法达到面试官的要求。

【小案例】

李小姐的求职兵法

在一次面试过程中，总经理对已打算淘汰掉的求职者李小姐说："李小姐，你的各方面素质都不错，只是你已成家有孩子，这点公司还要考虑一下。"

李小姐："我认为总经理的意见有一定的道理。如果我是总经理，可能也会这样想。"

总经理听了这句不卑不亢的回答，有点意外，也心生些许好感，微笑着点点头。

李小姐立即顺水推舟地说："公司的任务重，工作忙，谁都希望职工能够轻松上阵，而不是拖儿带女，东牵西挂地来上班。"总经理听到这开始哈哈大笑，有一种被理解和被认同的好感，又有一种心底里的想法被识破的尴尬。他本来想照顾求职者的面子，找一个托词委婉地拒绝求职者，没想到对方不但没有半点怨言，反而是理解地认同，多了一份体谅之情。

李小姐看到总经理的表情，赶紧乘胜追击话锋一转，说道："但是，我想事情还有另外一面，也许我的想法不一定对，不过，我还是想说出来请总经理指正。虽然对公司来说，最重要的是职工有责任心。但是，不当家不知柴米贵，不养儿不知父母恩，在生活中没有经过责任心训练的人，工作能有很强的责任心吗？我想，一个母亲与一位未婚女子对生活、工作责任心的理解是不会相同的，况且，我家里有老人照料家务，我绝不会因家庭琐事而影响工作，这一点我想请总经理放心。"听到这里，总经理不禁为之动容，连连微笑颔首。

这微笑中，既有被折服的愉悦，也有对求职者才思敏捷、口齿伶俐的赞赏。于是便当即拍板，决定录用。

点评： 在这次面试过程中，求职者就是通过她精彩的求职口才化被动为主动，由一个淘汰候选人一跃成为求职成功者，在这一案例中，良好的求职口才就是这位李小姐应聘成功的重要法宝。

二、面试的语言技巧

面试的语言技巧如下。

1. 仔细倾听

面试的实质就是与主试者进行信息交流从而获得全面评价的过程，在形式上充分体现在"说"和"听"上。因此，倾听是面试中的重要环节。应试者注意听，不仅显示对主试者的尊重，而且要回答主试者的问题首先必须注意听，只有通过专心致志地听，才能抓住问题的实质，否则，就可能不得要领，答非所问。因此，在面试中应注意以下几点：一是目光要专注，要有礼貌地注视主试者，并且要不时地与主试者进行眼神交流，视线范围大致在鼻子以下胸口以上，千万不要东张西望；二是尽量微笑，适时爽朗的笑声可以使气氛活跃，但绝不可开怀大笑；三是用点头对主试者的谈话做出反应，并适时说些简短而肯定对方的话语；四是身体要稍稍向前倾斜，手脚不要有太多的动作。

【小贴士】

应聘者怎样观察主试者

首先，应密切注意主试者的面部表情。如对方听了你的介绍，双眉上扬，双目上张，则是惊奇、惊讶的表现，可能表明，你就是他们理想的人选，有相识恨晚的感觉，这时你可能刚成功了一半，一定要锲而不舍。如果对方听了你的介绍后，皱眉，则表示不高兴或遇到麻烦无能为力等；也可能表明你不是他们的意中人，你则可以采取其他途径进一步努力。

其次，要密切注意观察主试者的目光。对方听你自我介绍时，双目直视前方，旁若无人，则他的眼睛无声地告诉你他是一个高傲的人、"了不起的人"，那么你说话时就要力争满足他的自尊心。如果对方的眼睛眨个不停，则他的眼睛告诉你他在表示怀疑，那么你就要力争把问题解释清楚。如果对方眯着眼看你，则表示他比较高兴，那么你的介绍可能打动了对方，再继续下去，就可能成功。如果对方白了你一眼，则表示他对你或你的某句话反感，这时你就要特别注意。总之，只要你认真观察，就会通过心灵的窗户——眼睛，把握对方的内心世界，力争主动权。

最后，注意主试者的反应所传出的信息。如果听者心不在焉，可能表示他对你说的这段话没有兴趣，你得设法转移话题；侧耳倾听，可能说明由于自己音量过小，使对方难以听清；摆头可能表示自己言语有不当之处。根据对方的这些反应，你要适时地调整自己的语言、语调、语气、音量、修辞，包括陈述内容，这样才能取得很好的面试效果。

2. 谦虚诚恳

在面谈中，应聘者如果能谦虚诚恳，则可立于不败之地，从而成功地叩响就业之门。因此，在求职过程中，求职者的真实与诚恳是成功应聘的首要条件，在真实诚恳的基础上，还要力求使自己的就业意向与应聘行业的岗位要求相一致，在面谈中尽量回避对自己不利的话题。

某设计院是国家甲级设计院，任务多、待遇高，不少应聘者竞相尝试，企求获得一职之位。其中，一名毕业于该市三流大学的毕业生前来应聘。他先自报所学的是机械制造专业，然后非常认真地询问对方有什么样的要求。设计院的一位老工程师告诉他主要是绘图工作。这位青年马上说："这是我最拿手的，我课余就帮人家绘图，三天一份，您可以当场测试。"老工程师露出了笑容。因为绘图虽然容易但也并非易事，这种工作单调、枯燥、乏味，年轻人如果肯干，看来不是个眼高手低者。老工程师又问："你搞过设计吗？"

"搞过四个设计，都获得了优秀，还有一个被实习时所在的工厂看中了。"他拿出了证书和获奖图纸。

老工程师饶有兴趣地边看边聊："搞设计要下现场，有时'连轴转'，你行吗？"小伙子拍着厚实的胸脯说："没问题，让干什么就干什么。"

"没问题！"这回是老工程师拍着胸脯了。

这位非名牌大学的毕业生之所以能顺利进入名牌设计院，关键在于他语言朴实但又不过分谦虚，表现出诚实稳重的品质。他当然知道自己应聘行业的岗位要求是要擅长绘图、能吃苦耐劳，于是就对自己在绘图方面的经验、成果，以及身体强壮、不怕辛苦等优势加以强调，至于自己是来自三流院校，甚至专业并不对口的事实就避而不谈了。

3. 毛遂自荐

在求职过程中，如何在众多的竞争对手中脱颖而出很重要，哪怕只是引起招聘者的注意。当我们在运用求职语言艺术时，"单刀直入、毛遂自荐"也不失为一种方式。我们可以开门见山，对招聘者直截了当地表明自己的选择意向。如果对方针对你的能力或学历提出任何异议也别担心，这恰恰是给了你一个说明和展示的机会。

在某市的大学生供需见面会上，市公安局某研究所的招聘桌前，围满了前来求职的大学生，大部分是男性公民。一位年轻的女学生硬是挤到招聘桌前，向招聘人员表明自己渴望从事刑事检验分析研究的工作。

招聘人员面露难色，因为这个研究所从来没有女工作人员，有的全是清一色的男性公民。可是，面对姑娘恳求的目光，招聘人员决定破例给这位姑娘一个机会。他说："工作人员需要下案件现场，遇到的尽是血淋淋的场面，姑娘家哪敢去呢？！"

"我就敢去！"这个姑娘快言直陈，毫不含糊，"让我抬死人，我也不怕。"

"你可别说大话，干这行没黑夜没白天，得随叫随到。"

"嘿，我假期打工就是给人家开车，跑起路来没点胆儿行吗？"说着她掏出了驾驶证。人事干部与研究所的干部当场拍板，并与之签订了聘用合同。

这个例子中的女大学生就是借用对方的"发难"，适时地用行动和语言展示了自己的优点和长处，反败为胜。

【小案例】

自我推销

文秘专业毕业的大学生聂晶，去谋求某电器公司销售经理助理，专业不对口，用人单位不满意，但她的"自我推销"很有新意。

"我叫聂品，三只耳朵三张口，就是没有三个头。"主持招聘的副总一听，饶有兴致地点头，示意她继续讲下去。她接着说："从事营销工作，重要的是具备收集信息的能力和沟通能力。假如贵公司要我施展才能的话，我虽然做起工作来没有三头六臂，但我一定会有'三只耳朵'——倾听、收集八方市场信息；一定会有'三张嘴巴'——用伶牙俐齿说服客户，靠巧舌如簧与客户谈判……"

副总经理见她自报家门的方式独具创意，便断定她是一个思维敏捷，有良好口语表达能力的人，而这正是他们公司渴求的人才，便破格录用了她。

4. 巧用反问

在面试过程中，有些招聘者会针对你的薄弱环节进行发问，其目的有两个：一是确实发现你有不足之处，想得到你的解释；二是想看看你的应变能力和回答技巧。这时，应聘者一定要沉着冷静，迎难而上，用反问的形式巧妙地回答问题。反问句是语言中的"盐"，它能比较强烈地表达自己的心声和感情，在面试中恰当运用，也能使语言出彩。

小丁到一家轿车维修中心求职，论学历，该中心要求大学本科毕业，而小丁只是个中专毕业生；论技术，该中心要求会维修桑塔纳轿车，而小丁只修过摩托车，并且是业余的，可他却凭着自己出彩的语言，打动了经理，获得了成功。在面试中，经理最后对小丁还有些不放心，又提出了一个问题："那你学会修轿车以后，是不是又要'跳槽'呢？"小丁一听，灵机一动，答道："咱们这个企业效益这么好，我为什么要'跳槽'呢？我去哪里不是为了生活？我没有过高的奢望，只要出师后，能维持一个普通人的生活就行了。当然，如果有一天，咱们的企业也像我原先所在的单位，连每月 300 元的工资都发不下来，经理，您到时候会让我永远在这儿待下去吗？我希望咱们的企业能永远兴旺发达，对这一点，您不是也在苦苦追求吗？"一席话，彻底把经理打动了。

在这里，小丁用第一个反问句，变被动为主动，非常巧妙地讲明了自己"跳槽"实属无奈之举，并非"朝秦暮楚"。接着又用第二个反问句，既充分表达了对经理领导能力的信任，又表明了自己"心系企业"的心情，入情入理，亲切感人。

5. 少用"我"字

由于面试的过程是一个对"我"进行考察的过程，因此，无论是在自我介绍还是在面试谈话过程中，求职者的语言和意识往往会以"我"为中心。诸如"我"的学历、"我"的理想、"我"的才华，以及"我"的要求……殊不知，这样做对方会认为你"以自我为中心""自我标榜""自以为是""自我推销"……尽管事实并非如此。

袁女士，35 岁，应聘某公司的机械检验员，招聘者问她："这个工作经常要出差，到湖南、湖北、四川等地，条件会比较艰苦，你行吗？"袁女士答道："我是不是看上去比较娇气了一点？我从前在矿山做机械工的时候，可是常在管道里面爬上爬下的，而且我还在装配车间做过检查工作，我想工作再苦都没问题。别看我是女的，我在装配车间干过一年，在铆焊车间干过半年，我在试验场还做过现场施工。当时我在甘肃，现在想起来我真的不想回去，因为机械管道里的味儿很难闻，100 米长的管道，我就在里面爬上爬下……"

要不是被招聘者及时打断，袁女士还不知要说出多少个"我"字来。在这个案例中，袁女士的回答本来就不够简洁，再加上"我"字不离口，有强迫性的自我推销之嫌，使得招聘者顿生反感，面试结果可想而知。

6. 灵活应变

最后一条原则，就是"没规则"，不要有那么多的条条框框，记住：在任何情况下，招聘单位都会垂青那些有较强角色意识和应变能力的人，而这种能力多半是书上没有的，要在实践中不断地锻炼，这就是为何有些招聘单位很看重工作经验的原因。

国外一家旅馆老板测试三名应聘侍者的男子。

问："假如你无意中推开房门，看见女房客正在淋浴，而她也看见你了，这时你该怎么办？"

甲答："说声'对不起'，然后关门退出。"

乙答："说声'对不起，小姐'，然后关门退出。"

丙答："说声'对不起，先生'，然后关门退出。"

结果，丙被录用了。

为什么呢？因为他的这种故意误会的说法，维护了女房客的尊严，他用非常得体的语言表现出一名侍者应该具备的职业素质。

【小案例】

冯玉祥的"面试题"

有一位大学生到冯玉祥那里应聘秘书。他满怀信心地走进冯玉祥的办公室，准备把自己的论文及证件交给冯玉祥，并回答冯玉祥各种有关秘书方面的提问。可他万万没有想到冯玉祥提出了一个他料所不及的问题。

"你刚才所上的楼梯共有多少台阶？"冯玉祥问。

大学生一时瞠目结舌。可他情急生智，果断地反问道："您能一准说出'冯玉祥'三个字的笔画吗？"

冯玉祥高兴地哈哈大笑，决定聘用这位大学生为他的秘书。

冯玉祥看中的正是这位大学生富于挑战性的勇气和随机应变的超常反应能力。

7. 另辟蹊径

求职中遭到拒绝是常有的事，但如果找到新的突破口，也许柳暗花明又一村。当然这里最重要的条件是：你能在与对方的交谈中，得到潜在的人才需求信息，也就是把求职的过程同时作为收集信息的过程，看看对方还有哪些岗位有空缺，这样就可以此路不通，另辟蹊径。如果还有另外的岗位适合你，你就把自己再推销一次，如果理由充足，对方重新考虑、录用你是完全可能的。善于应变、有勇气、有胆量，就可能找到新的机会。

师大政治系毕业的小叶，去一所重点中学求职。教务主任翻开他的简历：大学里担任学生会主席，成绩很不错，多次获得奖学金。教务主任告诉他："你的条件很优秀，但我们学校现在不缺政治课老师，以后有机会一定重点考虑你。"虽然肯定了他的优秀，但因专业不对口把他给拒绝了。

小叶并不气馁，他灵机一动，便巧妙地向教务主任询问师资配置情况。交谈中得知现在学校正缺历史老师，于是提出自己在历史方面也有所专长，愿意改教历史，教务主任让他找主管人事的副校长谈谈。

小叶又找到人事副校长，副校长明确地告诉他专业不对口。小叶说："政史不分家，我自幼偏爱历史，虽然不是历史系毕业的，但自学和选修了许多历史专业的课程，而且还有一定的研究，在校报上还发表过历史专业的论文。我相信我能胜任贵校的历史老师，需要的话我还可以兼任政治课老师。您只聘一名老师，却能教两门课，不是很划算吗？"

于是副校长答应让他试讲，结果顺利通过。

8. 将错就错

面试时难免出现差错、疏漏，造成尴尬、遗憾，这时要想方设法打圆场，引出相关的对自己有利的话题，使失误得到有效的补偿，化劣势为优势。

一位刚毕业的大学生去某合资公司求职，负责接待的先生递给他名片。大学生神情紧张，匆匆一瞥，赞扬道："滕野木石先生，您身为日本人，抛家别舍，来华创业，令人佩服。"那人微微一笑："我姓滕，名野柘，地道的中国人。"大学生面红耳赤，无地自容。

片刻后，他诚恳地说道："对不起，您的名字使我想起了鲁迅先生的日本老师——藤野先生。他教给鲁迅许多治学的道理，让鲁迅受益终生。今天我在这里也学到了难忘的一课，那就是'凡事认真'，希望滕先生日后也能时常指教我。"滕先生面带惊奇，点头微笑，最终录用了他。

这位大学生将错就错，即兴发挥，不但扭转了一时大意给招聘者留下的不良印象，而且树立了虚心好学的形象。

【小案例】

善于反驳的求职者

有一个初出茅庐的女孩子去应聘，顺利地通过了初试和复试，在决定能否被聘用的面试中，招聘方总经理当面告知她未被聘用，理由是她的形象不适合她所应聘的公关业务。原来，该女孩那天穿了一身平常的衣服，素面朝天，相貌平平。听到这样的话，女孩只能转身离去，但又觉得很伤自尊、很憋气。本来那扇门已经在她身后关闭了，她却头脑一热，突然转身又推开了那扇门，对主持面试的总经理说："主动权掌握在您手里，我没有讨价还价的资格。本来，您不需要任何理由就可以决定淘汰我，但您给了，而且给我的理由恰恰是一个不能让我接受的理由。我可以用一分钟换一套衣服，用两分钟换一种发型，但我的学识和内涵才是真正可贵的，我头脑冷静、随机应变的特质，才是公关职位真正需要的东西，而这是我多年来磨炼的结果，是无法用服装、发型等外在因素改变的。"

本来，这个女孩想，既然已被宣布落聘，何不放下一切顾虑去反驳一下，直抒胸臆，出出气呢？结果，第二天，公司与女孩联系，告诉她被录用了。

点评：在这个真实的故事中，女孩很不同意公司总经理关于公关职位只注重外表形象而不注重内在素质的观点，但在不便反驳的情况下，她已经落聘。由于不服气，她可谓另辟蹊径，杀了个回马枪，直抒胸臆，进行反驳，用精彩的语言，打动了总经理。

这个女孩面试语言的出彩之处表现在两个方面：一是敢于反驳，勇气可嘉。在面试中，一般情况下，求职者总是说话谨慎，尽量藏起锋芒，顺着考官说的话，不敢反驳，而考官的理由和观点也非全部正确可行，那么在这种情况下，你敢不敢反驳呢？尽管这个女孩是在无所顾忌的情况下进行了反驳，但这也是一种勇敢的表现，也非一般人所能做到的。二是她反驳的理由正确。确实一个人的外表可以在短时间内修饰、弥补和改变，但更主要的起关键作用的还是长期修炼提升的内在素质。这也是利用反驳使面试语言出彩的关键一点，否则，她是不能通过反驳赢得面试成功的。此外，这个女孩的反驳所引起的效果，在心理学上叫作"凝离效果"，即在司空见惯中出现的一种反常效应。女孩反驳产生的反常效应也有利于使她脱颖而出。

三、面试中的自我介绍

【小案例】

自我求职策划

王某到一家公司找工作。他对经理说："你们需要有本事的推销员吗？""不需要。""那么采购员呢？""不需要。""那么工人呢？""我们现在什么人都不缺！""那么，你们可能需要一块精致的牌子，上面写着：本公司人员已满，暂不招聘。"经理听了后不由自主地笑起来，他打电话叫来人力资源部主任吩咐说："把他安排到公关部上班吧！"幽默的言辞，诚恳的求职，精心地自我推销，使他求职成功。"策划"应是他最合适的岗位，因为他成功地为自己的求职进行了一次策划。

求职者自我介绍的根本目的，是让面试官对自己有个初步的、大概的了解，并且尽可能留下好的印象以便使面试能够深入进行下去，最终赢得面试的成功。求职面试的自我介绍必须讲究技巧，成功的自我介绍往往会给面试官留下深刻的印象，这样求职就成功了一半。在人的思想意识中，往往存在这样的误区，认为最了解自己的人一定是自己，把介绍自己当成是一件很容易的事。其实不然，说人易，说己难。在求职面试中，介绍自己是最难的部分，要成功地进行自我介绍，要从以下五个方面着手。

1. 礼貌地问候

在进行自我介绍之前，求职者首先要跟面试主考官打个招呼，道声谢，这是最起码的礼貌。比如："经理，您好，谢谢您给我这个机会，现在，我向您做个简单的自我介绍……"介绍完毕以后，要注意向面试主考官致谢，并且还要向在场的其他面试人员致谢。

2. 主题要鲜明

求职面试中的自我介绍一般包括这些基本要素：姓名、年龄、籍贯、学历、学业情况、性格、特长、爱好、工作能力和工作经验等。因此，不必面面俱到，而是一定要做到主题鲜明、直截了当、切入正题、不拖泥带水，对于材料的组织要合理，应做到详略得当、重点突出。一般来说应按招聘方的要求来组织介绍材料，围绕中心说话。假如招聘单位对应聘人的工作能力和工作经验很重视，那么，求职者就得从自己的工作能力及经验出发做详细的叙述，而且整个介绍都要以这个重点为中心。下面是某家工艺品总公司招聘业务员的一则对话。

面试官：我公司主要是经营有地方特色或民族特色的工艺品，如北京的景泰蓝、景德镇的陶瓷和湖州的抽纱等。这次招聘的对象主要是能开拓海内外业务的湖州抽纱的业务员。现在，请你介绍一下自己的情况。

求职者：我叫李伟，今年24岁，是湖州市人。今年毕业于湖州市商业学校，读市场营销专业。我一直生活在湖州，小时候就经常帮妈妈和奶奶做抽纱活，对于传统的抽纱工艺可比较了解的在商校学习的两年中，我掌握了营销方面的专业知识，这是我将来搞好业务的资本。我的口才较好，曾参加省属中专学校的求职口才竞赛，得了二等奖，并且还具备一定的英语口语能力。我这个人的特点是头脑灵活、反应快，平时喜欢看报纸，对国内外的经济发展动态很感兴趣，喜欢从事具有挑战性的工作。

应聘的求职者一般应从最高学历讲起，只要面试官不问，完全没有必要谈及小学、中学甚至是大学。谈所学的专业、课程，不必要说明成绩。谈求职的经历，不要漫无边际，东拉西扯，最好在1～3分钟之内完成自我介绍，简洁、明快、干脆、有力。

3. 让事实说话

在面试时，有的人为了能给面试官留下深刻的印象，往往喜欢对自己进行过多的夸奖，动辄就"我的业务水平是很高的""我的成绩是全年级最好的"，其实，这样反倒会给面试官留下不好的印象。现在的用人单位往往更注重应聘者的真本事。"事实胜于雄辩"，虽然面试的时间很有限，不可能完全展示求职者的才能，但是，求职者可以通过实际的事例来证明自已的能力，把才华展示给面试官。

某大学中文系学生小刘，毕业后到报社应聘记者，跟上百个新闻专业出身的应聘者相比，可以说小刘并没有什么优势。但小刘对此早有准备，她向面试官介绍自己时是这样说的："我叫刘晓明，山西人，毕业于××大学中文系。虽然我学的不是新闻专业，但我对记者这个职业却十分感兴趣。在大学期间我是学校校报的记者。4年间，进行了许多次较为重大的校内、外采访，积累了一定的采访经验，再加上我的中文功底，我相信我可以胜任贵报的工作。这是我在大学期间发表过的报道稿，请各位领导批评指正。"

面试官们看过小刘的报道材料后，觉得眼光独到、语言深刻，都很满意。结果小刘击败了众多的竞争者，不久就收到了录用通知。

4. 给自己留条退路

面试中的自我介绍既要坦诚，又要有所保留；要介绍自己的能力，但不要把自己描述的事事皆能，以免使自己进退维谷。在自我介绍中，求职者要尽可能客观地显示自己的实力，但同时应尽可能地避免使用保证式或绝对式的语言，如"我非常熟悉这项业务""我保证让部门改变面貌"。这些话往往没有具体内容，反倒会引起面试官的反感，如果遇到较为平和、内敛的面试官，也许不会为难你，但是如果遇到个性较强的面试官进行追问时，求职者可能会因无法回答而张口结舌、尴尬万分。

小赵去面试一家国际旅行社的导游。他自我介绍说："我这个人喜欢旅游，熟悉各处的名胜古迹，全国的风景名胜几乎都去过。"面试官很感兴趣，就问："那你去过云南大理吗？"因为面试官就是大理人，对自己的家乡再熟悉不过了。可惜小赵根本就没去过大理，心想若说没去过这么有名的地方，刚才的话，不就成吹牛了吗？于是他硬着头皮说："去过。"面试官又问："你住的哪家宾馆？"小赵再也回答不上来，只好说："那时我是住在一个朋友家的。"面试官又问："你的这位朋友家在大理的什么地方啊？"小赵这下没词儿了，东拉西扯答非所问，结果自然是可想而知的。

【小贴士】

成功的自我介绍范例

各位老师：

早上好！

我叫×××，是×××大学新闻专业的应届毕业生，今天来应聘记者。

我十分喜爱记者这个职业。在我眼中，记者肩负着神圣的使命，它是联系普通百姓和各级政府的桥梁纽带；是宣传真理、引导舆论、激励群众的喉舌；是把五光十色的世界展现在世人面前的信使。所以，我怀着强烈的社会责任感希望当一名记者，参与社会舆论工作。

我认为自己胜任记者一职的理由有以下四点。

第一，我有较强的口语表达能力，曾在大学和中学的校级演讲比赛中两次荣获一等奖。

第二，我有很强的写作能力，在读书期间就曾三次在省级作文比赛中获奖；上大学后经常给一些报刊投稿，已有两篇稿件被省级报纸采用。

第三，我有做记者的实际工作经验，曾在我校学生会主办的《菁菁校园》报当了两年的记者。

第四，我性格外向，交际能力强，在与人交往中能够运用公共关系技巧，此外我还考取了中级公关员职业资格证书。

谢谢各位老师！

【小训练】

请根据下面的招聘要求进行 1 分钟的自我介绍。

招聘公司：北京九阳实业公司。

招聘岗位：东北区销售业务主管。

岗位要求：大专以上学历，市场营销等相关专业毕业（有资源、丰富经验的不限制学历）；3 年以上销售工作经验，有光热行业、光电行业、暖通、电力、建材等销售经验或大客户销售经验的优先考虑。具有吃苦耐劳、积极乐观和团队精神。沟通能力强，具有一定的管理能力。适应能力强，能常驻东北地区。

四、面试中的应答技巧

在求职面试的过程中，与面试官进行良性的双向沟通，是求职者能够求职成功的重要保证。因此，在面试过程中，要注意以答为基础，以问为辅助的沟通技巧。尽管不同的公司面试的程序和模式有所不同，面试官的风格各异，但是有些问题是面试官们比较喜欢问的。应聘者一定要对这些问题有所准备，知己知彼才能百战不殆。那么面试官究竟喜欢问哪些问题，又有哪些回答问题的技巧呢？我们可以从实际的案例分析中得到。

一般来说，招聘方提出的问题可分为两类：一类是规定性提问，也就是招聘方事先准备好的，对每一位招聘者都要发问的问题；另一类是自由性提问，亦即招聘方随意穿插的问题，这些问题往往是千变万化、涵盖宽泛，招聘方可以从应聘者不经意的对答中发现其闪光点或缺点。无论是哪类问题，应聘者在回答时都应当掌握以下基本技巧：①不要遗漏表现自己才能的重要资料；②保持高度敏锐的思维状态；③回答既要表现出自己的个性气质，又要表现出对招聘方的尊重与服从；④认真倾听对方的提问，并注意对方的反应，以便及时调整自己不恰当的回答；⑤避免提到"倒霉""晦气""不幸""疾病"之类可能招致对方忌讳的字眼。

1．机动类问题的应答技巧

1）出题原因

这通常是面试官最先问到的问题。求职动机类问题能够考察面试者的求职动机与拟任职位的匹配性，会涉及求职者的价值取向和生活态度等多个方面的内容，意在从面试者的回答来评估其是否适合所应聘的岗位。

2）常见问法

"你为什么选择我们公司？"或"你为何想离开原工作单位，到我们公司来呢？"

3）答题思路

建议从行业、企业和岗位三个角度来回答。对于应届毕业生，由于之前没有工作经验，所以建议可以坦诚地说出自己的动机，不过还是要思考一下用语。求职者必须充分地了解这个部门、这家企业是干什么的，提供的职位应达到的工作目标是什么，这样才能有针对性地回答求职动机和意愿，即把个人的人生追求与用人单位及职务联系起来。多谈积极性的求职动机，比如"我喜欢有挑战性的工作""可以更好地锻炼自己，实现人生进取的目标""我本人不喜欢轻闲的工作，越是有创意的事业我越爱干""我十分看好贵公司所在的行业，我认为贵公司十分重视人才，而且这项工作很适合我，相信自己一定能做好"等。少谈、不谈消极性的求职动机，比如"我来求职是因为在家里待着没意思""失业了，没个事干，让人家瞧不起"等。

2. 个人爱好、特长类问题的应答技巧

1）出题原因

业余爱好和特长在一定程度上能反映面试者的性格、观念、心态，这是招聘单位问该问题的主要原因。

2）常见问法

"你有什么业余爱好？"或"你有什么特长吗？"

3）答题思路

不要说自己没有业余爱好或特长，不要说自己有庸俗的、令人感觉不好的爱好和特长，也不要说自己仅限于读书、听音乐、上网等爱好，否则可能令面试官怀疑你性格孤僻；最好能有一些户外的业余爱好，如爬山、游泳等来"点缀"你的形象。要尽量突出自己的长处，但也要注意应适可而止，不要给对方以浮夸、吹嘘的印象。回答的重心仍要放在对申请的新职位有利的特点和长处上，最好以事实为证，否则考官不会对你感兴趣。

3. 实践经验性问题的应答技巧

1）出题原因

如果招聘单位对应届毕业生提出这个问题，说明招聘单位并不真正在乎"经验"，关键看面试者怎样回答。

2）常见问法

"你是应届毕业生，缺乏经验，如何能胜任这项工作？"或"请谈谈你的工作经验。"

3）答题思路

对这类问题的回答要体现出面试者的诚恳、机智、果敢。要注意关于工作经验的问题是不能编造的，必须如实汇报，否则会给对方以不诚实的印象。语气既要肯定又要谦虚。应尽量强调以前的经验如何对这份工作有利。如："作为应届毕业生，在工作经验方面的确会有所欠缺，因此在读书期间我一直利用各种机会在这个行业里做兼职。我也发现，实际工作远比书本知识丰富、复杂。但我有较强的责任心，有较强适应能力和学习能力，而且比较勤奋，所以在兼职时均能圆满地完成各项任务，从中获取的经验也令我受益匪浅。请贵公司放心，学校所学及兼职的工作经验使我一定能胜任这个职位。"

4. 知识性问题的应答技巧

1）出题原因

知识性问题能考察面试者对所要从事的工作必须具备的一般性知识和专业性知识的了解和掌握程度。

2）常见问法

知识性问题包括常识性的知识和专业性的知识。常识性的知识是指从事该工作的人都应具有的一些常识。例如，文秘人员应了解一些必要的秘书实务，人事工作者应了解必要的劳动人事制度和法规。专业知识指专业领域的相关知识，例如对网络维护职位的面试来说，就可能会提出下列专业问题：什么是计算机病毒？如何更好地预防计算机病毒入侵？

3）答题思路

对于此类问题的回答并没有什么窍门，只有靠面试者自己平时多注意知识的积累，从而

打下坚实的基础才可以在回答问题时从容应对。

5. 智力性问题的应答技巧

1）出题原因

智力性问题能够考察面试者的反应能力、逻辑分析能力和判断能力等。

2）常见问法

通常面试官会选择一些智力题，来考察面试者的综合分析能力。例如，在微软的面试中，有这样一道面试题：假如你在飞机上遇到一位高尔夫球的生产商，向你询问中国每年消耗的高尔夫球的数量，你怎样回答？

3）答题思路

这类问题一般不是要面试者发表专业性的观点，也不是对观点本身正确与否做出评价，而主要是看面试者是否能够言之有理。怎样回答，对于在现实生活中见都没见过高尔夫球的人来说无疑是一头雾水。其实对于这种不可能回答的问题，只要找到它的解决办法就可以了，因为连面试官自己也不知道问题的答案。面试者可以这样回答："首先，统计中国高尔夫球场的数目。然后，统计平均每天有多少位客人。再次，统计每位客人平均每天消耗的高尔夫球的数量。最后，我们把3个数相乘，再乘以一年的营业天数，就可以知道中国每年消耗的高尔夫球的数量。"

6. 情境性问题的应答技巧

1）出题原因

此类试题能够考察应试者的应变、计划、协调能力和情绪稳定性，是目前面试中广泛使用的一种提问方式。

2）常见问题

通常面试官会设计一种假设性的情境，考察面试者将会怎么做。此类试题的基本假设是，一个人说他会做什么，与他在类似的情境中会做什么是有联系的。例如："当你的客户很明显在刁难你的时候，你如何应付？"

3）答题思路

对于此类试题，面试者首先要理解自己的角色，把自己放到情境中去，然后提出比较周全的对策。例如可以这样回答："首先要以公司的利益为重，尽可能让客户明白，公司的宗旨是全心全意地服务于客户。很多时候我相信客户对于我的刁难也是出于对我公司办事能力的一种考验，我一定会竭尽全力使客户相信公司。""相信我，不过，如果客户提出一些很过分甚至违背人性的要求，我不会妥协，我相信公司也一定不会让员工在外受到人格上的侮辱。"

7. 压力性问题的应答技巧

1）出题原因

这种问题通常是故意给面试者施加一定压力，看看其在压力下的反应，以此考察面试者的应变能力和忍耐性。

2）常见问题

有时候考官可能提出真真假假的"题外题"。如某电视台招聘记者，小郑前去应聘。面试中，考官指出："你说你爱好写作，可是我看了你填的报考表，在自我评价栏中居然出现了3

处语法错误,现在既没有多余的表格,也不准涂改,你该怎么办?"

3)答题思路

对于此类问题,面试者不要简单地就题答题,要多一个心眼,想得全面一些,让答案更完整圆满,首尾相顾,不致顾此失彼,留下缝隙,授人以柄。比如对于上面提出的问题,小郑听罢吃了一惊,心想填表时自己是字斟句酌的,怎么会有3处错误呢?但时间不允许他多想,他当机立断,回答说:"为了弥补失误,我可以在表后附一张更正说明,上面写上'某某地方出现了3处语法错误实属填表人粗心,在此更正,并向各位致歉。'不过……"他停顿了一下说:"在发这份更正说明之前,我想知道是哪些错误,这是因为不能无的放矢,错误地发出一份更正说明,我不愿再犯这种错误。"他的机智应对令考官们笑了,其实他的报表并没有错误,这不过是考官设的一个圈套,用以考察他的自信心和反应能力。从表达角度看,他的得分主要在于后半部分的补充说明,这一段内容的表达十分完满,滴水不漏,印证了他机敏全面、认真仔细、一丝不苟的品格,赢得了好评。

8. 薪酬类问题的应答技巧

1)出题原因

薪酬问题是敏感问题,考官在初步接触某位面试者时才会提出薪资问题,同时提问的另一个目的,是观察面试者对工资的态度。如果对工资持无所谓的态度,那就试着给你一份低工资,看你能否接受。有的小公司往往在薪酬问题上讨价还价,能少给就不多给,目的是减降低经营成本。

2)常见问题

"你希望挣多少钱?"或"如果你被聘用,你有哪些要求?例如工资、待遇。"

3)答题思路

至关紧要的是应事先了解这份工作大约应该得到多少薪酬,这个行业的一般薪酬是多少,心里有一个"参照点"。建议面试者利用网络查询薪资定位的相关资料,结合个人的价值观、经验、能力等条件,得出最基本的薪资底线。如果说得低了,会失去一个本来可以得到较高薪酬的机会,还会让用人单位以为你没有什么真本事;如果说得过高,人家会认为你这个人是"狮子大张口","价码"太高,我们"用不起",或者认为你不是来工作的,只为挣大钱,进而把你淘汰掉。如果真的不知道要多少薪酬,也不能说"您看着给就是了",这不是求对方给赏钱。面试者可以技巧性地回答:"我要回去打听一下,薪酬问题好商量",或者"我不好一下子说定,贵公司真有意聘我,我再跟各位讲"。在回答工资问题时,别忘了问对方的奖金是多少,有没有住房津贴,有没有医疗保险、交通补贴,一年有多少特别假期,有没有年终花红等。这就是一个人的"整体价""总收入"。因为有的单位的确是工资不高但福利特别好,所以要看"整体价"来定。

【小训练】

从《当幸福来敲门》学面试技巧

《当幸福来敲门》是由加布里尔·穆奇诺执导、威尔·史密斯等主演的美国电影。影片取材于真实故事,主角是美国黑人投资专家克里斯·加德纳。克里斯创造直接面对考官的机会,经过重重考验、种种艰辛,赢得了面试机会。

在面试对话中,处处体现了克里斯对一切事物透过表面的一种深刻思考,并完全透析了事物的本质，他最终获得了实习的机会，为他成为投资家迈出了坚实的一步。

思考：你能从此电影中学到哪些面试技巧？

拓 展 阅 读

职场"新人"的沟通

这里所说的"新人"是指刚刚参加工作或者新进一个单位的人。良好的沟通是一切工作得以顺利开展的基础。现代企业在招聘员工时，几乎无一例外地将"善于沟通"作为必不可少的条件之一。大多数老板宁愿招一个专业技术一般但沟通能力出色的员工，也不愿要一个整日独来独往、我行我素的所谓英才。能否与同事、上司及客户顺畅地沟通，越来越成为企业招聘时注重的核心技能。因此，来到一个新的工作环境，能否尽快融入团队、争取大家认可，对于每一个新进人员，特别是刚刚走上工作岗位的年轻人来说，就显得极为重要。

【小案例】

小曹的"发泄日记"

小曹是长沙某大学大三的学生，20 天前，她来到了王女士所在的报社实习。适逢暑假实习高峰期，小曹成为王女士第 4 个实习生。实习第一天，老师和她没有过多的交流，就是叫她看报纸。

和所有初入社会的人一样，小曹对自己走入职场的演习充满憧憬。可她没想到，王女士工作很忙，对她关注较少，也很少带她出去实地采访。在王女士看来，实习生应该多找线索多出门，单独完成采访更能锻炼人。而小曹认为，老师就应该多言传身教。在这样的观念分歧下，实习了 20 天的小曹感觉"再也憋不住了"，于是在 QQ 空间里写下了一篇日志来发泄："每天 37℃的高温，至少 4 个小时的车程，实习一个月，作品任务还没完成；实习老师不和我交流，也不带我出去采访，我真的什么都做不好吗？每年都实习，花很多钱不说，还学不到东西……"

据调查，在初涉职场三年左右的都市白领中，很多人都反映与单位的"前辈"相处存在问题，从工作思路到生活细节，分歧无处不在。其实，职场新、老人之间的矛盾，最根本的问题还是沟通不畅。

1. **职场新人沟通的原则**

1）摆正心态

职场新人要充分意识到自己是团队中的后来者，也是资历最浅的新手，所有的领导和同事都是自己在职场上的前辈。在这种情况下，新人在表达自己的想法时，应该尽量采用低调、迂回的方式。特别是当自己的观点与其他同事有冲突时，要充分考虑对方的权威性，充分尊重他人的意见。同时，表达自己的观点时也不要过于强调自我，应该更多地站在对方的立场考虑问题。

2）顺应风格

不同的企业文化，不同的管理制度，不同的业务部门，沟通风格都会有所不同。一家欧美的 IT 公司，跟生产重型机械的日本企业员工的沟通风格肯定大相径庭；人力资源部门的沟通方式与工程现场的沟通方式也会不同。新人要注意观察团队中同事间的沟通风格，注意留心大家表达观点的方式。假如大家都是开诚布公，自己也不妨有话直说；倘若大家都喜欢含蓄委婉，自己也要注意一下说话的方式。总之，要尽量采取大家习惯和认可的方式，避免特立独行，招来非议。

3）及时沟通

不管性格内向还是外向，是否喜欢与他人分享，在工作中，时常注意沟通总比不沟通要好得多。虽然不同文化的公司在沟通上的风格可能有所不同，但性格外向、善于与他人交流的员工总是更受欢迎。新人要利用一切机会与领导、同事交流，在合适的时机说出自己的观点和想法。

2．职场新人沟通误区

沟通是把"双刃剑"，对象选择欠妥，表达方式有误，时机场合失当，都会影响沟通的效果。新人在沟通中常见的误区有以下几个。

1）把"不会"当成拒绝的理由

当领导安排工作时，某些新人会面带愁容，以"不会"或者"不了解情况"作为推辞。也许确实是不会或不了解工作所需的背景情况，但这不应成为拒绝的理由。不会或者不了解情况，就应该主动向领导和同事们请教。

2）仅凭个人"想当然"来处理问题

有些新人因为性格比较内向，与同事不熟，或是碍于面子，在工作中遇到难以解决的问题或是不明白领导下达的指令时，不是去找领导或同事商量，而是仅凭自己个人的主观意愿来处理，最后出现问题时往往以"我以为……""我觉得……"为自己开脱责任。

3）迫不及待地表现自己

刚刚参加工作的新人，总是迫不及待地想把自己的创新想法说出来，希望得到大家的认可，正所谓"初生牛犊不怕虎"。实际上，一个人的想法可能存在疏漏或不切实际之处，应主动征求并虚心接受同事的意见或建议。

3．职场新人沟通应注意的事项

1）多听少说

初来乍到，一切都是陌生的，只有多观察、多思考、少说话，才是尽快了解和适应新的工作环境的明智之举。

2）礼貌周全

对待身份、职位清楚的同事，可用"姓+职务"的方式称呼，如"张经理""王主任"等；对待暂时还不甚熟悉的同事，可一律尊称为"老师"，因为一个人只有学会了谦虚，在需要帮助的时候才会容易得到别人的支持。

3）中道而行

在新的工作环境中，必须学会与同事保持一定距离，凡事采取中道而行、适可而止的办法，公平地对待每一位同事。对于喜欢"拉帮结派"、搞小团体的人，要敬而远之，远离是非。

4）尊重老员工

老员工由于资格老、贡献大、经验丰富、忠诚度高，在公司常常拥有较高的声望，因而是新进人员不得不重视的一个群体。在与老员工沟通过程中，首先，要有积极主动的态度，遇事多虚心请教；其次，要以礼相待，尽量使用"您"或"您老"等敬辞，以及"请""麻烦""谢谢"等礼貌用语；最后，要充分尊重对方的意见或建议，即使双方存在分歧，也要把敬意和肯定放在前面，用谦虚、委婉的方式表明自己的观点。

实 践 训 练

一、模拟职场沟通训练

实训目标：培养学生了解沟通的过程和基本技能；培养语言表达能力和沟通能力；通过活动，锻炼提高学生的团队协作意识等其他综合能力。

实训学时：2 学时。

实训地点：教室或实训室。

实训准备

1. 分组，每组 4～6 人，设 1 人为组长。

2. 以小组为单位，自主选择一种职场沟通形式。

3. 根据要求各组分配人员角色，讨论设计故事情节，并进行认真准备。

实训方法

1. 按小组顺序进行模拟演练。演练之前，每组派 1 人说明本组模拟的职场沟通形式及所要训练的主题。

2. 在模拟过程中，各组成员要认真严肃，尽力扮演好自己的角色，言谈举止符合角色要求。

3. 每组演练后，指导教师与学生共同点评。

二、面试中问题的应对训练

（1）常规问题的应对

【训练目标】

①掌握应对常规问题的技巧，并能够从容应对。

②在面试过程中举止自然得体。

【建议学时】

1 学时

【实施过程】

①任务导入。请分析以下面试者的回答，哪些地方表达得体？哪些地方措辞欠妥？

问：你最不能容忍的缺点是什么？

答：明天的饭今天吃，现在的事今天做。

问：你来美国是什么身份？现在干什么工作？

答：我是自费留学的，现在为美国某跨国公司的经理助理，主要干的是帮助公司降低成本、提高竞争能力的工作。因为公司只有我一人在做这份工作，因此压力大，责任重——不过，我喜欢富有挑战性的工作——只是为了照顾妻子的缘故我才来贵公司的。

问：如果聘用，你想得到怎样的待遇和好处？

答：除了应得的报酬以外，公司能否给我更大的发展空间呢？比如提高自身的修养，挖掘潜在的能力，还有提升的机会等。

问：在没有天平的情况下，你怎样称出一架飞机的质量？

答：曹冲在没有天平的情况下还能称出大象哩，不过那办法没有效率；所以，还是让我们先造一架能称这飞机的天平吧——如果您出奖金的话，我愿竭诚奉献自己的绵薄之力。

②常规问题应对的训练。请学生浏览招聘信息，根据所学专业选择意向单位，根据意向单位的招聘要求，对应聘职位做应聘的方案设计。此项训练需提前一周布置。

训练方法：组建一个招聘组，5～6人一组，确定应聘单位的名称、应聘职位、要求等，每位同学轮流做应聘者，准备相应的材料及常规问题的答词。

每位同学都要设计方案，包括准备个人简历，得体的仪容仪表，准备面试时的自我介绍等。常规问题通常有：你的求职动机和意向是什么？你的学习成绩如何？喜欢什么科目？你有工作经验吗？你有什么特点和专项吗？你的家庭背景怎么样？你对本行业当前形势有什么看法？你想得到多少薪酬？

师生对各组进行点评，评出几个最佳表现者。

【任务完成】

课下将训练内容整理成书面形式，上交组长，各组推荐一份最佳作业，上交任课老师，任课老师将之放在网上，供学生观摩学习。

（2）突发问题的应对

【任务目标】

① 掌握应对突发问题的技巧，并能够从容应对。

② 在面试过程中举止自然得体。

【实施过程】

①任务导入。有些人因为害怕在面试中出丑，往往出现"面谈恐惧症"。请回答以下问题进行自查，看看自己是否是这样的人。

- 明明更费力也更费钱，但你还是情愿发短信而不是打电话吗？
- 发电子邮件和打电话相比，你更愿意发电子邮件吗？
- 迷路后你情愿查地图也不愿意问别人吗？
- 有了疑问你更愿意上网查，而不是问肯定知道答案的同学吗？
- 你更愿意网上购物而不是商场选购吗？
- 像在面试这样比较重要的交谈前，你会不会频繁上厕所？
- 和陌生人讲话会使你浑身不自在吗？
- 你经常因为不说话而遭人误解吗？

（你的回答若有6个以上是肯定的，那你可能是有"面谈恐惧症"）

②放松训练。面试之前，有些人因为情绪紧张而错失良机，一套放松操，也许会释放你的压力。

请全体同学起立，把胳膊伸向前方，手腕放松，用力抖动手腕，直到有些累的感觉为止，可反复多次；双手手指交叉，反掌向天举过头顶，尽量伸展、挺腰，然后向前、后、左、右倾斜，直到肩、背肌肉完全放松；头部轻轻按顺时针方向做数次转动，在放松颈部肌肉的同时放松心情；坐回到座位，坐正，两肩尽量向后拉，然后深深地、缓缓地呼吸，反复多次，呼吸越慢越好。

③小组讨论。求职过程中，可能会碰到各种各样的突发性提问，你该具备什么样的心理

素质才能以不变应万变？请结合以下案例展开讨论。

【案例一】有一家公司招聘管理人员，面试题目是：用发给你的一支气压计，测出这幢 30 层大楼的高度。应聘者一个个绞尽脑汁想出种种办法：有的楼上楼下量气压，利用物理知识繁琐地计算；有的爬上屋顶，将气压计系上长长的绳子，忙乱地量着；有的在资料堆中忙乱地翻着，希望找到一个更好的方法和公式。但有一位应聘者却拿着气压计来到大楼管理处，对一位老者说："这支气压计送给您，请您告诉我这座大楼的高度。"这位聪明人入选了，因为他正是一个难得的管理人才。

【案例二】张先生去应聘，一切进行得很顺利，甚至谈到了什么时候开始正式工作。这时面试官站起来倒了杯水，然后轻松地问："你喜欢玩游戏吗？"求职者误以为换了一个轻松的话题，随口答道："通常工作疲倦后玩游戏很放松。"招聘人员的脸色马上阴沉下来说："工作时间玩游戏，这样的工作人员我们不能要。"

④实地大演练。组织现场招聘活动，可将人员分为三组（5～6 人为一组）。第一组为招聘人员，任务是发布招聘信息并且准备面试提问。第二组为应聘人员，任务是回答面试问题。第三组为评审团，任务是对现场招聘情况从面试提问、应答及相关礼仪角度进行点评。

【任务完成】

教师对训练情况进行总结，让学生对求职和面试有一个完整的认识。

课 后 练 习

一、职场沟通口才训练

1. 作为大学生，应为走向社会做好准备。从你的暑期打工经历或周围朋友那里收获一些工作中与上级、下属和同事之间沟通的经验，在课堂上讲给同学们听听。

2. 从老师与学生、同事、领导的沟通中体会：①领导如何与下属沟通；②同事之间如何沟通；③下属如何与上级沟通。

3. 设想自己实习或大学毕业来到一个新的工作环境，面对初次见面的领导和同事，有哪些应该说的话和说话的技巧。

4. 小王是一个大学毕业参加工作不久的"新人"。她做事认真细致，和同事、下属关系都很融洽，可是她不愿意和上司主动交流。她说其实挺欣赏自己上司的，认为他敬业、有才华、对下属负责，但她不知为什么一见上司就底气不足，对于和上司沟通的事能躲就躲。有一次，因为没有听清楚上司的意思，导致上司交给她的工作被耽搁了，上司事后问她："为什么你不过来再问我一声？"她说："怕您太忙。"上司很生气地说："我忙我的，你怕什么？"时间长了，小王一和上司沟通就紧张，出现脸红、心跳、说话不利索的状态。大家都认为王小姐怕上司，她自己也这么认为。上司看见她这样，也就很少和她单独沟通。一次，晋升的机会来临了，小王很想把握住这个机会，但她又犹豫了，因为升职后的工作会面临比较复杂的关系，需要经常和上司保持沟通。她觉得自己天生怕领导，因此就错失了良机。假定你是小王，会采取怎样的措施挽回这种被动的局面呢？

二、应聘面试口才训练

1. 以小组为单位，轮流做自我介绍，互相点评，借鉴彼此的成功之处。

2. 设想你对做一位宾馆公关部经理向往已久，现在有了这样的一个机会，但你的竞争对手很多，在面试时你如何推销自己？

3. 请分析下面几句面试应答语的错误。

（1）"我原来那个单位的人际环境太差了，小人太多，没法与他们相处。"

（2）"现在已有多家公司表示要我，所以请你们务必于这个月底之前答复我。"

（3）"我毕业于名牌大学，学的又是热门专业，我是一个杰出的人才，我想实现我远大的理想和宏伟的抱负。"

（4）"我很想知道我如果到你们公司，每个月能挣多少钱？"

4. 日本的一些大公司在招聘人才进行面试时，专门就说话能力规定了若干不予录用的条文，其中有：

应聘者声若蚊子者，不予录用；

说话没有抑扬顿挫者，不予录用；

交谈时，不得要领者，不予录用；

交谈时，不能干脆利落回答问题者，不予录用；

说话无生气者，不予录用；

说话颠三倒四、不知所云者，不予录用。

对于日本大公司招聘人才的以上规定你有何看法？

5. 面试官问："关于工资，你的期望值是多少？"应试者反问："你们打算出多少？"如果是你，会这样反问面试官吗？为什么？

6. 根据面试者的提问，分析哪一种应答更能获得赞许。

（1）没有工作经验，你认为自己适合我们的要求吗？

应聘者1：可是你们就是来招聘应届大学生的啊。

应聘者2：听说有一只幼虎因为没有狩猎经验，而被拒绝在狩猎圈之外，你认为它还有成长的可能吗？

（2）为什么你读哲学，却来申请做审计？

应聘者1：你们已经说明"不限专业"，所以我想来试试。

应聘者2：据说外行的灵感往往超过内行，因为他们没有思维定式，没有条条框框。

应聘者3：我之所以跨专业谋职，是为了给自己提供这样一种动力，终生学习才不会被社会淘汰。

（3）你穿的西装好像质地不怎么样啊！

应聘者1：穿着并不影响我的表现，何况我还没工作，买不起更好的。

应聘者2：昨天我怀揣买西装的钱路过书店，发现两套对我来说至关重要的书，可能会为今天的面试提供帮助，我于是花掉了凑来买西装的钱。

（4）假如明天你就要死了，你希望自己的墓碑上刻上一句什么话？

（考官实际是想问，这一生你希望自己能达到怎样的成就。）

应聘者1：找了份好工作，找了个好老公等"老婆孩子热炕头"式的"人生理想"，或者

"请安息吧、我是个好人"之类不着边际的空话。

应聘者2：我这一生在很多不同行业工作过，这让我很满足。

（5）你不认为你做这项工作太年轻了吗？

应聘者1：我虽然年轻，但我有干劲，敢于接受挑战，相信我一定能做得很好。

应聘者2：事实上下个月我就满23周岁了，尽管我没有相关的工作经历，但我有整整两年领导学校学生会工作的经验。您可以想象，负责管理全校3 000多名学生并非易事，没有一定的管理才能和领导艺术，是无法胜任的。所以，我认为，年龄固然能说明一定的问题，但个人素质和能力更为重要，因为这是一个部门经理所不可缺少的。

7. 针对以下情境回答问题。

（1）王芳下午5点多在报摊上买了份招聘类报纸，查阅到了一个心仪的职位。为在第一时间与招聘方联系，就立刻拨通了对方电话："喂，请问是××公司吗？我看了报纸，想来应聘……"还没等她说完，对方就表示人力资源部负责人正在开会，且下班时间快到了，没空细聊，但还是记下了她的手机号码，表示第二天会联系她。

问题：从上述案例可以看出，王芳没有在合适的时间找到合适的人，主动致电变为了被动等候，是一次很失败的电话应聘。请你帮她分析一下正确的电话应聘应注意哪些礼仪要点？

（2）廖远正逛街，突然接到某公司的电话面试。此时周围有商场背景音乐和人群的嘈杂声，对面试不利。于是廖远非常礼貌地告诉对方："不好意思，我正在外面，环境比较吵闹，是否能过10分钟给您打回去？"对方应允，并留下电话。

问题：很多企业在收到简历后，为节约时间，首先通过电话面试做初步筛选。电话面试会准备几个目的性问题，用以核实求职者的背景，考察求职者的语言表达能力等。请你分析对于上述的电话面试环节，为获取成功，我们应预先做好哪些准备工作？

（3）李明自认第一轮面试回答顺利，应该能有复试结果，然而3天后仍未接到电话，焦急的他按捺不住致电对方："喂，您好，我是李明，我想请问一下你们第二轮复试是否已经开始？""对不起，我们的复试已经开始，若你没有接到通知，说明没有进入第二轮面试。"公司方简单地回绝了李明。

问题：若没有接到再次参加面试的通知，表示此次应聘失败，即使打电话询问也无可挽回。但是，李明自认为第一次面试给对方留下了非常深刻的印象，且双方交流愉快，想了解应聘失败的真正理由，你能帮助李明想一想应该怎么办吗？

三、案例分析

消除上司误解

凯丽是某销售公司的文员。春节前经理交给她一大堆名片和一些精心挑选的明信片，要她按照名片逐一打印寄出。凯丽曾提醒经理将已经发生改变或业务上已没有往来的客户挑出来，但经理不耐烦地说："你别管，按所有名片都寄出去就是了！"

两天后，当凯丽把打印好的明信片交给经理过目时，经理却大声指责她将一些已经不在中国的客户错误地打印在"最精美"的明信片上。凯丽觉得很委屈，想说出来又担心被经理安个"顶撞上司"的罪名开除，便认了下来。回去后她大哭了一场，可心里还是觉得别扭，以致影响了工作。后来凯丽利用休息时间去拜访经理，坦诚地说出内心的想法。结果出乎意料，高高在上的经理竟然向她承认了错误。从此，他们二人在工作上配合得相当默契，为公司创造了显著的业绩。

思考题：

请问凯丽是如何对待和消除上司的误解的？

汇报

佩佩年轻干练、活泼开朗，入行没几年，职位"噌噌"地往上升，很快成为单位里的主力干将。几天前，新老板走马上任，下车伊始，就把佩佩叫了过去："佩佩，你经验丰富，能力又强，这里有个新项目，你就多费心盯一盯吧！"

受到新老板的重用，佩佩欢欣鼓舞。恰好这天要去上海某周边城市谈判，佩佩一合计，一行好几个人，坐公交车不方便，人也受累，会影响谈判效果；打车吧，一辆坐不下，两辆费用又太高；还是包一辆车好，经济又实惠。

主意定了，佩佩却没有直接去办理。几年的职场生涯让她懂得，遇事向老板汇报一声是绝对必要的，于是，佩佩来到老板跟前。

"老板，您看，我们今天要出去，"佩佩把几种方案的利弊分析了一番，接着说："所以呢，我决定包一辆车去！"汇报完毕，佩佩发现老板的脸不知道什么时候黑了下来，他生硬地说："是吗？可是我认为这个方案不太好，你们还是买票坐长途车去吧！"佩佩愣住了，她万万没想到，一个如此合情合理的建议竟然被打了"回票"。

"没道理呀，傻瓜都能看出来我的方案是最佳的？"佩佩大惑不解。

思考题：

请问佩佩哪里做得不对？她应该怎样向老板"汇报"呢？

对话

面试官：你带简历了吗？

求职者（男生）：之前我在网上投过了，不用再带了吧？

面试官：你能做什么呢？

求职者：我喜欢的我都能做好，我不喜欢的我就不会去做。

面试官：你以前做过什么工作吗？

求职者：什么都没做过，我是个应届毕业生，我是来找工作的。

面试官：那你凭什么觉得你能把工作做好呢？

求职者：我觉得只要有信心就能把工作做好。

面试官：你的信心来自哪里？

求职者：来自我的能力，来自我的信念。

面试官：你的人生目标是什么？

求职者：做第二个马云。

面试官：你为什么觉得你能像马云你那样成功呢？

求职者：因为他长得那么别致都可以成功，我觉得我更有能力超过他。

面试官：这跟他的长相无关吧？

求职者：开个玩笑啦！我觉得每个人做事都是靠信心完成的！马云能有这样的志向，我也有志向完成我的人生目标。

面试官：你对工资待遇有什么要求？

求职者：试用期你们可以随便给，如果正式录用我要求每月4 000元以上。

面试官：我们公司的薪酬达不到这个要求，你为什么要求这么高呢？

求职者：因为到时候你们会看到我的能力，你们会觉得物超所值。

面试官：你对工作还有什么要求？

求职者：我要求自由的上班时间，每天只要我完成了公司布置的任务就可以下班了；我还要求用QQ与外界联系，方便我调用各方资源；我还希望不要让我与外面的客户面对面打交道，因为我不喜欢。

面试官：你之前去其他公司应聘也是这样吗？

求职者：是的，我这个人就是这样的。

思考题：

（1）看完这个案例，你的第一感觉怎么样？

（2）案例中这位男生应答的语言有什么特点？体现出了这位男生什么样的性格？

（3）如果你是面试官，你对这位男生有何评价？你会给他工作机会吗？为什么？

两次面试

一个青年人在一家小信息公司颇有成就，因此想进入一家世界 500 强的大公司工作。第一次面试时，面试官问他："你认为自己最显著的成就是什么？为什么？"

他自信地说："我从小到大的求学是非常艰难的，在工作中也遇到很多困难，但我一一努力克服了。"出乎意料的是，他落选了。

经过一番反思，他发现了其中的问题：努力学习在今天是很普通的，而且回答里强调一个过程而不是某一具体活动，没有突出独特性。

当他第二次面试时，他说："我在信息科技公司工作的那段时间是我最骄傲的经历，当时我被聘用为营销部经理助理，帮助开发新型电脑并投放市场。在我上任两星期后，经理突然心脏病发作，管理层决定把这个项目拖延六个月。我认真思考了公司上层的这个决定，认为在飞速发展的市场中，拖延就代表着失败。于是，我找到了主管我们这个部门的副总裁谈了自己的看法，并拿出了一个基本完善的计划。我承认，的确有一些新东西需要学习，但这些困难我可以克服。他勉强同意我为代理经理，这之后的六个月，我学到了很多东西并夜以继日地工作，最后我们的产品取得了成功。"

可想而知，最后，他如愿以偿地进入了那家大企业。

思考题：

（1）案例中的这位青年人两次面试的表现有何不同？

（2）他第二次为什么能如愿以偿地被那家大企业录用？

（3）在求职面试中如何更好地与面试官沟通？

成功的面试

江丽萍待人彬彬有礼，很讲究面试礼仪，她如愿以偿地当上了某销售部经理秘书，请看江丽萍参加面试的全过程。

上午 10 点 20 分，江丽萍迈着轻盈的步子准时走进了销售部经理张吉的办公室。此时的江小姐身着银灰色西装套裙，内衬红白碎花衬衣，显得格外端庄、典雅、职业化。这一天，江小姐是前来接受面试的。在此之前她已经递交了个人简历和推荐信，并填写了求职申请书，她拟求的职位是销售部经理秘书。

张先生（点头微笑并示意江小姐坐下）："江丽萍小姐，你好！"

江小姐（微笑回应）："你好！张先生。"（然后缓缓地坐下，并把手提包轻轻放在椅子边）

张（以下简称张）："江小姐，我们这儿不难找吧！"

江（以下简称江）："没问题，您知道我对这儿很熟。"

张："不错，（翻着江小姐的求职申请书）我们这有你的求职申请书。看来，你的各方面条件都不错，尤其是外语。你在审计局能用上你的英语和……（看江的求职申请书）日语吗？"

江："用得很少，这也就是我为什么要来这里应聘的原因之一。我希望能更多地用上我的外语。"

张："噢，好！你有速记和打字的结业证书，而且你的速度很不错。"

江："张先生，您知道那都是我一年前的成绩。事实上我现在的速度快多了。"

张："嗯。江小姐你为什么想来这儿工作呢？"

江："主要想用上我的外语专长。当然我从秘书做起的另一个原因，是想逐步地积累一些做贸易的经验，以便将来能独当一面地从事贸易工作。"

张："噢！（这时电话铃声响起，张对江）对不起。（接着对话筒）对不起，这会儿很忙，我一会儿给你打过去。（放下话筒，对江）实在抱歉，嗯，你对计算机很感兴趣。上面说……（张查看江的求职申请书）。"

江："是的。事实上，我哥哥在一家大的外贸公司里从事无纸贸易。我对此很有兴趣，在家哥哥也经常帮助我。"

张："那很有趣！好！江小姐你有什么问题要问我吗？"

江："主要是工资问题。广告上说'待遇优厚'……张先生，您能给我具体讲一下吗？"

张："噢，是这样。我们职员的待遇在外企中属中等偏上。例如，一个新入公司的秘书每月工资 1 600 元人民币。因此我也想从 1 600 元给你起薪，你看怎么样？"

江："张先生，我希望您对像我这样具有专业背景、实际经验及外语水平的人能给予恰当的评估及合适的月薪。顺便说一下，我在审计局的月工资包括奖金近 1 800 元。"

张："一周之后你会收到我们的消息。到时候我们再具体谈谈。"

江："好的，谢谢您，张先生。"

张："再见，江小姐。"

江："再见，张先生。"

一周后，换了一身装束的江小姐又神态自若地走进了张经理的办公室。这一次，他们具体地谈了工作、待遇及其他。

大约 10 天后，江丽萍兴致勃勃地开始了她的秘书生涯，月薪 1 800 元人民币。

思考题：

（1）江丽萍面试成功的秘诀何在？

（2）本实例对你有何启发？

巧答难题

临近毕业，一家地市级日报招聘采编人员。在入围面试的 10 个人中，无论是从学历还是从所学专业来看，我都处于下风，唯一的优势就是我有从业经验——在学校主办过校报。

接到面试通知后，我把收集到的该日报社的厚厚一摞报纸重新翻了一遍，琢磨它办报的风格、特色、定位及其主要的专栏等，做到心中有数。我记下了一串常在报纸上出现的编辑、记者的名字。

参加面试时，评委竟然有 8 个。第一个问题是常规性的自我介绍。第二个问题是"你经常看我们的报纸吗？你对我们的报纸有多少了解"。我于是把自己对这个报社的认识，包括其办报的风格、特色、定位等全部都说了出来。最后我说："我还了解咱们报社许多编辑、记者的行文风格。例如某某老师写得简洁明了，某某老师文风清新自然。虽然我与他们并不相识，但文如其人，我经常读他们的文章，也算是与他们相识了。"我当时注意到，许多评委露出了会心的微笑。后来我才了解到，我提到的许多老师就是当时现场的评委。

第三个问题是"谈谈你应聘的优势与不足"。我说："我的优势是有两年办校报经验，并且深爱着报业这一行。我的缺点是拿起一张报纸，总是情不自禁地给人家挑错，甚至有时上厕所，也忍不住捡起地上的烂报纸看。"听到这里，评委们不约而同地笑了。

面试结束的时候，我把自己主办的校报挑出了几份分给各位评委，请他们翻一翻，提出宝贵意见，并说："权当给我们学校做个广告。"评委们又笑了。

最终，我幸运地被录用了。

思考题：

（1）实例中的"我"回答面试问题的语言艺术如何？请予以分析。

（2）本实例对你有何启发？

老总的故事

一家公司的老总要招聘一名副手，这一天老总亲自来面试。但奇怪的是，老总并不是对应聘者逐个地进行面试，而是把所有人都集中到大会议室，讲起了故事："唐朝有个大将军，名叫张飞。有一天，张飞带领军队追击敌人。那天是一年中最热的一天，士兵们带的水早就喝干了，沿途中没有可饮用水，士兵们又累又渴，连前进的力气都没有了。张飞焦急万分，后来灵机一动，指着前面对士兵说，转过这个山口前面就是一片梅林，梅子已经成熟了，大家加把劲，很快就能吃到可口的梅子了。士兵们在条件反射的作用下，顿时口舌生津，又有力气前进了。"

讲完之后，老总望着大家仿佛有所期待，应聘者则莫名其妙。终于有个人鼓足勇气站起来说："老总，您今天的故事讲得很好，但我们是来参加面试的，不是来听讲故事的。请问老总，面试什么时候开始？"老总没有回答。

过了几分钟，他不易察觉地笑了一下，转身要离开。这时一个人站起来："老总，请等一等！我想指出您的错误。您刚才所讲的故事中，至少犯了两个错误。第一，那个将军不是张飞，是曹操；第二，故事发生的时代也不是唐朝，而是三国。尽管我不明白您讲这个故事跟今天的面试有何关系，但我还是想指出来，希望您别介意。"老总听完，脸上露出了微笑。

在这个故事中，老总就是通过讲一个家喻户晓的故事，并故意犯了两个错误，把他的真实意图隐蔽起来：他想寻求一个善于发现他的错误并有勇气大胆指出来的副手。

思考题：

（1）请结合本实例谈谈面试中如何准确判断对方的意图？

（2）本实例对你有何启示？

第五章 行业口才

发生在成功人士身上的奇迹，至少有一半是由口才创造的。

——【美】汤姆士

君子不失足于人、不失色于人、不失口于人。

——《礼记》

学习目标

掌握导游口才的语言特征；能够致欢迎词和欢送词；熟练运用导游讲解的技巧；掌握导游沟通协调的语言艺术；掌握推销口才的原则；运用推销的语言艺术提高推销效果；了解主持人的含义和特点；明确主持人的素质要求；遵照主持人的语言规则进行主持；在各类主持中讲究语言艺术。

案例导入

戴尔·卡耐基与他的《语言的突破》

美国著名的成人教育家、人际关系专家戴尔·卡耐基所著的第一本书，是一本关于演讲的《语言的突破》。

卡耐基早在大学时代便将演讲作为出人头地的捷径而曾潜心钻研过。后来，他于1922年开始为纽约基督教青年会夜校开班时，首先开的就是"公开演讲"课。由于卡耐基开设演讲课所积累的丰富知识，他评判过15万篇学院的公开演讲，他建立了一套实用的演讲模式。为了便于各行各业的人学习演讲，1926年他根据自己的心得体会和学院学习经验，写了一本题为《公开演讲：企业人士的使用课程》的关于演讲的教科书。后来，这本教材又经过几年的实验和修订，于1931年以《语言的突破》为名正式出版发行了。它出版后，在人类出版史上创造了一个奇迹：10年之内就发行了2 000多万册，而且被译成了几十种文字，成为世界上最受推崇的"语言教科书"。它详细地介绍了克服恐惧、建立自信的方法，阐述了演讲口才方面的方法和技巧等内容，促使人们努力向前，并向自我挑战，激发了人们追求人生理想、实现自我价值的坚定信念。无论从事何种工作的人，如果能按照这本书介绍的基本方法去做，都能获得意想不到的收益。

在20世纪，卡耐基演讲口才艺术曾风靡世界，掀起了一股经久不衰的卡耐基口才热，在全世界50多个国家的近2 000所培训机构已经使千百万人获益。参加训练的人们来自各行各业，其中有著名作家、政治家、商界大亨、学者、大学生、职员，甚至还有几位国家元首，可见其影响之巨。

问题：

1. 各行各业都离不开口才吗？请举例说明。

2. 请阅读戴尔·卡耐基的《语言的突破》一书，并谈谈读后的感受。

各行各业都离不开口才，这里介绍一下导游、推销、主持的口才。

第一节　导　游

【小案例】

导游员高超的口才

你是否能从下面的两个实例中领悟到导游员高超的口才？

1. 导游带着一批游客参观古堡，在很深的地道里，看见几具骷髅。"这些骷髅是怎么回事呢？他们原来都是些什么人？"游客问。"我认为，他们一定是些舍不得花钱请导游而迷路的人。"

2. 纽约街头，一个乞丐中暑晕倒，路人围拢过来，议论纷纷。"这个人真可怜，给他杯威士忌吧，我遇上游客晕倒就常这么干。"一位路过的导游说。"还是把他抬到阴凉的地方，让他歇歇吧。"好几个人说。"让他喝点威士忌保管就没事了。"导游坚持己见。

"应该送他到医院去才对。"另外有人提出异议。"给他点威士忌，没错！"导游还是这句话。

中暑的人突然翻身坐起，大喊道："你们别多嘴了！怎么不听这位好心人的话呢？"

导游口才是指导游员与游客交流思想感情、指导游览、进行讲解和传播文化时使用的一种具有丰富表达力的、生动形象的口头用语。导游从业人员要取得良好的工作成效，必须注重导游口才的修炼。

一、导游口才的语言特征

导游语言从某种层次上来说，是一门艺术，因为它能够渲染气氛、增强效果，充分调动游客的积极性，激发游客的兴趣。导游口才的语言特征归纳起来主要有以下几点。

1. 准确性

导游语言的准确性是指导游人员的语言必须以客观实际为依据，即在导游过程中使用规范化的语言，准确地反映客观实际。

1）内容准确无误，有据可查

对所介绍景点的背景资料，如历史沿革、数据、地质构造等必须表述准确，要有根据、有出处，不能编造。即使是故事传说、民间传奇也要有据可查，不能道听途说，信口开河。对某一历史人物介绍更要注意准确性。例如，某导游运用了下面的语言对杨靖宇将军进行了准确的介绍。

杨靖宇将军原姓马名尚德，1905 年 2 月 26 日（农历正月初十）出生在确山县李湾村一个农民家庭里，幼时在村私塾就读，1918 年以优异成绩考入确山县立第一高等小学堂。1919 年的"五四"青年爱国运动席卷全国，年仅 14 岁的杨靖宇投身于火热的斗争中，1923 年秋，他考入河南省开封织染学校，1926 年在该校加入中国共产主义青年团，同年冬奉党团组织的指示，回确山县领导农民运动。1927 年春杨靖宇被选为确山县农民协会会长，4 月领导了震惊中外的豫南农民起义，6 月 1 日在确山县城关镇老虎笼（地名），杨靖宇由共青团员转为共产党员。7 月 15 日国民党武汉政府叛变革命，新生的革命政权遭到确山县地方顽固势力的反扑，杨靖宇和张家铎、张耀昶、李鸣岐等同志率部转移到县东刘店一带继续坚持斗争，开辟新的根据地。1940年2月23日，在吉林省濛江县（即现在的靖宇县）保安村三道崴子，杨靖宇率领部队不幸被日军包围，在饥寒、疲劳和伤病交作之际，杨靖宇仍坚持战斗，最后壮烈殉国，时年仅35岁。

2）遣词造句准确，词语搭配恰当

遣词造句准确，词语搭配恰当是语言运用的关键。一个句子或一个意思要表达确切、清楚，关键在用词与词语的组合及搭配上，要在选择恰当词汇的基础上，按照语法规律和语言习惯进行有机组合与搭配。如武汉市导游人员在归元寺向游客介绍《杨柳观音图》时说："这幅相传为唐代阎立本的壁画，它所体现的艺术手法值得我们珍惜"。这里，"珍惜"属于用词不当，而应该用"珍视"一词。"珍惜"是爱惜的意思，而"珍视"则为看重的意思，即古画所体现的艺术手法值得很好欣赏。

【小训练】

错在哪里？

在导游实际解说中常常会出现很多错误，请分析以下导游的话错在哪里。

（1）相山公园的人工湖是全省最大的。

（2）作为导游的我非常愿望游客高兴就好。

（3）俺们今天不去将军亭爬了。

（4）没有照顾好大家，我很伤感。

（5）喂！老头儿，注意安全。

2．生动性

生动形象的导游语言能够引起游客的观赏兴致和联想，这也在无形中提高了景点的欣赏价值和意义。俗话说"风景美不美，全靠导游一张嘴"，虽然略有夸张，但也说明了导游生动讲解的重要性。如下面的导游词就充分体现了生动性特点。

"这座大佛高17米，他的头发就有14米长，10米宽，头顶中心的螺髻可以放一个大圆桌，大佛的脚背有8米多宽，站100人，一点也不挤。"

这样一来游客就有了比较直观的概念，可谓真实可感。

又如，淮北市星光旅行社的导游马小姐在初次与游客见面时自我介绍说：

"我姓马，老马识途的马。今天大家跟着我旅游，请放心好了，有我这个小马一马当先，什么都能马到成功……"

游客们都乐了，初次见面的拘谨感一扫而光，气氛很快融洽起来了。

为使导游语言形象生动，导游最好多记一些笑话，随时随地在讲解的过程中插入一个相关的笑话，那样就会使讲解生动有趣得多。比如讲当地的山路比较险，就可以插入这样一个笑话：

有一次，司机向当地一位居民打听："请问，此地哪里可以找到汽车配件？"村民答道："往前走，过了那个急转弯处有个峡谷，那下边什么型号的零件都有。"

【小案例】

对比

一位导游在带游客去苏州城外时，这样讲解："那是灵岩山，那是天平山，那是金山，那就是虎丘山，那就是狮子山。"

另一位导游说："苏州城内园林美，城外青山也秀美。那一座座山好似一头头保护苏州城的神兽。

灵岩山像伏地的大象，天平山像金钱豹，金山像卧龙，虎丘山犹如蹲伏着的猛虎，狮子山模样活似回头望着虎丘山的狮子，那是苏州一景，名叫狮子回头看虎丘。"

点评： 我们明显地可以看到第一位导游的表达就非常的平淡，不能将游客引导进入景中的境界，反而让他们在导游的引导下眼花缭乱、走马观花。而第二位导游的语言描绘得很传神，用生动形象的语言打开了游客的兴致，游客在徜徉美好山河的同时也感受到了这名导游高超的语言表达能力。

3. 趣味性

趣味性，是指导游语言具有使游客感到轻松愉快、妙趣横生、引人入胜的特征。导游可以通过一些特定的修辞手法和表达技巧的运用，使导游讲解更加吸引游客，给游客留下深刻的印象，营造出轻松、活泼、愉快的旅游氛围，使游客享受到旅游的乐趣。增加导游讲解趣味性的技巧主要包括以下两个方面。

1）巧妙运用修辞艺术

能够增加导游词趣味性的修辞技巧，除了比喻、比拟、排比、对比、对偶、夸张等常见的修辞手法之外，还包括双关、移时、别解、顶真、回文、换算等修辞方式。如：

这里的洞穴五花八门：洞套着洞、洞叠着洞、洞连着洞、洞穿着洞，洞洞相连，可谓是"洞穴博物馆，丹霞大观园"。(《泰宁世界地质公园·寨下大峡谷》)

这里运用了顶真手法，妙趣横生，连续使用了十一个"洞"，一气呵成，其中十个"洞"头尾相连、环环相扣，对游客产生极大的吸引力；同时还运用了比喻手法，把天穹岩比喻成"洞穴博物馆，丹霞大观园"，形象生动，富有情趣。

2）灵活把握表达技巧

导游语言的表达技巧主要有叙述法、描述法、设疑法、缩距法、升华法、幽默法等，在导游词中，根据表达内容和感情等的不同恰当地运用不同的表达技巧，不仅可以使导游口语讲解的表达灵活多样、丰富多彩，而且还能使游客轻松愉快、乐在其中，提高旅游的兴趣和情趣。如：

前方这块大岩石，像一条大鲨鱼，呲牙咧嘴，好不吓人！仔细一看，它的下巴不见了。相传，这条鲨鱼已修炼成精，它从东海尾随八仙来到此地，想搭乘这艘帆船早日成仙。没想到上清仙境，风光如画，稍一走神，撞上仙帆。八仙一怒之下，敲掉它的下巴，同时把仙帆点化成石，在此镇守鲨鱼精。正应验了那句古话：心急吃不了热豆腐。凡事都应顺其自然，脚踏实地，切莫急功近利，弄巧成拙。(《泰宁世界地质公园·上清溪》)

在讲解"鲨鱼咧嘴"景点时，先用叙述法讲述了民间传说，再用升华法，正应验了那句古话："心急吃不了热豆腐"。再加以发挥引申，凡事都应顺其自然，脚踏实地，切莫急功近利，弄巧成拙，既增加了景点的趣味性，又给人启迪，给游客留下深刻的印象。又如：

大家请往右边岩壁上看，在岩穴洞口有块风化崩落下来的石头，很像一只癞蛤蟆正蹲在那里，咧嘴鼓腮，瞪着圆眼，垂涎三尺地朝着对岸窥视着。原来对岸的岩穴中有块崩塌风化的巨石，极像一位睡美人，手枕着头，侧卧着在那里"春睡"，一点都没有发觉还有一只癞蛤蟆正偷偷地盯着自己，正应了"癞蛤蟆想吃天鹅肉"这句古话，我们把这景叫作"仙女脱衣床上睡，对面蛤蟆流口水"。不过，话说回来，这只癞蛤蟆最多还只是窥视，有贼心没贼胆，不比现在社会上的一些"癞蛤蟆"，有贼心更有贼胆，冷热酸甜，想吃就吃。如果让它知道的话，肯定也会感叹：老牛可以吃嫩草。(《泰宁世界地质公园·上清溪》)

这里用描绘法描述"癞蛤蟆"的情态:"咧嘴鼓腮,瞪着圆眼,垂涎三尺地朝着对岸窥视着",惟妙惟肖;结合幽默法,多处用到幽默语,如"春睡""有贼心没贼胆""有贼心更有贼胆"等;还巧用了广告词"冷热酸甜,想吃就吃";最后更是寓教于乐使用了"如果让它知道的话,肯定也会感叹:老牛可以吃嫩草。"语体风格幽默风趣、轻松诙谐,增加了导游讲解和游览的趣味性。

4. 幽默性

幽默风趣的语言如果使用得当,可以活跃气氛,提高游兴,增强导游人员和游客之间的感情交流,使游客回味无穷,有时还可以摆脱尴尬。幽默既是一种技巧,又是一种艺术,更是一种智慧,它在很大程度上是对修辞方法的综合运用,但又不同于一般意义上的修辞,而是以造成幽默意境为目的的。一位导游员在向游客讲解上海元芳弄时说道:

"各位游客大家好,在广东路和福州路之间有一条不起眼的小路叫元芳弄,它曾是上海外滩风味的著名区,最为有名的是:香气扑鼻的猪油大米菜饭,麻辣鲜香的四川火锅、油豆腐细粉汤,还有闻名中外的小常州排骨汤面等。所以这条街上中外游客不断。提起猪油大米菜饭还有一段有趣的传说呢。一次,有个'老外'慕名而来,他坐下以后要了一碗猪油大米菜饭,两只百叶包。一碗下肚以后觉得很好吃,但没吃饱,他接着又要了一碗。吃完后服务员过来一结账,要付八两米饭的钱。这位'老外'惊呆了,心想上海人有句俗话叫'斩冲头'(斩客之意),你们不要斩我这只'洋冲头',我这一辈子还没吃过八两米饭呢。经服务员耐心解释,他终于信服了,边掏口袋付钱边回味着这米饭的美味,另一边却打起嗝儿,发出了'格得格得'的声音,嘴里还在称赞地说:'饭灵饭灵''格得格得'。你知道英文中的好字'very good'从哪里来吗?它的出典就在于元芳弄这碗猪油大米菜饭上。"

导游员刚讲完,游客们都笑了。导游员就是充分利用"饭灵"和打嗝儿发出的"格得"声,巧妙地与英文 very good 构成谐音,以达到幽默的目的。

导游如果能适当运用幽默的语言技巧,可以缩短与游客的心理距离,当游客行为出现问题时,使用幽默的语言进行提醒或告诫可以避免伤害游客的自尊。

【小案例】

"唐城"

曾有一个旅行团,在前往敦煌"唐城"旅游参观的途中,有一位游客随手将垃圾扔到车窗外,这一幕恰巧被随团的导游看到。为了不伤害游客的自尊以致影响游客的兴致,同时也为了能让游客意识到自己刚才的行为是不文明的,导游员站起身来,这样对大家说:"今天我们要去参观的目的地是'唐城','唐城'从何而来,想必大家都很好奇。前几年,一个外国电影制片厂要在敦煌拍一部影片,于是出资在这戈壁滩上修了一座仿古城堡。但是影片拍完后,对如何处置这座城堡产生了分歧。资方准备把它拆了,就地销毁。但是敦煌人说,仿古城堡是拆是烧,你们花钱建,你们说了算,不过处理后所有的垃圾都得拉走,放我们这儿可不行。外方经过反复权衡利弊,最终决定将城堡无偿送给当地人民。从此就有了这个'唐城'。当然,你们可能会觉得这座城堡是敦煌人'讹'来的,可大家说说,这'讹'的道理总没错吧?在座的每位游客都有自己的家乡,我们都希望自己的家乡越来越好,这戈壁滩再贫瘠,也毕竟是我的家乡啊!"说完,"呵呵"地笑起来。那位乱扔垃圾的游客却脸红坐不住了,连忙叫了起来:"师傅,您等一下,我得把那个垃圾捡回来。"车厢里顿时响起了一片掌声。

幽默的语言能够使团队的气氛其乐融融,也提高了导游为大家讲解的趣味性。当然,幽默的时候也需要注意,这里我们所提倡的幽默是正常的幽默,应该是文明、健康的,而不是那些以低级趣味挖苦他人的"黑色幽默"。

5. 美感性

旅游活动是一种综合的审美实践活动。在旅游活动中，导游员是游客与景观的中介，导游语言是景观与游客信息传递的纽带，优美的导游语言能够使游客全面准确地收获旅游景观所蕴含的美学信息，感受旅游景观的审美价值。这也是为什么人们常说："没有导游的旅游，是没有灵魂的旅游。"有这样一个例子。

> 有两个导游分别带领旅游团到日本伊豆半岛旅行，当时的路况条件很差，马路上到处都是坑坑洼洼的洞。其中一位导游连声向游客道歉，说由于路面不平整，因而我们不得不忍受颠簸。而另一位导游恰恰相反，他充满诗意地对游客介绍："在座的女士们、先生们，我们现在走的这条道路，正是赫赫有名的伊豆迷人酒窝大道。"如此一来，游客的注意力便不再是颠簸的汽车，而是能充分感受眼前的特殊景致，本来因颠簸而难以忍受的游客，在听了导游颇有意境的介绍后，恐怕也不会再抱怨了。

可见，艺术性的导游语言能够提升整个旅游过程的质量。

二、致欢迎词

在导游员的导游服务工作开始前，首先必须向游客致欢迎词。一般来说，无论是领队、全陪、地陪还是定点讲解员，在工作开始前与游客都是陌生人。在从陌生人到伴游朋友的过程中，导游员必须想方设法让游客从认知和情感上都理解自己和接受自己，才能顺利地开展导游工作。游客在认知上对导游员的认同可以通过导游员的生活、引导等方面的工作实现，而在情感上的认同则需要导游员全方位地展示自己。在导游语言方面，这种情感认同首先是通过导游员以热情洋溢、亲切友好的欢迎词来实现的。因此，欢迎词是导游员在客人面前成功亮相的重要一环。

1. 欢迎词的特点

欢迎词是指导游员在迎接游客到来时的致辞。欢迎词虽然不是导游讲解的重点，但由于这是导游员第一次直接面向游客说话，是第一次的语言服务，因而往往会给游客留下很深的第一印象（first impression），甚至会左右游客对导游讲解服务的最终评价。欢迎词不同于一般的导游词，要具有自己的特点。

1）内容简洁，时间不长

在导游员的工作程序中，一般是在游客已经在旅游车上入座，即将出发前往下榻地或旅游景点时向游客致欢迎词。此时，游客可能会出现两种状态：其一是游客刚刚抵达旅游地，精神上比较亢奋，希望马上了解旅游地的情况；其二是游客经过长途旅行，身体比较疲惫，希望能够在车行途中稍事休息。无论是哪一种情况，游客虽然对导游员存在一定的新鲜感，但都不会将导游员作为主要的欣赏对象。因此，导游员致欢迎词时间不能太长，以免让游客生厌。鉴于上述原因，欢迎词往往内容比较简洁，话不多说，点到为止，只要能够让游客体会到自己的欢迎之情就可以了。一般来说，欢迎词的时间要控制在 5 分钟左右。

2）热情亲切，拉近距离

在致欢迎词前，导游员的身份尚未得到游客的认同时，双方还是一种陌生人的关系。为便于以后工作的开展，导游员必须尽快与游客互相熟络起来，让游客将导游员视为自己的一个伴游朋友。在欢迎词中，要达到这样的效果，导游员必须热情亲切，以"好客的主人"的形象对游客的光临表示欢迎，要以自然的语言、和缓的语调、亲切的口吻来消除游客的突兀感觉，迅速拉近导游员与游客之间的情感距离。

3）结合环境，针对性强

很多欢迎词中，经常会结合游客的特征或者旅游地的具体情况来展开，巧妙突出导游员、游客双方所处的具体环境或各自背景，使欢迎词具有很强的针对性。这样的欢迎词更易于让游客接受，而且使游客间接地获取了旅游地的有关信息，缓解了其可能存在的不满心理。

2. 欢迎词的基本要素

欢迎词的作用主要是让游客了解导游员，体会到导游的欢迎之情。能够达到这一效果的方式和内容有很多，但在各种条件限制之下，导游员只能选择其中最恰当的内容来表达。这些内容就是欢迎词的基本要素，主要包括五个部分：欢迎光临、自我介绍、介绍工作伙伴、表达服务意愿和祝福。

1）欢迎光临

导游员是接受旅行社的委派来接待游客的，因此导游员必须以旅行社代表的身份来欢迎游客。在欢迎词的开头部分，导游员必须问候客人，并对游客的光临表示欢迎。在欢迎游客时要注意对游客的称呼。一般来说，"各位朋友（团友）"这样的称呼是国内游客们比较乐于接受的，而来自国外的游客们普遍比较喜欢导游称呼他们为"女士们，先生们"。在欢迎词中，导游员必须说明聘用自己的旅行社名称，代表旅行社表示热烈欢迎之意。

2）自我介绍

自我介绍是欢迎词的重点内容之一，也是导游员可以在欢迎词中发挥主观能动性的一部分。导游员要根据自己的姓名含义、性格特征和游客背景，合理地设计自我介绍内容。自我介绍通常要向游客说明自己的姓名、身份和单位。一篇优秀的欢迎词即使做不到让游客津津乐道，至少能够使客人记住如何称呼导游员，因此在自我介绍中还必须告诉游客如何称呼自己，如"我的名字叫×××，大家可以叫我小×""我姓×，各位就叫我×导吧"等。为了便于游客记忆，很多导游员都会在自己的姓名上大做文章。湖北荆州的一位导游员将自己的姓名巧妙地融合成了一道菜名"香葱蛋花汤"（汤香花），使游客们过耳不忘；江苏南京的一位导游员给自己取了个英文名字"Spring"，游客们在回国后写来的感谢信中仍然念念不忘她给游客们带来的"如沐春风的感觉"；湖南长沙一位导游员在接待古汉语学者团时引用东汉许慎《说文解字》的解释来介绍自己的姓名，让游客们频频称道。这些都是成功的自我介绍的例子，但要注意，自我介绍不可过多过长，否则会喧宾夺主，扭曲了欢迎词的本意，游客产生的记忆效果也不佳。

3）介绍工作伙伴

介绍了自己后，欢迎词中必须紧接着介绍自己的工作伙伴。通常需要向游客介绍的工作伙伴有全陪（或地陪）、司机和旅行社领导。在不同情况下，欢迎词中对这些工作伙伴的介绍有固定的次序。

海外来华团首站地的全陪介绍次序：组团旅行社领导——请领导致辞——首站地地陪——请地陪致欢迎词。

海外来华团首站地的地陪介绍次序：全陪——司机——地接旅行社领导——请领导致辞。

非首站地的地陪介绍次序：司机——地接旅行社领导——请领导致辞。

4）表达服务意愿

导游员在欢迎词中要向游客表明自己的工作态度，也就是表达服务意愿。这也是欢迎词的一个重要内容，能够让游客感受到导游员的热情。欢迎词的这一部分主要包括三个内容：非常乐意为游客导游、保证努力工作和希望游客合作。在这一部分中，导游员不妨先给游客打打"预防针"。许多旅游地由于基础设施较为落后，其中难免会出现一些不足之处。导游员在欢迎词中先给游客提个醒，可以避免游客产生太大的失望情绪。例如导游员在云南迪庆香格里拉欢迎词中提到"……这一路跋涉，相信大家从这交通的艰难中应该可以了解到我们迪庆发展的不易了。我们这里还没有五星级的香格里拉大酒店招待你们，但我们有五星级的自然景观，我们司陪人员也会努力向各位提供五星级的导游服务，相信这美妙的人间仙境会让各位陶醉其中的！"这里对香格里拉接待设施的介绍就属于打"预防针"的内容，可以让游客先有个心理准备。

5）祝福

在欢迎词的最后，导游员应该预祝游客们此次旅游顺利、愉快。

以上这五个方面就是欢迎词的基本要素，但并不是所有的欢迎词内容仅限于此。欢迎词的内容应该根据游客国籍、团体、时间、地点、成员身份的不同而有所区别，切忌千篇一律。导游员可以在以上五个基本要素的基础之上做进一步的发挥。如果能够在欢迎词中加上一些中国好客的谚语和格言，比如"有朋自远方来，不亦乐乎""有缘千里来相会""百年修得同船渡"等，将会为欢迎词增色不少。总而言之，欢迎词既要使客人感到导游员真挚的情感，又要符合自己的身份，起到迅速融洽客、导之间关系的作用。

【小案例】

欢迎词一览

（1）风趣式欢迎词——"各位上午好！我叫×××，是××旅行社的导游员，十分荣幸能为各位服务！各位都是大医生吧？医生是人间最美好的职业，我一出生就对医生有特别的情感——因为我是难产儿，多亏了医生我才得以'死里逃生'（游客笑）。长大以后，虽然没有考上医学院，但医院我每年都要去好几次。我这人特别容易感冒，医生当不了，当病人却十分合格，真没有办法（游客笑）……我们这次在岳阳的旅游行程非常充实，如果有时间，我还想请大家参观一个特别节目，就是看看我为什么容易患感冒（游客大笑）。谢谢！"

（2）闲谈式欢迎词——"各位早上好！昨天晚上大家坐了七八个小时的夜车，一定很累吧？的确，我国交通目前还不十分发达，与贵国（日本）相比有很大差距。如果乘坐贵国的新干线列车，也许只要三四个小时就能够抵达本地了。但众所周知，我国地域辽阔，面积是贵国的26倍，实现这一愿望需要一定的时间。同时，也需要技术上的大力支持。在此我真诚地希望各位能够为中日友好，也为大家今后在我国旅游的方便做出贡献。说到贡献，其实大家已经付诸行动了。诸位这次来我国旅游不正是对我国旅游业的支持与贡献吗？对此，我代表××市120万人民和××旅行社全体员工，对各位的到来表示衷心的感谢！我叫×××，中国有句古话：'有朋自远方来，不亦乐乎。'此次能为大家导游，我感到由衷的高兴……（游客鼓掌）"

（3）感慨式欢迎词——"各位朋友们，晚上好！我是××旅行社的导游员×××，非常高兴能够作为各位此次旅游的导游员。中国有句成语'好事多磨'，各位日思夜想地盼了50年，临到家门口却还要等好几个钟头才能够通过海关。中国人在中国的土地上却不能自由行动，真是很奇怪的现象！历史的原因我们不用过多地回首。宋代诗人陈师道说：'去远即相忘，归近不可忍。'前半句我不同意，大家离别大陆 50 年，难道忘得了自己的故乡吗？忘得了家乡的亲人吗？中国台湾有一首民歌，叫《我的家乡在大陆上》，各位唱了 50 年，今天终于唱回家了。在自己家里，想唱就唱，想笑就笑吧！我谨以家乡亲人的名义，祝贺大家终于回——家——了……（游客集体哼唱《我的家乡在大陆上》）"

点评：以上这三篇欢迎词，都是欢迎词中的上乘之选。它们内容并非十分复杂，紧紧围绕着一个鲜明的主题，以通俗易懂的语言，亲切自然地表达了对游客的欢迎之情，让游客获得了情感上的满足。

【小训练】

请根据所学内容，写一篇欢迎词，并且根据所写的欢迎词进行演讲，时间不超过 3 分钟。

三、致欢送词

游客结束旅游行程，即将返回本国（出发地）时，导游员的工作也接近尾声。从导游语言的角度来说，这时要提供的一项重要导游语言服务就是向游客致欢送词。欢送词是导游员最后一次直接面向游客说话，它会影响到导游语言服务在游客心中留下的整体效果，也会影响到游客的重游兴趣。因而与欢迎词和讲解词一样，欢送词也是导游工作中不可忽视的一个组成部分。

1. 欢送词的特点

欢送词是指导游员送别游客时的致辞。不同类型的导游员致欢送词的时间与地点不尽相同。定点导游员（讲解员）通常在游客参观完纪念馆或博物馆后，在大门口向游客致欢送词；全陪和地陪通常在游客结束了旅游后，送游客前往机场（车站、码头）时向游客致欢送词；领队通常在陪同游客返回本国后，即将散团时再向游客致欢送词。欢送词具有如下特点。

1）真挚自然，动之以情

无论旅游过程长短，游客与导游员之间或多或少都会进行一些交流，因而也或深或浅地建立起感情基础。俗话说"人心都是肉长的"，除非本次旅游过程中和所接受到的旅游服务非常糟糕，否则游客总会对即将结束的旅游活动有一些留恋之情。在导游员的欢送词中不能忽视游客这种心理，要注意在欢送词中带有一定的感情色彩，迎合游客的情绪，以浓重的感情氛围打动游客。例如，有位导游的欢送词是这样的：

"短暂的相逢就要结束，挥挥手就要和大家告别，非常感谢大家一路上的支持和配合，在这分手之际，祝大家一路顺风，早日回到自己温暖的家，同时也希望大家回到自己的家乡后，偶尔翻起中国地图，想起曾经到过这样一个小城，对那里有这样或那样的回忆，曾经有一个导游和大家一起度过短暂的几天，留下了或多或少的印象，在这里我只有对大家说，'轻轻的我走了，正如我轻轻的来，我挥一挥衣袖，不带走一片云彩'。"

在欢送词中所具备的感情应该是真挚的、自然的，切不可"为赋新词强说愁"。过于矫揉造作的欢送词非但不会让游客感动，反而会对游客产生负面影响，效果并不如意甚至适得其反。为做到这一点，导游员要调整自己的心态，不要过多地考虑游客在旅游过程中带来的麻烦，而要多想想游客对自己的理解与关心，这样才能激发出自己诚恳的惜别之情。

强调欢送词应该赋予感情色彩并不意味着导游员就要致一篇过于悲情的欢送词。毕竟旅游活动是让人身心愉快的活动，不应该让游客带着满面愁容离开。尤其对于地陪来说，游客离开本地后还要继续开展旅游活动，如果游客情绪低落地展开下一站的旅游活动，会给以后的旅游服务和游客的旅游享受产生消极的影响。因而欢送词中在表示不舍的同时也要表达出对再次相会的殷殷期待之情。

2）简洁干练，认真对待

与欢迎词一样，欢送词并不是导游语言工作的主体，因而无需过于烦琐复杂，要以简洁干练为语言特征。导游员在送别时如果啰哩啰唆，会给游客留下婆婆妈妈、拖泥带水的感觉，可能会损害到游客已形成的良好印象。在致欢送词时，导游员要充分估计好致辞时间的长短，不要到了机场（车站、码头）后还在喋喋不休。这时游客的注意力已经分散，或观察机场（车站、码头），或整理行装，或检查证件票据，没有心思来细听导游员的欢送词了。同时也要注意，欢送词不能太过于随便，那样的话也会让游客以为导游员巴不得自己马上走。画蛇添足当然不好，但虎头蛇尾同样是在欢送词中要尽量避免的。

【小案例】

简洁干练的导游词

有位南京导游这样送别中国台湾游客："好花不常开，好景不常在，今日离别后，何日君再来？邓丽君小姐的这首《何日君再来》表达了我此时的感受。我相信，我们之间友情的花朵会常开，南京的美景永远常在，今日离别后，我们还会再相逢，或许会在南京，也可能在中国台湾，我期盼着。再见，各位朋友。"这个欢送词，简洁干练，期盼重逢，堪称典范。

3）饶有趣味，耐人回味

欢送词并不是简单地向游客说再见，它也包含了对旅游活动的回顾和思考。如果导游员的整个导游服务都非常成功，那么在最后时刻更要做到尽善尽美，既要干净利落，又要饶有趣味，给游客一种美的享受。在整个旅游过程中，游客是凭自己亲身体验来评价导游员的工作好坏的。为此，导游员在欢送词中有必要对全部旅游活动和导游服务做一次归纳和总结。在欢送词内容的选择上，导游员应适当回顾旅游过程，弥补前期工作的不足。经过一段时间的接触之后，游客对旅游地的风景、社会、文化等也会形成自己的评价。这些评价有可能恰如其分，也有可能有一定的偏差。为防止游客产生误解，导游员在欢送词中要进一步帮助游客加深旅游地的理解和认识。以一些能够让游客更好地了解本国（地）的知识或者民谚来总结旅游过程无疑是非常好的方法，这样也可以让游客在离开以后还能够有一些值得回味的体验。

2. 欢迎词的基本要素

在欢送游客时，导游员首先要做到三个"不可"，即寒暄不可少、热情不可减、总结不可忘。除此之外，根据上文中所提到的欢送词的主要目的，在欢送词中还必须包含一些内容，这就是欢送词的基本要素。

1）回顾总结，加深印象

由于旅游活动时间相对比较短暂而且旅游活动项目排列得比较密集，虽然游客在游览完一个旅游景点时会津津乐道，但是过了一段时间可能就会逐渐淡忘。因此在欢送词中，要加深已经有所淡忘的印象。回顾整个旅游活动，并不是简单地将所有旅游活动的内容罗列出来，而是围绕一定的中心思想，穿插结合旅游过程中的各种情况进行总结。很多导游员在回顾旅游活动时经常会提及一些游客本人在旅游时的表现和遇到的一些突发事件，这样留给游客的印象会更深，才能更好地达到欢送词的目的。还有的导游员在此时将旅游过程中拍摄到的一些照片展示给游客或者将录像通过车载电视播放出来，效果更好。如果有的游客对旅游目的国（地）仍然存在一些疑问或者还想多了解一些，导游员也可以在欢送词中对此再进行一些介绍。以下欢送词就很好地进行了回顾总结。

一位导游这样致欢送词："各位嘉宾，在楚雄的游览即将结束，到达酒店后我们将彼此道一声再见。这两天，我们游览了紫溪山、博物馆、黑井古镇、十月太阳历文化园，相信大家对紫溪山的茶花、黑井古镇的古朴宁静、民族风情的绚丽多姿还记忆犹新吧。无论我怎样舍不得你们离开，毕竟天下无不散的筵席。另一方面，我也为大家感到高兴，因为你们很快就要回到家中，和家人团聚，和朋友叙情。他乡的山虽好、他乡的水虽美，却锁不住那思乡念家之情。我希望各位回到家乡后，能把你对楚雄的美好感受告诉你们的家人朋友，让他们也和你分享旅游之乐。希望他们也能和各位再到云南来，再到楚州来，武定狮子山的神奇、禄丰侏罗纪公园的神秘正等着你们去探寻。"

2）表达谢意，加深情谊

致欢送词是导游员向游客传播友谊和表达惜别之情的绝佳时机。导游员在欢送词中可以引用一些格言民谚来渲染气氛，唤起游客的情感共鸣。要感谢游客合作，在欢送词中，无论实际过程如何，导游员都要感谢游客对于自己工作的配合与支持。如果在这其中确实出现了令游客不快的服务失误，那么还应该在欢送词中就这些失误之处向游客致歉。要征求游客的意见以改进日后的工作，目前，在我国征求游客意见主要是采用发放书面调查表的形式（如《海外游客意见反馈表》），导游员也可以直接同游客进行语言交流。

3）期待重逢，美好祝福

在致欢送词中，导游员还要表达出期待与游客重逢的心情。只要导游员在旅游过程中与游客相处得十分融洽，这一项内容是很容易让游客产生同感的。同时，这也是为旅游目的国（地）吸引游客重游的一项重要因素。出于礼貌，在欢送词的最后通常会向游客致以美好的祝愿。

【小案例】

欢送词一览

（1）一般型欢送词——"尊敬的朋友们，我们就要分手了！这些天来，我们一起愉快地游览了……正是由于各位的积极配合和大力支持，我们的此次旅途才能在欢声笑语中结束。在此，请允许我代表××旅行社、司机和我本人，向各位表示我们最诚挚的感谢！在这难忘的时刻，我衷心祝愿你们一路平安，同时我也希望你们与我经常通信，愿我们的友谊像兄弟，愿我们的感情像亲人！'海内存知己，天涯若比邻。'相信我们一定能再次相聚的。再见了，我亲爱的朋友们！"

（2）自责型欢送词——"要和在座的各位说再见了！此刻，我的心情既激动又难过！这次陪同大家一起前往……在这次旅游过程中，我有许多应该做好而没有做好的工作。那我现在能向大家说些什么呢？只有一句话，那就是——谢谢各位的合作！是你们的支持使我增强了信心，是你们的帮助使我增加了力量，是你们的理解使我战胜了困难，请允许我再一次向你们表示感谢！我要努力工作，或许来年我们有缘再次相会，我将提供更好的服务！愿我们的友谊天长地久！最后，祝愿大家一路顺风，万事如意！"

（3）唱歌型欢送词——"朋友们，只有在离别的时候，才深深地感到我们相处的时间太短……在此期间，大家亲如兄弟、胜过亲人！得到大家的关照，我们才能顺利完成工作任务。说实话，我真有点舍不得离开你们，我会想念大家的！接下来，我就以大家在家乡非常熟悉的歌手邓丽君小姐的一曲

《路边的野花不要采》来向大家告别吧——'送朋友送到飞机场，有句话儿要交代：虽然旅游已结束，但我们的友谊永存在！记住我的情，记住我的爱，记住我们有缘还会来相会，我呀衷心期待着这一天，千万不要把我来忘怀。'欢迎大家再来玩！再见！"

【小训练】

请根据所学内容，写一篇欢送词，并且根据所写的欢送词进行演讲，时间不超过 3 分钟。

四、讲解的语言艺术

国际旅游界认为，"没有导游的旅游是不完美的旅行，甚至是没有灵魂的旅行"。一名优秀的导游，能成功地引导游客在旅游结束后游兴未尽，流连忘返，给社会带来良好的经济效益。导游人员的主要职责是组织好整个旅游活动，做好导游讲解和各项服务工作，在物质和精神上给游客提供优质的服务。导游员只有根据游客的不同情况，灵活地运用导游资料，运用导游艺术和技巧，才能使导游内容生动而又富有生命力。导游服务的中心是讲解，导游的讲解能帮助游客丰富阅历、增长见识、获得美感，从而实现旅游的目的。"三寸不烂之舌"是导游的看家本领，不同的景观内容，不同的游客，不同的时间段，导游需要运用不同的讲解技巧和多种讲解方法为游客服务。导游讲解的语言艺术着重体现在以下方面。

1. 游览之初，做好铺垫

到达景点之前，导游员要做好铺垫，以引发游客的游览兴趣。在距离景点还有 3～5 分钟左右路程的时候，导游员要切实准备好一段精彩的景点总体概述讲解的导游词，以其作为铺垫，从而更好地激发游客游览参观某个景点的兴趣。内容根据具体的景点来确定。如要到达张家祠之前，导游可以借鉴一下以下讲解。

"好了，各位朋友，我们再隔 3 分钟，就马上要到达一个特殊的景点，这儿呢，各位在里面可以看到许多的祥云仙鹤。当然了，这些都不是真的，那它们是什么呢？这些特殊的宝贝，当时被咱们的古建筑专家梁思成先生誉为李庄四绝之一。同时，这个地方在抗战时期，数千箱国家级珍贵文物及保卫这些文物安全的军队都在这个地方，这个地方呢，在 2005 年建成了中国李庄抗战文化陈列馆，在 2007 年，又被批准为四川省文物保护单位。什么地方居然有如此大的魅力呢？对，朋友们，就是现在在我们正前方的张家祠。"

引入讲解词是为了突出即将参观的景点的一些重要地位与独特性，从而引起游客的游览兴趣。如导游在讲了这一段导游词后，游客就会对张家祠产生浓厚的游览兴趣，就会特别想去看一下这祥云仙鹤到底是什么。

2. 通俗易懂，大众口味

讲解语言要做到大众化，浅显易懂，适合一般人的水平和需要是不容忽视的一个问题。在导游讲解中，特别要注意将书面化的导游词转化成口头语表达出来，而不是"背书"。要做到通俗，主要应注意以下几个方面。

1）口语化、短句化

导游词是用来听而不是用来看的，所以不应当书面化和过多使用长句，应当使用口语和短句。请看下面一个句子："目前我国保存最完整、建筑规模最大的颐和园中的德和园大戏楼是比故宫的畅音阁、承德避暑山庄的清音阁两座清宫戏楼还要高大的古戏楼。"这个句子长近 60 字，作为书面语似无不可，但用作口头讲解，听起来就十分费劲，如果改用下面几个短句表达，效果就好多了：“颐和园中的德和园大戏楼是清宫三大戏楼之一。它比故宫的畅音阁、承德避暑山庄的清音阁这两座戏楼还要高大。它是目前我国保存最完整、建筑规模最大的古戏楼。”

2）避免使用冷僻、晦涩的词语

导游词虽然要讲究一定的文采，但是必须以通俗易懂为前提，故应避免使用冷僻、晦涩的词语和太专业的术语。

3）充分考虑文化差异

导游员在为外宾提供导游服务时，应考虑将中国的历史年代、度量衡等方面的词语进行换算或类比使其更容易听懂。讲解中涉及中国名人、名言、诗词、成语等时，要给予必要的解释。

3. 生动自然，回味无穷

导游员在讲解内容准确的前提下，应以生动、有趣且具感染力的语言活跃气氛，增添游客的游兴，以趣逗人。如果讲解过度使用书面语言，照本宣科、死板硬套不可取，"黄色幽默"和低级趣味的笑话更应杜绝。例如，在介绍千佛山公园概况时有位导游是这样讲的："千佛山山脉来自岱麓，它翠峰连绵，树木蓊郁，松柏满谷，楼台高耸，殿宇错落，为济南天然屏障。"这段讲解由于玩弄美丽辞藻，过多使用书面语言而让人感到不自然，不能给游客以生动易懂、赏心悦目的感觉，无法实现导游讲解的目的。正确的办法是将其修改为通俗、生动的口头语言。我们可以尝试着将上面一段文字修改如下。

"千佛山属于泰山的余脉，海拔258米。你看它东西横列，翠峰连绵，盘亘于济南市区的南面，被人形象地称为泉城的南部屏风。清朝著名文学家刘鹗在他的小说《老残游记》中，就有一段描述千佛山的话，他说从大明湖向南望千佛山，'仿佛宋人赵千里的一幅大画，做了一架数十里长的屏风'，形容得是非常的贴切。"

导游这样的讲解让游客如身临其境、回味无穷。

要做到讲解生动，导游仅具备丰富的景观知识和语言词汇是远远不够的，还必须善用精彩描写，使语言生动形象，耐人寻味，如《迪庆香格里拉导游词》如下。

在雪山环绕之间，分布着许多大大小小的草甸和坝子，这是迪庆各族人民生息繁衍的地方。这里土地肥沃，水草丰美，牛羊骏马成群，特别是中甸县的大小中甸，真有"天苍苍，野茫茫，风吹草低见牛羊"的风光。五月的中甸草原，碧绿的草地和山坡上的杜鹃花、格桑花和数不尽的各种小花争相怒放，姹紫嫣红，争奇斗艳，宛如一块块色彩斑斓的大地毯，骏马奔驰，牛羊滚滚，雄鹰翱翔，牧人在白云蓝天下唱起牧歌，挥动长鞭，这就是人间仙境的生活，一幅活生生的美丽图画。

这段讲解把人带入诗画般的意境，获得一种远离尘世的超脱之感。

4. 条理清楚、灵活多变

这是导游语言艺术的基本要求。条理清楚是导游员与游客沟通的根本。特别是对于内容丰富、复杂的景点，讲解必须有条理，善于运用富于逻辑的讲解顺序，先讲什么、后讲什么、中间穿插什么，都要事先组织好，否则会让人觉得不知所云。合理的讲解顺序，将会帮助游客清晰地理解，对后面景点的游览和导游的工作都会有一个积极的影响。讲解的时候，特别是在讲解建筑物时，可采用空间逻辑的顺序来讲解。如在讲解席子巷时，可以像下面这样来给游客讲解。

"好了，朋友们，现在我们所在的位置呢就是席子巷。席子巷是因为当年加工销售草席而闻名的。大家可以看一下，席子巷全长约60米，两边的房屋均为一楼一底的木式结构房屋……（在这里给游客介绍一下川南民居的建筑风格和特色。）好了，朋友们，大家可以看一下席子巷房屋的门有何特点。（游客一般会回答两扇，如果不回答的话，可以直接给他们介绍一下腰门和中国的封建等级制度。）这扇门呢叫作腰门……（然后开始介绍，完了以后，就可以给大家介绍一下脚底下特殊的青石路面。）好了，朋友们，大家欣赏完了咱们的房屋以后呢，可曾留心一下脚下的特别之处呢？（然后，导游可以给游客介绍一下这脚下的99块大青石铺就的路以及中国特殊的九五之数文化。）"

这段导游词就很有逻辑性，先房屋后地面，介绍房屋时，先整体，后局部，这样，游客就很容易理解。

条理清楚还要求导游员克服一些不良的口语习惯。有的导游用语暧昧、含糊不清，有的解说反复啰唆、拖泥带水，这些不良习惯都会影响导游员的表达能力，应当想方设法克服。导游语言运用要妥当、有分寸，以做到真正体现对游客的尊重为前提。导游讲解的灵活多变是指在景点基本内容的基础上，用多种不同表达方式因人、因地、因时制宜，力求讲解生动、风趣、幽默。导游员在讲解时必须充分考虑游客的文化背景、认知水平、兴趣爱好及职业特点等异同，并据此有针对性地决定内容的取舍和表达方式的选择，以提高游客的接受和理解能力。如在讲解中穿插一些"边角料"——历史典故、神话传说、轶事野史，就是灵活多变的语言艺术手法的集中反映。如某导游员带领游客来到故宫九龙壁前，游客们自然会被这面瑰丽的工艺品上那龙腾云的图案吸引。导游员对游客是这样说的：

大家的鉴赏力都值得钦佩，但视力不一定都好。请你们仔细找个破绽：这里龙身上的某一块瓦不是玻璃，而是木头仿制的。乾隆年间，一次皇帝巡视园内看到墙壁上脱落了一块瓦，命工匠补上。而炼制这种瓦需要数天时间，工匠急不择料，用木头雕制成一块瓦样，漆上逼真的色彩镶嵌上去以假乱真，骗过了皇帝的眼睛。今天谁能最先找到，谁的眼力一定第一！

游客听说，兴趣高涨。当他们找到这块传奇的木瓦时雀跃之余，也就相信了这个传说的真实可信。

5. 巧妙引用，加深理解

这是指向游客引用叙述有关历史人物、事件、神话故事、轶闻典故等，以丰富游客的历史知识，使他们运用形象思维更好地了解眼前的景观。请看以下实例。

清乾隆年间，秦大士居住在秦淮河畔每日攻书苦读。因家境贫寒，其母用黄豆加上红糯米、红枣煮好，用小碗把豆装好，上面加一粒红枣，给他夜间读书时充饥。因黄豆酥烂，颗粒完整，汁味浓香，甜咸适度，富于营养。乾隆十七年（1752），秦大士考中状元，人们就将他所食的煮黄豆称为（状元豆），并成了秦淮小吃之一。

游客们纷纷被导游员引用的轶事所打动，再吃状元豆时，感受就不一样了。又如：

看看这幅神奇的巨大的瀑布，它左边呈银白色，右边的呈金黄色，在这两道彩瀑中间还奇迹般地开启了一道天然的门，关于这道神奇的门，还有一个美丽的传说呢：燕子姑娘成仙后，专门跟为富不仁的坏人作对。当地有个郭财主，家里的金银堆成了山，还拼命压榨老百姓，穷人们恨透了他。燕子仙姑知道后，便乔装成一个乞丐，来到郭财主的家，郭财主一见，就喝令手下将燕子仙姑棒打出去。只见燕子仙姑念念有词，忽见祥光一闪，郭财主家里的金山和银山便不见了，郭财主顿时气了个半死。燕子仙姑把郭财主的金山和银山搬到洞里后，这边堆金子，成了金山；那边堆银子，成了银山，她还特意在中间开了一道神奇的门，好人和穷人来了，门就自动打开，并送给穷人一些金银，让他们过上好日子。要是坏人来了，这门就自动关闭，坏人只得"望宝兴叹"。因此当地人至今还把它叫作"金山银山"。

通过讲述美丽的传说，深深打动了游客，引得游客乐此不疲，游兴顿增。

导游讲解还可以引用古代诗词、名人名言或客人本国（本土）的谚语、俗语、俚语、格言、顺口溜等进行讲解。例如：

大家请看，这里叫作细腰洞，左右两侧分别有一个大肚皮！对此，当地有这么一个顺口溜：说稀奇、道稀奇，细腰洞旁大肚皮。大肚皮，真滑稽，生男生女在一起。左生男，右生女，生男生女靠自己。男成龙、女成凤，生龙生凤皆欢喜。（《泰宁世界地质公园·上清溪》）

这里引用流传在当地的顺口溜，使景点讲解轻松俏皮、幽默诙谐，让游客在游览中趣味盎然。

6. 幽默风趣，轻松愉快

导游员在讲解的过程中，适当运用幽默的解说，会令游客感到趣味盎然，轻松愉快。值得注意的是幽默要适度，内容要健康，安排要有间隔。如果总是幽默而不注意知识性、科学性，也就收不到良好的效果，如果弄成了贫嘴笑料，搬出来哗众取宠，就必然适得其反。在运用幽默方法的时候要注意超出常人正常思维范围，这样使人觉得既在意料外，又在情理中，做到语言艺术上的"柳暗花明又一村"，让游客在乐趣中得到精神的享受。例如：

苏州西园的五百罗汉堂里，导游指着那尊"疯僧"塑像逗趣地说，"朋友们，这个疯和尚有个雅号叫'九不全'，就是说，有九样毛病：歪嘴、驼背、斗鸡眼、烧脚、鸡胸、瘌痢头、斜肩脚、招风耳朵，外加一个歪鼻头。大家别看他相貌不完美，但残而不丑，从正面、左面、右面看，你会找到喜、怒、哀、乐等多种感觉。另外，那边还有五百罗汉，大家不妨去找找看，也许能发现酷似自己的'光辉形象'"。

又如，导游员为了让游客注意集合时间，避免游客走散，没有简单地反复提醒，而是"幽他一默"，她说：

"故宫南北长一公里，面积为京都皇宫的七倍，参观的人很多，诸位都是来自五湖四海，千万不可走散，淹没在人流里，到了晚上被关在这里。据说西太后有夜游紫禁城之说，一旦撞上了西太后会语言不通大家都着急。所以请在四点半于某地集合。拜托了！"

这样的表述以新颖的刺激，使时间和地点的概念得到强化，又显得导游员说话风趣，游客也轻松愉快，不感到压力，自然收到了较为理想的效果。

在导游实践中可以运用如下修辞手法，达到幽默的讲解效果。

1）比喻

比喻就是用相似的事物来打比方。导游员用游客熟悉的事物，来比喻参观的事物，能够很快使游客对陌生的事物产生理解和亲切感。如《中国茶叶博物馆导游词》对绿茶的介绍如下。

"一般来说，绿茶芽叶越嫩越佳，一芽为莲蕊，如含蕊未放；二芽为旗枪，如矛端又增一缨；三芽称雀舌，如鸟儿初启嘴巴。冲泡后，呈青翠欲滴的绿色。"

通过贴切的比喻，绿茶芽叶优美的姿态具体可感，给人以视觉的美感。

2）排比

排比是将几个内容相关、结构相同或相似、语气连贯的词语或句子组合在一起，以增加语势的一种辞格。在导游讲解中运用得当，可产生朗朗上口，一气呵成的效果，增添感人力量。如上海南浦大桥的一段导游词如下。

"大桥的建成已成为上海又一重要的标志，她仿佛一把钥匙，打开了上海与世界的大门。她仿佛一面镜子，反映着中国最先进生产力水平的大都市的现代文明。她仿佛一部史册，叙述着中国的未来。她仿佛一部资质证书，充分证明中国完全可以参与和完成世界上的任何工程项目。她仿佛一曲优美的交响乐，奏出时代的最强音。"

　　3）拟人

　　拟人是导游语言艺术中常用的把物比喻成人来进行描述的一种手法，本体与拟体的交融，有助于渲染气氛，将感情与形象融为一体，使讲解变得更为生动和幽默。雁荡三绝中的灵峰，月色下，那些变幻多姿的石头，人们通过拟人化的想象赋予了它生命——"牛眠灵峰静，情侣月下恋，牧童偷偷看，婆婆羞转脸。"这是一幅多么神奇浪漫的爱情造像啊！

　　4）夸张

　　夸张就是"言过其实"，是指在客观真实的基础上，对事物进行夸大或缩小的描述。在导游语言艺术中，可以通过夸张的手法强调事物的特征，表达情感，引起共鸣。如导游员在讲解青岛时，说："你们即将离开青岛，青岛留给你们一样难忘的东西，它不在你的拎包里和口袋中，而在你们身上。它就是你们被青岛的阳光晒黑了的皮肤，你们留下了友情，而把青岛的夏天带走了！"导游故意强调"被阳光晒黑了的皮肤"，并把这一事物特征夸张为"把夏天带走了"，生动而幽默。

　　5）类比

　　类比是指导游员用游客熟悉的事物与眼前景物比较，以达到触类旁通的目的。这能使来自不同社会、历史、文化背景下的游客较好地领悟景观内容。关于王府井，导游对日本人讲可把它与东京银座比，对美国人讲可把它与纽约第五大街比，对法国人讲可把它与巴黎的香榭丽舍大街比。向外国人介绍康熙，可说康熙与法国的路易十四、俄国的彼得大帝同时代。恰当的类比，不仅使游客易于理解，而且还能使其产生一种虽在异国他乡却犹如置身故里的感受，满足其自豪感。

　　6）移时

　　讲解时故意把现代的事物用于古代，把古代的事物加以现代化，有意造成事物的时空错位，以获得幽默风趣的修辞效果。如下面的导游词示例：

　　"各位团友，现在让我们到三顾祠看一看。你道刘备何等人？人家是皇室之后，有贵族血统，大小也是个县级干部，出入最少有车马坐，有随从跟，更厉害的是有个侄子还在中央工作。而你诸葛亮呢？能和人家比吗？布衣出身，草头百姓一个，结庐居住，荷锄躬耕，满脑袋高粱花子，说到天边大不了你读过几天书，只是个有知识的青年农民，再说，公元207年，刘备当年45岁，你诸葛亮才27岁，刘备比你大18岁，论资历也比你老得多嘛！人家刘皇叔天寒地冻的，顶风冒雪，大老远的从新野带着两个兄弟赶过来，你前两次硬是躲着不见人家，到第三次，连关羽这个大好人都看不过去了，说兄长连着两次亲往拜见，礼节太过分了，可能诸葛亮这个人，就是有虚名而无实学，所以才躲着不敢见我们。那张飞要不是看大哥面子，才不会低三下四地求着你呢，早找个卡拉OK喝酒唱歌去了。这第三次虽然见着了，偏偏诸葛亮又拿架子，不识抬举，大白天的在草堂上高睡不起，怎不叫张飞大怒……"

　　其中的刘备"大小也是个县级干部"，张飞"早找个卡拉OK喝酒唱歌去了"，正是作者直接以现代的事物来叙述古人的移时方法，利用这种修辞手法有意造成事物的时空落差，给人以新颖有趣的感觉，从而产生幽默诙谐的修辞效果。

7）仿拟

在导游语言中运用"仿拟"的修辞手法，是指导游词的创作者或导游员根据旅游交际的需要，在表达时模仿前人的名句名言甚至全篇的结构形式，使得原作与仿作在内容上形成强烈的反差，从而获得一种幽默诙谐、妙趣横生的交际效果。一般来说，导游语言中"仿拟"修辞格从形式上也可以分为"仿词""仿句"等类。

（1）仿词。所谓"仿词"，是指在特定语境下有意模仿特定既存的语词而临时造出一个新词的现象。如下例：

"传说清军机大臣李鸿章出访法国，大热天法国佬给他一支冰棒解渴，李鸿章见冰棒直冒气，以为很烫，吹了半天才小心吃了一口，结果冷得他直倒牙，法国佬哈哈大笑。李鸿章出了洋相，寻机报复。不久该法国佬来到中国，李鸿章请他吃一种独特的食物——蒙自过桥米线。先上来一碗汤，看上去平平静静，热气全无，法国佬以为是一种冷饮，端起碗来就猛喝一口，立即被烫得七窍出烟，李鸿章则哈哈大笑。终于雪了'吃耻'。"

汉语中有"国耻"的说法，而没有"吃耻"这个词语。在特定的语言环境中作者有意模仿现有的词语"国耻"，临时造出一个新词"吃耻"与现存词对应，把李鸿章的精心设局与"复仇"后的快感淋漓尽致地勾勒出来，这样在表达上显得新颖生动，幽默的效果油然而生。

（2）仿句。"仿句"，就是指在特定语境下有意模仿特定既存的名句结构形式而临时造出一个新句子的修辞现象。如下例：

"大家都知道荔枝的最大特点就是不耐存放，白居易说它是'一日而色变，二日而香变，三日而味变，四五日外色香味尽去矣'，所以才有杨贵妃'一骑红尘妃子笑'的故事。而现在有了现代化交通工具，就变成'一架飞机大家笑'了。各位是不是也曾在家乡笑过一回了？不过运出去的再怎么新鲜还是不如来到咱东莞的荔枝树下，亲手从荔枝树上摘下那最大最红的一颗，啪的一声掐开皮，一口咬下去那么鲜甜噢！那才是真的笑得开怀啊！"

导游员由东莞盛产荔枝，由荔枝不耐存放的特点联想到杨贵妃"一骑红尘妃子笑"的故事，再联系到今日交通发达，而仿其句创造出"一架飞机大家笑"的语句来，当游客把"一架飞机大家笑"与"一骑红尘妃子笑"联系起来，就不禁会哑然失笑，其幽默诙谐的效果也就凸显出来了。

8）变换

变换是指把难懂的或需要特别强调的数字加以形象化的描述，或将外国（族）游客难以理解的词（或句子）意译成（变换成）他们所熟悉易懂的词（或句子）的方法。比如，为了使游客形象地感知当时封建帝王为重修故宫搜刮民脂民膏所耗费的财力，导游员讲解道：

"明万历三十七年（1609年）重修二大殿，仅采木一项，就花费白银九百三十余万两，约当时八百多万'半年糠菜半年粮'的贫苦农民一年的口粮。"

"故宫规模宏大。假如安排一个刚出生的孩子在每个宫室里各住一夜，当他（她）把所有宫室都住一遍后，他（她）就成了一位二十七岁的青年。"

这里运用变换的修辞手法既形象又生动，使人感到故宫规模之宏大。

7. 精心安排，制造悬念

俗话说："让人惊不如让人喜，让人喜不如让人思。"游客一旦置身于景物之中，就会有一种追究景观特征、故事结局、文物来历和风俗习惯的迫切心理，有经验的导游会借机制造悬念，巧妙安排讲解内容，提出话题，引出审美注意点，这种"吊胃口""卖关子"的手法，能吸引游客注意，活跃气氛，使游客从"旁观型"转化为"参与型"。例如：

一位导游在介绍虎丘塔的建造年代时说："虎丘塔究竟有多少年呢，几百年还是几千年？说法一直不一致。这事直到 20 世纪 50 年代初才弄清楚。"他停了下来，"大家再想，是怎样搞清楚的呢？有一次，建筑工人在加固塔基的时候，他们在塔内的一个窟窿里，发现了一个石头箱子。"他随即又停下，然后说："工人们把它搬出来打开一看，里面还有一个木头小箱子，大概有这么大……"导游员比划着，"再把小木箱打开，里面有包东西，是用刺绣的丝织品包着的，解开一看，是一包佛经，取出这包东西，只见箱底写着年代。呵呵，你们猜是什么年代？"游客纷纷猜测，过了一会儿，导游员说："这年代是中国北宋建隆二年，也就是公元 961 年。由此可见，虎丘塔距今已有一千多年的历史，而苏州的丝绸刺绣工艺至少也有上千年的历史。"

好的导游员总是通过悬疑，循循善诱，使被导者有所疑，有所思，进而达到审美情趣的满足。如下例：

导游员一开始，在介绍南京古、大、重、绿四大特点时便发第一问：所谓六朝古都是哪六朝？在介绍孙中山经历后发第二问：孙中山生于广东，逝世于北京，毕生为革命事业奔波，何以选南京为长眠之地？在引导大家观览规模恢宏、气势磅礴的陵墓建筑时，提出第三问：这样的建筑是谁承建的？提出吕彦直的名字，并介绍他全身心投入工程，以致积劳成疾，身患肝癌，为这不朽的工程贡献了自己 36 岁的年轻生命。过陵门，出碑亭，面对气势威严层层拔高的汉白玉石阶，导游员发出第四问：要抵达最高处灵堂，共有多少级台阶？让游客边走边数。返回时再问：为什么不多不少只有 392 级？原来当时中国人口正是三亿九千二百万。行至顶端平台，见一对奉天大典是上海市赠送的铜鼎，导游员引导大家观察大鼎下部的两个孔洞，随即发问：这是为什么？随即解释说："这是 1937 年日军占领南京时，发炮射击所致。它提醒国民勿忘国耻。"跟随导游员，拾级而上。全梯共分 10 段，每段有一平台。抵达顶台，导游员忽然发问："我们自下而上时，但见眼前石阶步步升高，接连不断；此刻由上而下看，却只见平台不见石阶，这是为什么？"进入以黑、黄、白三种孝色为基调的祭堂、墓室，导游引大家瞻仰波兰雕刻家所雕的孙中山坐像和捷克人高琪所雕的卧像，并提出第七问：为什么祭堂里孙中山坐像着长袍马褂，而墓室中孙中山卧像却穿中山装呢？引导大家体会当时新旧两派分歧的政治背景。瞻仰总理陵墓时，导游员最后发问：此刻，大家一定心存疑惑，这陵墓下面是否真有孙中山的遗体呢？

就这样这位导游边游边问，边答边想，一路观赏，一路沉思，于形游之中达到神游。

【小训练】

请根据所学内容，就某一旅游景点写一篇完整的导游解说词，字数 800 字左右。

五、沟通协调的语言艺术

导游工作的性质与任务，不仅仅是景点介绍、讲解，还包括许多其他的工作，涵盖了旅游六大要素中吃、住、行、游、购、娱的方方面面。游客的兴趣、爱好、要求各不相同，素质参差不齐，要使每个团员满意确实相当不易。对于导游人员来说，要讲究以下沟通协调的语言艺术。

1. 善于回答疑难问题

1）是非分明

游客提出的某些问题涉及一定的原则立场，一定要给予明确的回答。这些问题有些涉及民族尊严，有些涉及中国的国际形象。

2）诱导否定

游客的性格各异，要求五花八门，有些合理要求作为导游人员应当尽量予以满足，而有些要求却不尽合理，按照礼貌服务的要求，导游不要轻易对客人说"不"。对方提出问题以后，不马上回答，而是先讲一点理由，提出一些条件或反问一个问题，诱使对方自我否定，自我放弃原来提出的问题。

3）曲语回避

有些游客提出的问题很刁钻，使导游在回答问题时肯定和否定都有漏洞，左右为难，这时可以静制动，或以曲折含蓄的语言予以回避。

4）微笑不语

遭人拒绝是最令人尴尬难堪的事，为了避免遭遇这种难堪，一般人通常选择不轻易求人。所以不论是何种情况，导游员都不应直截了当地拒绝游客的要求。但有时游客提出的一些要求我们又不得不拒绝，此时，微笑不语可谓是最佳选择。满怀歉意地微笑不语，本身就向游客表达了一种"我真的想帮你，但是我无能为力"的信号。微笑不语有时含有不置可否的意味。

5）先是后非

在必须就某个问题向游客表示拒绝时，可先肯定对方的动机，或表明自己与对方主观一致的愿望，然后再以无可奈何的客观理由为借口予以回绝。例如：

> 在故宫博物院，一批外国游客看到中国皇宫建筑的雄伟壮观，纷纷要求摄影拍照，而故宫的有些景点是不允许拍照的，此时导游员诚恳地对客人说："从感情上讲，我真想帮助大家，但这里有规定不许拍照，所以我无能为力。"

这种先"是"后"非"的拒绝法，可以缓解对方的紧张情绪，使对方感到你并没有从情感上拒绝他的愿望，而是出于无奈，这样在心理上使他们容易接受。

6）旁敲侧击

导游员对某项事不做正面陈述，而是采用侧面迂回的形式来暗示游客，即通常所说的"兜圈子"。这种语言表达方式，既可维护游客的自尊，又容易使游客接受导游员的劝服。例如：

> 某旅游团中有几个喜欢喝酒的游客，晚上常聚在房内喝酒、唱歌，影响了其他游客的休息，导游员微笑着对大家说："大概是为了庆祝本次旅行即将圆满结束，有几位客人在连夜赶排节目，他们的热情使别人感动得睡不好觉。"话音刚落，全场大笑，那些喝酒唱歌的客人不好意思地低下了头。

7）婉言谢绝

婉言谢绝，是指以诚恳的态度、委婉的方式，回避他人所提出要求或问题的技巧。即运用模糊语言暗示游客，或从侧面提示客人，其要求虽然可以理解，但却由于某些客观原因不便答复。为此只能表示遗憾和歉意，感谢大家的理解和支持。拒绝游客的方法还有不少，如顺水推舟法。即拒绝对方时，以对方言语中的某一点作为拒绝的理由，顺其逻辑性得出拒绝的结果。顺水推舟式的拒绝，显得极为涵养，既能达到拒绝的目的，又不至于伤害对方的面子。

2. 善于激发游客兴趣

游客游兴高低是导游工作成败的关键。游客的游兴可以激发导游的灵感，使导游在整个游程中和游客心灵相融，一路欢声笑语；相反，如果游客兴味索然，表情冷漠，尽管导游员竭尽所能，也会毫无成效。激发游客游兴要从两个方面着手：一是利用景观本身的吸引力，二是导游员借助语言功能调动和引导。

导游的景点介绍，一定要注意讲解的针对性、科学性和语言表达主动性的完美结合，应根据不同的景点（人文景观如故宫、颐和园；自然景观如桂林山水）进行详略不同的介绍。有的具体详尽，有的活泼流畅，有的构思严谨，有的通俗易懂。总之，景点介绍的风格特点和内容取舍，始终应以游客的兴趣为前提。

另外，在导游过程中，要善于变换游客感兴趣的话题，可根据不同游客的心理特点选择满足求知欲的话题、刺激好奇心理的话题、决定行动的话题、满足优越感的话题和娱乐性话题。

【小案例】

激发游客听的欲望

有位导游员在讲岳阳楼旁的"三醉亭"（传说诗酒神仙吕洞宾曾三醉岳阳楼，故建此亭）时说："游客朋友们！岳阳有句俗话，叫作三醉岳阳成仙人，你们想不想成仙啊？""成仙？当然想啊！"几个游客高兴地答道。导游员说："大家如果想成仙人，有两个条件，一是醉酒；二是吟诗。"游客们乐不可支了，有的说会吟诗，可惜不会饮酒；有的说会饮酒，可又不会吟诗，气氛十分活跃。这位导游员又推波助澜地说："如果谁又能饮酒，又会吟诗，而且到过岳阳三次，那么就会像吕洞宾一样成仙。如果只会饮酒，不会吟诗，或者只会吟诗、不会饮酒，那就只能半人半仙了。"客人们都兴奋地笑了起来。这种机智、风趣的讲解语言，不仅能融洽感情、活跃气氛，而且能增添客人们的游兴，激发他们听和参与的欲望，从而获得一种精神享受。

3. 善于调节游客情绪

情绪是人对于客观事物是否符合本身需要而产生的一种态度和体验。旅游活动中，由于有相当多的不确定因素和不可控制因素，随时都会导致计划的改变。例如有时由于客观原因游览景点要减少，游客感兴趣的景点停留时间要缩短；预订好的中餐因为某些不可控制的因素，临时改变吃西餐；订好的机票因大风、大雾停飞，只得临时改乘火车，类似事件在接团和陪团时会经常发生。这些都会直接或间接影响到游客的情绪。例如，一个旅游团因订不到火车卧铺票而改乘轮船，游客十分不满，在情绪上与导游形成了强烈的对立。导游面带微笑，一方面向游客道歉，请大家谅解，由于旅游旺季火车的紧张状况导致了计划的临时改变；另一方面，耐心开导游客，乘轮船虽然速度慢一些，但提前一天上船，并未影响整个的游程，并且在船上能够欣赏到两岸的风光，相当于增加了一个旅游项目。导游成功地运用不同的分析方法，以诚恳、冷静的态度，幽默、风趣的语言，能较快化解游客的不满情绪。调节游客情绪要注意以下几点。

1）避免以自我为话题中心

在调节游客情绪时，最忌讳自以为是、夸夸其谈、炫耀自己，完全忽视他人。如果听者始终找不到机会参与谈话，心理上就会产生抵触情绪。为了促进双方情绪的沟通，在谈话中应尽量使对方多开口，借以了解对方，挖掘双方的共同点，找出双方共同的话题，不能一个人垄断话题，也不要放弃调节情绪的机会。

2）谈论游客感兴趣的内容

在交谈中，应随时注意游客的反应，观察游客的表情、体态，判断其对谈话的关注程度，并经常征询游客的意见，给予对方谈话的机会。如果一旦发现游客对话题不感兴趣，应立即停住并转移话题，调整谈话的内容和方式。交谈中不要涉及个人隐私、敏感问题，否则谈话会陷入难堪的局面。

3）谈话内容应以友好为原则

在调节游客的情绪时，双方可能会因对问题的不同看法而发生争论。有时争论是有益的，但争论也容易导致友谊破裂、关系中断。因此，应防止或避免无意义的争论，尤其是不冷静的争论。一旦争执起来，如果对方无礼，不要以牙还牙、出言不逊、恶语伤人，也不要旁敲侧击、冷嘲热讽；应宽容克制，尽可能地好言相劝，再寻找新的话题。

【小案例】

会说话的导游

正值旅游旺季的一天，导游带领着一批游客到一家定点餐厅吃饭，当时游客很多，饭店服务员忙个不停。由于游客都饿极了，于是催着导游让服务员赶紧上菜，这位导游却不耐烦地说："急什么？没见人家正忙着吗？"这样的话随意出口，没有考虑到既饿又渴的游客会有何种感受，他们对导游员又会产生何种印象！游客内心不悦是可想而知的。

然而，在同样的时间里，在同样的餐厅中，游客也催着另一位导游让服务员赶紧上菜，那位有素质的导游却是这么说的："请稍候，先喝点茶解解渴，我会下厨房去催他们快些上菜的。"游客听了此话觉得心里暖融融的，你看导游还要亲自下厨房去催哩。这时游客内心的感受也是可想而知的。同一环境，同样是说话，却得到两种截然不同的结果。可以这么定论，前者愚蠢，后者高明。后者的高明之处就在于会说话，会说有效的话。

【小训练】

团队入住某酒店，在办理入住手续时，导游才被告知由于时值旅游旺季，原定的标准双人房有部分被三人房取代，被分到三人房的客人均不愿意入住。如果你是该团的导游，怎样做才能让客人满意？

第二节 推 销

推销口才就是运用一定的推销方式与技巧，向顾客介绍商品、劳务或理念，引导、启发、刺激、说服对方产生需求欲望，促使对方接受的口语交谈的能力。推销口才，是一门与顾客进行情感交流的语言艺术，是一门把话说得动听悦耳、滴水不漏的经商艺术，是赢取顾客、扩大市场、增强效益的成功法宝。决战商海，驰骋职场，必须要拥有良好的推销口才。用好推销口才，可以使推销化难为易、化繁为简，就可以让顾客变拒为纳，转疑为信，进而采取购买行动。

一、推销口才的原则

对于一名推销员来说，在推销的过程中，可能会经历重重险阻、挑战，如何根据不同的情形发挥口才的威力，是推销员必须面对和解决的问题。"会不会说话"是顾客对推销员一个总的评价标准，语言可以疏通与顾客之间的感情，也能够伤害顾客的心。所以，如何选择适合的语言对推销员尤为重要。

1. 以顾客为中心原则

"顾客就是上帝",众多商家都以此为信条。在推销活动中,应该严格践行这一信条,设身处地地为对方着想,急顾客之所需。主动说明顾客购买产品所带来的好处,并对产品优势做详细、生动、准确的描述,才是引导顾客购买商品的关键。"如果是我,为什么要买这个东西呢?"这样换位思考,就能达成顾客所期望的目标,满足顾客的需要。这就是以顾客中心原则。

在推销的过程中,顾客存在个体差异,在购买动机、性格习惯、文化层次、性别、年龄等方面都有所不同。这就要求推销员在推销过程中,以顾客为中心,根据不同的顾客使用不同的语言,做到有的放矢、对症下药;同时,还要根据不同的洽谈环境和洽谈气氛,使用不同的语言艺术。只有选择顾客最熟悉、最容易接受的语言,才能说服顾客。推销员尤其要注意,顾客性格是内向型还是外向型,是幽默还是拘谨古板,是豪爽还是谨小慎微。通过简短交谈与观察后,掌握对方的特点,再有针对性地选择恰当的语言,就可提高推销的成功率。

【小贴士】

二五零定律

乔·吉拉德是美国历史上最伟大的汽车推销员。在他刚当上汽车推销员后不久,有一天去殡仪馆哀悼一位朋友谢世的母亲。他拿着殡仪馆分发的弥撒卡,不禁想知道一个问题:他们怎么知道要印多少张卡片?作弥撒的主持人告诉他:他们根据每次签名簿上签字的数字得知,平均这里祭奠一位死者的人数大约是250人。

又有一天,吉拉德去参加一位朋友的婚礼。当他碰到礼堂的主人时,就又向他打听每次婚礼有多少客人。那人告诉他:"新娘方面大约有250人,新郎方面也是250人左右。"

这一连串的250人,使吉拉德悟出这样一个道理:"每一个人都有许许多多的熟人、朋友,甚至远远超过250人这一数字。事实上,250人只不过是一个平均数而已。"

这就是有名的吉拉德"二五零定律"。它在揭示每一个顾客的影响力的同时,也告诉我们:每一个顾客都是"上帝",并且你即使只得罪了一位,也等于得罪了一连串的"上帝",你得罪不起!

2. 情感性与逻辑性并重原则

"感人心者,莫先乎情""通情才能达理"。充满情感的语言是连接购销双方的纽带,在推销过程中,使用有情感色彩的语言,可以拉近推销员与顾客之间的距离,为成功推销奠定基础。拉近与陌生人之间距离最好的办法就是使用一些有亲情色彩的称谓,体现出语言的情感性。

推销的过程中,语言的逻辑性也是推销员必须要考虑的。推销员在推销之前,要做一系列的准备活动,要详细了解顾客的情况,并认真分析和整理,同时还要结合所要推销的商品和所面临的市场形式,尽可能地收集相关信息,只有这样,才能使推销的语言体现出较强的逻辑性,才能使语言艺术成为说服顾客的有效手段。

【小案例】

每天一美元

汤姆在负责推销一款280美元的烹调器具。一次,他登门向一名客户推销,客户立刻拒绝了他:"我是不会购买这么贵的东西的。"

第二天，汤姆仍然来敲这位客户的门，客户推开门一看是他，就立刻说："我是不会买你的东西的。"汤姆并不答话，而是从口袋中掏出一张 1 美元的钞票，当着客户的面把它撕碎，对客户说："你心疼吗？"客户吃惊地看着他，汤姆没等客户回答就离开了。

第二天，汤姆又来到这家客户门前，客户开门后，汤姆又掏出一张 1 美元的钞票，当着他的面把它撕碎。然后问："你心疼吗？"

客户说："我不心疼。你撕的是你自己的钱，如果你愿意，尽管撕吧。"

汤姆说："我撕的不是我的钱，而是你的钱。"

客户很奇怪："怎么会是我的钱呢？"

汤姆说："你结婚已经 20 年了吧，如果这 20 年，你使用的是我的烹调器具做饭，每天就可以节省 1 美元，一年 360 美元，20 年就是 7 200 美元。你一直没有使用我的烹调器具，那么这 20 年不等于就撕掉了 7 200 美元吗？你今天还是没有用它，所以又撕掉了 1 美元。"

客户被汤姆的话说服了，立刻购买了他的产品。

3. 倾听顾客心声原则

戴尔·卡耐基曾经说："在生意场上，做一名好听众远比自己夸夸其谈有用得多。如果你对顾客的话感兴趣，并且有急切想听下去的愿望，那么订单通常会不请自到。"在进行推销时，推销员需要通过陈述向顾客传递信息，同时也需要通过倾听从顾客那里获取信息，推销工作就是一个推销员与顾客之间有效互动的过程。

管理学专家南希·奥斯汀和汤姆·彼得斯在《追求完美》一书中曾经指出：有效的倾听可以使推销员直接从顾客口中获得重要信息，而不必通过其他中间环节，这样就可以尽可能地免去事实在输送过程中被扭曲的风险。

善于聆听的推销员，能使顾客产生被尊重、被关切的感觉。当顾客发现自己可以在推销员面前畅所欲言地发表自己的意见和要求，并能使推销员真诚地倾听时，他们内心会产生一种满足感，而且在这种安静的被关注中，他们也会获得自信和从容，从而让他们对推销员及推销情景更为关注。

可见对于推销员来说，做个好的聆听者，不仅可以对顾客全方位地了解，而且还会引起顾客的关注和倾心。推销员只有抓住顾客的心，才能抓住他的注意力，从而使其关注到推销对话。在推销过程中，推销员在展示好口才的同时，还要学会倾听，做一个好的聆听者。所以推销员不仅要掌握倾听的技巧，还要尽可能地保持正确的倾听礼仪，向顾客展现出一个推销员应有的素质和涵养。推销员需要掌握哪些倾听礼仪呢？一是认真倾听顾客谈话，表现出对顾客谈话内容的关注；二是聆听顾客心声，捕捉顾客的真实意思，适时总结归纳顾客观点，并及时向顾客进行反馈，让顾客有受重视的感觉，从而使他们更愿意发表意见，传达内在信息；三是不直接反驳顾客的观点，因为没有哪位顾客情愿接受推销员的纠正和反驳；四是不随便打断顾客谈话。在倾听顾客谈话时，推销员可以给予简单地回应，如"嗯""是吗""是的""好的""对"等，以表示对顾客谈话内容的关注。

【小案例】

乔·吉拉德的教训

有一次，一个客人到乔·吉拉德那里去买车，乔·吉拉德向他推荐了一部新型车，一切都进行得非常顺利，眼看就要成交了，突然间这个顾客说："我不要了。"明明这个顾客很中意这部车，为何突然间变卦？乔·吉拉德对此一直懊恼不已，百思不得其解。

当天晚上 11 点，他实在忍不住拨通了这位顾客的电话。

"您好，今天我向您推销的那一款车，眼看就要签字了，不晓得您为什么突然间走了？很抱歉，我知道现在已经 11 点了，但我检讨了一整天，实在想不出错在哪里，因此我特地打电话来向您请教。"

"真的吗？"

"真的。"

"是肺腑之言吗？"

"是肺腑之言。"

"很好，你用心听我说话吗？"

乔·吉拉德回答："是的，我在用心听您说话。"

于是这个顾客说："可是今天下午你并没有在用心听我说话呀，就在签字之前我提到我的儿子即将进某个大学就读，我还提到我儿子运动成绩以及他将来的抱负，我以他为荣，但是我发现你没有任何的反应。"

乔·吉拉德记得这个顾客的确曾说过这件事，但当时他根本就没有注意听，也没有在乎。

"你根本就不在乎我说什么，我看得出来，你正在听另外一个推销员讲笑话，这就是你失败的原因。"

从此，乔·吉拉德明白了销售人员永远要学会倾听，去倾听对方的谈话内容，尊重对方的感受，这样就成功了一半。他最终成为了世界级推销大师。

4. 推销语言规范性原则

首先，推销语言必须客观、真实。以事实为依据，客观、公正使用语言进行沟通，表情达意，是推销员所要遵循的一条基本原则，购销双方以诚相待，会使整个推销过程极为融洽、和谐。同时，由于推销员所要追求的是长期效益，想要得到一个稳定的客源，所以，真实、客观地介绍自己产品的性能、质量、规格等方面的内容，会为以后的合作打下良好的基础。

其次，推销语言要通俗易懂，不犯禁忌。很多推销员都有这样一种通病，尤其是新入行的推销员，认为越专业的名词术语越能显示出自己的文化水平，给顾客更好的印象。但实际上，越是能让顾客听懂的语言和熟识的语言越能赢得顾客的好感和挑起顾客的购买欲。

最后，在推销过程中，在保持积极态度的同时，沟通用语也要尽量选择体现正面意思的词，选择积极的用词与方式。要保持商量的口吻，不要用命令或乞求语气，尽量避免使人丧气的说法。如表 5-1 所示，我们在交流中，要把左边这些"负面的表达"转换成右边"积极的说法"。

表 5-1　负面的表达与积极的说法范例

负面的表达	积极的说法
很抱歉让您久等了	谢谢您的耐心等待
问题是那种产品都卖完了	由于需求很多，送货暂时没有接上
我不想给您错误的建议	我想给您正确的建议
您叫什么名字	请问，我可以知道您的名字吗？
如果您需要我们帮助，您必须……	我愿意帮助你，但首先我需要……
你没有弄明白，这次听好了	也许我说得不够清楚，请允许我再解释一下

5．“低褒感微”原则

“低”是低调，态度谦恭，和蔼平易，尊重顾客。“褒”是褒扬赞美。推销商品时要多说赞美的话语。“感”是感谢，由衷地感谢顾客的照顾。如“谢谢您，这是我们公司的发票，请收好。”“谢谢您，我马上就通知公司。”“微”是微笑。推销员要常带微笑，给顾客带来好的心情。微笑点头，几乎成为推销员与顾客沟通时的基本仪态，当然也是推销员最好的肢体语言。希尔顿饭店的创始人希尔顿先生是最早对点头微笑的商业意义表示关注的。在全球经济萧条时期，希尔顿先生也坚持希尔顿饭店的所有员工都对前来光顾的旅客献上最真、最温柔的微笑，他创立的希尔顿酒店至今仍蒸蒸日上。

【小贴士】

推销的准备

（1）掌握客户的相关资料。客户的相关资料包括：姓名、性别、年龄、职业、身份、教育背景、生活水平、购买能力、社交范围、个人喜好、业余生活以及个人比较反感的事物等。因为客户是千差万别的，每个客户又都认为自己是最重要的，因此，推销员一定要尽可能地了解对方的信息。了解对方后，就要“投其所好”，采取恰当的方式接近对方，使对方觉得你很尊重他，很重视他。乔·吉拉德的做法是建立客户档案。他认为，要使客户相信你关心他、重视他，那就必须了解客户，搜集客户的各种有关资料。

（2）与客户见面要先预约。这种预约一般以客户的时间为主，可以事先打电话给对方或给对方的秘书：“您什么时间方便？我想占用您 10 分钟左右的时间。”或者“早就听说过您，因此很想登门拜访，不知道您什么时候方便？”等，一般不要说“我某个时间有空，您方便吗？”等。如果对方答应的话，顺便约一下地点。推销员一定要提前几分钟到达约会的地点，这是对客户的尊重，同时可以整理一下服饰，稳定情绪，以免让客户等候，让局势变得被动。

（3）准备好产品的有关资料。这包括产品说明书、价目表、公司的介绍等。这些资料在推销过程中是必不可少的，缺少其中的某一个资料都有可能使原本要成功的交易泡汤。有些推销员匆匆忙忙，粗心大意，经常会丢三落四，如价格表、合同、订货单、自己的名片等，就像一个忘带武器的士兵毫无准备地走向战场一样，连最基本的工作都做不好，客户一看就感觉“这人办事不可靠”。怎么能把自己的利益交于一个不可靠的人呢？因此建议推销员在拜访客户前，一定要仔细检查资料是否备齐。

（4）注意自身形象。客户第一眼见到的是推销员的外在形象，他们绝对不会把自己的利益交付于一个衣衫不整、精神颓废的推销员。大方、自然、庄重的人才值得他们信赖。

二、推销的语言艺术

由于推销的根本目的在于说服客户接受产品或服务，推销语言必须满足客户的需求，准确有效地传递推销信息，唤起其注意，激发其兴趣，促成交易的实现，达到推销的目的。推销的语言艺术包括以下几个方面。

1．引起注意

无数的事实证明：在面对面的推销中，能否真的吸引客户的注意，第一句话是十分重要的，它的重要性并不亚于宣传广告。客户在听第一句话的时候比听第二句话乃至之后的话要认真得多。听完第一句话时，很多客户，不论是有心还是无意，都会马上决定是尽快地把我们打发走，还是准备继续谈下去。如果第一句话不能有效地引起顾客的兴趣，那么之后即使谈下去，成果也不会太乐观。

1）急人所需

抓住对方的急需提出问题是引起注意的常用方法。美国有一位食品搅拌器推销员，他去推销时，在一住户的男主人为其开门后，第一句话就发问道："家里有高级搅拌器吗？"男主人被这突如其来的发问给难住了，他转过脸来与夫人商量，太太有点窘迫又有点好奇地说："搅拌器我家里倒有一个，但不是最高级的。"推销员马上说："我这里有一个高级的。"说着，从提袋中拿出搅拌器，一边讲解，一边演示。

假如第一句不是这样说，而是换一种方式，一开口就说："我想来问一下，你们是否愿意购买一个新型的食品搅拌器？"或者"你需要一个高级食品搅拌器吗？"会有什么结果呢？第一种问法，要对方回答的是"有"还是"没有"。当然差不多是明知故问，但这个问题提得好，有两个好处。一是没有使客户立刻觉得是向其推销东西的。我们已经说过，人们讨厌别人卖给他们什么，而喜欢自己去买什么。二是只说有一台高级搅拌器，并没有问客户买不买，因此客户会发生兴趣：看看高级的与家里的有什么不同，演示说明就成为顺理成章的事情了。至于最后的购买，不是乞求的结果，也不是高压的结果，而是客户的一种满意的选择。

2）设身处地

如果一开口，便说出一句替客户设身处地着想的话，也能赢得对方的注意。因为人们对与自己有关的事特别注意，而对那些与自己无关或关系不大的事往往不太关心。有一个推销家庭用品的推销员，总能够成功地运用第一句话来吸引顾客的注意。"我能向您介绍一下怎样才能减轻家务劳动吗？"这句话一下子抓了对方的心。人们常被烦琐的家务劳动搞得十分疲惫，而又无计可施，这时听说有方法可减轻家务劳动，当然会注意了。请想想，如果这位推销朋友一开口就问人家："我能向你们推销一部洗衣机吗？"或者"我能给你们介绍一下我厂的新产品吸尘器吗？"效果就不会有第一种说法好，因为后面的说法没有把产品对客户的效用一下子明确地提出来，而且也没有设身处地地为对方着想，强调的是"我"，而不是"你"。

3）正话反说

有的时候推销人员为了引起对方的注意，故意正话反说，这也是一种出其不意的妙法。一个高压锅厂的业务员找到一个批发部经理进行访问推销，他一开始就说了这么一句："你愿意卖1 000只高压锅吗？"业务员在推销的时候，往往不说"买"而说"卖"，这句话一说，经理感到这个人很有意思，便高兴地请他谈下去。业务员抓住机会向经理详细地介绍他们工厂正在准备通过宣传广告大量推销高压锅的计划，并说明这样做的目的是给零售商提高销售量，这个经理便愉快地向他订了一批货。

4）形象演示

关于产品的形象演示，效果明显，可以极好地引起公众注意。一个纺织品推销员脸朝着太阳的方向，双手举起一块真丝产品，这时，从挂在墙上的玻璃镜中可以看到这块真丝产品，他对顾客说："你从来没有见过这样有光泽的图案，这样清晰的丝织品吧？"一个推销录音机的推销员，走进一个潜在客户的办公室，客户正在打电话，他马上将录音机打开，把对方的说话录了下来。等他打完电话后，马上放录音，同时对客户说："你可能还没有听过自己雄浑而悦耳的男低音吧？"这两个故事中的推销员，都善于因地制宜地利用自己所推销的商品，制造戏剧性的情节。实践表明，人们对于戏剧性的情节会产生很强的注意力和好奇心。假如不是这样，而是直截了当地问对方"你要丝织品吗""你要录音机吗"，效果就肯定差得远。

5）顺水推舟

"在上个月的展销会上，我看到你们生产的橱窗很漂亮，那是你们的产品吗？"这句话马上引起了对方的注意，并使对方十分高兴，然后推销员紧接着对这位用客户说："我想，如果在你们生产的橱窗上再配上我厂的这种新产品，那就是锦上添花了。"接着顺手递上了自己所要推销的产品。这个推销员顺着他人产品之水，推动自己产品之舟，可谓巧妙，这种借向客户提出新的构想来推销自己产品的方法，也是一种吸引对方注意的有效途径。

6）从众效应

从众是一种有趣的社会心理现象，它指的是人们往往不自觉地以周围人的行动作为自己的行动指导，特别是当自己难以选择的时候，更会以他人的行动作为自己行动的借鉴。这个原理用于推销，就要求推销员在说明产品时，同时举出已购买本产品的公司或知名人士或顾客的熟人。

"这种国产车很受欢迎，深圳、广州、珠海几家旅游公司都各订了10部。"

"李先生，你是否注意到红光印刷厂王经理采用了我们的印刷机后，营业状况大为改善？"

"这种综合电疗器特别受知识分子的欢迎，工学院的老师一买就是几十只，你们师范学院的教师也买了不少，例如，你们都认识的中文系王天教授、数学系刘明教授，都在使用这种电疗器，效果不错。喏，这是他们写来的信。"

当然，推销时所碰到的场面何止千种，所谓运用之妙，存乎一心。以上的几种方法，仅供借鉴，到底要怎样说才能最有效地吸引对方的注意，引起对方的兴趣，还要在实践中不断摸索。

2. 介绍商品

介绍商品，是推销过程的一个重要环节，推销就是通过商品的介绍，达到满足顾客真正需求和销售商品的双重目的。介绍商品时应注意以下几点。

1）因情制宜

因情制宜，就是指介绍商品时应根据商品的特点和客户的具体情况加以介绍，做到有的放矢。例如，对高档商品要强调其质优物美的一面；对廉价商品则要偏重其价廉的特点；对试销商品要突出其"新颖独特"的一面，着力介绍其新功能、新结构，体现新的审美观和价值观；对畅销商品，因其功能、质量已广为人知，因此对商品本身不需详细介绍，而应着重说明其畅销的行情和原因，使顾客不但感到畅销合情合理，而且产生一种"如不从速购买，可能失去机会"的心理；而对滞销商品，则应强调其价格低廉、经济实惠的特点，同时适当地对照说明其滞销的某些原因和可取的优点。例如，对老年人介绍时说："这种羽绒服是名牌产品，保暖性强，结实耐穿，式样大方，就是款式不够新颖，没有皮衣那么时髦，所以年轻人不太欣赏。"这正切合了老年人追求经济实用，重内在质量的心理。

从推销员角度来看，不同的客户有不同的心理和需求，介绍商品时更应抓住不同客户的心理特点，因人施语，获得客户的认同。例如，年轻人喜欢新颖奇特，而老年人则注重价格；女士往往偏重款式，男士则更讲究品牌。向女士推销服装，应强调款式的新颖、风格的独特；而对男士，则应着重介绍品牌的知名、质料的考究。又如对老成持重的客户，介绍时应力求周全，讲话可以慢一点，要留有余地；对自我意识很强的客户，不妨先听其言，然后因势利导；对性情急躁的客户，介绍商品时应保持平静，设身处地为之权衡利弊，促其当机立断；

而对优柔寡断的客户，则应察言观色，晓之以理，促发其购买冲动。

2）充满热情

推销人员在推销中要充满信心和热诚。推销人员的热情往往会感染顾客，使顾客产生信任感，构成情感上的共鸣，进而引发顾客的购买欲。例如，有位妈妈给孩子买马蹄衫上用的扣子，营业员见到她的小孩，说："这是你的小孩吧，真漂亮。"这位妈妈高兴地说："你不知道，淘气着哪！"营业员说："小子玩玩是好，女儿玩玩是巧，将来一定有出息！"又问："你想看点啥？""我想买五颗扣子。"营业员说："市面上卖的马蹄衫胸前钉的是五颗扣子，袖子上还应各钉两颗。小孩好动，常掉扣子，加上一颗备用。您买十颗吧。"这位顾客很高兴："您比我想得还周到，听您的买十颗。"推销人员以热情待人，可以使本来不想买的买了，本来想少买的多买，而原来打算买的则买得更高兴。总的来说，情能动人能感人，产生出好的效果。

3）实事求是

实事求是即指介绍商品应尊重事实，恰如其分，切忌虚假吹嘘，蒙骗顾客。应当看到，任何商品都有其长处和短处，顾客所关注的是商品的长处在多大程度上大于短处，商品的长处和价值要与其价格相称。所以，对商品的成功介绍并不在于过分渲染和夸大商品的优点，这样做只能引起顾客的怀疑和反感应当实事求是地介绍，以使顾客全面了解商品情况，消除顾客的疑虑和犹豫心理，增强其对商品和企业的信任度。为了顾客能够买得放心并且称心，推销人员应当铭记的是：商品介绍中最重要的不在于推销者说了些什么，而在于顾客相信什么，不在于告诉顾客商品如何完美无缺，而在于顾客了解此种商品有什么适应其需求的好处，所以实事求是地介绍商品是颇有说服力的。

4）突出重点

通常一种商品或服务，本身具有众多的优点和特征，如果不看对象，一股脑儿地将这些特点和特征加以罗列，一一介绍，不但会白白浪费许多时间，顾客也会由于我们的"狂轰乱炸"而头昏眼花，不得要领。在介绍时，应根据商品或服务的特点，转换成对顾客的益处，依客户之不同而进行重点不同的说明，这便是我们所说的合理介绍中最重要的一条。

以电冰箱为例，同样的一个电冰箱，也随时间、地点、人物的不同而具有不同的效用，在介绍的时候，只要抓住这一条，就会事半功倍。

美国的一位推销员曾经向住在北极圈内冰天雪地中的爱斯基摩人推销电冰箱，他是这样来介绍他所推销的产品的："这个电冰箱最大效用是'保温'，不致使我们食物的结构被冻坏而丧失它的营养价值。"（注：电冰箱里的常温是零下5摄氏度，而爱斯基摩人居住的气温终年都零下三四十度）对爱斯基摩人而言，这位聪明的推销员以温度的差距对食物营养价值的影响作为说明的重点，是非常恰当的。试想，如果对爱斯基摩人说明由于冰箱里的温度低，可使食物保鲜，对方听了可能认为你到这里是开玩笑的，因为这里根本不存在食物腐败的问题。

商品虽然成千上万，不胜枚举，但是说明的重点不外乎以下方面。

适合性——是否适合对方的需要；

通融性——是否也可用于其他的目的；

耐久性——是否能长期使用；

安全性——是否具有某种潜在的危险；

舒适性——是否能给人带来愉快的感觉；

简便性——是否很快可以掌握它的使用方法，不需要反复钻研说明书；

流行性——是否是新产品，而不是过时货；

身价性——是否能使顾客提高身价，自夸于人；

美观性——外观是否美观；

便宜性——价格是否合理，是否可以为对方所接受。

这些方面因人而异、因物而异、因时而异，要求在说明的时候，能对症下药。

3. 诱导购买

美国推销大师贺伊拉说："如果您想勾起对方吃牛排的欲望，将牛排放在他的面前，固然有效，但最令人无法抗拒的是，煎牛排的'吱吱'声，他会想到牛排正躺在黑色铁板上，吱吱作响，浑身冒油，香味四溢，不由得咽下口水。""吱吱"的响声使人们产生了联想，刺激了欲望。我们在推销说明中，就是凭借我们的口才，针对顾客的欲望，利用商品的某种效用，为顾客描述商品，使之产生联想，甚至产生"梦幻般的感觉"，以达到刺激欲望的目的。

1）描绘购买后的美景

为了使顾客产生购买的欲望，只让顾客看商品或进行演示还是不够的，必须同时加以适当地劝诱，使顾客心理上呈现一幅美景。我们首先要将有魅力的形象在脑海中描绘出来，并将形象转换成丰富动人的言辞，然后用我们的口才当"放映机"在对方的脑海屏幕上映现出来，借以打动对方。

一位推销室内空调机的能手，总滔滔不绝地向顾客介绍空调机的优点如何如何，因为他明白，人并非完全因为东西好才想得到它，而是由于先有想要的需求，才感到东西好，如果不想要的话，东西再好，他也不会买。因此他在说明他的产品时并不说"这般闷热的天气，如果没有冷气，实在令人难受"之类的刻板教条的词语，而是把有希望要买的顾客，当成刚从毒辣的阳光下回到一间没有空调机屋子里："您在毒辣的阳光下挥汗如雨地劳动后回家来了，一打开房门，迎接您的是一间更加闷热的蒸笼。您刚刚抹掉脸上的汗水，可是马上额头上又渗出了新的汗珠。您打开窗子，但一点风也没有。您打开风扇，却是热风扑面，使您本来疲劳的身体更加难受。可是，您想过没有，假如您一进家门，迎面吹来的是阵阵凉风，那是一种多么惬意的享受啊！"

凡是成功的业务员都明白，在说明商品的时候，不能仅以商品的各种物理性能为限，因为这样做，难以使顾客动心。要使顾客产生购买的念头，还必须在此基础上勾画出一幅梦幻般图景，这样可使商品增加吸引人的魅力。使用这种描述说明方式有几点必须注意。

（1）不要描述没有事实根据的虚幻形象。描述的目的是为商品或服务锦上添花。要做到这点，首先必须是"锦"，而不是破布。如果所描述的是没有事实根据的虚幻形象，日后必招来顾客的怨恨。我国某城市的报纸上曾为该市新建的一座森林公园大做广告，称如何如何壮丽，开张的那天，不少人慕名而来，结果大呼上当，森林公园中根本见不到几棵树木，倒见到不少建筑工地，顾客纷纷写信去报纸投诉，使该公园声誉扫地。

（2）以具体的措辞描绘。如果只说"太爷鸡"（这是广州市一家著名的个体户的绝活），人们的脑海中仅会浮现一只鸡形象，至于什么颜色、什么香味、软硬如何，人们就不得而知，很难产生美味的形象。

（3）以传达感觉的措辞来描述。如果只说"痛"，便不大能令人了解到底有多痛，是怎样的痛法，如果说是"隐隐作痛""针刺般地痛"或"火烧火燎一样地痛"，人们就理解得深刻多了，因为后者的描述中用了传达感觉的措辞。

（4）活用比较和对照的方法来描述。"空调机比电风扇好用得多了。""电饭锅比烧煤烧柴省事得多了，且没有污染"这样进行比较，人们的印象就会特别深刻。

（5）活用实例来描述。一位卖相机的小姐对欲购相机的客户说："如果您出差、旅游，背上这么一部相机，不但使您更加富于现代青年的特色，而且会给您带来永久的回忆。请您想一想，如果因为没有相机而失去一些宝贵的瞬间，岂不是终生的憾事？"

如果把合理的说明与描述性的话语结合起来，将起到画龙点睛的作用，使说明更加能激发起顾客的购买欲望。

2）提供有价值的情报

向顾客提供有价值的情报，也是刺激顾客购买欲望的一种说话方法，这也是很多不擅言辞的推销人员能得以成功的秘诀。什么是有价值的情报呢？顾客的利益、需要及消费的时尚都是有价值的情报，这里重点讲述应该如何抓住人们消费价值取向的变化，去引导顾客适应新形势，从而激发他们购买的欲望。由于技术的革新，市面上相继出现了经过新奇包装的商品。消费者的收入水准或教育水平都在提高，生活方式随之改变，买方的需求也大型化、多样化、个性化起来。购买态度，东西的买法，顾客的选择，都一直在急速地改变。顾客对价值观的看法，也和以前完全不同。所以，只认为质量过硬或工厂设备精良，就自视商品不错，而自陷于千篇一律的推销法，注定要失败。

所谓推销，已演变成不单是推销东西了。不是推销商品，而是推销理念。例如，小汽车的销售重点已从便宜的经济性等因素，移向了外观、乘坐的感觉方面。纺织品的销售重点也从耐久性方面转向了色泽、花纹、设计、流行性等方面。住宅也同样卖的不是孤立的建筑物，而是环绕建筑物的环境或有气氛的生活。即使是领带，卖的也不单纯是领带，而是一组的西装、衬衫、手帕等组合成整体的有个性的自我表现。这些销售特点，比起商品本身的价值和附加价值，更容易使顾客产生购买动机。现代的推销人员已不光是卖货、运货而已，而是提供决定商品买进有用的情报的情报员。要当好这个消费顾问，在关键时刻得会说话。推销人员不但要明了消费趋势的变化，而且要善于把这些变化传达给那些不知情的顾客。

4. 消除疑虑

推销的过程中，顾客会产生各种疑虑，如何消除这些疑虑是推销成功的关键。

1）正面击退法

有时，顾客出自对我们公司的产品质量、信誉存在着疑虑，并由此出发来拒绝我们的产品或服务，有的顾客可能还说出一些刺耳的话来。面对这种情况，为了顺利地推销我们的产品或服务，为了维护我们企业或产品的形象，有必要正面击退顾客的批评，从而消除他内心的疑虑。这里所说的是正面击退顾客错误的指责或不合理的挑剔，并非意味着对顾客本人来个迎头痛击，让我们来看一个实例。

有一对正准备结婚的恋人，来到××电器集团公司的展销部购买电冰箱。这小两口儿，围着 A 品牌的电冰箱转了好久，男的正准备掏钱付款的时候，女方突然改变了主意：

"我看，我们还是去买××冰箱吧！"

"怎么你又变卦了，原来不是说好的吗？"

"我看这种冰箱质量不保险，不如××好。不过是多花千八百块钱就是了。"

这时候，站在一旁接待他们的售货员，眼看到手的生意没了，悔恨自己方才那么耐心地给他们解说，都白搭了。心里一急、一气，便脱口而出：

"得了，得了，你早说不买，就别问这问那，你们有钱，去买××好了，干嘛上这儿来？"

这两口子给这么正面一击，转身就想走。这时候，门市部主任微笑着走了过来。

"两位请稍留步，我有几句话要对两位说。"两口子不由自主地又转过身来，气鼓鼓的样子。

"这完全是误会，真对不起，方才我们的售货员说话没有礼貌，冲撞了二位，这都怪我这个主任，平时教育不严，我向二位赔礼道歉。"

这两口子听他这么说，才平息了怒火。

"至于买不买我们的冰箱都没问题，只是有一件事要讨教一下二位。"

听到"讨教"二字，小两口认真起来了。

"刚才这位小姐说，我们的冰箱质量有问题，是否可以具体说明一下，也便于我们改进工作。"

小姐冷不防给主任这么一问，一时不知如何作答，迟疑了一会儿，才吞吞吐吐地说："这些弯弯曲曲的管子都露在外面，也不好看。"

主任听她这么说，心中明白了几分。

主任解释说："我们的冰箱，经过周密的计算，将散热管暴露在空气中，散热的速度可提高一倍，由于热量散得快，所以冰箱内部制冷的速度快，达到提高效率、节约电能的目的。实验结果表明，与同等容积的密封式相比，我们的耗电量仅是它们的1/3。如果一天省半度电，小姐，请你算一下，一年省多少电费？"

王主任换了口气继续正面进攻："至于说到美观，这是不必要的顾虑。因为散热管在冰箱背后，紧靠墙壁或在墙角之间，对于正面观看，毫无影响，请二位放心。"

这位小姐竟无话可说。这时主任发动连攻："我看这样好了，你们若信得过我的话，下午我派车给你们送去。喏，这是单据，请到那边取发票和保修单。"

就这样，主任巧妙地挽回了败局，促成了生意。主任正面击退的不是顾客，而是顾客由于疑虑而产生的责难。但我们注意到，主任正面反击时，没有用"这是胡说""谣言""诬蔑"等字眼，而是用了一句"这完全是误会"来反驳对方的错误意见。因此，当我们使用这种方法与顾客讨论时，一定要注意语气的柔和、用词的恰当，千万不能使用刺激性强的贬义词。否则，易激怒顾客，造成难以扭转的局面。

2）间接讨论法

日本一个木屋推销员与顾客之间进行了这样一场讨论。

"我们喜欢×××公司的产品。"

"您能详细地指点一下吗？"

"他们的广告似乎很有气魄……"

"先生，我们是应该以广告的大小来做出判断呢，还是应该以房屋的真正质量来判断？"

"你们房屋里的各种木制家具，不是很容易产生扭曲变形的现象吗？"

"您说得完全正确，如果比起钢铁制品、水泥构造来说，木制家具的确容易发生扭曲变形的现象。但是，请您注意，我们制作房屋及家具的木板，不是普通的木板，而是经过完全干燥处理过的，已把扭曲、变形的系数降低到了最小的程度，也就是说，降低到人们肉眼无法发现，而只有精密仪器才能够测定得出的地步。所以，在这点上您完全可以放心。"

这就是一则使用间接法与顾客进行讨论，从而达到消除顾客内心疑虑的例子。

间接法在说话时常使用"是的……不过……"句型。这个方法的最终目的虽也是在于反驳对方的拒绝，消除对方的疑虑，但比起正面反击法来要婉转得多，拐了一个弯来说明我们的观点，间接地驳斥了对方的观点。我们大可一试。

从上面的例子我们可以得到以下两点重要的启发。

其一，当对方明确告诉我们说"不喜欢你们的商品，而喜欢别的厂家的商品"的时候，应该冷静地加以分析，诚恳地加以讨教。因为，事出有因，只有先弄清顾客心中的缘由，才能对症下药，并使之心服口服。

其二，当对方提出某家产品和我们相比较而褒他贬我的时候，我们不可盲目抨击对方所提出的厂家或产品，而应在笼统地与顾客同调的同时，在"但是"或"不过"后面做文章，正面阐明或介绍我方产品的优越之处，即使是前边已经进行过说明，在这里仍不妨耐心而巧妙地再来一遍。

其三，采用间接法时，说话的程序大致如下。

嗯！这很有道理，依您的看法是不是这样……我这个想法可能有错误，先生，我是这样想的……（同调）

曾经有人这么说……不过不知道可不可以这样说……（讲出自己的观点）

喔！这倒很有趣，先生，您能给我讲讲您这样认为的原因吗？（询问）

我也是这么想过的……但是……（间接法）

间接法如运用自如，效果颇佳。

3）苏格拉底问答法

在介绍说服的方法时，我们曾提到苏格拉底问答法，也就是多说"是"法。这一方法在营销中也得到了广泛应用。例如：

美国一电机推销员哈里森，讲了这么一件他亲身经历的有趣的事。"哈里森，你又来推销你那些破烂了！你不要做梦了，我们再也不会买你那些玩意儿了！"总工程师昨天到车间去检查，用手摸了一下前不久哈里森推销给他们的电机，感到很烫手，便断定哈里森推销的电机质量太差，因而拒绝哈里森今日的拜访，推销更是无门啦！哈里森冷静考虑了一下，认为如果硬碰硬与对方辩论电机的质量，肯定于事无益，于是转而采用"苏格拉底讨论法"来攻克对方的堡垒。于是发生了以下的讨论对话。

"好吧，斯宾斯先生！就是已经买了的也得退货，你说是吗？"

"是的。"

"当然，任何电机工作时都会有一定程度的发热，只是发热不应超过全国电工协会所规定的标准，你说是吗？"

"是的。"

"按国家技术标准，电机的温度可比室内温度高出72℉，是这样的吧！"

"是的！但是你们的电机升温比这高出许多，喏，昨天差点把我的手都烫伤了！"

"请稍等一下。请问你们车间里的温度是多少？"

"大约75℉"

"好极了！车间是75℉，加上应有的72℉的升温，共计是140℉左右。请问，如果你把手放进140℉的水里会不会被烫伤呢？"

"那——是完全可能的。"

"那么，请你以后千万不要去用手摸电机了。不过，我们的产品质量，你们完全可以放心，绝对没有问题。"结果，哈里森又做成了一笔买卖。

哈里森的成功，除了因为他的电机的质量的确不错以外，他还利用了人们心理上的微妙变化。当一个人在说话时，如果一开始就说出一连串的"是"字来，就会使整个身心趋向肯定的一面。这时全身呈放松状态，容易造成一种和谐的谈话气氛，也容易放弃自己原来的偏见，转而同意对方的意见。

使用苏格拉底讨论法来说服对方，有几点要特别引起我们注意。

第一，一定要创造出对方说"是"的气氛，要千方百计避免对方说"不"的气氛。因此，提的问题应精心考虑，不可信口开河。例如，中国台湾一位推销员与顾客之间发生了这么一场对话。

"今天还是和昨天一样热，是吗？"

"是的！"

"最近通货膨胀，治安混乱，是吗？"

"是的！"

"现在这么不景气，真叫人不知如何是好！"

这一类问题虽然很正常，不论推销人员如何说，对方都会回答"是的"，好像已经创造出肯定的气氛，可是注意他说话的内容，却制造出一种根本无心购买的否定悲观的气氛。也就是说，顾客在听到他的询问后，会变得心情沉闷，当然什么东西也不想购买了。

第二，要使对方回答"是"，提问的方式是非常重要的。什么样的发问方式比较容易得到肯定的回答呢？最好的方式应是，暗示你所想要得到的答案。

所以在推销商品时，不应问顾客喜不喜欢，想不想买。因为你问他"你想不想买""喜不喜欢"时，他可能回答"不"。因此，应该问："你一定很喜欢，是吧！"

第三，当你发问对方还没回答之前，自己要先点头，你一边问一边点头，可诱使对方做出肯定回答。

5. 积极应变

推销人员面对的推销对象是复杂的，它们的心理、性格、教养、行为方式是不相同的。推销中，推销人员与推销对象产生矛盾是经常的、难免的，这时，推销人员处理化解矛盾的语言艺术非常重要。总的来讲，推销人员既要给推销对象以充分的尊重，没理时当然要让人，就是有理也要让人，但同时又要维护自己的形象及自己所代表的组织的声誉。处理矛盾，应对危机的语言艺术取决于推销对象的实际情况和具体语境，没有一成不变的方式。推销人员只有仔细观察，灵活机巧，才能走出困境。例如：

一位非洲客人到某友谊商场退货，站在针织品柜台前大声说："你们不讲友谊。"原来，他买了 6 条三角裤，回去试了觉得松紧带较紧，要求退货。售货员一再向他解释内衣是卫生品，试穿后一律不能退货。这位非洲客人则认为：不退货是一种借口，是搞种族歧视。正当双方争执不下时，商场公关人员来到了。她耐心听取了双方的陈述，立即以客人为目标"转"起脑筋来。她拿起皮尺量了量裤头的尺寸，又征得客人的同意，替他量了量腰围，然后婉转地说："看，您所选的内裤尺寸正合您的需要呀，您为什么觉得紧呢？是不是套在内裤外面试穿的？"这位非洲客人立即点了点头。公关人员用两手拉了拉裤头的松紧带，进一步解释说："螺纹纱针织品的特点是，洗了后不但不缩水变小，而且时间长了还会变松。您如果买更大一点的，很快就没法穿了。"几句热情中肯的劝告把客人说动了，客人感到对自己的充分尊重，也意识到自己的行为的确失当，便连声道歉说："谢谢，我不退换了。"所以说，高超的语言艺术对处理矛盾，化解危机具有重要的作用。

【小训练】

一位顾客听完某推销员关于若干品牌的冰箱情况介绍，跟推销员有下面的对话。

顾客：谢谢你，我今天还不想买。

推销员：咦，您怎么可以不买呢？我费了这么多口舌，是白说的吗？如果你一个人做不了主的话，应该事先讲明呀！

顾客：你怎么是这样的态度？我了解一下有什么过错？

推销员：算了算了，算我倒霉。

问题：

（1）请与同桌讨论推销员说得对不对？其抱怨有无合理成分？

（2）如果你想引导顾客购买，可以用什么方法再做努力和尝试？请设计一段说辞。

第三节　主　　持

一、主持概说

1. 主持人的含义

主持人就是指那些用语言作为主要工具，在台上统领、推动、引导活动进程的人。他们在社会生活中扮演着传递信息、引发议论、交流情感、组织娱乐、渲染气氛的重要角色。

主持人一般有节目主持人和现场主持人两类。

节目主持人主要指广播、电视节目主持人，它是当前广播、电视节目传播中直接面对听众和观众的炙手可热的公众人物，担当着节目传播最后的也是最灵活的一个环节的任务，在文化、法制、科技、教育、文艺等各类节目中，无不活跃着他们的身影，无不回荡着他们的声音。广播、电视节目主持人是受社会广泛关注的职业，他直接面对大众，是节目形象的支撑，节目的好坏都是由他们展现给观众的。所以，对于广播、电视节目的主持人来说，要求是多方面的，如形象端庄、语言标准、表达准确、知识丰富、能力全面、思维敏捷、道德高尚等。

生活中除了广播、电视节目之外，还有另一类需要主持人参与并起主导作用的活动，比如：婚庆司仪、新闻发布会、招商说明会、产品推广会、晚会主持和各类庆典主持等。这一类主持面对的不是摄像机镜头，而是热情感性的观众。因此，它是一种现场主持，更随意，也更贴近实际生活的需要。担任这类主持活动的人被称为现场主持人。

我国向来以礼仪之邦著称，很注重礼节，人生大事诸如节日庆典、婚丧嫁娶等都习惯于用一定的场面来举行庆祝、哀悼或是纪念，前来参与的嘉宾和客人是形形色色的。主持人对仪式的驾驭和掌握可以使整个活动井然有序，也有助于控制场面。而且，专业的广播、电视节目主持人不是人人都能当的，但像会议、舞会、生日庆典这类现场主持却是我们大家生活和工作中都有可能碰到的，如在学校里主持文艺演出，在公司里临时主持商务会议，或者在朋友的结婚庆典客串婚宴主持等。

两类主持的特点如表 5-2 所示。

表 5-2　节目主持与现场主持的特点

	节目主持特点	现场主持特点
性质	节目大多事先录播，一旦出现问题可以事后剪接更改，甚至重录	是一次性的活动，"成也今朝，败也今朝"。事先可能做了许多准备性的工作，但现场的突发情况是难以预计的
对象	面对的是全国甚至全世界的观众，语言具有广泛性和普遍性	有其特定的场合和观众，对象的范围也是事先预知的，主持人就可以选用相应的语言技巧，包括称呼、谈话方式和语言风格等
过程	广播电视节目也有一定的固定程序，但是可以为了迎合观众而出新、出奇，加以改变和调整	常规性的庆祝、哀悼或纪念活动都有一定的固定程序，这是约定俗成的，其形式是大家默认的，过度改变，反而不能让人接受

2. 主持人的素质要求

对主持人的素质要求包括以下几个方面。

1）良好的心理素质

有无良好的心理素质直接关系到主持的质量和效果。尤其与观众"零距离"接触，任何突发性情况都可能出现，主持人只有具备了坦然自若的心理承受能力，才能力挽狂澜，转危为安。因此，主持人首先要乐观自信，沉着镇定。只有这样才能临危不惧，遇乱不慌，才能从容应对主持时突发的各种意外情况。其次要精神、要振作，感情要真挚、要投入。俗话说："感人心者，莫先乎情"，作为有关活动的主持人，感情要热烈，要根据主持的内容自然地流露，只有这样，才能给观众以自然亲切的感觉。

良好的心理素质并非与生俱来，它是一个人性格、知识水平、经验的综合体现，是完全可以培养和锻炼的。这就要求主持人有意识地对自己进行一些心理素质的训练，如可以多找机会当众发言，大胆阐明自己的观点，不断增强自信心和表达能力。

【小案例】

主持人的机智

有一次，在南京市的五台山体育场的演出中，歌唱家张子铭患重感冒，高烧39℃上场演唱《拉网小调》。当他唱到高音时有些力不从心，场内马上发出"喝倒彩"声。主持人李扬一看不妙，马上毫不迟疑地走上台，沉着而动情地说："亲爱的观众朋友们，张子铭是喝海河水长大的天津著名歌唱家，他满怀对南京人民的深情厚谊赶来演出，可是不巧，患了重感冒，现在他的体温是39℃。我们劝他休息，但他说："这是第一次来南京，今天又是最后一场，尽管我发烧，唱得不好，也要来，我不愿给南京观众留下一点遗憾。"我提议，让我们对艺术家这种高尚的艺德表示深深的敬意。"话音刚落，全场响起长达一分钟的热烈掌声，主持人化险为夷，演员回到后台也感动得泣不成声。

2）广泛的知识储备

主持人所主持的有关活动和节目的内容往往是多种多样的，经常涉及天文地理、政治军事、文学艺术、历史文化等知识，主持人如果没有丰富的知识面，在主持节目时，就不可能得心应手，左右逢源。实践证明，知识的储备积累得越丰富，主持过程中就会越得心应手。因此，这就要求主持人要有良好的记忆力，要广泛阅读，并且善于留心周围发生的事情，主持人只有在自己脑子里贮存主持活动有关的大量信息素材，在主持节目时，有关的资料、数据、典故等才能随时脱口而出，主持人的语言才富有知识性和趣味性。

3）全面的能力结构

主持人首先要有丰富的想象力。知识是语言的材料，联想和想象力是对语言的加工能力。没有联想和想象力，就不可能发现和揭示出事物的本质，这样，即使拥有再多再好的知识也不可能灵活应用。因此要想做一个优秀的主持人，就必须通过各种途径和形式来培养和强化自己的想象力，要富于联想。

其次要有即兴的口语能力。主持人所使用的语言具有鲜明的"临场性"。口齿很伶俐，甚至能滔滔不绝地表达自己的看法和见解的人，面对各种复杂情况，随时能准确地观察并迅速地做出判断，这样才能掌握主持的主动权。主持人即兴口语能力的强弱，对整个活动的成败起着举足轻重的作用。

【小案例】

白岩松高超的语言表达

《东方之子》的主持人白岩松，曾以平和的语气讲述了一个感人的故事："几年前，有个北京大学的新生入学时带了大量的行李，他看见路边有一个淳朴得像农民一样的老者，便以为是学校的工友。于是，他让这位老者替自己看行李长达半小时之久，这位老者欣然同意，并尽职尽责地完成了任务。过了几天，北京大学召开新生入学典礼，这位同学惊讶地发现，坐在主席台正中的北京大学副校长季羡林正是那天替自己看行李的老者。"这段话用白描的口语，看似平常，而勾勒出的画面及新生"惊讶"的细节，却在不经意中展现了这位渊博的学者可亲可敬的另一面。这些语言符号蕴藏的信息，具体又独特，有很强的吸引力，它是具体的，却可以因听众不同程度的感受而显得十分丰富。如果主持人报简历似的，只罗列季羡林的头衔和成就，肯定是一副"公事公办"的面孔，显得干瘪、生硬。白岩松的处理，产生了一种"先声夺人"的奇效，使季羡林的形象在听众面前立体化了，生动、亲切感人，而且主持人对采访对象的崇敬之情也溢于言表，有效地唤起了听众收看节目的兴趣和愿望。

众所周知，无论主持人事前的准备多么充分，都无法保证所有的节目或整个活动完全按照主持人的设计举行。任何一场节目或者任何一次活动都有不可预知的外因会导致一些变化出现。当不曾设计的情况出现时，主持人要临乱不慌，保持镇静，并能恰当地表述来化解意外情况。

【小案例】

杨澜赢得满场喝彩

有一次杨澜到广州主持一个娱乐节目，上台时不小心跌了一跤，场下顿时哗然，情急之中，杨澜嫣然一笑说："今天来到广州主持节目，意料之外跌了一跤，看来广州的舞台是不好上的。但我又很自信，有台下这么多热心的观众朋友，我相信今天的这台晚会一定会是最为精彩的。"简短的几句话赢得满场喝彩。

再次，要有良好的组织协调能力。主持人担负着掌控整个过程和进度的艰巨任务，必须具备良好的组织协调能力，要立足于活动的最高点，主动把握活动的总脉络，尽量把自己的所思所感渗透到活动中，不断地丰富活动的内涵，渲染现场的氛围。

此外主持人还要注意得体的态势，要做到服饰整洁大方，坐、立、行姿态优美，微笑真诚朴实，眼神恰当自然，手势表达到位。

3. 主持的语言规则

说到底，主持人就是依托有声语言这个媒介来实现其主持功能的，可以说主持人语言能力的强弱直接影响和决定着主持活动质量的高低和成败。因此，对于主持人来说，以下语言规则是必须把握的。

1）流畅

语言是线性的，有声语言是一个音节接着一个音节有序地表达语义的，语流就是指这一行进过程。有声语言与书面语言表达的不同之处，就在于内部语言和外部语言的转换时间长短上。由于面对听众，因此这种转换有一定的时限性，它需要表达者的思维与表达能够同步，口语表达应像行云流水一样酣畅无阻并且完整、规范，给听众以舒畅的感觉。"流畅"并非靠背稿，真正意义上的"流畅"应靠敏锐的思维、机智的应变和伶利的口齿来实现与听众交流的畅通无阻。

2）悦耳

主持语言不仅要规范流畅，普通话标准，而且要声音圆润，悦耳动听，富有美感，能给听众以心理上的愉悦感。由于主持口语稍纵即逝，一说出来就是"最终"形式，没有反复推敲的机会，所以主持人必须"出口成章"，并要苦练发音技巧，口语表达要做到快而不乱，连而不黏，低而不虚，沉而不浊。主持人应能将人人"听惯的话"说得像音乐一样动听，像诗歌一样美妙，像散文一样流畅，令听众赏心悦"耳"并给其以高品位的艺术指导。

3）平易

主持人面对的是不计其数的观众和听众，且在有限的时间里要传播尽可能多的信息。这就要求主持人多使用生活用语，努力体现出平易性，使自己的语言大众化、平民化。诚如老舍先生所言："假如我们的作品语言不通俗、不平易，它就不可能成为具有民族风格并为人们喜爱的作品。"实践证明，主持人以平和、平等的心态，使用平易性的语言，更能快捷地把思想传达给受众，容易为受众所理解和接受。

【小案例】

平易性的语言

广西电视台主持人张英杰在主持"新闻在线"时，用语就非常自然、亲切和大众化。一次他在报道某地"楼顶变成垃圾场"的新闻后，是这样评论的："……看来要搞好城乡清洁工程，必须提高全民的文明素质。你想想，楼顶满是垃圾，风吹灰尘、废塑料袋到处飞，下雨淤泥到处流，能卫生吗？我们希望那些把垃圾倒在楼顶的人不能图自己省事，要知道大家好才是真的好。"

4）鲜明

色彩鲜明的语气和语调，独到的表达方式，加上强烈的节奏感，可以充分调动现场气氛，同时也能在观众脑海中留下深刻的印象。抽象的语言显得空泛，模糊不清的语言令人"丈二和尚摸不着头脑"。而鲜明的主持语言才会打动人、吸引人，并取得心灵沟通和审美体验的效果。

【小案例】

鲜明的主持结束语

下面是某同志在主持庆功表彰会时的结束语。

"听完发言，我想到了一件事：有人问球王贝利哪个球踢得最好？回答是下一个！有人问导演谢晋哪部戏拍得最好？回答是下一部！有人问一位名演员哪个角色演得最好？回答是下一个！看来我们在庆功、表彰时也应牢记下一个！下一部！散会！"

5）准确

这要求主持人语言表达确切无误，符合客观实际，大到思想内容、表达形式，小到语法、逻辑、修辞、字音。一方面要做到对事物有准确的认识，通过准确到位的语言来表达自己的思想，语意表达准确，避免误解发生。另一方面因为听众主要是从语言中接受主持人发出的信息的，信息传递是否有误，与主持人能否读准每个词的音节关系相当密切，主持人一定要做到发音准确无误。

6）逻辑

主持语言需要敏捷地表达思维，但又不可出差错，要做到这点，主持人必须语言逻辑清晰，使主持语言有主次感，给听众明显的主要和次要的感觉；有次序感，给听众分明的先与后的次序感觉；有递进感，给听众清晰的推进和发展的感觉；有转折感，给听众明白的逆势而行的感觉；有总分感，给听众清楚的分述和综合的感觉；有因果感，给听众明晰的起始和结果有必然的内在联系的感觉等，使听众感受到主持人语言的严谨周密。

7）简练

这要求主持人做到简洁凝练，惜墨如金。说话讲求效率，要去除累赘与堆砌的辞藻，用最少的语言来表达最丰富的意思，句子修饰过多，反而显得拖泥带水、不干净利落。要注意推敲用词，不粉饰、不做作、不卖弄。

【小案例】

叶慧贤的妙答

在电视节目主持人"金话筒"颁奖晚会上，赵忠祥问："目前综艺晚会的通病是什么？"叶惠贤答道："节目老一套，掌声挺热闹。不看舍不得，看后全忘掉（台下爆发热烈的掌声）。刚才我说的这些通病，今天的晚会上一点也没有（台下一片会心的笑声，更热烈的掌声）。"叶慧贤所言其实都是大家的心里话，也是对客观现实的描述，只不过将众人的看法做了归纳性"化简"，而且言简意赅，合辙押韵。

8）精彩

主持人的语言要充满活力，出语迅捷、出口成趣、美妙生动，能感染和打动受众。在富于变化的节目语境中，往往需要主持人敏锐快捷地相时而动，"应该具备'短、平、快'的特色。"（刘吉语）。

【小案例】

崔永元的精彩话语

在《实话实说》节目中，一位下岗女工嘉宾，说到自己曾在家具城打工却分不清家具的材质，脸上现出尴尬表情。崔永元立刻插话说："是挺不好分的，一次我爱人让我买家具，我在店里问好了，是全木的。拉回家我爱人一看，说'你是全木的'。"全场哄堂大笑。崔永元的精彩话语随意里露出善意和真诚，对弱势群体并不歧视，善解人意地解除了嘉宾的难堪，因而也赢得了广大观众的赞赏和青睐。

9）幽默

这在轻松、非正式的主持活动中用得较多，它是思想、才学和灵感的结晶。幽默的语言，可以有效地融洽气氛，使听众能达到轻松有趣、感悟哲理的效果。如一位体形很胖的美国女主持人曾夸张地说："我不敢穿上白色的游泳衣去海边游泳，否则，飞过上空的美国空军一定会大为紧张，以为他们发现了古巴。"这则谈话是主持人拿自己的肥胖逗乐，发挥想象力进行了夸大渲染，使人听了这种生动而主观的夸张后，能从其充满调侃的自信中感受到她乐观的生活态度，夸张产生了幽默效果。

二、主持人的语言艺术

1. 节目主持的语言艺术

1）语言尽量口语化

作为一个主持人，有推广普通话的义务。目前，一些节目主持人本来有一口流利、纯正的普通话，可主持节目时却硬要模仿港台味道而打乱语言表达方式，让人听了浑身起鸡皮疙瘩。节目主持人的语言应符合现代汉语规范化、标准化的要求，用词准确，避免用方言土语。另外，现在的观众越来越习惯用一种轻松的欣赏方式，所以主持人应该注意与观众的这种口头交流，串词当然应该精彩，尽量口语化，褪掉"书卷气"，使主持像是在谈话，而不是在背书或者朗诵。

2）语言通俗易懂

主持人的语言需要加工提炼，力求准确、清楚，使各类受众一听就懂，易于接受。如台湾新闻主持人李砚秋 1991 年华东发生水灾的时候，她到内地采访，她在一次新闻报道的结尾，站在齐腰深的水里说："自从大禹治水以来，历经几千年，中国人还在同洪水搏斗，老天爷在发怒的时候就要找这块土地泄愤，土地无知，洪水无情，但苍生何辜，面对这片疮痍，真是让人感叹。"

【小案例】

凌峰的自我调侃

"在下凌峰，我（台湾影星）和文章不一样，虽然我们都得过'金钟奖'和'最佳男影星'称号。但是，我是以长得难看而出名的（掌声）。两年多来，我们大江南北走了一趟——拍摄《八百里路云和月》，所到之处呢，观众给予我们很多支持，尤其是男观众对我的印象特别好，因为他们认为本人的长相很中国（掌声、笑声）。中国五千年的沧桑和苦难全都写在我的脸上（笑声、掌声）。一般来说，女观众对我的印象不太良好，有的女观众对我的长相已经到了忍无可忍的地步（笑声、掌声），她们认为我是人比黄花瘦，脸比煤球黑（笑声）。但是我要特别声明：这不是本人的过错，实在是家父母的错误，当初他们并没有征得我的同意就把我生成这个样子（笑声、掌声）。

但是，时代在变，潮流在变，审美观念也在变。如果你仔细地归纳一下，你会发现，现在的男人基本上分为三种：第一种——你看上去很漂亮，看久了也就那么一回事，这一种就像我的好朋友刘文正这样；第二种——你看上去很难看，看久了以后是越看越难看，这就像我的好朋友陈佩斯这样；第三种——你看上去很难看，看久了以后你会发现，他另有一种男人的味道，这种就像在下我这样了（笑声、掌声）。鼓掌的都表示同意了！鼓掌的都是一些长得和我差不多的（笑），真是物以类聚啊！"

以上是凌峰在一次综艺晚会上的一段讲话，凌峰把自己当作幽默对象，采用漫画的方式来"自嘲"，幽默风趣，格调轻松，俗而不陋，体现出一种爽朗与智慧的品行，大大增加了人格魅力，令观众顿生好感。

3）调动观众参与

节目主持人要责无旁贷地用语言在节目表演者和观众之间架起一座桥梁，产生互动效应，使现场气氛更加浓郁。

【小案例】

主持人与骨哨

余姚广播电台主持人李小萍在主持第六届中国塑料博览会"中东八国论坛"招待晚会中的一段串

词就充分地说明了这点。主持人手拿河姆渡出土骨哨的复制品来到观众席。

"观众朋友，你们知道这是什么吗？"（观众马上参与，"是骨头""是哨子"）

"这个呀是在距今有七千多年历史的河姆渡，一只挖掘出来的——骨哨——的复制品（故意拖长音，引起兴趣）它是河姆渡先民用来诱捕猎物或娱乐时所用。"

"知道它用什么制作而成的吗？"（让观众传看，递上话筒让他们七嘴八舌地猜）

"骨哨一般是用动物的肢骨制作的，而这支是用公鸡大腿骨做成的。刚才大家看到这支小哨子，上面只有三个小孔，能吹吗？"（前排观众踊跃试吹）

在这段串词中，主持人巧妙运用演出道具，在与观众提问交流中介绍骨哨的来历、河姆渡文化，为观众与节目架起了一座沟通的桥梁。期间观众始终参与，热烈互动，现场气氛非常活跃。

4）拥有个性化的主持风格

有个性，才有特色，才有风格，因为不同的主持人，年龄不同，性别不同，主持节目的内容不同。这就要求主持人要说"自己"的话，即主持人的语言表达要与其身份相符，每一位主持人都应有体现自己个性的语言。例如：中央电视台的著名节目主持人的主持风格各不相同，语言风格也各具特色，赵忠祥舒缓有序；倪萍亲切得体；刘纯燕活泼清纯；敬一丹稳重严谨；水均益大气儒雅；崔永元寓庄于谐；白岩松严肃尖锐……实际上，每个人都有自己的优势和局限性，都有自己的个性，而且主持的节目也都有其自身的特点。

【小训练】

模拟主持农民工节目，学生分角色扮演主持人和农民工。可设计一个与农民工对话的片段，讲一讲"外出打工应注意的问题"。仔细揣摩在语言上应如何与农民工沟通，怎么讲才入耳动听。

主持人在谈话中要注意拉近与受众的距离，以增强可信度，引起共鸣。当谈话对象出现"卡壳"的时候，主持人可以垫话，及时让对方摆脱窘困和尴尬；当谈话对象的用词不准确时，主持人可以用简短的话语修正或完善；也可以用自问自答的方式引起受众的思考。

2. 典礼仪式主持的语言艺术

典礼仪式是指在人际交往中，特别是在一些比较重大、比较庄严、比较隆重、比较热烈的正式场合里，为了激发起出席者的某种情感，或者为了引起其重视，而郑重其事地参照合乎规范与管理的程序，按部就班地举行某种活动的具体形式。在现实生活里，我们可能接触到的仪式很多，诸如签字仪式、剪彩仪式、交接仪式、庆典仪式、开幕式、闭幕式等。

从根本上讲，典礼仪式是现代社会发展的产物。因为礼仪与仪式作为人们生活中的行为模式、行为规范，是属于社会的上层建筑，由社会经济基础决定的，并随着经济基础的变化而变化，随着社会实践的发展而不断地丰富发展，而社会生产力水平决定了一个社会的经济基础，所以礼仪及仪式的产生和发展最终是由社会生产力水平所制约和决定的，随着现代社会生产力水平和人们物质文化水平的提高，社会所固有的仪式也在不断地发展和臻于完善。

当今社会，对组织而言仪式有着重要的作用，它有利于提高组织的知名度和美誉度，塑造组织形象；有利于鼓舞员工的士气，激发员工对本组织的热爱，培育组织员工的价值观念，增强组织的凝聚力；有利于传递组织的信息，使组织赢得更多的成功机会和合作伙伴；有利于沟通情感，传达意愿，增进友情。成功的典礼仪式对组织而言意义重大，而典礼仪式的成功离不开主持人的高水平主持。

1）庄重的语言风格

典礼仪式的主持人的语言风格一般都是比较正式庄重的，从宣布会议开始介绍来宾，会议的性质、意义，直到宣布休会，对于会议步骤的进行、宗旨的阐述、希望的表达等，要把握得恰到好处。

2）规范的语言表达

典礼仪式主持人应做到用语规范、礼貌、庄重，符合大型场合的用语特点。首先要语音标准，吐字清晰，不发生读音错误或者读音不准的情况。其次要词语规范，不生造词语，不错用成语，不滥用方言词汇、外来词汇或港台词汇，不使用粗俗词汇或滥用简称等。另外，还要注意语法规范。

3）非语言配合表达

在具体主持中，主持人应同时做到语速较慢，声音洪亮，全神贯注，表情庄重严肃，这样才能吸引广大听众，共同营造安静、庄重的会场氛围。如果仪式中安排了升国旗、奏国歌的程序，一定要依礼行事：起立、脱帽、立正、面向国旗或主席台行注目礼，还应注意坐姿和站姿，切不可在起立或坐下时，把椅子搞得乱响，一边脱帽一边梳头，或是在此期间走动和与人交头接耳，这些都被认为是严重损害形象的事件。

作为主持人还要注意在主持前做好充分的准备，了解仪式的性质，清楚仪式的程序，明确串词的内容，等等。这些问题都要在脑中做一个很好的梳理，不可漏掉任何一个环节，否则整个活动会因为主持人的疏忽而留下遗憾。

3. 婚礼主持的语言艺术

结婚典礼，是人们生活中最常见、最引人关注、最能激发人们兴致的一种庆典仪式。结婚典礼成功与否，婚礼主持人起着至关重要的作用。一个好的婚礼主持人对整个婚礼现场效果起着组织、控制的作用，整个婚礼过程是主持人语言表达、临场发挥、随机应变、机智幽默、拾遗补缺等综合能力的反映。

1）突出个性

现在越来越多的新人开始注重个性的展示，希望真正办成一个属于自己的婚礼。这就要求婚礼主持人根据新人的特色和个性，有针对性地设计出个性鲜明、风格各异的婚礼主持词，使婚礼在形式及内容上，突出每对新人的特色和个性，使新人在举行婚礼的同时，不仅体会到婚礼的喜庆和隆重，而且还能通过婚礼体味人生的意义，领悟关于爱情、婚姻、家庭的诸多道理。这就要求婚礼主持人放开视野，去挖掘、去思索，拓展自己的创作空间。

为了突出个性可以借名发挥。一个人的名字具有丰富的内涵和引申意义。在婚礼主持中借名释义，不仅会令人赏心悦目，给人带来愉悦，而且也会表现出主持人独到的语言魅力。

【小案例】

主持人的"姓名分析"

曾经有一个婚礼，新郎叫王勇，是一位大学教师，新娘名叫周敏，是一名护士。主持人巧妙地借他们的名字做了一番发挥，"王勇，就是勇敢；周敏，就是聪明伶俐。我们不论在工作上还是在生活中都不能缺少这两个方面的能力：一要有勇气，不怕任何艰难险阻；二要聪明伶俐。新郎新娘的名字告诉我们，他们正是这两方面的完美结合，因此，我敢肯定，在未来的日子里，他们不但是一对幸福美满的夫妻，而且也会在'教书育人'的过程中取得非凡的成就。"主持人的这段"姓名分析"寓意深刻，令人耳目一新。

为了突出个性还可以借职业发挥。例如，有一对新郎新娘都任职于通讯公司。他们的婚礼主持词中就设计了一连串以手机品牌为"托儿"的甜言蜜语："新郎一定会一生'首信'爱的承诺，两人也会彼此'爱立信'，一同踏上幸福的'康佳'大道……"这样的主持词切合新人的身份，融爱情与事业于一体，令人耳目一新。

2）巧借天时

特定的时间地点，是婚礼的一个重要构成因素，这一特定的时间和地点必定具有某种特殊意义。婚礼主持人可以将此作为语言切入点，激发参加婚礼的各位宾朋的兴致，营造一种热烈、喜庆的氛围。

（1）借时间切入。如：

"今天是一个特殊的日子，今年是农历马年，新年伊始，我们的新郎、新娘就一马当先，给未婚的朋友们做出了表率，它昭示：这对新人在今后的岁月里，一定会发扬龙马精神，快马加鞭达到理想彼岸。我们一起祝福他们马到成功！"

（2）借地点切入。如：

"各位嘉宾，今天我们在福星酒楼为林先生和刘小姐举行新婚大典，福星酒楼是一块风水宝地，这预示着我们的新郎、新娘在今后的岁月里，一定会福星高照，幸福吉祥！"

3）善于"救场"

婚礼上有时会出现意外状况，现场秩序混乱，使新人难堪，此时婚礼主持人一定要审时度势，找准语言的切入点，借景应变，灵活处理。比如天气不好、新郎给新娘戴戒指时掉在了地上、酒杯打了等，这时主持人要有应变能力。一个好的主持人在任何场景下都会把婚礼主持得有滋有味，将任何一种不良状况转换成婚礼好的陪衬。

比如当戒指掉在了地上时，主持人说：

"这枚戒指实在是太沉重了，因为它含着太多的情太多的爱，像山一样的沉重，像海一样的深沉，怪不得新娘有点承受不住了。好，新郎鼓起勇气，给你的新娘再戴一次。"

新郎的一次失手，竟将婚礼的神圣感推向一个小小的高潮，这样的主持人理所应当地赢得了现场的掌声。

又如，新郎新娘刚喝完交杯酒时酒杯"喀嚓"一声碎了，现场气氛一下子紧张起来了，主持人灵机一动说道：

"破旧立新，移风易俗，新郎新娘给我们带了一个好头！"

此语一出，摆脱了尴尬，恢复了喜庆的气氛。

再如，有一次，在婚礼现场，当支持人刚宣布完"让我们以最热烈的掌声欢迎英俊潇洒的男主角和美丽大方的女主角闪亮登场"时，灯突然熄了，《婚礼进行曲》也戛然停止，席间一片嘈杂，停电了！新郎新娘及其家人朋友都非常焦急。主持人却不慌不忙地高声对大家说："各位来宾，大家知道为什么停电吗？"此时席间的嘈杂声已安静了许多，主持人接着说：

"我们英俊潇洒的男主角和美丽大方的女主角闪亮登场，他们已是光彩照人，使电灯感到黯然失色，所以害羞地熄灭了。我们知道，在我国古代有闭月羞花的传说，而今天我们有了闭电羞灯的现实。婚礼继续进行！"

主持人话音刚落，四座爆发出了一阵热烈的掌声和喝彩声，新郎新娘及其家人也投来赞许和感激的目光。在这里，支持人巧妙地利用了婚礼中的突变，成功地化尴尬为从容，制造了一个小高潮，既活跃了气氛，又淋漓尽致地展示了自己的语言表达功力和临场应变能力。

【小训练】

（1）在婚礼上，新娘为婆婆戴花时，不小心将花掉在了地上，作为这场婚礼的主持人，你将怎样为新娘解围。

（2）婚礼这一天，天空飘起了鹅毛大雪，作为婚礼的主持人，你将怎样与雪天结合，为婚礼说一段精彩的开场白。

4. 会议主持的语言艺术

1）做个精彩的开场白

精彩的开场白往往能像磁铁一样紧紧地吸引住听众，增强与会者对会议的兴趣。就像人们看一部电影一样，如果开始就兴味盎然、引人入胜，那么人们自然想急于了解接下来的情节了。所以，有经验的主持人，都非常注意会议的开场白，他们多是经过反复推敲、认真琢磨，力求给与会者一个好的印象。开场白要陈述的内容，包括会议的背景、主题、目的、意义、议程等，会议主持人要根据这些内容和要求设计开场白。

应该用洪亮的声音对每个到来的人表示热烈的欢迎，并且介绍与会者，然后说明会议的目的和议程。说明会议的目的要注意使用团队口吻，而非领导或者上级的口吻，要拉近与大家的距离，让人们尽快进入到会议的状态中去。还要说明一下会议的规则，如"请所有的人把手机关掉，不准吸烟，不要随便走动，每人发言时间不能超过5分钟"等。

（1）开门见山式。这类开场白单刀直入，让听众立即知道开会的主要内容和任务，快速进入主题。例如：

"今天召开党组扩大会议，主要内容就是总结回顾上半年工作、研究查找工作中存在的问题以及谋划部署下半年工作安排。"

这篇会议主持词开场白就是开门见山式的，让与会者快速进入角色，明白是什么性质、什么内容的会议。

（2）背景嵌入式。运用背景嵌入式开场白就是为会议的主题做铺垫，结合国内国际大背景，把会议的召开放置在一个较为宏观的背景下阐述，进而说明会议的重要性和必要性。例如：

"当今，国际产业合作一体化进程进一步加快，产业'走出去'交流和'请进来'合作逐渐成为一种经济发展的新常态，尤其在'一带一路'战略实施的背景下，企业与企业强强联合，加大力度开拓国际市场、推进企业转型升级、实施产业技术深度合作是我们应有的抉择。因此，我们今天在此召开×××市产业合作推介会。"

此篇会议主持词开场白在点出会议主旨之前，从国际大环境下产业合作方向做了一个背景陈述，为会议主旨的提出进行了很好地铺垫。

（3）摆出问题式。会议主持词是为解决某件事情、推动某项工作、达到某个目的应事而作的文书。摆出问题式开场白体现得非常明显，针对工作中存在的一些问题、出现的一些不利现象而召开的会议，会议主持词开场白常使用这种方式。例如：

"长期以来，我市新闻队伍建设虽然实现了较好的发展，但离上级领导的要求和人民群众的期望还有一定的差距，在新闻从业人员的职业道德、职业精神和职业素质方面还存在许多需要改进的地方。

我们这次召开全市新闻宣传系统'深化三项学习教育促进新闻工作开展'会议就是结合我市新闻队伍思想和工作实际，经过研究决定后召开的。"

该会议主持词开场白首先点出目前新闻工作存在的问题，说明召开此次会议的原因，明显的是应事而作，进而凸显了召开此次会议的针对性和严峻性。

（4）气氛烘托式。一般在一个地方举办的规模较大、层次较高，邀请的嘉宾来源广泛等重要性会议，譬如国际性的物流博览会、精英对话合作论坛、产业招商说明会以及国际体育赛事盛会等，会议主持词开场白就会经常用到气氛烘托式。气氛烘托式就是巧妙地结合会议举办地的地域文化特色、季节时令开讲，既能潜移默化宣传举办所在地，又能体现主持词撰写者的文采。例如一篇主持词开场白这样写道：

"六月××嘉宾云集、群贤毕至，在这耕耘希望、收获未来的美好季节，我们相聚在山海相拥、景色宜人的浪漫之都——×××，共同见证 2015××（×××）国际生物医药创新创业交流合作洽谈会暨美籍华人生物医药科技协会第××届年会的成功举办。"

这是国际性医药合作交流会议，主持词的开场白就采用了气氛烘托式，通过介绍会议举办地的地域文化特色，再结合季节因素，较好地烘托了大会的气氛，起到了"宣传推介本地、巧妙进入主题"的双重效果。

总的来说，会议开场白要遵循"能安定公众情绪、恰当介绍会议内容、形式新颖"的原则，因地制宜，精心构思，尽量避免陈旧死板、千篇一律。

2）让与会人员广泛参与

作为会议主持人，除了要注意会前沟通，使大家明白开会的用意外，还要注意在主持中尽量少说话，把说话的机会让给大家。主持人少说话，与会人士才能多说话。对多说废话的人要有办法加以控制和制止；对有宝贵意见而未发言的人要请他发言，以提升会议的品质；听到相同或不同的意见不能喜形于色，更不可以立即加以批判，以免影响大家的发言。主持人不要亲自提出议案，免得大家碍于情面，做出不合理的决定。主持人也不要以裁决者自居。任何人的意见都不必急于由自己来解答，应该隐藏自己的意见，让其他的人有机会表达相同或不同的看法，以便集思广益。

遇到无人发言或某一部分人毫无反应的现象，会议主持人要分别对待：针对不习惯或害怕在人数众多的会议上发言的与会者，要鼓励他们发言，可以进行主动提问，并告诉他们说错也没关系；针对阅历较深，处事比较严谨的与会者，主持人要善于点拨，多给他们一些尊重。在对某个问题进行讨论时，与会者往往各持己见，据理力争。但在观点已趋向集中、明确时，主持人就应及时终止论辩。如果争议双方都已偏离议题，主持人就应及时进行阻止，或说时间有限，暂不深入讨论或先说谈到这里而间接地制止。

会议主持人还要学会调节会场气氛，善于转换话题，穿插轶闻趣事，使呆板的会场活跃起来，将听众的注意力集中到会议内容上。

【小案例】

孙中山活跃会场气氛

孙中山先生在中山大学发表演讲，谈论"三民主义"。当时因为礼堂小，听讲的人多，通风不好，所以有些人显得疲倦。孙中山先生看到后，为了提起听众的精神，改善会场内的气氛，就讲了一个故事："我小时候在中国香港读书，见有一个搬运工人买了一张马票，因为没有地方可藏，便把号码牢记在心，而把马票藏在时刻不离手的竹竿里。后来马票开奖了，中头奖的正是他，他便欣喜若狂地把竹竿抛到大海里去，认为从今以后再也不用靠这支竹竿生活了。直到问及领奖手续，知道要凭票到指定银行取款，他才想起马票放在竹竿里，便拼命跑到海边，可是连竹竿影子也见不到了……"听着故事，听众的注意力逐渐集中起来。故事讲完，孙中山先生抓住时机说："对于我们大家，民族主义这根竹竿，千万不要丢啊！"这样，就很自然地回到了原有话题的轨道上。

3）善于控制发言时间

当有人发言超出规定时间，越谈越离谱可能影响别人的有效发言时，主持人可以直接告诉他"我们的时间有限"或者"我们还有其他的事有待解决"。有时为了避免尴尬也可以采取委婉的方式，如当长谈者略做停顿时，可以向另一个人提起话题，"老王，我觉得这个问题与你有关，你怎样看？"这样，不担保全了对方的面子，而且把发言权交给了另一个人，推动了会议进程。

4）做好会议总结

会议达成决议之后，主持人还要在散会前做出总结，这才算是圆满地主持了一个会议。召开会议的最终目的就是要鼓舞干劲、提振士气，推动各项事业更好更快发展，而能否有一个好的结尾，是能否实现这一目标的关键。会议主持词的结尾部分的内容要有号召性，语言要有鼓动性，力求营造良好的会场气氛。要能够充分展现出主持人的自信和魄力，既正视前进中的困难，又坚信事业能够成功，勇往直前，引起听众强烈的共鸣，最大限度地赢得听众，从而使会议的效果化作听众的自主意愿和自觉行动，成为促进工作目标实现的强大动力。

虽然会议结尾的方式有多种，但都离不开以下几个要素：一是通过"同志们，本次会议的各项议程已经全部完成"等语言，告诉与会人员议程已结束，马上就要散会；二是通过"这次会议开得很好，达到了预期目的"等语言，对会议做简要的评价，主要是肯定会议效果；三是通过概括会议解决了什么问题、明确了什么方向、提出了哪些举措等，对会议的主要内容进行提炼，对会议的精神实质进行升华，使与会人员对整个会议的主要内容和精神实质有一个更为清晰的了解和把握；四是通过简洁的语言，就如何落实会议精神，提出明确、具体的要求，体现会议要求的严肃性、强制性和权威性。最后要感谢与会者对会议的贡献。

【小训练】

（1）某公司的纸张浪费现象严重，给公司带来了很大的经济负担。部门经理为了消除浪费纸张的现象，召开了一次全体员工大会，希望通过具体的措施制止浪费行为。假设你就是这位部门经理，你要怎样开场？

（2）开座谈会时，有一位与会人员总是不断地在座位上接电话，影响会议。作为主持人，你将怎样用婉转的语言加以制止？

拓 展 阅 读

第一次与客户见面怎么说

营销人员与准客户交谈之前，需要适当的开场白。开场白的好坏，几乎可以决定这一次拜访的成败，换言之，好的开场，就是推销员成功的一半。

1. 用金钱来敲门

几乎所有的人都对钱感兴趣，省钱和赚钱的方法很容易引起客户的兴趣。"王经理，我是来告诉你贵公司省一半电费的方法。""李厂长，我们的机器比你目前的机器速度快、耗电少、更精确，能降低你的生产成本。""陈总，你愿意每年在毛巾生产上节约 5 万元吗？"

2. 发自内心真诚地赞美

每个人都喜欢听到好听的话，客户也不例外，因此，赞美就成为接近客户的好方法。赞美准客户必须要找出别人可能忽略的特点，而让准客户知道你的话是真诚的。赞美的话若不真诚，就成为拍马屁，这样效果当然不会好。赞美比拍马屁难，它要先经过思索，不但要有诚意，而且要选定既定的目标与诚意。"王总，您房子真漂亮。"这句话听起来像拍马屁。"王总，您这房子的大厅设计得真别致。"这就是赞美了。

下面是两个赞美客户的开场白实例。

"徐经理，我听××公司的张总说，跟您做生意最痛快不过了。他夸赞您是一位热心爽快的人。"

"恭喜您啊，杨总，我刚在报纸上看到您的特别报道，祝贺您当选十大杰出企业家。"

3. 利用好奇心

现代心理学表明，好奇是人类行为的基本动机之一。美国杰克逊州立大学刘安彦教授说："探索与好奇，似乎是一般人的天性，对于神秘奥妙的事物，往往是大家所熟悉关心的注目对象。"那些客户不熟悉、不了解、不知道或与众不同的东西，往往会引起人们的注意。推销员可以利用人人皆有的好奇心来引起客户的注意。

一位推销员对客户说："老陈，您知道世界上最懒的东西是什么吗？"客户感到迷惑，但也很好奇。这位推销员继续说："就是您藏起来不用的钱。它们本来可以购买我们的空调，让您度过一个凉爽的夏天。"某地毯推销员对客户说："每天只花一毛六分钱就可以使您的卧室铺上地毯。"客户对此感到惊奇，推销员接着讲道："您卧室 12 平方米，我厂地毯价格每平方米为 24.8 元，这样就需要 297.6 元。我厂地毯可铺用 5 年，每年 365 天，这样平均每天的花费只有一角六分钱。"推销员制造神秘气氛，引起对方的好奇，然后在解答疑问时，很巧妙地把产品介绍给客户。

4. 借第三人来引起注意

告诉客户，是第三者（客户的亲友）要你来找他的。这是一种迂回战术，因为每个人都有"不看僧面看佛面"的心理，所以，大多数人对亲友介绍来的推销员都很客气。"马先生，您的好友×××先生要我来找您，他认为您可能对我们的印刷机械感兴趣，因为，这些产品为他的公司带来很多好处与方便。"打着别人的旗号来推介自己的方法虽然很管用，但要注意，一定要确有其人其事，绝不可自己杜撰，要不然，客户一旦查对起来，就要露出马脚了。为了取信客户，若能出示引荐人的名片或介绍信，效果更佳。

5. 举著名的公司或人为例

人们的购买行为常常受到其他人的影响，推销员若能把握客户这层心理，好好地利用，一定会收到很好的效果。"李厂长，××公司的张总采纳我们的建议后，公司的营业状况大有起色。"举著名的公司或人为例，可以壮大自己的声势，特别是，如果您举的例子，正好是客户所景仰或性质相同的企业时，效果就更会显著。

6. 不断地提出问题

推销员直接向客户提出问题，利用所提的问题来引起客户的注意和兴趣。"王厂长，您认为影响贵厂产品质量的主要因素是什么？"产品质量自然是厂长最关心的问题之一，推销员这么一问，无疑将引导对方逐步进入面谈。在运用这一技巧时应注意，推销员所提问题应是对方最关心的问题，提问必须明确具体，不可言语不清楚、模棱两可，否则，很难引起客户的注意。

7. 向客户提供有价值的信息

营销人员向客户提供一些对其有帮助的信息，如市场行情、新技术、新产品知识等，会引起客户的注意。这就要求营销员能站到客户的立场上，为客户着想，尽量多阅读报刊，掌握市场动态，充实自己的知识，把自己训练成为行业的专家。客户或许对营销员应付了事，可是对专家则是非常尊重的。如你对客户说："我在某某刊物上看到一项新的技术发明，觉得对贵厂很有用。"营销员为客户提供了信息，关心了客户的利益，也获得了客户的尊敬与好感。

8. 适时地进行产品展示

营销员利用各种戏剧性的动作来展示产品的特点，最能引起顾客的注意。一位消防用品营销员见到客户后，并不急于开口说话，而是从提包里拿出一件防火衣，将其装入一个大纸袋，旋即用火点燃纸袋，等纸袋烧完后，里面的衣服仍完好无损。这一戏剧性的表演，使客户产生了极大的兴趣。卖高级领带的售货员仅说"这是××牌高级领带"，这没什么效果，但是，如果把领带揉成一团，再轻易地拉平，说"这是××牌高级领带"，就能给人留下深刻的印象。

9. 利用产品引发兴趣

营销员可利用产品来引起客户的注意和兴趣。这种方法的最大特点就是让产品做自我介绍，用产品的魅力来吸引顾客。一乡镇企业厂长把该厂生产的设计新颖、做工考究的皮鞋放到王经理办公桌上时，经理不禁眼睛一亮，问："哪产的？ 多少钱一双？ "广州表壳厂的营销员到上海手表三厂去推销，他们准备了一个产品箱，里面放上制作精美、琳琅满目的新产品，进门后不说太多的话，而是把箱子打开，一下子就吸引住了客户。

10. 虚心向客户请教

营销员利用向客户请教问题的方法来引起客户注意。有些人好为人师，总喜欢指导、教育别人，或显示自己。营销员有意找一些不懂的问题，或懂装不懂地向客户请教。一般客户不会拒绝虚心讨教的人。"程总，在计算机方面您可是专家。这是我公司研制的新型电脑，请您指导，在设计方面还存在什么问题"受到这番抬举，对方就会接过电脑资料信手翻翻，一旦被电脑先进的技术性能所吸引，推销便大功告成。

11. 赠送小礼品

每个人都有贪小便宜的心理，赠品就是利用人类的这种心理进行营销。很少人会拒绝免费的东西，用赠品作敲门砖，既新鲜，又实用。

当代世界权威的推销专家戈德曼博士强调，在面对面的推销中，说好第一句话是十分重要的。客户听第一句话要比听之后的话认真得多。听完第一句话，许多客户就自觉不自觉地决定是尽快打发营销员走还是继续谈下去。因此，营销员要尽快抓住客户的注意力，才能保证营销回访的顺利进行。

实 践 训 练

一、导游口才训练

实训目标：分别通过模拟接老年团和学生团，开展定点导游讲解的训练，使学生能够能灵活地、有针对性地运用导游口才技巧，进行导游服务。

讲解景点：大连星海广场（可以结合当地著名景点）。

情境模拟：一是模拟一个老年旅游团队，让学生练习讲解针对老年团的星海广场的导游词。注意提醒学生训练时，第一，在语速、语调上要适合老年人接受的特点；第二，在内容的选取上，要以历史沿革为主要线索，能够引起老年人回忆、共鸣。二是模拟一个学生团队，让学生结合自身的特点，讲解星海广场的导游词。注意提醒学生，讲解时注意时尚、超前和各种刺激性的游乐项目内容，要引起学生的广泛兴趣。

实训学时：2学时。

实训地点：多媒体教室。

实训方法：播放星海广场的影像资料，让学生对照影像进行训练讲解。

内容与时间：包括星海广场景点内容、特色、周边的交通环境。每位学生3～5分钟。接着，用数码摄像机（或数码照相机）记录整个过程，然后大屏幕回放，学生自我评价，授课教师总结点评学生存在的个性和共性问题。最后评选"最佳讲解员"。

二、推销口才训练

（1）净水器销售模拟训练。

目的：通过同学间相互售卖净水器的游戏，体会销售的技巧。

实训学时：2学时。

实训地点：教室。

实训准备：净水器等。

实训方法

① 学生分别扮演不同情况的客户，如可以分为如下情况：一是客户家装修精美，房屋面积大，家里很干净，还有一个保姆；二是客户家装修普通，房屋又小，地面又不干净，几个子女与其住在一起；三是客户房屋装饰古香古色，有浓郁的传统特色。

② 邀请3组同学上台演练，其余的同学仔细观察细节，表演结束后请参与者谈谈感受。最后请老师总结。

（2）阅读材料并讨论。

案例1：

口才拔高了"推销之神"

在日本有个叫原一平的人，身高只有 145 厘米，但他的工作业绩却是相当惊人，曾连续多年占据日本全国寿险销售业绩之冠，被人誉为"营销之神"。

原来，原一平的身材虽然低人一等，但他的口才却不止高人一筹。在营销寿险产品时他经常以独特的矮身材，配上刻意制造的表情和诙谐幽默的言辞逗得客户哈哈大笑。他面见客户时通常是这样开始的：

"您好，我是明治保险的原一平。"

"噢！是明治保险公司。你们公司的营销员昨天才来过的，我最讨厌保险了，所以被我拒绝啦！"

"是吗？不过我比昨天那位同事英俊潇洒吧？"原一平一脸正经地说。

"什么？昨天那个仁兄啊！长得瘦瘦高高的，哈哈，比你好看多了。"

"可是矮个儿没坏人啊！再说辣椒是越小越辣哟！俗话不也说'人越矮俏姑娘越爱吗？'这句话可不是我发明的啊！"

"可也有人说'十个矮子九个怪'哩！矮子太狡猾。"

"我更愿意把它看成是一句表扬我们聪明机灵的话。因为我们的脑袋离大地近，营养充分嘛！"

"哈哈，你这个人真有意思。"

凭着出色的口才，原一平与客户坦诚面谈，在轻松愉快的气氛中不知不觉拉近了自己与客户之间的距离，很快一笔业务就搞定了。

问题：

（1）原一平的推销有什么特色？他为什么能够拉近自己与客户之间的距离？

（2）从本案例中你还受到了哪些启发？

案例 2：

卖拐

以下是笑星赵本山的小品《卖拐》的片段。

赵本山：在过去的一段时间内，感觉没感觉到你浑身的某个部位跟过去不一样了？认真想。

范伟：我没觉着，就觉着我这脸越来越大了。

赵本山：走两步、走两步（亲自带着范伟走，一脚高、一脚低）。

范伟：走两步、走两步（不知不觉一瘸一拐起来）。

赵本山：停！……（继续现身说法，终于卖拐成功）

问题：

赵本山运用什么"技巧"达到了推销目的？

三、主持口才训练

（1）文艺节目主持设计训练。

训练目标：你所在的系拟举行迎新文艺晚会，请为之设计主持框架。

训练方法：定演出主题、演出情境（时间、地点、场合、受众），定节目单（演出者用真名）、定主持方式，设计出场语、连缀语和结束语。

训练要求：

①每 15 人一组，分组拿出主持设计方案。

②学生互评，教师及时点评。

③选出一组较好的方案，大家共同完善，并付诸实施。

（2）主题班会主持设计训练。

训练目标：你所在的班级拟举行一次主题班会，请为之设计主持框架。

训练方法：设定班会的主题、目的、情境，再为其设计开场白和结束语。

训练要求：

①每15人一组，分组拿出主持设计方案。

②学生互评，教师及时点评。

③选出一组较好的方案，大家共同完善，并付诸实施。

（3）阅读材料并讨论。请上"中国播音主持网"浏览各类主持文稿，分析各主持词的特点及成功之处。体会各类主持词的语言特点。

课 后 练 习

一、导游口才练习

1. 请你以家乡的某一自然风景或名胜古迹为介绍对象，运用有关导游讲解技巧，编写一则1 000字左右的导游词。

2. 一个旅行团在某名胜古迹参观的途中，一位游客随手将一个空易拉罐扔出窗外，请设计一段话对游客进行善意的批评。

3. 在网上搜集泰山的资料，向即将上泰山的游客做一番游前讲解，以激发游客的游览热情。

二、推销口才练习

1. 一位对推销产品性能非常熟悉的推销员向推销经理汇报时说："对顾客的每一点异议我都进行了反驳，并且把事实和数据都告诉了他，我还对他说，这些反对意见是毫无根据的。我们大概谈了三个小时，可以说所有的问题都涉及了。直到最后阶段，顾客还是认为他是正确的。我们几乎花了整整一个小时讨论防震问题，而这又偏偏是个次要问题。然后我就告辞了，再拖延下去也是白白浪费时间。"推销经理听完了他的陈述，生气地说："你早就该告辞了，在业务洽谈进行到15分钟时，你就该离开那儿了。"推销员对经理的话感到迷惑不解："我不能认输啊！"你认为他们两个人的话谁的对？为什么对？

2. 一位女性推销员总是从容不迫、平心静气地向顾客提出三个问题："如果我送给你一套有关个人效率的书籍，您打开书会发现十分有趣，您会读一读吗？""如果您读了之后非常喜欢这些书，您会买下吗？""如果您没有发现其中的乐趣，您可以把书重新塞进这个包里给我寄回，行吗？"后来这三个问题被该公司全体推销人员所采用，成为标准的接近顾客方法。请说明这种接近顾客的语言技巧好在哪里？

3. 推销员小王去张先生家推销。张先生一看见他推销的产品，便对他说："哦，是这种产品啊，上次也有一位先生来推销过了，我没有买。"面对这种情况，你准备用什么办法来打动顾客？

4. 推销时，遇到以下棘手的情况你会分别采取什么办法来争取顾客？

（1）顾客："我们一直用××公司的产品，别的我们不放心，也不想要。"

（2）顾客："对不起，你们的产品我们领教过了，效果不好，算了吧！"

（3）顾客："对不起，我们是××公司的长期客户，从不向别的公司订货！"

三、主持口才练习

1. 观看或点评高水平主持人主持的演出、谈话、综艺类电视节目。

2. 某市民健身中心举行剪彩典礼时，主持人在宣布了嘉宾剪彩的时候，发现嘉宾的胸花脱落了。如果你是主持人，你怎样处理？

3. 轮流主持班级的各项活动和会议，锻炼自己的主持能力。

四、案例分析

幽默的导游欢迎词

各位尊敬的游客朋友们（停顿）——吃了吗？

啊？没吃啊，没吃就让刘导我带您吃去吧！我就知道您几位刚下火车（飞机），一路上奔波劳顿的，肯定没吃，其实早给您安排好了，我们这就去我们沈阳最有名的特色餐馆——老边饺子让您先大快朵颐，让您先从味觉上感受一下我们沈阳人的热情！

光顾着说吃了，还没自我介绍一下呢，我呢，叫刘峰，沈阳××旅行社的导游员，正宗的东北爷们儿（亮相）。也许有的人觉得我们东北男人比较粗犷，不太适合做导游这种细致的工作，其实不然。经过联合国教科文组织36名专家147天的科学论证，得出结论——俺们东北这旮儿出导游！

您看您别着急鼓掌啊，您得让我给您说出个一二三来不是吗？为什么说我们东北汉子最适合当导游呢？原因如下：一、我们东北人实在、热情、没有坏心眼，这个是全国公认的。所以说我们东北导游的服务肯定是一流的，因为我们热心肠啊！二、导游是个重体力活，起早贪黑不说，每天这东跑西颠的，没个好身体可不行，不说别的，您几位游客光玩还累呢，何况我们导游了，对吧！所以说这就是我们东北人适合做导游的第二个原因，我们牙好，嘿，胃口就好，身体倍儿棒，吃嘛嘛香，您瞅准了——东北男导游！（众人笑）

您可能会说，小刘你这说得都对，你们东北男导游是有这些优点，不过别的地方的导游就不热情了吗？他们身体也不错啊。而且南方的一些漂亮的导游妹妹不用说话就光看着，就能让人那么舒服——你行吗？要说这个我真不行，不过我们东北导游还有她们比不了的一点好处呢！什么啊——我们东北导游个个都是兼职保镖！您看您又不信了，哦，说我长得这么瘦弱，还当保镖呐。这您就有所不知了！有句话叫人不可貌相，海水不可斗量！不瞒您说，我还真是个练家子！

这外练筋骨皮，内练一口气，您就没发现，我这印堂发光，双目如电！真不是和各位吹，什么刀枪剑戟，斧钺钩叉，拐子流星；带钩儿的，带尖儿的，带刃儿的，带刺儿的，带峨眉针儿的，带锁链儿的，十八般兵刃我是样样——稀松！您看您别乐啊。我这是谦虚，我说我十八般兵刃样样精通——那是不知道天高地厚，这人外有人，天外有天，自大一点叫个臭字，人嘛，得谦虚，练得好的让别人说，你自己说那就没意思了。您看这么多兵刃我全会，我和谁说了。是不是？您看您又乐了，您是不信是怎么着？您不信您和我这比画比画！我不是说您，我是说您怀里抱着的那个小朋友。敢与我大战三百回合否？

把式把式，全凭架式！没有架式，不算把式！光说不练，那叫假把式；光练不说，那叫傻把式！连说带练，才叫真把式！连盒带药，连工带料，你吃了我的大力丸。甭管你是让刀砍着、斧剁着、车轧着、马趟着、牛顶着、狗咬着、鹰抓着、鸭子踢着……行了，您也甭吃我这大力丸了，我们的饭店到了，您跟我下车去吃饭吧！

思考题：

（1）这个导游词有什么特点？

（2）在全班实际演练一下这篇导游欢迎词。

25分钟，25万美元

美国的"超级推销大王"法兰克·贝德佳，在三十多年的保险推销生涯中，赢得了"保险行销教父"的称号。有一次，贝德佳仅用了短短的25分钟，就谈成了一笔25万美元的保险。这笔交易在美国保险业界有口皆碑，堪称贝德佳的经典之作。

一天，贝德佳从朋友处获悉，纽约一位名叫布斯的制造业巨商为了拓展业务，向银行申请了25万美元的贷款。但银行开出一个条件，要求他必须同时投保同等数额的保险。

贝德佳迅速与布斯先生取得了联系，并电话约定次日上午10点45分在布斯先生的办公室见面。然后他又打了个电话给纽约最负盛名的健康咨询中心，替布斯先生预定好了次日上午11点30分的健康检查时间。

第二天，贝德佳准时到达布斯的办公室。

"您好，布斯先生。""您好，贝德佳先生，请坐。"布斯打过招呼后，摆出一副等他说话的样子。

但贝德佳没有说话，采取等客户先开口的策略。

"恐怕你会浪费时间。"布斯先生指着桌上的一叠其他保险公司的企划书和申请书说，"你看，我已经打算在纽约三大保险公司中选一家。你可以留下你的企划书，也许两三个星期后，我才决定。不过，坦白地说，我认为这是在浪费时间……"

"如果您是我的兄弟，我实在等不及想告诉您一些话。"贝德佳表情诚恳地说。

"哦，是什么话？"布斯很惊讶地问道。

贝德佳继续道："我对保险这一行颇为熟悉，所以，如果您是我的兄弟，我建议您将这些企划书都丢到纸篓中去。"

布斯先生听后，更觉得大为诧异："此话怎讲？"

"我可否先问您几个问题？"贝德佳接着说。

"请说。"贝德佳的故弄玄虚，果然勾起了布斯的兴趣。"据我所知，贵公司正打算贷款25万美元拓展业务，但贷方希望您投保同额的保险，是吗？"

"没错。"布斯答道。

"换句话说，只要您健在，债权人便对您的公司信心十足，但万一您发生意外，他们就无法信任您的公司可以继续维持下去。是这样吗？"贝德佳继续问道。

"嗯，可以这么说。"布斯答道。

"所以，您要立刻投保，把债权人所担心的风险转移给保险公司承担。这是眼前刻不容缓的事情。因为，如果您的生命未附上保险，而人又有旦夕祸福，我想债权人很可能会因此而减少贷款金额，或者干脆拒绝贷款，您说呢？"贝德佳又问道。

"很有可能。"布斯答道。

"因此您要尽快取得保证自己健康的契约，这个契约对您而言就相当于25万美元的资金。"贝德佳说。

"你有何建议？"布斯看上去有些坐不住了，但他仍在控制着自己。

"现在我为了您，正要安排一项别人做不到的事。我已替您约好今天 11 点 30 分去看卡拉伊尔医生。他可是纽约声誉极高的医疗检验师，他的检验报告能获得全国保险公司的信任。如果您想只做一次健康检查，就能签订 25 万美元的保险契约，他是唯一的人选。"

"其他的保险经纪人难道不能替我安排这件事吗？"布斯怀疑贝德佳是否"别具用心"。

"当然，谁都能办到。但他们没办法安排好您今早立刻去做检查。这些经纪人肯定是先跟一向合作的医疗检验师联络，这些人可能只是一般的检验师。因为事关 25 万美元的风险，保险公司必定会要求您到其他有完善设备的诊所做更精确的检验。如此一来，25 万美元贷款便要拖延数日，您愿意浪费这些时间吗？"

"我一向身体硬朗。"布斯仍下不了最后的决心。

"可是，我们难保自己不会在某天早晨醒来时，忽然喉咙痛或者患了感冒。即使您在保险公司所能接受的程度内恢复了，也难保他们不会说：'布斯先生，您已留下头痛的记录，在未确定您的病因是暂时性或长期性之前，我们想请您暂停投保 3～4 个月。'这样，您又可能失去这笔贷款。"

"是有可能。"布斯开始动摇了。

贝德佳故意看了看表，说："11 点 10 分了，如果我们立刻出发，可以按时到达诊所。如果检查结果正常，您就可以在 48 小时内签订保险契约。布斯先生，您今天早上看起来精神非常好。"

"是呀，我感觉很好。"

"既然如此，您为何不现在就去做检查呢？"

布斯陷入沉思，但没过几秒钟，他便取下衣架上的帽子，说："好，我们走吧。"

思考题：

（1）法兰克·贝德佳营销成功的秘诀是什么？

（2）本案例对你还有哪些启示？

与客户的谈话

推销员："先生，通过观察贵厂的情况，我发现你们自己维修所花的费用比请我们干还要多，是这样吗？"

客户："我也认为我们自己干不太划算，我承认你们的服务不错，但你们毕竟缺乏电子方面的……"

推销员："对不起，请允许我插一句。有一点我想说明一下，任何人都不是天才，修理汽车需要特殊的设备和材料，比如真空泵、钻孔机、曲轴……"

客户："是的，不过，你误解了我的意思，我想说的是……"

推销员："我明白您的意思。就算您的部下绝顶聪明，也不能在没有专用设备的条件下干出高水平的活来……"

客户："但你还没有弄清我的意思，现在我们负责维修的伙计是……"

推销员："现在等一下，先生，只等一分钟，我只说一句话，如果您认为……"

客户："你现在可以走了。"

思考题：

（1）案例中的这名推销员的推销口才存在什么问题？

（2）对"各行各业都离不开口才"这种说法你是怎么认识的？

推销口才二例

例一

推销员：早上好，张厂长，很高兴见到您。

张厂长：你好，有什么事吗？

推销员：张厂长，我今天来拜访您的主要目的是给您带来了我们最新研制出来的高智能 BB2005 型号的设备，我知道您一定很希望您的企业生产成本降低，收益提升。

张厂长：是啊，但你们公司的产品能管用吗？

推销员：那当然，这项设备引进的是德国 BAC 技术，它的制造效率是普通设备的两倍，而且比一般设备的单位能耗要低 20%。另外，这款产品的操作平台非常人性化，操控性能很稳定，安全性能非常好。还有就是安装了自检系统，这样，就不需要经常耗费大量人工来检查，可以节省大量的人力成本。您觉得怎么样？

张厂长：不错，那这款产品已经应用在了哪些行业呢？

推销员：主要是挖掘机制造、油田开发等领域。

张厂长：一套系统大概需要多少钱？

推销员：仅需要 20 万元人民币。

张厂长：是吗？我知道了。这样吧，你把资料放下，我先了解一下，回头给你电话。

推销员：张厂长，我们的设备荣获了国家设备制造金熊猫奖，每天销售额达到 5 000 万元呢。

张厂长：我知道了，我们领导班子需要研究一下才能给你电话，就这样吧。再见。

推销员：……

例二

推销员：早上好，张厂长，很高兴见到您。

张厂长：你好，有什么事吗？

推销员：张厂长，我是益胜公司的刘洋，我今天特意来拜访您的主要原因，是我看到了《中国机械工业杂志》上有一篇关于您公司所在行业的报道。

张厂长：是吗？说的是什么？

推销员：这篇文章谈到您所在的挖掘机行业将会有巨大的市场增长，预计全年增长幅度为 30%，总市场规模将达到 350 亿元，这对您这样的领头羊企业可是一个好消息吧？

张厂长：是啊，前几年市场一直不太好，这两年由于西部大开发，国家加强基础设施建设，加大固定资产投资，前景应该还不错。

推销员：张厂长，在这样的市场增长下，公司内部研发生产的压力应该不小吧？

张厂长：是啊，我们研发部、生产部都快忙死了。

推销员：是吗？那真是不容易啊！我注意到贵厂打出了招聘生产人员的广告，是不是就是为了解决生产紧张的问题呢？

张厂长：是啊。不招人忙不过来啊。

推销员：确实是这样，那相对于行业平均水平的制造效率 5 台/人而言，您厂目前的人均制造效率是高一些还是低一些？

张厂长：差不多，大概也就 5～6 台/人。

推销员：那目前使用的制造设备的生产潜力有没有提升的空间呢？

张厂长：比较难，而且耗油率还高呢。

推销员：那您使用的是什么品牌的设备呢？国产的还是进口的？

张厂长：我们用的是国产的……

推销员：我想向您推荐我们公司生产的……

思考题：

（1）案例一中推销员的推销语言有什么特点？体现了这位推销员什么样的性格？

（2）如果你是准客户，对案例一中这位推销员有何评价？你会和他合作吗？为什么？

（3）案例二中这位推销员的推销语言有什么特点？给人留下什么样的第一印象？

（4）案例二中这位推销员运用了哪些推销技巧？

（5）如果你是准客户，对案例二中这位推销员有何评价？你会和他合作吗？为什么？

（6）看完这两个案例，你有什么收获和体会？

某大学经济贸易学院学生会会议主持稿

尊敬的各位领导、各位来宾、亲爱的同学们：

大家下午好！欢迎大家参加经济贸易学院学生会年度总结大会。

我是主持人××。

转眼间，两年已经过去，第十三届学生会的委员们在任职期间认真工作，开展各种活动，为同学们服务，为校园增添了许多亮丽的色彩。在此，我代表学生会全体干事向主席团一年多的辛勤工作以及尽心尽力培养我们的老师表示由衷的感谢，并且预祝这次大会圆满成功！

首先，介绍今天到场的嘉宾，他们分别是……

现在，我宣布经济贸易学院学生会年度总结大会正式开幕！

在这个垂柳依依的夏天，在这个栀子花开的季节，我们又迎来了一个离别的日子，经济贸易学院学生会第十三届的常委们，你们即将迈向你们人生的下一步，迎接人生更绚烂的季节。

一年的努力，一年的汗水，我们又迎来了学生会新的春天。下面让我们通过 VCR 和电子相册共同回顾一下这一年来我们一起走过的日子。

下面有请经济贸易学院学生会主席团常委讲话。

……（讲话内容）

谢谢×××主席的讲话。

下面进行大会的第二项议程：请大家掌声欢迎××（校领导）讲话。

谢谢！

这里是终点，也是起点。未来的路是美好的，也是崎岖的，但无论如何，我们都不会放弃。接下来的路，我们将坚定地走下去，带着你们的期望、理想和眷恋让我们的学生会，在将来的日子里越来越好，越来越强。现在，我宣布，本次大会到此结束！谢谢！

思考题：

（1）请分析上述会议主持词的成功之处。

（2）模仿上述主持词，为你参加的某会议设计主持词。

参考文献

[1] 高雅杰. 2008. 实用口才训练教程. 北京：北京交通大学出版社.

[2] 胡伟，胡军，张琳杰. 2013. 沟通交流与口才. 北京：清华大学出版社.

[3] 金常德. 2013. 学生社交口才实践教程. 北京：北京大学出版社.

[4] 金禹良. 2009. 怎样赞美人. 北京：地震出版社.

[5] 李超. 2016(3). 论旅游服务中导游的语言艺术. 旅游管理研究.

[6] 梁辉，2014. 有效沟通实务. 北京：中国人民大学出版社.

[7] 卢海燕. 2009. 演讲与口才实训. 大连：大连理工大学出版社.

[8] 马斐. 2008(6). 营销人员第一次见面怎么说. 中国畜牧兽医文摘.

[9] 秦保红. 2016. 职场礼仪教程. 北京：中国人民大学出版社.

[10] 史钟锋，张传洲. 2015. 演讲与口才实训. 南京：东南大学出版社.

[11] 孙海燕. 2004. 口才训练十五讲. 北京：北京大学出版社.

[12] 陶莉. 2015. 职场口才技能实训. 北京：中国人民大学出版社.

[13] 汪彤彤. 2011. 商务口才实用教程. 北京：中国人民大学出版社.

[14] 王晶. 2014. 口才训练实用教程. 北京：清华大学出版社.

[15] 王明琴. 2015(6). 浅谈导游讲解常用的艺术与技巧. 经营管理者.

[16] 谢新暎. 2010(4). 浅谈导游词的语言艺术——以福建省主要景区景点导游词为例. 长春理工大学学报（高教版）.

[17] 徐静，陶莉. 2014. 有效沟通技能实训. 北京：中国人民大学出版社.

[18] 薛念文. 2016. 演讲艺术. 北京：科学出版社.

[19] 杨凯. 2009(6). 浅谈婚礼主持的语言技巧. 高等函授学报（哲学社会科学版）.

[20] 杨丽彬. 2012. 沟通技巧. 北京：机械工业出版社.

[21] 杨利平，艾艳红. 2013. 实用口才训练教程. 长沙：湖南人民出版社.

[22] 佚名. 2007(5). 25分钟. 25万美元. 传奇文学选刊.

[23] 袁红兰. 2014. 演讲与口才. 北京：航空工业出版社.

[24] 张斗和. 2015. 说话是一门学问. 北京：语文出版社.

[25] 张珺. 2013. 实用口才. 南京：南京大学出版社.

[26] 张良. 2016(4). 例谈会议主持词开场白写作方法. 办公室业务.

[27] 张南南. 2011(14). 浅析导游语言的特点及其在实际中的应用. 黑龙江科技信息.

[28] 张颖，刘红松，郭辉. 2013(10). 论导游人员的语言艺术. 淮北职业技术学院学报.

[29] 赵京立. 2014. 演讲与沟通实训. 北京：高等教育出版社.

[30] 赵湘军. 2011. 导游语言技巧与实践. 长沙：湖南师范大学出版社.

[31] 周俊. 2014(1). 如何做好面试中的自我介绍. 现代交际.

[32] 周璇璇，张彦. 2015. 人际沟通. 厦门：厦门大学出版社.